김상복 목사

아, 그렇구나

믿음과 성장

신교횃불

확신시리즈 1

아, 그렇구나 믿음과 성장

2018년 7월 1일 초판 발행

지은이 | 김상복
편집인 | 우경신, 박유빈, 양선애
발행처 | 도서출판 선교햇불(ccm2u)
　　　　전화 : (02)2203-2739
　　　　팩스 : (02)2203-2738
등록일 | 1999년 9월 21일 제 54호
등록처 | 서울 송파구 백제고분로 27길 12(삼전동)

ISBN 978-89-5546-402-3
　　　　978-89-5546-403-0(세트)

아, 그렇구나

사랑하고 존경하는 김상복 목사님께

원로목사님의 팔순을 기념하면서 할렐루야교회가 목사님의 전집을 발간하게 되어 얼마나 기쁜지 모르겠습니다. 이것은 모든 교인들의 마음이기도 합니다. 목사님은 목회자이시며 학자이십니다. 목회자의 가슴과 시각으로 신학을 쉽고 깊게 정리하셨고, 이를 통해 성도들의 삶을 윤택하게 해주신 분입니다.

'평신도 신학'이라는 단어가 한국교회에 생소했을 무렵, 목사님은 선구자 역할을 해주셨습니다. 교회의 진정한 자원은 바로 '사람'이라는 것을 알려주셨고, 성도들을 깨워 주님의 진정한 일꾼으로 세우려 노력하셨습니다. 무엇보다도 '3S'의 신학을 강조하시며, 전 성도들이 '구원(Salvation)'과 '성화(Sanctification)'와 '섬김(Service)'에 대해 확신을 갖고 살 수 있도록 온몸을 던져 섬겨 주셨습니다. 그리하여 교회를 건강하게 세우고, 성도들이 주님을 위해 세상의 빛과 소금으로 살 수 있도록 도와주셨습니다.

저는 목사님의 후임으로서 우리 교회의 토대가 강건하다는 것을 분명하게 아는 사람입니다. 목사님의 '평신도 신학'이 이러한 터전을 만들어 주었다는 확신과 자부심을 갖고 있습니다. 목사님의 그러한 가르침들은 그때만 필요했던 것이 아닙니다. 오늘날에도 여전히, 절실히 필요합니다. 그 어느 때보다도 성도들이 견고하게 서서 믿음을 지켜야 할 때가 지금이라고 생각하기 때문입니다. 또한 교회 사역의 본질로 돌아가 평신도들을 깨우며 무장시켜야 할 때도 바로 이때라고 보기 때문입니다. 주님의 교회가 세상의 유일한 희망이라면, 준비되고 건강한 성도들이야말로 교회의 소망이라고 믿습니다. 그렇기에 그동안 목사님께서 전하셨던 여러 가르침을 모아 더욱 깊고 풍성한 전집으로 발간하는 것이 정말 기쁘고 감사할 따름입니다.

목사님이 저의 원로목사님이셔서 정말 감격스럽습니다. 목사님이 우리 할렐루야교회의 원로목사님이셔서 정말 든든합니다. 이번 전집 발간을 통해 모든 신학의 핵심이자 곧 결론이 되시는 예수님의 이름이 더욱 높아지기를 소망합니다.

2018년 7월
할렐루야교회 담임목사
김승욱

3S 신앙을 배운다

먼저 제 인생 80년, 목회사역과 신학교육 53년을 맞아 '김상복 목사 80세 기념문집'인 "확신시리즈"의 개정판 출간을 위해 출판위원회를 조직하고 첫 권을 출판하도록 힘써 준 할렐루야교회에 깊은 감사의 마음을 전합니다. 김승욱 담임목사님과 당회원들, 출판위원들에게도 진심으로 감사드립니다.

1990년 6월, 26년간의 미국 사역을 뒤로 하고 저는 할렐루야교회에 부임했습니다. 제일 먼저 저는 교회 안에 있는 가난하고 어려운 가정들의 명단을 만들어 달라고 부탁드렸습니다. 그 명단에 따라 한 가정씩 심방하던 중에 두 가지 사실을 알게 되었습니다.

첫째는 명단 속 가정에는 40대 과부와 어린 아이가 아주 많다는 사실이었습니다. '미국에 비해 40대 과부들이 이렇게 많은 이유는 무엇인가?' 의문을 품고 심방을 하던 중에 '한강의 기적'이라 불리는 대한민국 경제 발전의 이면에 젊은 세대들이 밤낮으로 열심히 일하다가 과로로 건강을 해쳤다는 것을 알게 되었습니다. 결과적으로 많은 가정의 남편과 아버지가 희생되었던 것입니다. 둘째는 성도들의 신앙이 견고하게 세워져 있지 않다는 것이었습니다. 저는 교회의 기초를

튼튼하게 세워야겠다는 생각으로 설교를 하기 시작했습니다. 또한 3S(구원, 성화, 섬김) 신앙의 내용을 묶어서 "확신시리즈"로 발간했습니다.

거듭난 성도라면 '믿음, 성장, 구원, 동행, 섬김, 사랑, 전도, 순종, 종말'에 대한 확신이 있어야 합니다. 저는 이 아홉 가지 확신이야말로 탄탄한 신앙의 출발점이며, 건강한 신앙생활의 원동력이라고 생각했습니다. 그리스도인들이 제대로 된 신앙생활을 하지 못하는 경우는 이에 대한 확신이 부족하기 때문이라고 보았던 겁니다.

당시 "확신시리즈"는 40쇄를 넘긴 베스트셀러였습니다. 하지만 안타깝게도 현재는 출판사 사정으로 모든 책이 절판되었고, 저자인 저마저도 구하기 힘든 책이 되고 말았습니다. 이에 오래 전의 "확신시리즈" 9권과 『죄의 속박에서 벗어나라』를 더한 10권을 두 권씩 합하고 새롭게 매만져 개정판 5권으로 출간하기로 했습니다.

특별히 1권 『아, 그렇구나(믿음과 성장)』은 "확신시리즈"의 『당신은 확실히 믿습니까?』와 『당신은 확실히 성장하고 있습니까?』를 묶은 책입니다. 『당신은 확실히 믿습니까?』에는 목회 초기의 설교 14편이 담겨 있습니다. 이 책에서 저는 신앙의 가장 기본적인 일곱 가지 이슈들(구원, 거듭남, 내주하심, 기도, 용서, 인도, 승리)을 다루었습니다. 제 설교를 통해서 자신의 믿음을 점검하고 믿음에 대한 확실한 답을 얻게 된 성도들의 삶은 감격과 기쁨, 감사가 넘쳐흘렀습니다. 교회는 새로운 에너지로 가득 찼고, 이는 결국 할렐루야교회 성장의 불씨가 되어 폭발적인 교회성장으로 이어졌습니다.

이어서 설교한 '확신시리즈' 2편은 『당신은 확실히 성장하고 있습니까?』였습니다. 성경과 기독교 역사의 위대한 인물들과 저의 신앙생활, 목회 생활 속에서 만난 분들의 신앙을 토대로 9가지 영역의 신앙 성장 로드맵을 그려 보았습니다. 즉 말씀, 기도, 예배, 친교, 간증, 선교, 섬김, 헌금, 순종이라는 9가지 영역에서 건강하게 성장하도록 지속적으로 설교하고 가르쳤습니다. 허물과 죄로 죽었던 사람이 예수님을 만나서 영적으로 다시 태어나고 영혼이 성장하는 과정을 담아낸 것입니다.

이번 김상복 목사의 "확신시리즈" 개정판이 많은 그리스도인들의 신앙 성장에 굳건하고 안전한 디딤돌이 되기를 바랍니다. 또한 이 책이 신앙 명문가에 대대손손 전해지는 믿음의 길잡이가 되기를 소망합니다.

2018년 7월
할렐루야교회 원로목사
김상복

차례

봉헌사 4

머리말 7

1부

확실히 믿습니까?

1

구원의 은혜

"너희는 그 은혜에 의하여 믿음으로 말미암아 구원을 받았으니 이것은 너희에게서 난 것이 아니요 하나님의 선물이라 행위에서 난 것이 아니니 이는 누구든지 자랑하지 못하게 함이라 우리는 그가 만드신 바라 그리스도 예수 안에서 선한 일을 위하여 지으심을 받은 자니 이 일은 하나님이 전에 예비하사 우리로 그 가운데서 행하게 하려 하심이니라"

엡 2:8-10

주일에 세례문답을 하는 시간이 있었습
니다. 세례 대상자들과 문답을 하는 과정에서 '구원'과 관련해 성도
들이 정확하게 듣고 확실하게 이해하며, 확신을 갖고 신앙생활을 하
도록 도와야겠다는 생각이 들었습니다.

저는 모태신앙이긴 했으나 구원의 확신이 무엇인지 모르고 자랐
습니다. 어려서부터 찬송을 부르고 성경을 배우고 기도를 했습니다.
성경공부는 언제든 열심히 참석했고 주일학교에서 주는 상은 무엇이
든 거의 다 탈 정도로 성실했습니다. 평양에서뿐만 아니라 부산에 와
서도 그랬습니다. 제 나름대로 교회 생활을 열심히 하다 보니 중고등
부 회장, 대학부 회장으로 섬길 기회도 있었습니다. 중학교 1학년 때
부터 주일학교 보조교사를 하고, 새벽기도, 철야기도를 빠지지 않았
고, 부흥회나 수양회도 많이 따라갔습니다. 교회에서 하는 일이라면
빠진 적이 거의 없었습니다. 성가대, 고등부 성가대 지휘, 반주자 등
해볼 만한 것은 다 해봤습니다. 대학교를 졸업하자마자 저는 집사가
되었고, 곧 중고등부 부장 집사가 되어 열심히 봉사했습니다. 정말 열
심히 교회 생활을 했습니다. 십일조를 꼬박꼬박 하고 철야기도도 부
지런히 했습니다. 토요일 밤이면 아무도 없는 교회에서 혼자 기도했

습니다. 아주 추운 겨울밤, 온몸을 벌벌 떨면서까지 기도했습니다. 하나님이 "상복이 너 참 귀엽구나!" 그러실 것만 같았습니다. 지금은 주일에 버스나 전철을 타는 것이 자연스러운 일이지만 그때는 주일에 전차나 버스를 타면 안 되는 줄 알았습니다. 그래서 먼 거리를 걸어 다녔습니다. 그때는 대부분의 교회 생활이 다 그랬으니 이 정도면 나름 괜찮게 신앙생활을 하고 있다고 여겼던 겁니다.

그러나 한 가지 부족한 것이 있었습니다. 구원의 은혜를 확실하게 모른다는 사실이었습니다. 사실은 모르는 줄도 몰랐습니다. 가끔 부흥회 때 오신 목사님께서 거듭난 사람은 손을 들어 보라고 합니다. 그럴 때면 보통 가장 앞줄에 앉으신 권사님들 몇 분만 손을 들었습니다. 저는 중간쯤 앉아서 손을 들어야 되나 고민하면서 우물쭈물했습니다. 손을 들고 싶다가도 '내가 뭔데 손을 들어?', '뭐가 잘나서 손을 들어?', '난 그저 그런 사람이잖아. 가만히 있어.'라는 생각이 들어 차마 손을 들지 못했습니다. 혹시 여러분도 저와 비슷하지 않았습니까? 그럴지도 모릅니다. 한국뿐 아니라 미국에서도 집사님이나 장로님 중 구원의 은혜를 모르는 분들이 종종 있었습니다. 심지어 목사님 중에도 그런 분을 보았습니다. 언젠가 미국 한인 교회에 집회하러 갔을 때, 장로님 한 분이 저를 꼭 만나고 싶다며 찾아오셨습니다.

"저는 안수집사입니다. 얼마 뒤에는 장로가 될 텐데 도무지 양심에 가책이 되어서 못 하겠습니다."

"왜요?"

"저는 하나님을 믿지 않습니다. 이 사실을 아는 사람은 없습니다. 저는 이 교회를 세우고 10년 동안 다녔습니다. 우리 교포들과 유학생들이 적어도 일주일에 한 번은 만나야겠다 싶어서 교회를 세웠습니다. 그러나 저는 교회에서 제대로 기도를 한 적이 없었습니다.”

“그러면 어떻게 해서 안수집사가 되었습니까?”

“열심히 일하니까 집사를 하라고 하더라고요. 교회의 여러 가지 일을 하려면 돈이 있어야 하니 헌금도 좀 했습니다. 제직회 때 걸핏하면 싸움을 해서 제가 주로 싸움을 말렸습니다. 그랬더니 저에게 집사장을 하라고 했습니다. 그래서 집사장이 되고 안수집사가 되었지요. 하지만 이제 장로 피택을 받고 보니 양심에 가책이 되어서 도저히 못 하겠습니다.”

이것은 특수한 상황이지만 실제로 있었던 일입니다. 또 다른 교회에 가서 복음을 전했는데 많은 분들이 주님을 확실히 영접하고 구원의 확신도 갖게 되었습니다. 집회 후에 30여 명의 집사님들과 모여 점심 식사를 하게 되었습니다. 절반 정도 되는 분들이 “목사님, 오늘에야 비로소 깨달았습니다. 우리는 구원이 그런 것인 줄 몰랐습니다!”라고 말하는 겁니다. 그래서 “집사는 어떻게 해서 되었습니까?”라고 묻자 “우리 목사님이 전화하셔서 제게 집사를 하라고 하셨어요. 그래서 ‘목사님, 저는 교회에 다닌 지 얼마 안 되어서 아무것도 모릅니다.’라고 했지요. 그랬더니 ‘그만큼 다녔으면 됐어요. 이제 집사가 되어야 합니다. 아무 소리 말고 그렇게 해요!’라고 하더군요. 그래서 집사가 되었습니다.” 하더군요.

그뿐 아닙니다. 어느 권사님은 10년 동안 집사로 열심히 봉사하면서 한국에 있는 신학생들을 도와주었답니다. ‘신학생들을 열심히 도와주고 교회에서 봉사하면 구원받겠지!’ 생각했는데 구원에 대한 제 설교를 듣고는 놀랐다고 합니다. 구원이 그런 것인 줄 정말로 몰랐다면서 말입니다.

이런 이야기는 여러분에게 해당되지 않을 수 있습니다. 하지만 열심히 봉사하면 구원받는 줄 아는 성도들을 많이 봤습니다. 저도 그랬으니까요. 여러분은 어떻습니까? 물론 자신이 구원받은 사람이라는 것을 분명하게 아는 분도 계실 겁니다. 그렇다면 그것은 하나님 은혜입니다. 감사할 따름입니다. 저는 스물다섯 살이 되어서야 이 사실을 깨달았습니다.

결혼 후 맞이한 어느 토요일 아침이었습니다. 아내에게 구원받았는지를 묻자 잘 모르겠다고 하더군요. 많은 여자들 중 한 명을 선택해 평생 함께할 아내로 삼았는데, 그 아내가 천국에 갈 수 있는지를 모르겠다고 하는 겁니다. 저는 천국에 갈 확신이 있는데, 아내가 모르겠다고 하니 예전의 저와 똑같다는 생각이 들었습니다. 저는 아내에게 복음을 전했고, 아내가 주님을 영접했습니다. 그때 우리는 얼싸안았습니다. '이제는 정말 하나가 되었구나. 전에는 몸과 마음이 하나였다면 이제는 영까지 하나가 되었구나. 이제는 천국에서도 나의 귀한 아내와 함께 영원히 살겠구나!' 그런 생각이 들자 정말 감사했습니다. 지금도 가끔 아내와 그때 이야기를 합니다.

저는 구원에 대해 아무것도 몰랐습니다. 그런데도 주일학교 선생님을 하고, 성가대로 봉사했습니다. 여러분은 이 책을 덮을 무렵, 자신의 영원한 삶에 대한 확답을 얻으시기 바랍니다. 어린아이부터 할머니, 할아버지에 이르기까지 모두 확실히 알고 믿어야 합니다. 이를 통해 마음에 영원한 평화를 얻고 다른 사람들에게도 알리고 전하는 분들이 되시기 바랍니다.

구원이란
무엇입니까?

그렇다면 구원이 무엇일까요? 에베소서 2장 8-10절을 보십시오. 8절은 "너희는 그 은혜에 의하여 믿음으로 말미암아 구원을 받았으니 이것은 너희에게서 난 것이 아니요 하나님의 선물이라"고 말씀합니다. 여기에 세 가지 중요한 단어가 나옵니다. 바로 '은혜, 구원, 선물'입니다. 이 말씀은 '은혜, 구원, 선물'이라는 세 단어를 통해 우리의 구원 문제를 성경 전체에서 가장 정확하고 쉽게 설명합니다.

첫째, 구원은 하나님께서 주시는 은혜의 선물입니다. 구원은 은혜의 선물입니다. 더 쉽게 말하면 구원은 선물, 구원은 은혜입니다. 사람은 누구든 오래 살고 싶은 마음이 있습니다. 100세 되신 어르신에게 "이제 그만 사시고 본향으로 돌아가시죠."라고 한다면 아마도 굉장히 섭섭해 하실 겁니다. 또한 인간에게는 영원히 살고 싶은 마음이 있습니다. 전도서에는 하나님께서 인간의 마음속에 영원을 사모하는 마음을 주셨다고 말씀합니다(전 3:11). 과학이 발달하고 지식이 증가해도 종교는 절대로 없어지지 않습니다.

공산주의 국가에서도 기독교는 갈수록 왕성합니다. 사람들은 영원한 세계, 영원하신 하나님을 만나고 영원한 고향을 발견했을 때 비로소 인간으로서의 삶에서 참된 의미와 보람을 느끼게 됩니다. 아무리 돈을 많이 벌고 유명해진다 해도, 박사학위를 받고 많은 권력을 가진다 해도 만족할 수 없는 이유가 바로 이것입니다. 사람은 하나님을 알아야 참된 인간됨을 느낄 수 있습니다. 하나님 안에서만이 진정한 구원을 맛보게 되기 때문입니다.

이러한 구원은 하나님의 은혜요, 선물입니다. 따라서 하나님의 구원은 누구든 다 받을 수 있습니다. 구원받지 못할 사람은 없습니다. 결사적으로 지옥에 가겠다고 결심한 어리석은 사람만 제외하고는 구원받지 못할 사람은 한 사람도 없습니다. 구원은 은혜의 선물입니다. 하나님이 주시는 것입니다. 누구에게든 거저 주시는 하나님의 선물입니다. 이것을 우리는 분명하게 깨달아야 합니다. 예전에 저는 이런 사실을 몰랐습니다. 머릿속으로 막연하게 생각은 했으나 그것이 바로 내게 적용되는 진리임을 몰랐습니다. 그래서 구원 문제에 대해 굉장히 고민하고 방황했습니다, 이 사실을 깨닫기 전까지 말입니다. 다시 말씀 드립니다. 여러분의 노력과는 전혀 상관이 없이 구원은 하나님께서 주시는 은혜입니다.

"죄의 삯은 사망이요 하나님의 은사(선물)는 그리스도 예수 우리 주 안에 있는 영생이니라"(롬 6:23).

영원한 생명, 구원, 천국, 하나님 나라는 모두 같은 말입니다. 구원은 하나님의 선물입니다. 은혜는 하나님 편에서 사랑으로 주시는 것입니다. 내가 달라고 해서 억지로 받는 것이 아니라 하나님이 주시는 선물임을 확실하게 알아야 합니다. 저는 이 사실을 몰랐기 때문에 고민을 많이 했습니다. 어두움 속에서 방황하던 날들을 생각하면 기가 막힙니다. 이러한 구원을 모른 채 중고등학생 70여 명을 담당하면서 몇 년을 가르쳤기에 더욱 안타깝습니다.

뉴욕에 갔을 때 어느 교회에서 집회를 마치고 인사를 하고 있는데 한 부인이 다가왔습니다.

"목사님, 참 반갑습니다. 목사님 이야기를 참 많이 들었습니다."

"누구한테 들으셨습니까?"

"제 남편에게 들었습니다."

"남편이 누구신데요?"

"남편 이름은 ○○○입니다. 예전에 목사님이 가르치셨던 학생입니다."

남편 이름을 듣는 순간 그의 얼굴이 떠올랐습니다. 반가워서 몇 마디 나누던 중 "목사님, 그런데 제 남편이 교회에 안 나가려고 합니다."라고 말하더군요. 순간 저는 양심의 가책이 느껴졌습니다. 호텔로 돌아온 저는 무릎 꿇고 회개했습니다. "주님, 잘못했습니다. 제가 구원의 은혜를 제대로 가르쳤다면 그 부인이 '목사님, 감사합니다. 목사님 덕분에 남편이 구원받게 되었다고 하던데요?' 했을 텐데, 그렇지 못했습니다. 제가 잘 몰랐습니다. 제가 학생들을 제대로 가르치지 못했습니다. 하나님, 그 남편이 학생일 때 구원에 대해 제대로 가르치지 못했기에 저 부인이 고생하고 있습니다. 부인의 마음이 힘든 것은 다 제 잘못입니다. 주님, 저를 용서해 주십시오. 다음에 기회를 주신다면 절대로 그러지 않겠습니다."라고 기도했습니다. 이런 경험 때문에 제가 지금 구원을 강조하는 것입니다. 구원은 하나님께서 당신에게 주시는 은혜의 선물입니다.

둘째, 구원은 나의 노력과는 상관이 없습니다.

"너희는 그 은혜에 의하여 믿음으로 말미암아 구원을 받았으니 이것
은 너희에게서 난 것이 아니요 하나님의 선물이라 행위에서 난 것이
아니니 이는 누구든지 자랑하지 못하게 함이라"(엡 2:8-9).

구원은 사람에게서 난 것이 아니라고 말합니다. 구원은 나에게서
난 것이 아닙니다. 내가 철야 기도를 자주 하고 성경을 많이 읽고, 봉
사와 선교를 하며, 신학생 10명을 도와주었다 해도 소용없습니다. 즉
그런 행위와는 아무 상관이 없다는 말입니다.

이 세상의 종교를 두 가지로 나눌 수 있습니다. '노력으로 구원 얻
는 종교'와 '은혜로 구원 얻는 종교'입니다. 세상의 여러 종교들은 모
두 자기 노력을 통해 구원받는다고 가르칩니다. 불교는 내 속에 있는
모든 욕정을 완전히 제거했을 때 부처가 된다고 합니다. 욕정을 완전
히 제거하지 않으면 이 고난의 인생으로 계속해서 돌아오게 된다고
말합니다. 이슬람교도 마찬가지입니다. 매일 몇 번씩 정기적으로 기
도하고 자선을 베풀라고 합니다. 살면서 한 번은 성지에 갔다 와야
하고 모든 율법을 제대로 지켜야 구원받게 되어 있습니다. 많은 종교
가 다 그렇지만 기독교는 다릅니다. 우리의 노력만으로는 구원받을
수 없다고 말합니다.

구원과 관련해서 저는 회개를 많이 했습니다. 어린 시절 교회에서

선포되는 설교 주제의 대부분은 '회개'였습니다. 교회에 가면 회개하는 시간이 많았습니다. 혹시나 회개하지 않은 죄 때문에 지옥에 갈까봐 겁이 나서 회개하고 또 회개했습니다. 회개하다 보니 다섯 살때 구두 신고 나가서 동네 아이들을 걷어찼던 것까지 별의별 죄가다 생각났습니다. 그렇게 회개해도 걱정스러웠습니다. 생각이나 말, 행동으로 범한 죄 중에서 잊어버린 것이 많은데 기억나지 않아서 회개하지 못한 죄는 모두 어쩌나 싶었습니다. 두려웠습니다. 정말 두려웠습니다. 그 당시 저는 제가 지은 죄를 전부 기억해서 다 회개해야구원받는 줄 알았습니다.

하나도 빠짐없이 다 회개했다고 해서 구원받는 것은 아닙니다. 물론 회개하면 우리 마음이 깨끗해져서 좋습니다. 하지만 철저하게 회개했는데도 이틀이 채 못 가서 죄를 짓곤 합니다. 끊임없이 마음과입이 더러워지고 악한 행동을 하게 됩니다. 따라서 구원이 회개 여부에 달려 있다면 구원을 확신할 수 있는 사람은 하나도 없게 됩니다. 그것은 제가 경험한 것입니다. 구원에 대해 자신이 없어서 고민하던어느 날 "너희는 그 은혜에 의하여 믿음으로 말미암아 구원을 받았으니 이것은 너희에게서 난 것이 아니요 하나님의 선물이라"(엡 2:8)는말씀을 들었습니다. 그 말씀을 이해하고 깨달았을 때 제가 느낀 해방감은 이루 말할 수 없습니다.

혹시 오래 전 저처럼 구원에 확신이 없으십니까? 그렇다면 먼저하나님의 은혜로 구원받는다는 사실을 믿으십시오. 또한 구원은 나의 노력과는 아무 상관이 없다는 것을 믿으시기 바랍니다. 여러분이아무리 노력해도 하나님의 영광에 이를 수 없습니다. 저는 지금까지 살면서 수많은 사람을 만났습니다. 모두가 다 자기 나름대로 선하게 살려고 노력하고 있었습니다. 하지만 인간적인 노력만으로 하나님의 완전한 세계에 갈 수는 없습니다. 우리에게는 죄성이 있기 때문입니다. 우리 힘으로는 도저히 하나님께 도달할 수 없습니다.

"전에는 우리도 다 그 가운데서 우리 육체의 욕심을 따라 지내며 육체와 마음의 원하는 것을 하여 다른 이들과 같이 본질상 진노의 자녀이었더니"(엡 2:3).

우리는 본질상 진노의 자녀로 태어났습니다. 사과나무에 사과가 열리고, 배나무에 배가 열리듯이 죄 나무에는 죄가 열립니다. 인간에게는 죄성이 있어 죄를 짓는다는 것은 우리보다 하나님이 더 잘 아십니다. 우리가 죄 때문에 슬퍼하고 죄 때문에 방황하는 것도 하나님이 더 잘 아십니다. 본질상 죄의 자녀로 죄를 안고 태어났다는 것, 죄성 때문에 잘못된 말과 나쁜 생각과 행동이 드러나는 것, 이 모두를 하나님께서 가장 잘 아십니다.

하지만 우리가 죄인이라는 사실은 하나님 입장에서 볼 때 놀랍지 않습니다. 더 이상 새로운 뉴스도 아닙니다. 우리가 태어날 때부터 죄인이라는 것을 에덴동산의 아담 때부터 하나님은 아셨습니다. 그러므로 우리가 하나님께 잘못하고 있음은 하나님께 전혀 새로운 뉴스가 아닙니다. 의인은 없나니 하나도 없다는 것 역시 뉴스가 아닙니다. 당신이 죄 때문에 하나님과의 사이가 멀어졌다는 것도 마찬가지입니다. 하나님이 다 알고 계십니다.

구원받는 방법, 영원한 생명을 얻는 방법은 하나밖에 없습니다. 다른 종교처럼 노력해서 구원받으라고 한다면 이 세상 단 한 사람도 구원받을 수 없습니다. 구원받기 위해서는 하나님의 은혜로 영원한 삶을 선물로 받아야 합니다. 저 천국의 시민권을 선물로 받는 방법밖에는 다른 길이 없습니다. 그러므로 하나님께서 당신에게 은혜로 영원한 생명을 주시는 것을 믿고 내 것으로 받아들이십시오. 그때가 바로 여러분이 구원받는 날이 될 것입니다.

셋째, 구원에 대해서는 자랑할 것이 없습니다. 여러분은 어떨 때 하나님 앞에서 당당할 수 있습니까? 헌금을 많이 하거나 봉사를 많이 할 때입니까? 신학생을 많이 돕고 교회 사역을 많이 감당해야 한다고 생각합니까? 하나님 나라는 완전히 깨끗해지지 않고 적당히 선한 일을 많이 해서 갈 수 있는 곳이 아닙니다.

한 사람이 천국 문 앞에서 베드로를 만났답니다.

"어떻게 왔나?"

"저도 천국에 들어가고 싶습니다."

"여기 들어오려면 100점이 필요해."

"저는 모태 신앙이고 평생 교회에 열심히 다녔습니다. 세례도 받았고 성가대도 열심히 했습니다."

"그것을 다 합하면 1점밖에 안 돼."

"아니, 그걸 다 합쳤는데 1점이면 어떻게 합니까?"

"혹시 더 내놓을 것은 없나?"

"친구도 도와주고 동네 아이들도 돌보고 불쌍한 사람들도 도왔습니다."

"그것도 1점이네."

이것저것 자랑거리를 찾아냈는데도 여전히 1점밖에 못 얻었습니다. 아직 97점이 모자랍니다.

"그럼, 저 어쩌죠?"

"천국에 들어오는 것은 예수의 피로만 가능해. 예수의 보혈을 의지할 때 100점을 받지. 나머지는 소용없어."

그렇습니다. 예수의 피입니다. 그리스도께서 십자가에서 흘리신 보혈로 누구나 천국 문을 통과합니다. 예수의 보혈이 바로 100점의 비결입니다. 이는 누군가가 지어낸 이야기입니다만 혹시라도 천국에 갔을 때 베드로가 붙잡거든, "예수님의 보혈, 그 공로로 왔습니다!"라고 분명하게 말하십시오. 그러면 당장 들여보내 줄 것입니다.

2천 년 전 예수께서 우리를 위해 십자가에 못 박히셨고, 우리의 모든 죄를 대속하셨습니다. 덕분에 우리 모두가 은혜로, 그 사실을 믿음으로 말미암아 구원받았습니다. 우리는 자랑할 것이 하나도 없습니다. 구원받은 것은 하나님의 은혜입니다. 예수께 죽도록 충성하여 생명의 면류관을 받았다 해도, 그것을 예수님의 발 앞에 놓고 "주님, 받으세요. 존귀와 영광을 주님만 받으시옵소서!"라고 말해야 하는 것입니다. 은혜로 값없이 구원받았기에, 그 은혜에 감사해 성가대를 하고 오케스트라도 하는 것입니다. 누가 월급을 줘서가 아닙니다. 누가 칭찬하거나 알아줘서가 아닙니다. 구원과 신앙생활은 '말과 마차'와 같습니다. 말이 앞에 있어야 마차를 끌고 갑니다. 말은 없는데 마차만 있거나 마차가 앞에 있고 말이 뒤에 있다면 제대로 달릴 수 없습니다. 구원과 신앙생활도 그렇습니다. 구원 없이 신앙생활을 하려면 힘들기만 합니다.

> "우리는 그가 만드신 바라 그리스도 예수 안에서 선한 일을 위하여 지으심을 받은 자니 이 일은 하나님이 전에 예비하사 우리로 그 가운데서 행하게 하려 하심이니라"(엡 2:10).

우리는 예수 그리스도 안에서 새롭게 창조되었습니다. 새롭게 창조되었다는 것은 영원한 새 생명이 내 속에 들어왔다는 것입니다. 우리는 주님의 '걸작품'입니다. 우리를 구원받은 새사람으로 만들어 주셨기에 겉모습은 변함없는데도 속사람은 새로운 사람이 된 것입니다. 이렇게 새사람으로 만드신 이유는 무엇입니까? 에베소서 2장 10절 말씀에 따르면 '선한 일을 행하게 하기 위함'입니다. 새사람이 되면 선한 일을 하게 되기 때문입니다.

구원은 거저 받을 수 있습니다. 구원받은 사람이 찬송하고 구원받은 사람이 헌금합니다. 구원받은 사람이 전도하고 구원받은 사람이 봉사합니다. 구원받은 사람이 성가대 오케스트라를 하고 구원받은 사람이 주일학교 교사를 합니다. 구원받은 사람이 받은 은혜에 감사해서 자신을 바쳐 하나님과 이웃을 섬기며 삽니다. 바로 이것이 신앙생활입니다.

여러분 중 구원의 선물을 받지 못한 분이 없기를 바랍니다. 잠시 책 읽기를 멈추십시오. 그리고 이렇게 기도하십시오. "그 동안 구원이 무엇인지 제대로 몰랐습니다. 이제 주님이 주시는 은혜의 선물, 구원을 저의 것으로 받아들입니다." 이제 구원은 여러분 것입니다. 언제 죽음이 우리를 찾아온다 해도 걱정할 필요 없습니다. 마지막 호흡을 하는 그 순간에도 구원받은 자녀로서 하나님 나라에 갈 것이라는 확신을 가지고 평화롭게 잠들 수 있습니다.

구원의 확신

"하나님의 아들을 믿는 자는 자기 안에 증거가 있고 하나님을 믿지 아니하는 자는 하나님을 거짓말하는 자로 만드나니 이는 하나님께서 그 아들에 대하여 증언하신 증거를 믿지 아니하였음이라 또 증거는 이것이니 하나님이 우리에게 영생을 주신 것과 이 생명이 그의 아들 안에 있는 그것이니라 아들이 있는 자에게는 생명이 있고 하나님의 아들이 없는 자에게는 생명이 없느니라 내가 하나님의 아들의 이름을 믿는 너희에게 이것을 쓰는 것은 너희로 하여금 너희에게 영생이 있음을 알게 하려 함이라" 요일 5:10-13

구원받은 것을 어떻게 알고 확신할 수 있을까요? 이와 관련해 두 분이 기억납니다. 오래 전 제가 미국의 인디아나 폴리스에 살 때 저희 동네에 교회가 하나 있었습니다. 그곳에 80세 되는 할아버지 목사님이 오셔서 부흥회를 인도하신 적이 있었습니다. 집회 마지막 시간에 교인 한 분이 손을 번쩍 들더니 "목사님, 목사님은 죽은 후 천국에 간다는 확신이 있으십니까?"라고 물었습니다. 그랬더니 목사님은 "그걸 누가 알겠나? 죽어서 깨어나 봐야 알지!"하고 대답하셨습니다.

또 한 분은 90세 가까이 된 권사님이십니다. 아름다운 신앙을 가진 분으로 열두 시 정각이 되면 저를 위해서 꼭 기도해주셨습니다. 성경을 여러 번 필사하셨고, 성경 내용도 아주 잘 알고 계셨습니다. 깔끔한 성격에 열심히 신앙생활 하시는 모습만 봐도 은혜가 되는 분이셨습니다.

어느 날 권사님께 여쭤보았습니다. "권사님, 혹시 내일 아침 눈을 뜨지 못한다면 천국에 갈 확신이 있으십니까?" 그러자 고개를 흔드시면서 "사람이 그것을 어떻게 알겠어요?"하고 겸손하게 대답하셨습니다. 보통 "제가 확실히 압니다!" 혹은 "자신 있습니다!"라고 하면 건방지다고 생각하고, 알면서도 잘 모른다고 하면 겸손하다고 하지 않습니까? 이분도 마찬가지였습니다. 저는 권사님이 "목사님, 다른 건 몰라도 그건 제가 확실히 압니다!"라고 대답하시길 바랐는데, 평생 주님을 섬긴 분이 그렇게 대답하시니 제 마음이 몹시 아팠습니다. 언제 돌아가실지 모르는데 그렇게 말씀하시니 가슴이 저렸습니다. 겸손하게 대답하신 건지, 정말로 구원의 확신이 없으신 건지 구분이 되지 않았습니다. 그래서 몇 가지 질문을 더 했더니, 믿기는 하시는데 확신은 없으신 것 같았습니다.

한국 사람들이 겸손하게 표현하는 편이라 신앙에 있어서도 "저는 잘 모릅니다. 어떻게 제가 천국 간다고 자신 있게 말하겠습니까?"라고 말씀하시는지도 모릅니다. 그러나 그것은 미덕이 아닙니다. 다른 때는 겸손하셔도 됩니다. 찬양을 잘하거나 똑똑한 머리를 가졌을 때, 운동선수가 세계를 제패했을 때는 겸손하게 말하십시오. 그러나 에베소서 2장 8-9절 말씀처럼 하나님이 주시는 구원은 은혜의 선물임을 고백하며, 구원에 대한 질문만은 자신 있게 대답하시기 바랍니다. 구원 문제에 관한 한 절대로 겸손하지 마십시오.

구원의 믿음과 생활의 믿음

믿음에는 크게 두 가지가 있습니다. '구원의 믿음(saving faith)'과 '생활의 믿음(living faith)'입니다. 구원의 믿음은 믿음이 있거나 혹은 없거나 두 가지 중 하나입니다. 구원은 결국 하나님의 은혜요, 하나님께서 주시는 선물이기 때문입니다. 감사함으로 구원을 받았다면 영원히 나의 것입니다. 요한복음 1장 12절은 "영접하는 자 곧 그 이름을 믿는 자들에게는 하나님의 자녀가 되는 권세를 주셨으니"라고 말씀합니다. 영접하는 자와 믿는 자가 같은 것입니다. '영접(receive)'한 자는 곧 믿는 자입니다. 곧 '믿는' 것과 '받아들인' 것이 같습니다. 내 것으로 받아들였는가 안 받아들였는가의 차이일 뿐이지 '잘 믿는다' 혹은 '못 믿는다'가 아닙니다. 믿음이 '강한가? 약한가?'의 정도 차이도 아닙니다. 영생의 선물인 예수 그리스도를 받아들이면 나에게 믿음이 있는 것입니다. 구원의 믿음이 있는 것입니다. 구원을 이야기할 때 "나는 믿음이 있습니다!"라고 하는 것은 교만이 아닙니다. 앞으로 "저는 믿습니다!"라는 고백을 할 때는 주저하지 말고 담대하게 하시기 바랍니다.

생활의 믿음은 구원의 믿음이 있는 사람이 매일 구원받은 사람으로서 하나님을 의지해서 사는 삶을 말합니다. 어떤 사람은 하나님을 전적으로 의지하며 하나님의 능력으로 날마다 힘 있게 살아갑니다. 또 다른 사람은 하나님을 의지하지 않고 자기 자신을 의지해서 삽니다. 힘없이 낙심하며 걱정과 염려 속에서 사는 겁니다.

예를 들어, 다윗은 구원의 믿음뿐 아니라 생활의 믿음이 강했던 사람입니다. 골리앗을 만났을 때 다윗은 "나는 살아계신 여호와의 이름으로 너에게 나아간다!"고 했습니다. 우리 인생에는 골리앗 같은 거인이 많습니다. 어떤 때는 질병으로 나타나 우리를 공포 속에 빠뜨리고 약하게 만들며 생명을 위협합니다. 때로는 친척과의 관계로, 큰 사업 문제로 나타납니다. 이 거인들이 가끔씩 나타나서 하나님의 사람을 위협합니다. 그럴 때 하나님을 전심으로 의지하는 사람은 다윗처럼 돌멩이로 골리앗을 칩니다. 십자가에서 돌아가심으로써 나를 영원히 구해 주신 예수 그리스도를 믿고, 하나님 아버지를 전적으로 의지하기에 "너는 창과 검을 가지고 나아와라!"하며 골리앗을 때려 눕힙니다.

이런 생활의 믿음은 정도의 차이가 있습니다. 신앙 훈련이 되어 있지 않고 주님과 날마다 교제하는 시간이 적다면, 말씀 안에서 성장하지 않고 기도와 예배를 제대로 드리지 않는다면 어떨까요? 믿는 사람들과의 교제 없이 믿지 않는 사람과 자주 어울린다면 어떨까요? 믿음이 자라지 못하고 약할 수밖에 없습니다. 이처럼 '생활의 믿음'은 약할 수도 있고 강할 수도 있으나 '구원의 믿음'은 있든가 없든가 둘 중 하나입니다. 예수 그리스도를 구주로 고백한 그 순간부터 그에게는 구원이 있습니다. 주님을 받아들였기 때문입니다. 이제는 믿기 때문입니다.

그렇다면 그리스도를 몇 번쯤 영접해야 할까요? 어떤 사람은 주님을 영접하라고 할 때마다 영접합니다. 순박하고 착한 분들입니다. 그런 사람과 대화해 보면 자신이 없어서 또 영접한다고 합니다. 주님을 영접하는 것은 한 번이면 됩니다. 두세 번씩 할 필요가 없습니다. 요한계시록 3장 20절은 "볼지어다 내가 문 밖에 서서 두드리노니 누구든지 내 음성을 듣고 문을 열면 내가 그에게로 들어가 그와 더불어 먹고 그는 나와 더불어 먹으리라"고 말씀합니다. 우리가 마음 문을 열고 마음으로 믿고 입으로 고백할 때 구원받습니다. 그때 주님이 임재하십니다. 단번에 영원히 내 마음속으로 임하십니다.

보통 우리는 어떤 강렬한 경험이 있어야 구원받은 것으로 여깁니다. 신비한 체험이나 기적을 경험한 사람들의 구원 간증을 자주 듣기 때문입니다. 강도였던 사람이 하나님을 믿게 되었다고 하면 수만 명이 모여듭니다. 전과자였거나 암에 걸렸다가 나았다는 사람이 간증을 하면 더 듣고 싶어집니다.

하지만 그런 극적인 경험이 누구에게나 있는 것은 아닙니다. 구원의 믿음에 대해 혼동하는 사람들이 있습니다. 구원은 예수 그리스도께서 나를 위해 죽으심으로 완성하시고 우리에게 선물로 주신 것입니다. 예수님을 구주로 받아들였기 때문에 구원받은 것이지 병이 나았기 때문에 구원받은 것은 아닙니다. 불교신자들도 기도해서 병이 낫습니다. 병이 낫는 것과 구원받는 것은 별개입니다. 어떤 사람은 교통사고를 당하고도 몸이 다치지 않은 것을 보면서 구원받았다고 생각합니다. 그것은 교통사고에서 목숨이 구원받은 것이지 죄에서 구원받은 것은 아닙니다.

어떤 사람은 경제적으로 어려움을 당하다가 물질적인 도움을 얻으면 구원과 관련시킵니다. 그것은 빚에서 구원받은 것이지 영원한 멸망에서 구원받은 것은 아닙니다. 우리 영혼의 구원은 죄로부터의 구원입니다. 지옥으로부터의 구원이며 천국을 향한 하나님의 은혜입니다. 물론 교통사고에서 구원받고 병에서 구원받고 빚에서 구원받은 것에서 시작해 하나님을 인정하고 교회에 나가는 경우도 종종 있습니다. 복음을 듣고 예수 그리스도와 내가 어떤 관계에 있는지를 알게 되어, 예수님을 구주로 영접해 구원에 이르는 경우도 있습니다. 그러나 구원의 믿음은 예수 그리스도에게만 있는 것입니다. 나의 구속

자로서 나를 위해 돌아가신 그분에게만 구원이 있습니다.

제가 미국 신학교에 있을 때 어떤 흑인 학생과 이야기를 나누게 되었습니다. 그에게는 형제 여섯 명이 있는데, 모두 감옥에 가 있었습니다. 이 학생도 은행을 털다가 잡혀 감옥에 3년 동안 복역하던 중 복음을 듣고 6개월간 성경공부를 했다고 합니다. 출소하자마다 제가 있던 신학교로 왔습니다. 그는 아주 거칠었습니다. 구원은 받았지만 믿은 지 6개월밖에 안 되었기 때문에 예전의 나쁜 버릇도 남아 있었습니다. 신학교 기숙사에서는 학생들이 각자의 음식을 냉장고에 넣어 두는데, 이 학생은 냉장고에 있는 것을 주인에게 물어보지도 않고 아무거나 먹었습니다. 남의 것을 먹었으니 분명히 도둑질인데도 대수롭지 않게 생각하며 자기 마음대로 먹곤 했습니다.

그런 일이 있을 때마다 다른 학생들이 "너, 정말 예수님을 믿니?"라고 물었다고 합니다. 어느 날 복도에서 마주쳤는데, 그 학생이 물었습니다. "교수님, 제가 구원받은 것을 어떻게 알 수 있습니까?" 그래서 예수님을 구주로 영접했느냐고 물으니 6개월 전에 영접했다고 답하더군요. "정말 예수를 믿습니까?"하자 정말로 믿는다고, 그 사실만은 진짜로 확실하다고 말했습니다. 그래서 저도 하나님 말씀에 근거해 네가 구원받았다는 사실에 대해서만은 말해 줄 수 있다고 했습니다. 그러자 그 학생은 안도의 숨을 내쉬면서 감사하다고 했던 기억이 납니다.

구원받으면 그 순간 완전해지는 게 아닙니다. 이제 영적으로 갓 태어난 상태가 된 것이지요. 아기가 태어나자마자 마라톤 대회에 나갈 수는 없듯, 아기가 태어나자마자 똥, 오줌을 가리지 못하듯, 신앙도 그렇습니다. 구원은 받았으나 신앙의 성장이 없기에 어린아이와 같은 상태인 것입니다.

신앙이
자라지 않는 이유

신앙이 성장하지 않는 데는 몇 가지 이유가 있습니다.

첫째, 구원받지 못했기 때문입니다. 구원받지 못하고도 교회 생활에 익숙할 수 있습니다. 그런 사람은 예수님을 구주로 영접하지 않았습니다. 거듭나지 않은 것입니다. 교회에서 열심히 봉사하지만 내적 변화가 없습니다. 영적인 생명으로 다시 태어나야 합니다.

둘째, 신앙의 성장 과정을 배우지 못했거나 신앙 훈련을 받지 못했기 때문입니다. 신앙생활을 하며 좋은 훈련과 배움의 과정을 경험하지 못한 경우입니다. 그런 사람은 마치 낳기만 하고 돌보지 않고 팽개쳐 둔 아이와 같습니다. 일주일에 한 번씩 교회 와서 설교를 듣지만, 한 번의 설교로 아이가 무럭무럭 자랄 수는 없습니다. 교회 생활을 20년 가까이 했어도 신앙이 성장하지 않습니다. 정상적인 성장 과정을 거쳐야 합니다. 신앙은 말씀과 기도, 예배와 친교, 전도를 통해 자랄 수 있습니다. 아니 자라야 합니다.

셋째, 하나님 말씀에 불순종하기 때문입니다. 이런 사람은 가슴속에 커다란 문제가 자리잡고 있는 것입니다. 누군가를 미워하는 마음이나 분노, 시기 질투 등의 문제가 있으면 신앙이 성장할 수 없습니다. 신앙적 자신감이 점점 감소합니다. 염려, 근심, 나쁜 습관, 게으름, 교만, 악독 등을 회개하고 버려야 합니다. 그럴 때 성장합니다.

> "그러므로 모든 악독과 모든 기만과 외식과 시기와 모든 비방하는 말을 버리고 갓난아기들 같이 순전하고 신령한 젖을 사모하라 이는 그로 말미암아 너희로 구원에 이르도록 자라게 하려 함이라"(벧전 2:1-2).

그렇다면 우리가 구원받았다는 사실을 어떻게 알 수 있을까요?

> "내가 하나님의 아들의 이름을 믿는 너희에게 이것을 쓰는 것은 너희로 하여금 너희에게 영생이 있음을 알게 하려 함이라"(요 5:13).

13절은 '우리에게 영생이 있음을 알게 하려고' 성경을 기록했다고 말씀합니다. 성경을 통해서 우리는 영원한 생명이 있다는 사실, 즉 구원받았다는 것을 확신하게 됩니다. 하나님 말씀대로 진리를 깨달은 것입니다. 여러분은 어디 가든지 "제게는 영생이 있습니다. 이 사실을 확실히 압니다!"라고 고백하시기 바랍니다. 이것은 스스로 똑똑하다는 의미나 자기 자랑이 아닙니다. 기도를 잘 한다거나 헌금을 많이 한다는 뜻도 아닙니다. 우리가 이렇게 당당하게 말할 수 있는 이유는 믿는 자에게 구원이 있고 영생이 있음을 하나님께서 분명히 말씀해 주셨기 때문입니다.

그러므로 자신의 구원에 대해 반드시 '아는' 믿음이 있길 바랍니다. 그것을 알 때와 모를 때는 천지 차이입니다. 제가 그 사실을 알게 되었을 때 얼마나 평안했는지 모릅니다. 이전에는 예수님의 재림을 두려워했습니다. 자신이 없었기 때문입니다. 그러나 구원받는 믿음을 확실하게 가진 이후에는 평안해졌습니다. 내가 완전하지 못하지만 예수 그리스도의 보혈, 그 보혈의 공로로 구원받은 것을 알게 된 후부터 큰 평안이 임했습니다. 우리는 부족하고 죄를 지었기 때문에 주님 앞에서 떳떳하지 못했으나 이제 우리에게는 영원한 생명이 있으며 영원한 나라에 갈 것이라는 사실이 분명해졌기 때문입니다.

어느 목사님이 해준 이야기입니다. 그는 학생 때 시위를 하다가 일 년 반 동안 투옥되었다고 합니다. 당시에 그는 기독교 복음은 사회를 구원하는 것이지 인간의 영혼을 구원하는 것이 아니라고 생각했다고 합니다. 목사님이 추운 감방에 혼자 감금되었을 때, 사회 구원이 자기를 돕지 못했다고 고백했습니다. 사회 구원을 위해 감옥에 들어왔는데 사회가 자기에게 평화를 주지 못한 것입니다.

결국 그는 예수 그리스도가 주시는 영원한 삶만이 인생의 해답이라는 것을 깨닫고 감옥에서 변화되었다고 했습니다. 사회 개혁을 하지 말라는 것이 아닙니다. 구원받은 사람이 사회로 나가서 개혁하자는 것입니다. 그러나 사회 구원 때문에 자기 구원 문제, 영원한 생명의 문제를 소홀히 하는 것은 하나님께서 원하신 것과는 다릅니다. 우리가 사회 구원이나 사회 개혁을 위해서 일할 때 잊지 말아야 할 것은 영생의 확신을 갖고 하나님의 일을 해야 한다는 사실입니다.

구원받은 것을
어떻게 알 수 있는가?

구원의 확신은 감정적 체험으로 알 수 있는 게 아닙니다. 어떤 사람은 몸을 떨고 눈물을 흘리며 예수님을 영접합니다. 다 그렇게 해야 하는 건 아닙니다. 어떤 사람은 복음을 설명하면 "목사님 정말 그렇습니까? 저는 교회를 십 년째 다니는데 그런 말은 처음 들었습니다!"라고 말합니다. 어느 사모님과 한 시간 정도 이야기를 나누었는데 뭔가 중요한 내용이 빠져 있는 것 같은 생각이 들어 복음을 전했더니 "목사님, 저는 그런 이야기를 처음 듣습니다!"라고 했습니다. 그러고는 주님을 영접했습니다.

사도 바울은 하나님께 한 대 얻어맞고 주님을 영접했습니다. 바울처럼 극적으로 주님을 영접하는 사람도 있습니다. 주로 이런 분들이 간증을 합니다. 하지만 주님을 조용한 상황에서 영접했다 해도 내면에서는 극적으로 영접한 사람과 다르지 않습니다. 극적인 경험으로만 구원받는 것은 아니기 때문입니다.

첫째, 외적인 증거 또는 객관적 증거인 성경 말씀으로 알 수 있습니다. 하나님이 말씀하신 성경이 증거입니다. 하나님이 성경을 통해 말씀하셨다면 그대로 믿어야 합니다. "믿는 자에게 영생이 있다"고 하셨다면 영생이 있다고 믿어야 하는 것입니다. 윌버 채프만(Wilbur Chapman)이 대학생이었을 때 무디(Moody) 선생의 집회에 참석했습니다. 구원에 대한 말씀 집회가 끝난 뒤 채프만이 무디를 찾아왔습니다.

"무디 선생님, 저는 구원의 확신이 없습니다."

"당신은 예수 그리스도를 믿습니까?"

"믿기는 믿는데 자신이 없습니다."

"요한복음 5장 24절을 읽어보십시오."

"내가 진실로 진실로 너희에게 이르노니 내 말을 듣고 또 나 보내신 이를 믿는 자는 영생을 얻었고 심판에 이르지 아니하나니 사망에서 생명으로 옮겼느니라."

"채프만, 이 말씀을 믿습니까?"

"물론 믿습니다."

"그러면 당신은 크리스찬입니까?"

"어떤 때는 그런 것 같은데 어떤 때는 자신이 없어요."

"다시 한 번 읽어보시죠."

"… 믿는 자는 영생을 얻었고…"

"이 말씀을 믿습니까?"

"그럼요"

"그러면 당신은 구원을 받았습니까?"

"그게 자신이 없습니다."

그러자 무디가 큰 소리로 고함을 질렀습니다.

"당신이 뭔데 하나님을 의심합니까? 하나님이 믿는 자에게 영생이 있다면 있는 것이지!" "다시 읽어보시오."

그 순간에 채프만의 의심은 갑자기 사라지고 구원받은 확신이 생겼습니다. 다시 읽었습니다.

"아들을 믿는 자는 영생을 얻었고 심판에 이르지 안내하더니 사망

에서 생명으로 옮겨졌느니라." 무디의 말에 윌버 채프만은 지금까지
자신이 하나님의 말씀을 믿지 않고 있었다는 사실을 깨달았습니다.

그후 그는 신학공부를 하고 장로교 목사가 되었고 유명한 전도자
가 되어 주로 북미주와 유럽에서 전도하며 많은 사람을 예수님께 인
도했습니다. 그는 장로교 총회장으로도 섬겼고 무디 목사와 함께 전
도대회를 하기도 했습니다. 채프만 목사는 한국에도 한 번 온 적이
있고 전 세계를 다니면서 주로 요한복음 5장 24절을 설교했습니다.
자기와 비슷한 사람들이 많기 때문이었습니다

그렇습니다. 믿는 자에게는 영생이 있습니다. 예수님은 '진실로 진
실로'라고 두 번이나 반복해 강조하셨습니다. 영생이 있음을 믿지 않
는 것은 예수님 말씀을 믿지 않는 것입니다. 예수님이 있다고 하시면
있는 것입니다. 느껴지든지 체험으로 알든지, 우리의 경험 여부에 상
관없이 하나님이 있다면 있는 것이고 없다면 없는 것입니다. 또한 요
한복음 5장 24절은 '심판에 이르지 않는다'라고 말씀합니다. 심판은
미래에 있을 것이지만, 영생은 지금 받는 것입니다. 지금 나의 것이 됩
니다. 이러한 심판은 구원에 대한 심판입니다. 또한 '사망에서 생명으
로 옮겼다'는 말씀을 통해 옮겨질 것이 아니고 옮겨진 것임을 알 수
있습니다. 이를 확실히 알고 제대로 전해서 모든 사람이 구원의 확신
을 갖도록 전파해야만 합니다.

"내 양은 내 음성을 들으며 나는 그들을 알며 그들은 나를 따르느니라
내가 그들에게 영생을 주노니 영원히 멸망하지 아니할 것이요 또 그들
을 내 손에서 빼앗을 자가 없느니라. 그들을 주신 내 아버지는 만물보

다 크시매 아무도 아버지 손에서 빼앗을 수 없느니라"(요 10:27-29).

영생은 주었다가 다시 뺏을 수 없습니다. 영원히 주어지며 절대로 망하여 없어지지 않습니다. 하나님께서 구원하셨는데 누가 이를 막고 그를 멸망시키겠습니까? 여러분도 자기 스스로를 멸망시킬 수 없습니다. 하나님께서 붙잡으시는데 어디로 빠져 나가겠습니까? 하나님이 누군가를 사랑하시는데, 그가 순종하지 않는다면 하나님이 징계하십니다. 고통을 주어서라도 돌아오게 하십니다. 은혜롭고 자비로우시기에 하나님은 우리에게 주신 구원의 선물을 도로 빼앗지 않으십니다. 우리가 받은 구원은 빼앗기지 않고, 우리 인생이 멸망당하지도 않습니다. 여러분이 받은 영생은 절대로 빼앗기지 않는다는 사실을 확실히 믿기 바랍니다.

경우에 따라서 구원에 대한 의심이 생길 수도 있습니다. 바로 죄를 범했을 때입니다. 죄를 지으면 주관적인 확신이 흔들립니다. 그러나 객관적인 구원은 그대로 있습니다. 의심이 생기지만 구원받지 못한 것은 아닙니다. 의심은 단순한 생각일 뿐입니다. 왔다갔다 제 마음대로 움직일 수 있습니다. 머릿속에 꼬리에 꼬리를 물고 돌아다니는 것은 어찌 할 수가 없습니다. 의심이 생긴다고 해서 구원을 잃어버린 것은 아닙니다. 어떤 때는 하나님께서 우리를 붙잡으셨을 때 우리도 하나님 손을 붙잡습니다. 어떤 때는 우리가 피곤하고 약해서 하나님 손을 놓을 수도 있습니다. 이런 때도 의심이 생깁니다. 믿음이 약해집니다. 기억하십시오. 우리가 손을 놓았어도 하나님은 잡고 계십니다. 하나님의 영원하신 팔에 안겨 있음을 잊지 마십시오.

둘째, 내적인 증거로 알 수 있습니다. 이는 주관적인 증거 또는 성령님의 간증이라고도 할 수 있습니다. 이런 내적 증거는 우리 마음속에 있습니다.

"하나님의 아들을 믿는 자는 자기 안에 증거가 있고 하나님을 믿지 아니하는 자는 하나님을 거짓말하는 자로 만드나니 이는 하나님께서 그 아들에 대하여 증언하신 증거를 믿지 아니하였음이라"(요일 5:10).

"또 증거는 이것이니 하나님이 우리에게 영생을 주신 것과 이 생명이 그의 아들 안에 있는 그것이니라 아들이 있는 자에게는 생명이 있고 하나님의 아들이 없는 자에게는 생명이 없느니라"(요일 5:11-12).

우리가 마음 문을 열고 예수 그리스도를 영접하면 우리 안에 생명이 있습니다. 이 사실을 성령께서 우리에게 알려 주십니다. 6절은 "증언하는 이는 성령이시니 성령은 진리니라"고 말씀합니다. 예수님 안에 구원이 있으므로 그분을 우리 안에 모시면 구원이 있게 됩니다. 제 성경 책 안에는 책갈피로 사용하는 빨간 줄이 있습니다. 이 성경을 가진 자는 빨간 줄을 가진 것입니다. 이 성경을 가지지 않으면 빨간 줄을 갖지 못한 것입니다.

마찬가지로 예수님을 소유한 사람은 생명이 있고 예수가 없는 사람은 생명이 없습니다. 예수님을 마음에 모시면 영원한 생명도 있습니다. 성령님께서는 이 사실을 내 안에서 증거하십니다. 성령으로 말미암지 않고는 아무도 예수님을 구주로 고백할 수 없습니다. 하나님을 '아버지'라고 부르는 것은 아무나 할 수 있는 고백이 아닙니다. 하나님을 '아버지'라고 부르지 못하는 사람도 있습니다. "창조주시여!"나 "거룩하신 이여!" 등으로 부를 뿐입니다. 예수님과 바리새인의 차이가 여기 있습니다. 바리새인들은 '거룩하고 높으시며 의로우신 하나님'이라고 불렀는데 예수님은 '하늘에 계신 나의 아버지시여'라고 했습니다. 하나님을 아버지라고 부를 수 있는 사람은 자기 마음에 구원의 내적 증거가 있는 사람입니다.

성경은 성령님의 감동으로 기록되었습니다. 우리 안에 성령께서 계십니다. 성령을 통해 진리를 깨닫고 받아들이게 됩니다. 그러면서 믿는 마음이 생깁니다. 나에게도 구원이 있다는 주관적인 확신이 생깁니다. 외적인 증거와 주관적인 증거, 객관적인 증거, 성경의 증거와 우리 마음속 성령님의 간증이 합해질 때 우리에게 구원이 있음을 확신할 수 있는 것입니다. 이 확신에서부터 신앙은 성장하게 됩니다.

거듭난 확신

"육으로 난 것은 육이요 영으로 난 것은 영이니 내가 네게 거듭나야 하겠다 하는 말을 놀랍게 여기지 말라 바람이 임의로 불매 네가 그 소리는 들어도 어디서 와서 어디로 가는지 알지 못하나니 성령으로 난 사람도 다 그러하니라 " 요 3:6-8

1970년대 미국의 카터 대통령이 대통령 후보로 선거를 치를 때였습니다. 그는 신문 기자들에게 "나는 거듭난 그리스도인입니다!(I am a born again Christian)"라는 말을 했습니다. '거듭남(born again)'이라는 단어를 사용했다는 이유로 많은 논란이 되기도 했지만 한편에서는 인정받기도 했습니다. 그는 4년의 대통령 임기 동안, 어디를 가든지 자신을 '거듭난 그리스도인'이라고 소개했습니다. 그때부터 '거듭남'이라는 단어가 미국에서 유명해졌습니다.

닉슨이 대통령이 된 후, 워터게이트 사건이 일어났고 보좌관 중 '척 콜슨(Chuck Colson)'이라는 사람이 투옥되었습니다. 그는 감옥에서 나온 후 『거듭남(Born Again)』이라는 책을 썼습니다. 감옥에 들어갈 때는 영적으로 죽어 있었지만, 나올 때는 거듭났기 때문에 그런 제목을 붙였던 것입니다. 그 책은 곧 베스트셀러가 되었습니다. 얼마 있지 않아 빌리 그래함(Billy Graham) 목사님이 『거듭남(Born Again)』이라는 책을 썼습니다. 그러면서 십여 년 동안 '거듭남'이라는 단어가 상당히 유행했습니다. 그러다 보니 유명한 음란 잡지 발행인이 비행기 안에서 방언 체험을 했다면서 자기도 '거듭났다'고 한참 떠든 적도 있었습니다. 그는 자신이 거듭나기 전에는 잡지에 여자들의 나체 사진만 실었는데 이제 거듭났으니 남자 나체 사진도 활용하겠다고 말했습니다. 이렇게 '거듭남(born again)'이라는 단어를 적절하지 않게 사용한 경우도 있었습니다.

제 주변에도 거듭남과 관련해 고민하는 분들이 많았습니다. 장로님 한 분은 "목사님, 거듭나 보려는데 잘 안 됩니다!"라고 말씀하셨고, 한 자매님은 "목사님, 제가 한 번만 다시 태어나면 좋겠습니다. 그렇게만 된다면 지금처럼 살지 않을 텐데 말이에요."라며 고민을 털어놓았습니다. 사연을 들어보니 참으로 고달픈 인생이었습니다. 그녀는 좋은 환경에서 남자로 태어나면 좋겠다고 했습니다. 그래서 제가 "자매님에게 좋은 소식이 있습니다. 원하는 대로 한 번 더 태어날 방법이 있습니다!"라며 복음을 전했습니다.

'거듭난다'라는 단어는 신학적이고 특수한 상황에서 쓰입니다. 아무데나 함부로 쓰는 표현이 아닙니다. 대부분의 사람들이 "거듭나셨습니까?"라고 물으면 "목사님, 제가 어떻게 거듭났다고 말하겠습니까? 그저 믿어보려고 애쓰는 중입니다."라고 합니다. 거듭났다고 말하면 자신이 완전히 다른 사람이 된 것처럼 살아야 한다고 여기기 때문입니다. 허튼 소리도 하지 않고 성질도 부리지 않고, 얌전히 말하며 올바르게 살아야 한다고 생각하는 것입니다. 그러나 그렇지 않습니다. 많은 사람들이 거듭났음에도 불구하고 거듭났다는 확신을 갖지 못합니다. '거듭난 삶'과 '거듭났다'를 혼동하기 때문입니다. 여러분은 거듭났습니까? 자신이 거듭난 것을 확인하십시오. 이제부터는 거듭났다고 고백하시기 바랍니다. 거듭난 확신 속에서 신앙고백을 하면서 튼튼한 신앙을 세울 수 있기를 바랍니다.

그렇다면 거듭나야 할 사람은 누구입니까? 사람은 누구든 반드시 거듭나야 합니다. 거듭나는 것은 이상하거나 놀랄 만한 일이 아닙니다.

"육으로 난 것은 육이요 영으로 난 것은 영이니 내가 네게 거듭나야 하겠다 하는 말을 놀랍게 여기지 말라"(요 3:6-7).

거듭나는 것은 아주 자연스러운 일입니다. 인간이면 누구나 경험하고 이해해야 하는 부분입니다. 누구든지 한 번은 영적으로 다시 태어나야 합니다. '거듭나야 하겠다'에서 '하겠다'에 해당하는 헬라어 '데이(dei)'는 강한 어조를 지닌 단어입니다. 영어로는 'you must'입니다. 여기서의 'you'는 단수 '너'가 아닌 복수 '너희'입니다. 따라서 거듭남이 해당되지 않는 사람은 없다는 말입니다. '거듭남'은 선택의 여지가 없습니다. 필수입니다. 사람은 누구든 한 번 더 태어나야 한다는 의미입니다. 육으로 난 것은 육이요 성령으로 난 것은 영이라고 했습니다. 사람은 부모로부터 생명을 받아 한 번 태어납니다. 육으로 태어난 그 상태만으로는 영적인 세계를 깨달을 수 없습니다. 성령의 음성을 분별할 수 없고 하나님 나라에 들어갈 수도 없습니다.

저는 1939년 1월 11일에 태어났습니다. 부모님으로부터 몸을 받았습니다. 이 '몸'으로는 먹고 자고 움직이며 신진대사를 합니다. 제게는 '혼'이 있는데 그 속에 지, 정, 의가 있습니다. 머리로는 공부하고 생각을 하고 창의적인 방안을 냅니다. 정으로는 사랑하고 슬퍼하며 안타까워하고 억울해 하며 외로워합니다. 많은 것을 느낍니다. 의지로는 결정을 합니다. 인간은 누구를 막론하고 이러한 몸과 혼의 세계에서 살고 있습니다. 믿는 사람이든 안 믿는 사람이든 마찬가지입니다. 모든 사람이 육과 혼의 삶을 살아갑니다. 이 두 가지 차원의 삶에 '영적으로 다시 태어나면' 세 번째 차원의 삶을 살게 됩니다. 하나님이 목적을 두시고 계획하신 그대로의 인간이 비로소 완성되는 것입니다.

5절은 "사람이 물과 성령으로 나지 아니하면"이라고 말씀합니다. '물로 난다'는 것은 육으로 태어난다는 뜻입니다. 이것은 아기가 어머니 뱃속에 있을 때 양수로 둘러싸여 있는 것을 생각하면 쉽게 이해됩니다. 물에서 태어난 사람은 그 후에 한 번 더 태어날 수 있습니다. 물에서 태어나는 것은 자연스럽고 마땅한 일입니다. 사람이면 누구든 다 경험하게 됩니다. 그런 후 두 방향으로 나뉩니다. 육으로 태어난 상태에 머무르든지 한 번 더 영으로 태어나든지 둘 중 하나입니다. 예수님은 하나님이 창조하신 인간은 누구든 거듭나야 한다고 말씀하십니다. 그렇다면 어떤 사람이 다시 태어나야 하는 걸까요?

첫째, 종교인이 거듭나야 합니다. 니고데모는 바리새인으로서 굉장히 종교적인 사람이었습니다. 유대인들 가운데 바리새인만큼 종교적인 사람도 없습니다. 거듭나지 않고도 모든 종교 의식을 철저히 지킨 사람이 바리새인이었습니다.

여러분은 어떻습니까? 하나님의 영으로 새로 태어난 적은 없는데도 어려서부터 습관적으로 교회에 다니지 않았습니까? 교회에서 나고 자랐기에 교회 생활에 익숙해진 것은 아닙니까? 제가 어렸을 때는 새벽기도 해라, 성경 읽어라, 기도해라, 십일조 해라, 주일에는 낮잠 자지 마라, 여자들 있는 곳으로 수영하러 가지 마라, 담배 피우지 마라, 술 마시지 마라, 화투 치지 마라, 유행가 부르지 마라 등등. 어찌나 하라는 것과 하지 말라는 것이 많은지 숨도 못 쉴 지경이었습니다. 미워하지 말고 화내지 마라, 시기하지 마라, 나쁜 생활 하지 마라 등의 말씀을 지키려고 무척 노력했으나 쉽지 않았습니다. 거듭난 사람은 살아계신 예수님이 그 안에 계시니 저절로 할 수 있을 텐데, 거듭나지 않은 사람에게는 너무나 어려웠던 것입니다. 십계명 읽는 것이 싫었고 성경 읽는 것도 힘겨웠습니다. 거듭나는 것부터 가르쳐 줬다면 나머지 일들이 술술 풀렸을 텐데, 하지 말라는 것이 너무 많아 숨이 막힐 지경이었습니다. 그렇게 열심히 신앙생활을 하고 주일 예배 한 번 빠진 적 없는 저 같은 사람에게도 예수님은 '거듭나야' 한다고 말씀하십니다. 니고데모에게 말씀하신 것처럼 "네가 거듭나야 하리라"고 말입니다. 아무리 열심히 교회에 다녔어도 영적으로 거듭난 경험이 없다면 반드시 거듭나야 한다는 것입니다.

둘째, 지식인도 거듭나야 합니다. 바리새인은 바리새인이 되기 위해 공부를 많이 합니다. 그렇다면 바리새인은 모두 하나님을 알았을까요? 머리가 좋고 많이 배웠다고 해서 하나님을 알 수 있을까요? 아닙니다. 지식은 내 혼으로부터, 이성으로부터 오는 것입니다. 지적 수준이 높다고 해서 하나님을 알 수 있는 것은 아닙니다. 그것만으로 거듭날 수는 없습니다. 저와 어려서부터 함께 교회 학생회 일을 하던 친구는 의사가 되었습니다. 그 친구가 의대생일 때, 한 학기 동안 의학 공부를 열심히 하더니 이런 말을 했습니다.

"내가 의학을 공부해 보니까 하나님이 없더라."

"얼마나 했니?"

"한 학기 동안 했지."

"뭘 보고 없다고 느꼈니?"

"머리카락을 현미경으로 보니까 없더라."

머리카락을 들여다봐도 하나님이 안 보이는 것은 거듭나지 않아서 입니다. 거듭난 사람이라면 머리카락을 보든, 꽃을 보든 하나님이 보입니다. 작은 세포를 들여다보든 우주를 보든 그 속에서 하나님을 볼 수 있습니다. 천문학자 한 분은 "저는 원래 예수를 안 믿었습니다. 하지만 천문학을 공부하면 할수록 하나님을 믿지 않을 수가 없었습니다. 그래서 하나님 앞으로 나아왔습니다."라고 고백했습니다.

거듭나는 것과 하나님의 영적 진리를 깨닫는 것은 지식이나 지적 수준과는 무관합니다. 물리학으로 영적인 세계를 이해하는 것도 아니고, 대학 교수나 의사라고 해서 하나님의 세계를 받아들일 수 있는 것도 아닙니다. 아무리 지적 능력이 뛰어난 사람이라 해도 영의 세계를 알기 위해서는 반드시 거듭나야 합니다. 그렇지 않고는 육의 세계만 알 뿐입니다.

셋째, 성경을 잘 아는 사람도 거듭나야 합니다. 성경을 아는 것과 영적으로 태어나는 것은 다릅니다. 니고데모는 예수님께 "당신은 하나님께로부터 오신 선생인 줄 아나이다. 하나님이 함께 하시지 아니

하면 당신이 행하시는 이 표적을 아무도 할 수 없음이니이다"(요 3:2)
라고 했습니다. 말만 들어도 성경 지식이 있는 사람임을 알 수 있습
니다. 하지만 성경지식이 많다고 해서 영적인 일을 다 이해하는 것은
아닙니다.

한 남편이 아내에게 "집어치워. 내가 교회를 안 나가서 그렇지 성
경을 알기로 치면 내가 당신보다 훨씬 더 많이 알아!"라고 말했습니
다. 많이 들어본 소리 아닙니까? 이 남편이야말로 거듭나야 합니다.
머리로는 성경을 알고 있으나 영원한 진리를 깨닫지는 못했기 때문입
니다. 한 번 태어난 사람은 그렇습니다. 여러분도 거듭나지 못했다면
오늘 한 번 더 태어나야 합니다. 하나님 나라 곧 영원한 세계에 들어
가려면, 진리를 깨닫기 위해서는 반드시 한 번 더 태어나야 합니다.
이는 필수적인 요건입니다. 이 길밖에는 없습니다.

거듭나는 것을 텔레비전에 비유해 보겠습니다. 텔레비전 전파는
어디에나 있으나 사람의 눈에는 보이지 않습니다. 없는 것처럼 보이
지만 텔레비전을 켜면 바로 화면이 나옵니다. 텔레비전이 없다면 아
무리 애를 써도 전파를 받을 수 없고 텔레비전 프로그램도 볼 수 없
습니다. 마찬가지로 거듭나지 않으면 영적 진리를 깨달을 수 없습니
다. 목사 자녀이거나 미션 스쿨을 나왔다 해도 소용없습니다. 학벌이
아주 좋거나 상당한 지위를 얻었다고 해도, 해박한 지식을 지녔다 해
도 아무 소용없습니다. 거듭나지 않으면 영적인 진리를 알 수 없습니
다. 이것은 혈통이나 사람의 뜻으로 생기는 것이 아닙니다. 거듭난 생
명은 하나님께서 주실 수 있습니다. 우리가 육체의 생명을 부모에게
서 받듯이 영적인 생명은 하나님께서 주십니다(요 1:12-13).

첫째, 거듭나지 않으면 하나님의 나라를 이해할 수 없기 때문입니다. 거듭나지 않은 상태의 사람은 영적인 것을 볼 수도 없고 깨닫거나 이해하지도 못합니다(요 3:3). 여러분도 그동안 교회 다니면서 고민하지 않았습니까? 왜 나는 느껴지지 않고, 깨닫지도 못 하는 걸까? 교회 가는 게 재미없고, 설교 시간에는 왜 자꾸 졸리는 걸까? 그런 고민 말입니다. 그 이유 중 하나가 한 번 더 태어나지 않았기 때문입니다. 때로는 목사님 설교가 재미있습니다. 하지만 가슴에 와 닿지 않습니다. 영혼을 파고들지 않습니다. 그저 밋밋합니다. '똑같은 얘기구나. 오늘은 왜 이렇게 설교가 길지?' 하는 생각만 듭니다. 그 속에서 하나님이 나에게 말씀하시는 것이 들리지 않습니다. 남들은 고개를 끄덕이고 아멘하며 공감하는데, 나에게는 전혀 말씀이 다가오지 않습니다.

반면 말씀을 들을 때면 가슴이 저리고 기쁨이나 즐거움, 확신이 생기는 사람도 있습니다. 설교를 들은 후 "목사님, 설교를 들으면 제 생명이 살아 움직이는 것을 느낍니다!"라고 말하는 분도 있습니다. 그런 말을 들으면 그가 거듭난 사람이라는 것을 알 수 있습니다. 말씀이 전파될 때 하나님의 성령과 내 속의 성령이 일치되기 때문입니다. 성령과 나의 영이 서로 통하는 것입니다. 그러기 위해서 우리는 거듭나야 합니다.

둘째, 자연인은 영적인 것을 받을 능력이 없기 때문입니다. 자연인은 영적인 것을 이해할 수 없고 받아들이지도 못합니다. 고린도전서 2장 14절은 "육에 속한 사람은 하나님의 성령의 일들을 받지 아니하나니 이는 그것들이 그에게는 어리석게 보임이요 또 그는 그것들을 알 수도 없나니 그러한 일은 영적으로 분별되기 때문이라"고 말씀합니다. 어떤 사람이 예수님을 받아들이지 않을 때 "도대체 왜 못 받아들입니까? 그만큼 교회 다녔으면 좀 변해야지요!"라고 강요한다고 해서 받아들일 수 있는 게 아닙니다. 그 사람이 거듭난 후에는 분명히 "좀 더 빨리 믿을 걸 그랬어요. 하나님께로 좀 더 일찍 나아왔다면 좋았을 텐데 말입니다!"라고 고백하게 됩니다.

셋째, 우리는 영적으로 죽어 있기 때문입니다. 거듭나기 전의 모습을 보면 겉으로는 누구든 다 살아 있습니다. 몸과 지식, 의지와 감정 면에서 살아 있습니다. 하지만 그 안에 있는 영혼은 죽어 있습니다. 바울은 에베소서 2장 1절에서 "그는 허물과 죄로 죽었던 너희를 살리셨도다"라고 했습니다. 사람들은 겉으로는 다 비슷합니다. 두 사람이 넥타이 매고 나란히 앉아 있는데 한 사람은 살아 있고 다른 사람은 죽어 있습니다. 똑같이 아침 식사를 하고 있는데 한 사람은 살았고 또 다른 사람은 죽었습니다. 니고데모는 "사람이 거듭나지 아니하면 하나님의 나라를 볼 수 없느니라"(엡 3:3)는 말을 들었을 때 다시 한 번 더 태어나야겠다는 말을 육적으로 해석합니다. 그래서 그는 예수님께 어떻게 어머니 뱃속에 다시 들어갔다가 나올 수 있느냐고 묻습니다. 그 안에 영적인 생명이 없기 때문입니다.

넷째, 하나님의 자녀가 아닌 사람은 사단의 자녀이기 때문입니다. 예수께서 요한복음 8장 44절에서 "너희는 너희 아비 마귀에게서 났으니 너희 아비의 욕심대로 너희도 행하고자 하느니라"고 말씀하셨습니다. 마귀에게 속한 사람, 세상에 속한 사람, 죄에 속한 사람은 늘 그렇게 생각하고 그쪽으로 가고 그렇게 느끼면서 살아갑니다. 하나님의 뜻대로 살지 못합니다.

다섯째, 예수께서 인간이 거듭나는 것이 꼭 필요하다고 말씀하셨기 때문입니다. 예수님은 요한복음 3장 3, 5, 7절에서 세 번이나 헬라어로 표현할 수 있는 가장 강력한 단어인 '데이(dei)'라는 단어를 사용하셨습니다. 이는 절대적 필연성을 뜻합니다. 거듭나지 않으면 인간은 미완성품입니다. 아무리 똑똑하고 부자라 해도, 권력이나 인기가 있어도, 높은 지위와 미모를 지녔다 해도 아무 소용이 없습니다. 영적인 생명이 없으면 영원히 죽게 됩니다. 하나님으로부터 이 생명을 선물 받아야 합니다. 그래야만 완성된 인간이 됩니다.

거듭난다는 것은 무엇인가?

'거듭난다'는 한 번 더 태어나는 것입니다. 하나님으로부터 태어난다, 위로부터 태어난다는 것입니다. 땅에서 부모로부터 육신의 생명을 받는 것처럼 거듭날 때는 하나님 아버지로부터 생명을 받습니다. 거듭남은 성령님의 창조적인 사역입니다. 성령께서 여러분 안에 새로운 영적인 생명을 창조하는 것입니다. 자신이 육으로 태어난 사람이고 육은 언젠가 죽게 되어 있음을 알아야 합니다. 그 상태로는 하나님 나라에 들어갈 수 없음을 깨닫고 예수 그리스도를 구주로 받아들여야 합니다. 마음으로 믿고 입으로 고백하는 순간, 성령께서 기적적으로 당신의 영혼을 살려주십니다. 죽었던 영혼을 부활시키십니다. 영원한 생명, 즉 예수 그리스도의 영원한 생명을 여러분의 가슴속에 넣어주십니다. 거듭난다는 것은 오랜 시간이 필요하지 않습니다. 그것은 순간적인 사건입니다. "거듭나려면 어떤 계기가 있어야 하고 시간도 좀 걸리지요?"라고 묻는 사람이 있습니다.

"어린아이들은 이해할 수 있을 때까지 좀 커야 거듭날 수 있지요?"라고 묻기도 합니다. 그렇지 않습니다. 어린 아기가 엄마에게 태어나듯 즉각적인 현실이요 사건입니다. 영적인 일이기 때문입니다. 이는 눈으로 볼 수도, 손으로 만질 수도, 피부로 느낄 수도 없습니다. 어떤 사람은 주님을 영접할 때 감격의 눈물을 흘립니다. 그러나 대부분의 사람은 강렬한 감정 변화가 없습니다. 그저 복음을 깨닫고 하나님께서 나를 사랑하셔서 나에게 영원한 생명을 주시기를 원하신다는 것을 깨달을 뿐입니다. 육으로 났기에 육으로만 살다가 죽을 수밖에 없었던 자신에게 영원한 생명을 주시니 그 사랑을 받아들이겠다는 신앙고백을 합니다. 그 사람은 새로 태어나는 것입니다.

예수 그리스도를 믿고 입으로 고백하는 그 순간, 하나님께서 인간의 영혼 속에 넣어주시는 영적인 새 생명, 즉 예수 그리스도의 생명을 받아 영원한 생명을 지니게 되는 것이 바로 '거듭남'입니다. 여러분은 주님을 구주로 고백합니까? 고백하는 사람은 이미 거듭난 사람입니다. 한 번 더 태어난 사람입니다. 시간이 오래 걸리는 것이 아닙니다. "저는 거듭나려고 애쓰고 있습니다."라고 말한다면 이는 변화된 삶과 태어나는 것을 혼동하기 때문입니다.

아이가 크는 것과 태어나는 것은 다릅니다. 아기는 태어난 후 성장합니다. 예수를 믿는 사람에게도 조금 연약하고 부족한 부분이 보일 수 있습니다. 그를 향해 "어떻게 저런 사람을 거듭났다고 말하는 거지?"라고 비난해서는 안 됩니다. 여러분이 예수님을 믿는다면 자신이 거듭났다는 확신을 가지시기 바랍니다. 누군가 여러분에게 거듭났냐고 물으면 "그럼요!"라고 대답하십시오. "어떻게 거듭나셨습니까?"라고 묻는다면 "예수 그리스도를 제 마음에 모셨습니다. 하나님의 은혜로, 믿음으로 거듭났습니다!"라고 대답하면 됩니다. "아직 성숙하지는 않지만 거듭난 것은 틀림없습니다!"라고 덧붙이십시오. 여러분이 의심한다고 해서 다시 태어나지 않은 것이 아닙니다. 거듭난 것은 이미 돌이킬 수 없는 사실입니다.

바람이 임의로 불어옵니다. 어디에서 불어 와 어디로 가는지 알 수 없습니다. 바람 자체는 보이지 않습니다. 하지만 바람이 불어서 나타나는 현상들을 통해 바람의 존재를 알 수 있습니다. 영으로 난 사람도 이와 같습니다. 영적으로 태어났다고 확신하면, 그때부터 새 생명이 꿈틀거리는 것을 느낄 수가 있습니다. 예수님을 영접한 순간부터, 즉 다시 태어난 순간부터 내적인 사람이 달라지기 시작합니다. 성경을 읽으면 이해되기 시작하고 계속해서 읽고 싶고 듣고 싶어집니다. 설교 말씀을 들으면 감동이 밀려오고, 다른 사람을 위해 더욱 기도하게 됩니다. 찬송을 부를 때면 눈물이 나고 자꾸 교회에 가고 싶어집니다. 주님을 믿는 지체들이 이전보다 좋아집니다. 주님 안에서 한 가족이기 때문입니다. 눈빛도 달라지고 마음씨도 변합니다. 새 생명이 생겨서입니다. 똑같은 사람인데도 거듭난 생명이 움직이기 시작하면 완전히 다른 모습이 드러납니다.

'거듭남'은 인간의 말로는 설명하기 힘든 초자연적인 사건입니다. 다시 한 번 강조합니다. 거듭난다는 것은 감정적 경험이나 심리적인 느낌 정도가 아닙니다. 우리 안에서 일어난 영적인 실체요 경험입니다. 감정적으로 몸부림친 경험이 없어도 괜찮습니다. 그러나 그 안에서는 보이지 않는 성령의 역사가 일어났습니다. 거듭난 생명의 출처는 하나님이십니다(요 1:12-13). 인간이 거들거나 협조할 수 없는 부분입니다. 거듭남은 완전히 하나님의 사역이며 인간은 그저 받을 뿐입니다. 마치 자녀가 부모에게 생명을 받은 것처럼 이 일을 하시는 분은 하나님의 영입니다(요 3:8). 하나님의 영이 그분의 말씀을 통해 거듭나게 하십니다(벧전 1: 23-25). 썩지 않는 말씀으로 거듭나게 하십니다. 말씀을 들은 후 성령께서 깨닫게 하시고, 우리 마음 문을 열어주셔서 예수님을 구주로 받아들이게 되는 것입니다.

예수를 믿는다고 고백하십니까? 성령으로 말미암지 않고는 아무도 그리스도를 '주'라고 시인할 수 없습니다. 예수를 자신의 구주로 믿는다면 당신은 거듭난 사람입니다. 거듭남의 확신 속에서 살아가십시오.

거듭난 증거

"또 증거는 이것이니 하나님이 우리에게 영생을 주신 것과 이 생명이 그의 아들 안에 있는 그것이니라 아들이 있는 자에게는 생명이 있고 하나님의 아들이 없는 자에게는 생명이 없느니라" 요일 5:11-12

우리는 '영원히 사는 것'을 믿습니다. 거듭난 사람은 자신이 이 땅에 사는 시민이자 하늘나라에 살 사람임을 기억합니다. 이 하늘소망을 마음에 품고 삽니다. 이 땅이 주는 음식을 먹으면서도 이 음식만으로는 살 수 없다는 것을 알고 '하나님 말씀'이라는 영원한 음식을 사모합니다. 예전에 그토록 좋아하던 것을 점차 멀리하기도 하고, 반대로 예전에 별로 관심을 두지 않던 것들, 즉 영적인 것에 관심을 갖게 됩니다. 이전에는 지저분한 이야기를 그냥 듣고 있었다면 지금은 그 자리를 떠나거나 아예 가지 않습니다. 예전에 만나던 친구들과 점차 멀어지기도 하고 새로운 가족과 새 친구를 사귀게 됩니다. 그리스도 안에서 형제자매라 부르는 또 다른 가족을 이루기도 합니다. 땅을 딛고 살면서도 공중을 걷는 것 같은 기분일지 모릅니다. 이것이 거듭난 사람의 모습입니다. 거듭난 것을 확실하게 알고 난 후에는 사물을 보는 눈이 달라집니다. 늘 보던 풀 한 포기도 달라 보입니다.

전국 방방곡곡을 여행하는 걸 좋아해 해마다 지방으로 단풍 구경을 빼놓지 않고 다녀오던 분이 있었습니다. 그분이 거듭난 후에도 단풍 구경을 다녀오셔서 이런 말을 했습니다. "목사님, 제가 여러 해 우리나라 단풍을 봤거든요. 그런데 금년 단풍 빛깔이 유독 더 아름다워 보였습니다." 물론 정말로 다른 해보다 단풍이 더 곱게 들었을 수도 있습니다. 그러나 저는 좀 다르게 생각되었습니다. 지금까지는 육신의 눈, 심미적인 차원에서만 봤는데 이제는 육신의 눈 말고도 영적인 눈이 뜨여 단풍을 보니 색깔이 달라 보이고 더 찬란해 보였던 거라고 말입니다. 또 다른 차원에서 새롭게 보게 된 것입니다.

거듭난다는 것은 예수 그리스도를 나의 구주로 믿고 입으로 고백하는 순간, 하나님께서 성령님의 창조적인 역사를 통해서 믿는 사람 속에 영원한 새 생명을 넣어주시는 일입니다. 그때 하나님의 아들과 하나님의 딸로 다시 태어납니다. 이는 비가시적인 사건입니다. 눈에 보이거나 피부로 느끼는 일은 아니지만 거듭나는 순간, 새로운 생명이 꿈틀거리기 시작합니다.

거듭난 결과는 무엇인가?

첫째, 새로운 생명이 생깁니다. 바람이 어디에서 불어 와 어디로 가는지 모릅니다. 그러나 잎이나 가지가 흔들리는 것을 보고 바람이 불고 있음을 알 수 있습니다. 마찬가지로 우리 속에 영원한 새 생명이 생기면 그 증거가 조금씩 나타납니다.

둘째, 새로운 마음이 생깁니다. 옛 마음은 돌과 같이 딱딱한 마음이었습니다. 하나님께서 그 마음을 지우시고, 새 마음을 주십니다.

에스겔서 11장 19절 "내가 그들에게 한 마음을 주고 그 속에 새 영을 주며 그 몸에서 돌 같은 마음을 제거하고 살처럼 부드러운 마음을 주어"라는 말씀처럼 영적인 이야기입니다. 우리 가슴속에서 뛰는 육신의 심장처럼 하나님께서 주신 영적인 심장이 '하나님을 향해' 뛰기 시작합니다.

셋째, 새로운 부모가 생깁니다. 우주의 절대 주관자이신 분이 우리 아버지가 되십니다. 거듭나면 그때부터 하나님을 '아바 아버지'라고 부르기 시작합니다. 하나님의 자녀로 태어나 생명을 받은 사람은 하나님을 '아버지'라고 부릅니다. 하늘에 계신 하나님을 '아빠', '엄마' 하듯 자연스럽게 부릅니다. '아바(abba)'를 철자대로 발음하면 '아빠'가 되지 않습니까?

넷째, 새로운 형제가 생깁니다. 요한복음 1장 12절은 "믿는 자에게 하나님의 자녀가 되는 권세를 주셨으니"라고 말씀합니다. 이는 특권입니다. 예수 그리스도를 영접할 때 그분의 생명이 내 안에 들어옴으로 하나님의 아들과 딸로 다시 태어납니다. 전에는 멀리 느껴지던 창조주 하나님이 바로 내 아버지가 되시니 '아버지'라고 부르게 됩니다. 아무나 이렇게 부를 수 있는 것은 아닙니다. 하나님이 나의 아버지가 되시니 이로 인해 새로운 부모자녀관계가 형성됩니다. 교회 가서 예수 믿는 사람을 만나면 처음 보는 사람인데도 가족 같은 느낌이 듭니다. 하나님을 아버지로 부르는 사람들이 만나니 서로 가족이 됩니다. 이는 새로운 가족입니다. 전에는 안 믿는 친구들과 함께할 때 재미있었습니다. 그러나 이상하게도 그들과 말이 잘 통하지 않고 함께 할 때의 기분과 감정이 달라집니다. 예전 친구와 멀어지고 예수 믿는 사람이 새로운 형제가 됩니다. 기도할 때도 친척보다는 같은 구역 식구가 먼저 생각납니다. 이들은 영원한 하나님 나라에서 영원히 같이 살아갈 형제요 가족입니다.

로마 시대 귀족과 여종은 신분 차이로 인해 서로 아무 상관을 하지 않았습니다. 그러나 그리스도인들이 핍박받을 당시 원형 경기장에서 순교당하기 직전, 예수를 믿게 된 귀족이 예수 믿는 여종을 끌어안고 입을 맞추며 "두려워하지 마라. 이제는 하늘나라에 갈 것이다."라고 격려해 주었다고 합니다. 거듭나면 이렇게 인간 사이의 모든 벽이 허물어집니다. 남자와 여자, 유대인과 헬라인을 따지지 않습니다. 흑인과 백인, 황인의 구별이 없어집니다. 그리스도 안에서 하나님을 아버지로 모신 형제들만 있을 뿐입니다. 예수께서는 이런 변화를 일으키기 위해서 이 땅에 오셨습니다. 예수 그리스도는 세계를 하나로 묶어서 큰 가족으로 만드십니다.

다섯째, 새로운 피조물이 됩니다. 고린도후서 5장 17절은 "그런즉 누구든지 그리스도 안에 있으면 새로운 피조물이라 이전 것은 지나갔으니 보라 새 것이 되었도다"라고 기록합니다. 예전 그 사람, 그 목소리입니다. 얼굴이나 몸매도 똑같습니다. 하지만 무언가 좀 달라진 듯합니다. 새로운 생명이 움직여 새 사람이 되었으니 새로운 피조물입니다. 예전과는 다른 사람이 되었고, 그리스도로 말미암아 새로 창조되었다고 느껴집니다.

여섯째, 새로운 영적 이해가 생기기 시작합니다. 거듭나기 전에 성경은 마치 수면제 같습니다. 카알라일(Thomas Carlyle)이 쓴 『행복론』에는 "잠이 안 오면 성경을 읽으라."라는 문장이 나옵니다. 그러나 거듭난 후 성경을 읽으면 "아멘. 아, 그렇구나. 나에게 말씀하시는구나!" 하는 탄성이 흘러나옵니다. 똑같은 책인데 전혀 다르게 다가옵니다. 읽는 사람이 변했기 때문입니다. 영적인 진리가 이해됩니다. 하나님의 음성이 들립니다. 목사가 설교하고 성경을 강해할 때 목사가 설명하는 것으로 들리지 않습니다. 인간의 입술과 감정, 표현을 통해 하나님이 말씀하시는 것으로 들립니다. 인간의 음성을 통해 드러난 하나님의 음성이 내 영혼에 하시는 말씀으로 들립니다. 영의 양식을 먹을 때마다 그 말씀이 이해되고 깨달아지니 자연스럽게 변화되고 성장합니다. "아멘!"이라고 고백하지 못하던 사람들이 "아멘!"이라고 크게 외치게 됩니다.

아내가 설교 말씀을 듣다가 감격해 "아멘!"하고 외치면 남편이 "여보, 좀 그렇게 하지 않고 믿을 수는 없소? 좀 점잖게 믿어요."라고 합니다. 어떤 부모는 "우리 아이가 교회에 열심인데 저러다가 너무 깊이 빠져 버리면 어쩌죠? 대강 믿어서 나쁜 짓 안 하는 정도, 나쁜 책 안 볼 정도면 좋겠는데, 아이가 산기도 간다니까 불안합니다."라고 말합니다. 영적인 것을 이해하지 못하는 엄마이기 때문입니다. 우주를 창조하신 하나님이 얼마나 위대하신지, 또 그분이 나를 얼마나 사랑하시는지를 깨달으면 하나님을 더 만나고 싶어집니다. 영원한 생명을 주셔서 우리를 거듭나게 하셨다는 사실을 깨달았을 때는 우리의 생명을 드려도 아깝지 않습니다.

예수는 결사적으로 믿어야 재미있습니다. 대강 믿으면 재미없습니다. 하나님이 우리 하나님이시고 예수가 우리 구주시며 우리에게 영생이 있고 거듭난 체험이 있다면 우리는 무엇이든지 할 수 있습니다. 무엇을 하든지 하나님의 영광을 위해서 하고 싶어집니다. '나를 구원하신 주님, 나를 거듭나게 하시고 영원한 생명을 주신 하나님을 위해서 무엇이든 드리고 싶다!' 하는 마음이 생겨나게 됩니다.

거듭난 후에 예전에 좋아하던 것을 보면 '내가 저 먼지 같은 것을 그렇게 좋아했었다니!'라고 생각하게 됩니다. '내가 저런 걸 보물과 보화라고 생각했단 말인가?' 싶습니다. 무엇을 하든지 하나님을 위해 하고자 하는 마음이 됩니다. "너희가 거듭나지 않으면 하나님 나라를 볼 수 없고 육에 속한 사람은 하나님의 영에 속한 것을 이해할 수 없다"는 말을 바꾸어 말하면 '거듭난 사람은 하나님의 나라가 보이고 거듭난 사람은 하나님의 영적인 일을 받아들이며 이해할 수 있다'라는 뜻입니다.

영적인 것은 영적인 능력으로 분별하게 됩니다(고전 2:14). 영적인 이해 정도는 학위와 아무 상관이 없습니다. 거듭난 할머니나 할아버지는 신학적인 설명은 잘 못하시지만 깊은 진리를 터득하고 계신 경우가 많습니다. 신학을 수십 년 공부한 사람이 깜짝 놀랄 만한 영적 이해와 지혜를 갖고 계십니다.

오래 전, 고등학생이던 저를 몇 달 동안 도와주셨던 분을 한참 동안 찾아뵙지 못하다가 10년 만에 만났습니다. 당시 87세셨던 그분은 늘 저를 아들처럼 생각하며 도와주셨습니다. 저에게는 어머니 같은 분이셨습니다. 큰아들은 자기와 함께 있고, 또 한 명의 아들인 저는 미국에 가서 어디 있는지는 잘 모르지만 하루도 빼놓지 않고 기도하셨다고 말씀하셨습니다. "이 아들을 하나님이 훈련하셔서 언젠가 온 세계에 복음을 전파하는 자로 삼아 우리 조국으로 보내주시옵소서."라고 말입니다. 그래서 제가 "어머니, 저는 신학을 공부하게 될 거라고는 생각도 못한 채 미국에 갔었는데요?"라고 하니까 "글쎄 난 몰라. 그래도 그렇게 기도했어."라고 말씀하셨습니다. 그분 말씀에는 귀한 영적 이해와 깊이가 있었습니다. 고령의 할머니께 신학교수가 된 제가 무릎을 꿇고 머리를 조아릴 수밖에 없는 지혜와 깊이였습니다. 이것이 거듭난 사람의 모습입니다. 영적인 것을 이해하기 위해서 지식이 많아야 하는 건 아닙니다. 영적인 것은 영적인 방법으로 이해할 수 있습니다. 하나님의 성령께서 우리에게 듣는 귀를 허락하시고, 깨닫는 머리를 주시며, 밝은 눈을 허락하시면 진리를 깨닫게 됩니다.

일곱째, 새로운 도덕적인 경향이 생깁니다. 요한일서 2장 29절은 "너희가 그가 의로우신 줄을 알면 의를 행하는 자마다 그에게서 난 줄을 알리라"라고 말씀합니다. 거듭나면 이상하게도 악이 싫어집니다. 올바르게 살고 싶습니다. 하지만 옳게 살려고 애는 쓰지만 그렇게 잘 안 됩니다. 아직 완전히 성화되지 못해서 그렇습니다. 기도하면서 죄와 싸웁니다. 내 가슴속에 의롭게 살고 싶은 간절한 마음이 있기 때문입니다. 불의를 볼 때 화가 나고 의를 볼 때 기뻐하는 새로운 도덕적인 경향이 생겨납니다. 거듭나기 전에는 자기 죄와 싸우느라고 상당히 고생했지만, 거듭나고 나니 그런 전쟁이 훨씬 쉬워집니다. 살아 숨 쉬는 그리스도의 생명이 내 안에 있기 때문에 새로운 힘이 생깁니다.

여덟째, 이름이 천국에 기록되고 새 노래를 부르게 됩니다(계 2:7, 5:9). 예전에 그토록 좋아하던 세상 노래들이 시시해집니다. 대신 찬송가를 들으면 기분이 좋아집니다. 저는 어려서부터 클래식 음악을 좋아했습니다. 중학교 때는 밤새 레코드판으로 음악을 들었습니다. 요즘도 클래식 음악을 들으면 마음이 편안하고 한껏 충족되는 기분입니다. 찬양이나 CCM 연주를 들어도 그렇습니다. 거듭난 사람이 부르는 찬양을 들으면 그 가슴 깊은 곳에 있는 영혼으로부터 소리가 올라오는 것을 느낍니다. 거듭난 사람이 부르는 찬양에는 "아멘!"이라는 말이 저절로 나옵니다. 영혼 깊은 곳에서부터 울리는 새 노래이기 때문입니다.

아홉째, 새 하늘과 새 땅이 우리의 것입니다. 요한계시록 19장에 나오는 '새 하늘과 새 땅'이 이제 우리 것입니다. 주님께서 재림하실 때 임하는 새 하늘과 새 땅이 우리에게 속하게 됩니다. 예전과 똑같은 목소리요 똑같은 얼굴입니다. 똑같은 손길이고 똑같은 옷을 입고 다닙니다. 그러나 그 속에 있는 사람이 달라졌습니다. 전과 같지 않습니다. 이것이 거듭난 결과입니다.

거듭난 증거는 무엇인가?

그렇다면 사람이 거듭났다는 증거가 있을까요? 거듭난 증거는 무엇일까요?

첫째, 주님 안에 있는 지체와 형제를 사랑하기 시작합니다. 거듭난 사람은 함께 주님을 믿는 사람들을 좋아하게 됩니다. 요한복음 5장 1 절은 "예수께서 그리스도이심을 믿는 자마다 하나님께로부터 난 자 니 또한 낳으신 이를 사랑하는 자마다 그에게서 난 자를 사랑하느니 라"고 말씀합니다. 거듭난 사람은 새롭게 알게 된 믿는 지체들을 좋 아합니다. 주님을 믿는다고 하면서도 믿는 형제들에게 짜증내고 비 난하고, 좋지 않은 태도만 보인다면 거듭나지 않았는지도 모릅니다. 거듭난 하나님의 자녀라면 믿는 형제에게 흠잡을 만한 연약함이 보 여도 주님 안에서 같이 구속받아 거듭난 형제라는 것을 인식하기에 근본적으로 그들을 좋아할 수밖에 없습니다. 흑인이든 백인이든, 브 라질 사람이든 독일 사람이든 믿는 사람을 만나면 금세 마음이 열리 고 좋아집니다. 여행 중에 믿는 지체를 만나면 마음이 얼마나 기쁜지 모릅니다. 마음이 잘 통합니다. 이렇듯 신앙을 지닌 형제자매를 사랑 하는 마음이 생기기 시작하면 당신이 거듭났다는 증거입니다. 그래서 거듭나면 주님의 자녀들이 모인 곳에 가고 싶고 자주 만나고 싶어지 는 것입니다.

둘째, 주님의 계명을 즐겁게 지키려고 합니다. 거듭나기 전에는 우리 를 꽁꽁 묶어놓는 것 같던 계명이 족쇄처럼 여겨지거나 짐처럼 느껴 지지 않습니다. 요한일서 5장 2-3절을 보십시오. "우리가 하나님을 사 랑하고 그의 계명들을 지킬 때에 이로써 우리가 하나님의 자녀를 사 랑하는 줄을 아느니라 하나님을 사랑하는 것은 이것이니 우리가 그의 계명들을 지키는 것이라 그의 계명들은 무거운 것이 아니로다"라는 말씀처럼 계명이 무겁게 느껴지지 않습니다.

주님을 알고 영원한 생명을 받은 후에는 말씀을 지키지 못해 걱정스러울 때도 있으나 주님 말씀을 좋아하기 시작합니다. 말씀 읽는 것이 즐겁습니다. 말씀과 계명이 더 이상 짐이 되지 않습니다. 무겁다는 이유로 성경을 갖고 다니지 않던 사람들이 성경을 갖고 다닙니다. 요즘은 스마트폰에도 성경을 넣어둘 수 있어서 말씀 읽기가 참 좋습니다. 거듭난 사람은 성경을 좋아합니다. 언젠가 성경 말씀이 우리를 심판할 날이 옵니다. 물론 이것은 구원에 대한 심판은 아닙니다. 우리 삶에 대한 '보상의 심판'입니다. 여행을 떠날 때 성경을 꼭 하나 넣어 다니십시오. 어디를 가든 성경을 챙기십시오. 하나님 말씀인 성경과 늘 가까이 하시기 바랍니다.

셋째, 하나님 말씀에 즐겁게 순종하고 싶어집니다. 말씀에 순종하고 싶은 것과 순종을 잘 못하는 것은 다릅니다. 겉으로는 순종을 잘 못하는 것처럼 보여도 그 속에 순종하려는 마음이 있으면 괜찮습니다. 아버지를 존경하고 좋아하면 아버지가 하시는 말씀을 좋아하듯, 하나님 말씀을 좋아하는 마음이 생기는 것입니다.

넷째, 구원의 확신이 생깁니다. 요한일서 5장 6-13절은 '우리의 구원에는 내적 증거와 외적 증거가 있다'고 말씀합니다. 말씀에 근거해서 확신이 오는 것은 외적인 증거입니다. 성령님이 우리 가슴속에서 하나님의 자녀라는 간증을 해주십니다. 이것은 내적인 증거입니다. 내적 증거와 외적 증거가 하나 되어 구원에 대한 확신이 생깁니다.

다섯째, 기도 응답에 대한 확신이 생깁니다. 독생자를 주실 만큼 우리를 사랑하신 하나님께서 우리가 하나님의 뜻대로 구하는 것을 주신다고 말씀하십니다. 말씀을 통한 확신입니다. 하나님은 형제를 사랑하고 계명을 즐거워하며 구원의 확신이 있는 사람이 구할 때 응답하십니다.

"그를 향하여 우리가 가진 바 담대함이 이것이니 그의 뜻대로 무엇을 구하면 들으심이라 우리가 무엇이든지 구하는 바를 들으시는 줄을 안즉 우리가 그에게 구한 그것을 얻은 줄을 또한 아느니라"(요일 5:14-15).

구하는 것을 주실 거라는 확신이 있기 때문에 나도 내가 가진 것을 얼마든지 다른 사람에게 줄 수 있게 됩니다. 모든 것을 소유하신 하나님께서 나의 아버지시니 형제의 부족함을 내가 가진 것으로 채워주는 것입니다. 말로만 "샬롬"이라고 하는 게 아닙니다. 필요한 것을 아버지께 구하면 언제든지 주신다는 확신과 담대함이 있으므로 내가 가진 것을 얼마든지 줄 수 있는 것입니다. 형제를 위해, 이웃을 위해 사랑을 베풀고 또 베풀어도 언제든 필요할 때 나에게 주시는 아버지가 계십니다. 그래서 그리스도인은 사랑을 나누고 베풀 수 있습니다. 자기 시간과 물질을 나누어줄 줄 압니다. 절대로 손해 보는 행위가 아닙니다. 받은 사람도 좋고, 나눠준 사람의 것은 더 채워집니다. 하나님은 빚지지 않으십니다. 늘 넘치게 갚아주십니다.

여섯째, 깨끗한 삶을 살기 위해 노력합니다. 거듭난 사람은 악을 싫어하고 죄를 짓지 않으려 노력합니다. 하나님의 자녀로 다시 태어났기 때문에 하나님이 보호하시고 그 속에 임재하십니다. 마귀가 건드리려고 하다가도 겁이 나서 못 건드립니다. 문을 두드리면 우리 주님이 나가셔서 "누구요?"하고 쫓아버리십니다. 마귀는 주님을 보면 도망갈 수밖에 없습니다. "하나님께로부터 난 자는 다 범죄하지 아니하는 줄을 우리가 아노라 하나님께로부터 나신 자가 그를 지키시매 악한 자가 그를 만지지도 못하느니라"라는 요한일서 5장 18절 말씀이 바로 이런 뜻입니다.

여러분은 구속받아 영원한 생명을 소유하게 되었습니다. 영원한 하나님의 자녀가 되었습니다. 하나님은 당신을 창세전에 예정하시고 선택하셨습니다. 미리 사랑하셔서 부르셨고 성화시켜서 영화롭게 하십니다. 이런 존재에게 어느 누가 감히 손을 댈 수 있겠습니까? 환난이나 곤고나 박해나 기근이나 적신이나 위험이나 칼이 그리스도의 사랑에서, 하나님의 손에서 그 누구도 우리를 끊을 수가 없습니다(롬 8:36-39).

우리가 거듭나면 점차 깨끗하고 거룩한 삶을 살게 됩니다. 크고 작은 변화가 나타납니다. 물론 하루아침에 변하지는 않습니다. 많이 변한 사람도 한두 가지 문제는 있습니다. 성경 속 인물들도 마찬가지였습니다. 모세는 젊었을 때 유대인을 구타하는 애굽 사람을 때려 죽였습니다. 모세에게 혈기가 있었던 모양입니다. 40년 후에도 모세는 여전했습니다. 하나님께서 반석에게 물을 내라고 명령하면 된다고 하셨는데 반석을 직접 치는 바람에 그는 가나안에 들어가지 못했습니다. 혈기로 인해 약속의 땅에 들어가는 축복을 잃은 것입니다.

이처럼 약점이 없는 사람은 없습니다. 누구든 약점이 있고 부족한

면이 있습니다. 이로 인해 겸손해집니다. 완전히 고치지는 못해도 주님의 말씀과 은혜로 덮어지기도 합니다. 약점 자체가 좋은 건 아니지만 분명히 영적으로 도움이 됩니다. 바울도 육체에 '가시'가 있다고 했습니다. 훌륭한 성도라 해도 누구나 약점은 다 있습니다. 그것을 변화시키기 위해 투쟁하고 노력하면서 점차 깨끗하고 거룩한 삶을 살게 되는 것입니다. 그래서 자신을 돌아볼 때마다 '아, 내가 많이 변했네!' 하고 느끼게 됩니다. 자신이 얼마나 변화되었는지 나 자신은 잘 모릅니다. 지금 현재는 잘 느껴지지 않을 수 있습니다. 어느 정도 시간이 지나면 변한 것을 느낄 것입니다.

일곱째, 인생을 믿음으로 이겨내며 삽니다. 요한일서 5장 4절은 "무릇 하나님께로부터 난 자마다 세상을 이기느니라. 세상을 이기는 승리는 이것이니 우리의 믿음이니라"라고 말씀합니다. 믿음에는 구원의 믿음과 생활의 믿음이 있습니다. 구원의 믿음은 있든지 없든지 둘 중 하나입니다. 생활의 믿음은 주님을 날마다 의지하면서 하나님의 능력으로 사는 일입니다. 권력이나 돈, 지위나 학식이 없어도 믿음이 있으면 인생에서 승리할 수 있습니다. 우리를 위협하고 넘어뜨리려는 세력은 어디나 있습니다. 그러나 결국 믿음이 있는 사람이 이깁니다. 참 놀랍습니다. 넘어져서 죽은 것 같은데도 벌떡 일어납니다. 찬송가 357장 "주 믿는 사람 일어나"의 후렴구를 아십니까?

믿음이 이기네. 믿음이 이기네.
주 예수를 믿음이 온 세상 이기네.

몸이 약해서 쓰러진 사람도 믿음이 있으면 이겨냅니다. 경제적으로 파산한 사람도 주 예수를 믿는 믿음 때문에 다시 일어납니다. 저는 그런 분들을 많이 만났습니다. 세상에 믿음보다 큰 힘은 없습니다. 믿는 자에게는 능치 못할 일이 없습니다. 이전에는 늘 패배했으나 하나님을 믿고 그분의 능력을 의지하는 믿음이 생기면 점점 이기게 되고 승리하는 일이 많아집니다. 연약해서 패배할 때도 있지만, 믿음을 가진 사람은 결국에는 승리합니다. 이것이 바로 거듭났다는 증거입니다.

여덟째, '예수 제일주의'로 살게 됩니다. 예수님이 점점 좋아집니다. '예수님'이라면 꼼짝 못하게 됩니다. 찬양 중에 "예수, 예수, 예수!"라고 예수님의 이름을 여러 번 부르는 곡이 있습니다. 저는 이 찬양을 부르면 눈물이 핑 돕니다. 제가 결혼하기 전에 아내를 죽도록 사랑했습니다만 아내 이름을 듣고 눈물을 흘린 적은 없습니다.

나의 기쁨 나의 소망되시며
나의 생명이 되신 주
밤낮 불러서 찬송을 드려도
늘 아쉬운 마음뿐일세.

이 찬양(찬송가 95장)도 그렇습니다. 몇 번을 불러도 또 부르고 싶습니다. 애타는 마음이 생깁니다. 이 심정을 이해하실 수 있나요? 이것이 거듭난 성도의 모습입니다. 시간이 갈수록 예수님을 더 사랑하게 됩니다. 결혼 전에 그렇게도 좋던 남편이 요즘은 왜 그토록 싫어질까요? 인간의 사랑은 대부분 이렇습니다. 솔직하게 이야기합시다. 저는 결혼하고 10년쯤 지나고서야 아내의 진가를 알았습니다. 세상에서 가장 소중한 것이 무엇입니까? 사람 아닙니까? 사람 중에서도 자기 아내요, 자녀가 가장 소중합니다. 그러나 그 소중한 사람들도 예수님과는 비교가 안 됩니다. 예수님과 사람은 비교할 수 없습니다. 비교 대상 자체에 질적으로 엄청나게 차이가 있습니다. 인간의 사랑은 결국 하나님의 사랑에 대한 갈망입니다. 인간의 사랑의 경험은 하나님의 영원한 사랑에 살짝 목을 축이는 정도에 불과합니다.

이 말씀에서 '알게 하신' 것은 지적으로 알게 하셨다는 말이 아닙니다. 영적으로 사랑하게 하셨다는 뜻입니다. 그리하면 그 앎 때문에 예수 제일주의로 살게 됩니다. 또한 요한일서 5장 21절은 "자녀들아 너희 자신을 지켜 우상에게서 멀리하라"고 말씀합니다. 세상 아무것도 예수를 대신할 수 없습니다. 예수 그리스도보다 더 귀한 분은 우리 인생에 없습니다. 우리가 가진 지식, 건강, 재능, 생명, 시간, 재산을 다 바쳐서 그분을 사랑하며 그분을 위해 살다가 죽고 싶은 마음인 것입니다. 이런 마음이 거듭났다는 증거가 됩니다. 그러나 이런 마음이 하루아침에 생기는 것은 아닙니다. 성령을 통해 점차적으로 변화됩니다. 거듭난 사랑 속에는 반드시 변화가 일어납니다. 변화가 전혀 없다면 자신의 거듭남을 다시 확인해야 합니다.

거듭난다는 것은 어려운 일이 아닙니다. 성령께서 역사하셔서 우리가 깨닫게 될 때, 예수 그리스도를 받아들이면 그 순간 하나님께서 예수 그리스도의 영원한 생명을 우리 속에 넣어주시는 것입니다. 그러면 우리 속에서 거듭난 증거가 하나씩 나타나게 됩니다. 형제를 사랑하게 되고 주님의 계명을 즐거워하며 지킵니다. 구원의 확신을 가지며, 기도 응답에도 자신이 생깁니다. 깨끗한 삶을 살려고 노력하고 어려움이 생겨도 믿음으로 이겨냅니다. 예수님이 점점 더 좋아지고 그분과 친밀하게 지냅니다. 결국 '예수 제일주의'로 살게 되는 것입니다. 이 놀라운 은혜가 우리에게 주어진 축복입니다.

거듭난 경험과 확신이 없다면 지금 이 시간 예수 그리스도를 영접하십시오. 마음으로 믿고 입으로 고백하십시오. 오늘 거듭나서 영원한 생명이 여러분의 가슴속에 생길 것입니다. 여러분의 삶에 거듭난 증거가 나타날 것입니다. 이러한 확신 속에서 출발하십시오.

주님 내 안에

"너희는 믿음 안에 있는가 너희 자신을 시험하고 너희 자신을 확증하라 예수 그리스도께서 너희 안에 계신 줄을 너희가 스스로 알지 못하느냐 그렇지 않으면 너희는 버림받은 자니라" 고후 13:5

우리가 살다보면 사무치게 외로울 때가 있습니다. 외로움 때문에 눈물을 흘리기도 합니다. 여러분도 아마 외로워서 힘들었던 적이 있을 것입니다. 외로움은 혼자 있을 때도 느끼지만 때로는 여럿이 함께 있어도 느껴집니다. 결혼해서 남편과 함께 사는데 외롭습니다. 교회에서 많은 사람들을 만나고 함께 예배를 드리는데도 이질감이 느껴지고 외롭습니다. 큰 병에 걸리거나 수술을 받아야 할 때, 진료실이나 수술실 밖에 배우자와 가족이 있어도 별로 위로가 되지 않습니다. 수많은 수술을 성공적으로 해낸 저명한 의사라 해도, 막상 자기가 수술을 받게 될 때는 오롯이 스스로 견뎌내야 합니다. 홀로 있는 시간과 그 속에서 느껴지는 외로움을 혼자 감당해내야 하는 것입니다.

외로움을 느껴보지 않은 사람은 세상에 없습니다. 누구나 시련을 겪습니다. 근심과 걱정을 안고 살며, 질병으로 인해 고통 받습니다. 심지어 죽음의 골짜기까지 지나본 사람도 있습니다. 성경이나 기독교 역사, 오늘날 우리가 처한 현실 속에서 많은 어려움을 겪으면서도 강렬한 힘으로 살아내는 사람들이 있습니다. 그들의 공통점은 '하나님이 나와 함께하신다!'라는 진리를 의식한다는 점입니다.

골리앗 앞에서 이스라엘 군대와 사울 왕이 벌벌 떨었습니다. 그러나 소년 다윗은 용감하게 맞섰습니다. "너는 창과 검을 가지고 나아오지만 나는 살아계신 하나님의 이름을 가지고 너에게 간다!"고 외치며 골리앗을 때려눕혔습니다. 이는 '주께서 나와 함께하신다!'라는 강력한 믿음 때문에 가능한 일이었습니다. 내가 사망의 음침한 골짜기를 다닐지라도 악한 세력이나 어려움을 조금도 두려워하지 않은 것은 '주님께서 나와 함께 계신다!'라는 진리가 그 속에 뿌리내리고 있기 때문입니다.

이미 2장과 3장에서 구원의 확신과 거듭남의 확신에 대해 말씀드렸습니다. 구원받아 거듭난 사람에게는 한 가지 확신이 더 필요합니다. 예수께서 우리 가슴속에 임재하시고 한 시도 떠나지 않으시며 지금부터 영원까지 나와 함께하신다는 사실을 믿는 것입니다. 이렇게 믿는 사람 속에는 믿지 않는 사람들이 이해하지 못하는 놀라운 힘이 있습니다. 굉장한 용기가 있습니다. 어떤 소리에도 꿈쩍하지 않는 담대함이 있습니다. 아무리 이 사람을 망하게 하려 해도 불가능합니다. 이제는 내가 사는 것이 아니라 내 속에 그리스도가 사신다는 것을 믿고 살기 때문입니다. 그러므로 하나님의 자녀인 여러분은 자기 속에 주님께서 임재하고 계신다는 사실을 확실하게 믿으시기 바랍니다.

구원받은 사람들 중에서도 주님이 함께 계신다는 확신이 없는 사람도 많습니다. 작은 시련에도 주님이 자기를 버리신 건 아닐까 하고 생각합니다. 성도들 중에서도 수술을 받거나 출산할 때의 간증을 들어보면, 주님이 함께 계신다는 것을 믿고 수술을 하니 이상하게도 마음이 평안했다고 합니다. 위대한 신앙인들이 그랬습니다. 성경에는 "주께서 그와 함께하심이라"는 표현이 자주 나옵니다. 아브라함, 이삭, 야곱, 요셉의 인생에서도 "주께서 그와 함께하심이라"라는 표현이 등장합니다. 성경 속 위대한 인물의 삶에는 반드시 이 말이 나옵니다. "주께서 그와 함께하심이라." 이 표현이 나오면 안심됩니다. 하나님이 함께하시는 사람은 걱정할 필요가 없습니다. 여호와 하나님께서 함께하시는데 누가 감히 그를 대적하겠습니까?

첫째, 거듭난 사람 안에 예수님께서 거하십니다. 우리는 연약하고 작은 존재입니다. 눈에 보이지 않는 작은 바이러스만 우리를 공격해도 기침이 나고 열이 오릅니다. 이렇게 연약한 인간인 우리와 주님이 함께하십니다. 주님께서 우리와 영원히 함께하시고 절대로 떠나지 않으신다는 것을 확실하게 믿을 때, 말할 수 없는 힘과 용기와 위대한 사역들이 나타나게 될 것입니다. 그러나 이 놀라운 진리를 깨닫지 못한 사람이 많으니 안타깝습니다. 바울 시대에도 이런 사람들이 많았습니다. 바울도 저처럼 안타까워하고 애통했습니다. 고린도 교인 중 많은 사람들이 이 사실을 믿지 않았습니다.

"너희는 믿음 안에 있는가 너희 자신을 시험하고 너희 자신을 확증하라 예수 그리스도께서 너희 안에 계신 줄을 너희가 스스로 알지 못하느냐 그렇지 않으면 너희는 버림 받은 자니라"(고후 13:5).

바울은 교인들을 향해 '믿음 안에 있는지'를 시험해 보라고 했습니다. 너희 자신을 확증하라고 권고합니다. 지금까지 우리는 자신의 신앙을 확증해 보았고 구원에 대한 확신을 가지기 위해 노력했습니다. 구원받은 사람은 자기 속에 예수 그리스도가 계신다는 것을 알아야 합니다. 하지만 생각보다 많은 사람들이 자신이 구원받아 거듭난 것을, 하나님의 아들, 예수 그리스도가 자기 안에 내주하신다는 사실을 확신하지 못합니다. 그 사실을 믿지 못합니다.

이 고단하고 어려운 인생을 혼자 허덕이며 힘겹게 걸어가는 사람이 있습니다. 주님 없이 자기 힘으로 혼자 살아가는 것이 얼마나 고생스럽고 고단하겠습니까? 주님이 내 안에 함께 계신다는 것을 알면 혼자 그토록 괴로워하지는 않을 것입니다. 주님이 자기 안에 계심에도 불구하고 그분과 대화하지 않고, 의논도 하지 않으며, 도와 달라고도 청하지 않으니 얼마나 답답하고 힘들겠습니까? 예수님을 믿는 하나님의 자녀로서 주님을 마음에 모시고도 그런 줄 모른 채 외롭게 사는 신앙인이야말로 정말 안타깝고 억울한 삶을 사는 것입니다.

요한계시록 3장 20절에는 ‘우리 마음 문을 열면 예수님이 우리 안으로 들어오신다’고 말씀합니다. 우리 마음 문을 여는 순간 예수님께서 마음속으로 들어오십니다. 이 사실을 꼭 믿으시기 바랍니다. 주님이 들어와 계신데도 믿지 않고 혼자 외로워하며 방황하고 계신 분이 있다면 주님을 향해 마음을 여시기 바랍니다.

제 딸이 여섯 살 때입니다. 저는 아이에게 천국에 대한 이야기를 해주고 싶었습니다. 그래서 이렇게 말했습니다.

“아빠가 너보다 먼저 천국에 가면 거기서 널 기다려 줄게.”

“예, 아빠.”

"혹시 네가 먼저 가면 날 기다려 주겠니?"

"그럼요, 아빠."

"네가 천국에 가는 것을 어떻게 아니?"

"예수님이 제 마음속에 계시기 때문이에요."

이처럼 어린아이도 예수께서 자기 마음에 계시니 천국에 간다는 것을 알고, 믿었습니다. 우리도 어린아이처럼 "목사님, 걱정하지 마세요. 문제없어요. 예수님이 제 마음속에 계시거든요!"라고 말할 수 있으면 좋겠습니다. 이처럼 예수님이 자신과 함께하신다는 것을 아는 사람들은 인생을 사는 모습이 다릅니다. 불안해하거나 염려하지 않습니다. 슬퍼하고 외로워하며 절망하지 않습니다.

커다란 포스터 한 장을 본 적이 있습니다. 아주 인상적인 그림이었습니다. 산꼭대기는 눈으로 덮여 있었고, 그 산 아래에는 나무들이 많았습니다. 그 아래쪽으로 호수가 펼쳐져 있는데, 호수에는 사람이 한 명 타고 있는 작은 보트가 있었습니다. 아주 외로워 보이는 그림이었습니다. 그림 아래에 이런 글이 적혀 있었습니다. "나는 혼자가 아니기에 결코 외롭지 않다(I am never lonely because I am never alone)." 커다란 호수, 빽빽한 나무들에 비하면 아주 작은 배에 혼자 타고 있으니 외로울 법도 한데 그렇지 않다고 적혀 있었습니다. 산과 나무, 호수를 창조하신 하나님이 자기 안에 살아 계신다는 것을 믿고 살기 때문입니다. 지금까지 혼자라고 여기며 무력하게 살아오셨습니까? 주님이 나와 함께하신다는 것을 깨닫지 못한 채 슬퍼하고 괴로워하셨습니까?

하나님 말씀은 여러분이 믿든 안 믿든 상관없이 불변의 진리입니다. 예수 그리스도가 우리 안에 계십니다. 당신이 믿든지 안 믿든지 분명하게 계십니다. 이것을 깨닫지 못하고 믿지 못하면 한참 방황합니다. 하지만 주님이 우리 안에 영원히 거하시는데 방황하고 슬퍼하며 외로워할 이유가 어디 있습니까? 갈라디아서 2장 20절은 "우리가 그리스도와 함께 십자가에 못 박혔으니 이제는 우리가 사는 것이 아니요 그리스도께서 우리 안에 사시는 것이라"라고 말씀합니다. 이 말씀을 믿으십시오. 그러면 아무 염려가 없습니다. 근심도 불안도 없습니다. 내 안에 그리스도께서 살아계신데 감히 누가 나에게 손을 대겠습니까? 이를 믿으시기 바랍니다.

둘째, 우리 안에 예수님과 성령님이 계십니다. 예수님과 우리는 어떤 관계일까요? 성경 여러 곳에서는 몇 가지 비유로 설명합니다. 요한복음 15장 5절은 예수님과 우리를 '포도나무와 가지'로 비유합니다. 예수님은 포도나무, 우리는 가지인 것입니다. 주님이 우리 안에 계시고 우리는 주님 안에 있으니 주님과 우리가 영원토록 하나입니다. 신비한 연합입니다. 이 사실을 믿고 사는 사람은 삶에서 열매가 나타날 수밖에 없습니다. 얼굴 표정과 말, 행동, 생각, 태도에서 선한 향기가 드러나는 것입니다.

에베소서 2장 19-22절은 예수님과 우리를 '건물과 모퉁이 돌'로 비유합니다. 건물에는 모퉁이 돌이 있고, 모퉁이 돌은 건물과 하나입니다. 불가분의 관계입니다. 예수님과 우리는 남편과 아내로도 비유됩니다(엡 5:23). 남편과 아내가 영원히 하나인 것처럼 성경은 예수님과 그분을 믿는 성도들이 '하나'라고 말씀합니다. 고린도후서 5장 17

절은 "그런즉 누구든지 그리스도 안에 있으면 새로운 피조물이라"라고 말씀합니다. 그리스도가 내 안에, 내가 그리스도 안에 있다는 것은 놀라운 진리입니다. 이 진리를 깨닫고 믿으시길 바랍니다. 진리는 절대로 변하지 않습니다. 중요한 것은 '이 진리를 아느냐 혹은 모르느냐?'입니다. 즉 '믿느냐 안 믿느냐?'입니다. 믿는 자에게는 놀라운 하늘의 축복과 은혜가 있습니다.

히브리서 13장 5절 "내가 결코 너희를 버리지 아니하고 너희를 떠나지 아니하리라 하셨느니라"라는 말씀을 기억하십시오. 주님은 우리를 절대로 떠나지 않겠다고 말씀하셨습니다. 하나님은 참되십니다. 그분은 진리이자 거짓이 없으신 분이십니다. 하나님께서 결코 떠나지 않겠다고 하시면 영원히 떠나지 않으십니다. 이 사실을 믿으십시오. 이런 믿음 안에서 나타나는 놀라운 힘과 용기는 이루 말로 다 할 수 없습니다. 마태복음 28장 20절에서 예수님은 "내가 세상 끝 날까지 너희와 항상 함께 있으리라"라고 말씀하셨습니다. 너무나도 분명한 약속입니다. 거듭난 사람 안에는 성령께서 내주하십니다. 어떤 분들은 성령을 달라고 기도합니다. 하나님께서는 우리에게 성령을 주셨습니다. 그런데도 자꾸 달라고 하니 하나님께서도 답답하실지 모릅니다.

> "너희는 너희가 하나님의 성전인 것과 하나님의 성령이 너희 안에 계시는 것을 알지 못하느냐"(고전 3:16).

바울은 '성령이 너희 안에 계시는데 왜 모르느냐?'라고 묻습니다.

예수 그리스도를 우리의 구주로 고백한 그 순간, 성령께서 당신에게 임하셔서 당신 안에 살아 계시는 것입니다. 성전인 몸 안에 성령께서 계신 것을 깨달으십시오. 계속해서 성령을 달라고 하면 안 됩니다. 예수 믿은 지 5년 되었다면 이미 5년 동안 성령이 계셨던 것입니다. 이 사실을 모르고 여전히 혼자인 줄 알며 외로워하고 힘겨워하는 성도들도 있습니다. 계속해서 성령을 달라고 하지 마시고, 성령의 은혜와 능력을 달라고 기도하십시오.

성령님께서 여러분에게 임하신 것을 하나님의 말씀에 근거해서 믿기 바랍니다. 이것은 중요한 진리입니다. 예수 그리스도와 성령님의 임재하심을 믿는 믿음은 너무나 중요한 영적 진리입니다. 가장 기본이 되는 귀중한 진리입니다.

사실, 성령을 받으라고 강권하는 목사님도 문제입니다. 이미 성령을 받았는데 마치 성도들에게 성령이 없는 것처럼 계속해서 받으라고 재촉하니까 자기 안에 성령이 없다고 믿게 됩니다. 특정한 사람을 제외하고는 자기 안에 성령이 없는 것처럼 느끼게 합니다. 그래서 제가 이런 설교를 하고 나면 저를 찾아와 "목사님, 제 안에 성령께서 이미 계신 것을 몰랐습니다."라고 말하는 분들이 많습니다. 성령을 받는 것과 성령이 충만한 것은 다릅니다. 그러나 예수님을 구주로 믿는 분이라면 이미 성령을 받았다는 사실을 믿으시기 바랍니다. 이것을 모르거나 믿지 않기 때문에 교회 안에 있으면서도 혼란스럽습니다.

고린도전서 6장 19-20절은 "너희 몸은 너희가 하나님께로부터 받은바 너희 가운데 계신 성령의 전인 줄을 알지 못하느냐 너희는 너희 자신의 것이 아니라 값으로 산 것이 되었으니 그런즉 너희 몸으로 하나님께 영광을 돌리라"라고 말씀합니다. 이는 우리 안에 성령이 계신다는 것입니다. 구원받은 하나님의 자녀이십니까? 성령을 받았다는 사실을 확실하게 깨닫고 믿으시기 바랍니다. 예수님이 내 안에 계시고(고후 13:5) 성령님이 내 안에 계심(고전 3:16, 6:19)을 깨닫기 바랍니다. 우리 속에 부활하신 주님과 성령님이 계신다는 것을 확신하십시오.

주님이 우리와 함께 계신다는 사실을 확신한다면 병에 걸려도, 시련의 광야를 지나도, 아무도 나를 돌보지 않고 온 세상이 나를 버린 것 같을 때도, 심지어 사망의 골짜기를 다닐지라도 우리 마음에 두려움이 없습니다. 사람은 나를 떠났을지 모르나 주님은 여전히 나와 함께 계십니다. 내 남편은 나를 떠나고, 내 아내도 나를 떠났으나 주님은 여전히 나와 함께 계십니다. 내 자녀도 떠나고 가족도 모두 떠났으나 주님만은 여전히 나와 함께 계십니다. 내 친구는 나를 떠났으나 우리 주님은 절대로 떠나지 않고 영원히 나와 함께 계신다고 약속하시며, 그 약속을 지키시고 오늘 이 순간에도 나와 함께 계십니다. 찬송가 162장의 후렴구처럼 내 안에 살아 계십니다.

예수 예수 늘 살아 계셔서

주 동행하여 주시며

늘 말씀 하시네.

예수 예수 내 구세주 예수

내 맘에 살아 계시네.

늘 살아 계시네.

이 시간, 성령께서 여러분의 마음과 생각을 깨우쳐 주시기를 간절히 소망합니다. 그래서 예수 그리스도가 우리와 동행하신다는 그 진리가 우리 삶에 큰 힘과 용기를 주는 축복이 되기를 진심으로 바랍니다.

6

주 함께하심의 확신

"내가 주의 영을 떠나 어디로 가며 주의 앞에서 어디로 피하리이까 내가 하늘에 올라갈지라도 거기 계시며 스올에 내 자리를 펼지라도 거기 계시니이다 내가 새벽 날개를 치며 바다 끝에 가서 거주할지라도 거기서도 주의 손이 나를 인도하시며 주의 오른손이 나를 붙드시리이다"

시 139:8-10

성령으로 거듭나고 구원받은 후에 가져야 할 확신이 한 가지 더 있습니다. "하나님께서 나와 함께 계신다!"는 확신입니다. 어릴 때부터 이 확신만 확실하게 갖고 산다면 아무리 험하고 어려운 일을 당해도 넉넉히 이겨낼 수 있습니다. 이 세상을 살아나갈 수 있는 지혜와 용기, 평안과 힘이 생깁니다. 이는 '주님이 나와 함께하신다'는 변하지 않는 진리에서 비롯됩니다. 하나님은 우리 안에 계실 뿐 아니라 우리를 완전히 둘러싸고 계십니다. 하나님이 함께하심을 묘사한 구약과 신약 성경의 표현은 약간 다릅니다. 구약에서 "주께서 그와 함께하신다"고 할 때는 목자가 양을 인도하듯 주님이 우리 곁에 계시는 이미지입니다. 신약에서는 우리 앞에서 인도하시던 하나님이 우리 안으로 들어오셔서 영원히 떠나지 않고 함께 사신다는 이미지입니다.

나를 아시는
하나님

시편 139편 1-6절에는 '우리를 철저하게 아시는' 하나님의 모습이 나타나 있습니다. 특별히 "여호와여 주께서 나를 살펴보셨으므로 나를 아시나이다"라는 1절에서 '살펴본다'는 말은 나를 머리끝부터 발끝까지, 내 생각과 몸, 나의 삶 전체를 살피고 조사하셔서 잘 아신다는 말입니다. 하나님은 우리를 철저하게 조사하셔서 속속들이 모르는 것이 하나도 없으십니다. 우리를 완전하게 아십니다.

시편 1편 6절은 "무릇 의인들의 길은 여호와께서 인정하시나 악인들의 길은 망하리로다"라고 말씀합니다. 의로운 사람의 길은 하나님이 세세하게 모두 아시고 돌보시고 인도하시지만 악인의 길은 영원히 망한다는 것입니다. 하나님이 나를 아신다는 것은 단순히 '내가 어디에 있고 어떻게 생겼는지'를 아신다는 말이 아닙니다. 내 삶 전체를 친숙하게 아시고 나를 일일이 돌봐주신다는 뜻입니다. 부모는 자녀가 어디에 있든지, 어디로 가든지 늘 자녀 생각을 합니다. 마음으로 함께하고 생각으로 함께 다닙니다. 자녀는 부모를 생각하지 않아도 부모는 늘 자녀를 생각합니다. 한시도 잊지 않고 생각으로 따라다닙니다. 하나님도 그러십니다.

오래 전에 제 딸이 두 달 동안 중국에 간 적이 있었습니다. 그곳에서 영어를 가르치는 선교사로 사역을 했습니다. 당시 중국은 먹고 자고 돌아다니는 일에 제약이 많았습니다. 처음 제가 중국에 다녀왔을 때는 어찌나 힘들었던지 살이 쏙 빠지고 눈도 잘 보이지 않게 되었던 기억이 납니다. 그해부터 안경을 끼기 시작했습니다. 그런 곳에서 딸아이가 지낸다고 생각하니 늘 걱정스웠습니다. 여리고 조그만 아이가 그곳에서 잘 지내고 있을지, 어려움은 없는지, 힘든 일을 잘 견디고 있는지 자나 깨나 딸 생각뿐이었습니다. 그것이 부모의 마음이

요 하나님의 마음입니다. 이처럼 언제 어디서나 하나님이 우리를 돌
보신다는 것이 하나님이 나를 아신다는 말입니다. 주님께서 나를 철
저하게 아시고 어디서든 나를 돌보고 계신다는 사실을 아는 사람과
모르는 사람의 삶은 하늘과 땅만큼 큰 차이가 납니다. 이 사실을 아
는 사람은 어디에서 무엇을 하든 괜찮습니다. 환경도 문제가 안 됩니
다. 누가 나를 주관하시고 돌보시는가를 제대로 알고 확신하며 사는
신앙인이야말로 형통하고 행복하게 살아갈 수 있습니다. 어둠 속에서
도 빛 안에서처럼 살 수 있는 힘이 있습니다.

"주께서 내가 앉고 일어섬을 아시고 멀리서도 나의 생각을 밝히 아시
오며"(시 139:2).

하나님께서는 내가 앉고 일어서는 아주 작은 행동까지도 다 아십
니다. 이런 사실을 아는 사람은 시험 볼 때 커닝을 하지 않습니다. 이
를 잘 모르는 사람은 하나님이 나를 안 보시는 줄 알고 부정행위를
할 때도 있습니다. 영적으로 모르기 때문에 그렇습니다. 주님께서 나
의 앉고 일어섬, 눈을 뜨고 감는 것, 몸의 움직임 하나까지 일일이 다
아십니다. 주님의 이런 능력과 사랑을 알 때, 우리는 두 가지 양가감
정이 듭니다.

첫째는 겁이 납니다. 제가 초등학교 4학년 때였습니다. 주일에도
학교에 가야 했습니다. 학교에 오라는 주일에 가지 않으면 선생님께
매를 맞아야 했습니다. 저는 매 맞는 게 싫어서 어머니 몰래 학교로
걸어갔습니다. 한참 가고 있는데 누가 나를 쳐다보고 있는 것 같았습

니다. 어머니보다 나를 더 잘 아는 분이 계셨던 겁니다. 하나님은 우리가 일어서고 앉고 걷는 것을 전부 다 아십니다. 학교까지 절반쯤 갔다가 이 사실을 깨닫고 놀라서 교회로 달려갔습니다. 결국 지각을 했지만 이때의 경험은 아직도 생생하게 기억납니다. 어릴 때였지만 주님이 저의 모든 것을 다 아신다고 생각하니 함부로 행동할 수 없었습니다. 그때 그 경험은 저의 평생에 큰 도움이 되었습니다.

둘째는 기쁨과 안도감입니다. 사람은 낯선 곳에 혼자 있게 되면 문득 겁이 납니다. 하지만 주님께서 함께 계신다는 것을 알면 한편으로는 기쁘고 안심이 됩니다. 아무리 어려운 일이 있어도 나를 철저히 아시는 주님, 사랑과 능력의 주님이 함께 계시니 걱정할 것 없습니다. 위로가 되고 힘이 나고 안심됩니다. 혹시 사람들이 여러분을 이해하지 못합니까? 여러분을 모함하거나 오해합니까? 주께서 당신을 아시니 걱정하지 마십시오. 친구들이 오해해도 걱정하지 마십시오. 주님의 함께하심으로 인해 여러분의 마음에 평화가 있을 것입니다. 너무나 감사한 일입니다.

주님은 멀리서도 우리의 생각을 다 헤아리고 이해하십니다. 주님 앞에서는 마치 X-Ray 기계 앞에 서 있는 사람처럼 아무것도 숨길 수 없습니다. 사람은 누구나 깨끗하게 목욕하고 화장하면 어느 정도 다 괜찮아 보입니다. 사람의 눈으로는 그 사람 속에 있는 죄를 볼 수 없기 때문입니다. 그러나 하나님은 다 꿰뚫어 보십니다. 하나님 앞에서는 아무것도 감출 수 없습니다. 우리가 좀 못나고 연약하면 어떻습니까? 실수해도 괜찮습니다. 주님이 나를 아시기 때문입니다. 주님은 나를 다 아시면서도 나와 함께하십니다. 연약하고 부족한 우리를 좋아하고 사랑하십니다. 이것이 은혜입니다. 하지만 인간은 그렇지 않습니다. 인간은 서로를 제대로 모를 때 더 좋아하는 것 같습니다. 상대방의 실체를 속속들이 알면 싫어하거나 멀리할 수도 있습니다. 그러나 하나님은 나를 철저히 다 아시면서도 사랑하십니다. 이 사실이 우리에게 큰 기쁨을 줍니다.

어렸을 때 저는 항상 착해야만 하나님이 좋아하시고, 조금만 잘못해도 하나님이 싫어하시는 줄 알았습니다. 착한 일을 하면 '하나님이 지금 좋아하시겠구나!' 싶었고, 착한 일을 하지 못하거나 나쁜 일을 했을 때는 '하나님께서 나를 싫어하시면 어쩌지?'하고 걱정했습니다. 그러다 스물다섯 살이 되어서야 '내가 부족하고 흠이 많아도 하나님은 나를 영원히 사랑하시는구나!'하는 사실을 알았습니다. 그 사실을 깨달았을 때 얼마나 마음이 편하고 기뻤는지 모릅니다. 주님은 우리가 잘하는 것, 못하는 것, 실수하는 모든 것을 다 아십니다. 순종하거나 불순종하는 마음의 중심과 동기도 다 아십니다. 생각마저도 다 감찰하십니다. 우리의 모든 것을 예수님 안에서 이미 다 용납해 주셨습니다.

여러분의 어머니나 아버지는 어떻습니까? 세상 사람 그 누구도 예수님처럼 우리를 이렇게 대해줄 수는 없을 것입니다. 사람은 그럴 수가 없습니다. 아주 오래 전, 자살을 시도한 고등학교 1학년 학생을 만난 적이 있습니다. 성적표에 B 하나만 받아도 호통을 치는 아버지 때문에 극단적인 선택을 했던 자매였습니다. 하나님은 그런 아버지가 아닙니다. 있는 그대로의 나를 다 아시면서도 나의 영원한 하나님이 되어 주십니다. 그래서 신앙생활이 행복하고 기쁘고 재미있는 것입니다. 세상에서 경험할 수 없는 일을 주님과 나 사이에서 경험하기 때문입니다.

시편 기자는 "나의 모든 길과 내가 눕는 것을 살펴보셨으므로 나의 모든 행위를 익히 아시오니"(시 139:3)라고 했습니다. 하나님은 내가 침실에서 잘 때도 돌보시고, 차를 타고 가는 동안에도 함께하십니다. 이런 하나님이 나를 사랑하시는 아버지라는 것이 얼마나 감사한 일입니까? 또한 "여호와여 내 혀의 말을 알지 못하시는 것이 하나도 없으시니이다"(시 139:4)라고 했습니다. 내 입에서 밖으로 나간 말, 심지어 아직 하지 않은 말까지도 다 아십니다. 다른 친구에 대해 험담하는 것도 다 아십니다. "미워 죽겠어!", "나쁜 놈이야!", "정말 재수 없어!"라는 소리도 다 듣고 계십니다. 구약성경에 보면 모세의 형과 누나가 소곤거리는 것도 다 아신다고 했습니다. 다른 사람이 못 듣는다며 우리끼리 이야기해도 하나님께는 통하지 않습니다. "이건 비밀인데, 다른 사람에게는 말하지 마!" 정도의 비밀이라면 아예 말을 하지 않는 게 좋습니다. 내 입에서 한 번 나간 말은 반드시 나에게로 되돌아옵니다. 세상에 비밀은 없습니다. 입에서 나간 것은 절대로 비밀이 아닙니다. 하나님은 내가 안 좋은 말을 하는 것뿐 아니라 좋은 말, 좋은 생각을 하는 것도 다 아십니다. 다른 지체에 대해 칭찬하는 마음도 다 아십니다. 모든 것을 다 아시는 하나님이 우리와 함께 계시는 것입니다.

"주께서 나의 앞뒤를 둘러싸시고 내게 안수하셨나이다"(시 139:5)에서 주께서 나의 앞뒤를 '둘러싸신다'는 말은 주님께서 우리의 앞과 뒤를 둥글게 에워싸는 모습을 묘사합니다. 마치 경호원들이 주인공을 엄호하듯이 나를 보호하시는 것입니다. 어느 길을 가더라도 내 앞과 뒤에는 주님이 계십니다.

제가 미국에서 한밤중에 시골 길을 운전한 적이 있었습니다. 그날따라 너무 피곤한 나머지 깜빡 졸고 말았습니다. 갑자기 정신이 들어 브레이크를 밟았는데 낭떠러지에 앞바퀴가 걸렸습니다. 제가 깜빡 조느라 미처 브레이크를 밟지 못하니 주님이 밟아 주셨던 것입니다. 주님은 내 안과 밖, 앞과 뒤에 계십니다. 내가 어디로 가든지 항상 함께하십니다. 이것을 믿고 살면 삶이 정말로 기쁩니다. 진정으로 신이 납니다. '내게 안수하셨다'는 것은 주께서 손으로 나를 붙잡고 가신다는 말입니다.

어떤 사람이 주님과 바닷가 모래사장을 걷고 있었습니다. 한참 걷다 보니 네 개였던 발자국이 두 개가 되었습니다. 그래서 주님께 불평했습니다. "제가 힘들 때 주님은 어디 계셨습니까?" 그러자 주님은 말씀하셨습니다. "이 발자국은 내 것이란다. 내가 너를 등에 업고 있었단다." 우리 주님은 그런 분입니다.

미국에는 자동차에 범퍼 스티커를 붙이는 경우가 많습니다. 보통은 자기가 하고 싶은 말을 써서 붙입니다. 운전하다 보면 앞차 범퍼 스티커의 글을 읽게 됩니다. 재미있는 글이 많습니다. 예를 들면, "God is dead.-Nietzsche : Nietzsche is dead.-God"(하나님은 죽었다-니체, 니체는 죽었다-하나님)라고 쓰여 있었습니다. "If God seems to be far away, guess whom moved"(하나님께서 내게서 멀어진 것처럼 느껴지면 어느 쪽에서 움직였는지를 생각해 봐라!)라는 글도 있었습니다. 하나님이 내게서 멀리 떠나신 것 같습니까? 하나님이 떠나신 것이 아니라, 나에게 문제가 있는 것입니다. 주님은 늘 우리와 함께하십니다. 주님이 내 안에 계시고 주님이 나를 둘러싸고 인도하신다는 확실한 믿음을 가지십시오. 주님이 나와 함께하시므로 사망의 음침한 골짜기는 아무 문제가 되지 않습니다. 이것이 바로 신앙의 능력입니다!

"이 지식이 내게 너무 기이하니 높아서 내가 능히 미치지 못하나이다" (시 139:6).

시편 기자는 이런 사실이 너무나 신기하고 감사해 감당하지 못하겠다고 고백합니다. 주님이 나와 함께하시고 나를 철저히 아신다는 것은 이렇게 중요한 진리입니다. 예수 믿는 힘과 위로의 근원이 바로 여기에 있습니다.

어디서나 항상 함께하시는 하나님

시편 기자는 "내가 주의 신을 떠나 어디로 가며 주의 앞에서 어디로 피하리이까"(시 139:7)라고 노래했습니다. 그렇습니다. 주님의 영이 나와 함께하시고 나를 둘러싸고 계시는데 내가 어디로 피하겠습니까? 우리는 수족관 안에 있는 물고기, 하나님은 물과 같다는 생각을 해봅니다. 물고기가 물속을 헤엄치면서도 "물이 어디 있지?" 한다면 얼마나 어리석습니까? 하나님으로부터 생명을 받아 주님 안에서 움직이고 살면서 "도대체 하나님이 어디 있어요?" 하는 것과 같습니다.

주의 신을 떠나서 어디로 피할 수 있겠습니까? 아무 데도 갈 수 없습니다. 그분은 우리를 영원 전부터 영원까지 사랑하시고 지금도 우리를 사랑하시는 아버지이십니다. 이것은 너무나 귀한 진리입니다.

"내가 하늘에 올라갈지라도 거기 계시며 스올에 내 자리를 펼지라도 거기 계시니이다"(시 139:8).

시편 기자는 자신이 하늘에 올라갈지라도 하나님이 거기 계신다고 고백합니다. 아폴로 15호를 타고 달에 착륙했던 우주인 '제임스 어윈(James Irwin)'은 달을 향해서 가면서 창세기 1장을 읽었습니다. 그리고 "아폴로 15호를 휴스턴 사령탑에서 조정하는 줄 알았는데 그 뒤에는 하나님이 계셨습니다!"라고 고백했습니다. "스올에 내 자리를 펼지라도 거기 계시니이다"라는 시편 기자의 고백처럼 우리가 죽어서 무덤에 가도 주님은 거기에 함께 계십니다.

"내가 새벽 날개를 치며 바다 끝에 가서 거주할지라도 거기서도 주의 손이 나를 인도하시며 주의 오른손이 나를 붙드시리이다"(시 139:9-10).

미국으로 이민 간 사람들은 이방인으로서 타국살이를 하며 깊은 외로움을 느낍니다. 지구 전체가 하나님의 것이고 미국, 한국, 브라질, 아르헨티나 등 세계 모든 나라가 다 하나님의 것입니다. 세상 어디를 가든 다 하나님 아버지가 계십니다. 우리가 어디서 무엇을 하고 어떤 형편에 있든지 주님이 함께하십니다. 그러니 염려할 것 없고 외로워하지 않아도 됩니다.

이 찬송가(438장) 가사처럼 주님이 함께하시면 어디든지 하늘나라입니다. 그리스도인은 누구입니까? 주님이 내 안에 영원히 살아 계심을 믿는 사람입니다. 하나님이 우리를 둘러싸고 계셔서 우리의 생각과 일어남, 누움과 걸음, 슬픔과 기쁨 등의 모든 것을 아시고 감싸주심을 믿는 사람입니다. 아울러 바로 그 하나님이 나를 하늘나라까지 데려가 주실 것을 믿는 사람입니다.

"주에게서는 흑암이 숨기지 못하며 밤이 낮과 같이 비추이나니 주에게는 흑암과 빛이 같음이니이다"(시 139:12).

흑암이나 시련, 슬픔이나 어둠이 모두 주님께서 나를 사랑하시고 나와 함께하시니 빛으로 변합니다. 어둠이 곧 빛이라는 말이 아닙니다. 주님이 나와 함께하심을 확실하게 믿고 살 때는 어두움이 빛과 같고, 슬픔이 기쁨이 되며, 번민이 환희가 된다는 뜻입니다. 구원의 확신과 주님이 나와 함께하신다는 확신을 갖고, 주님의 축복 속에서 기쁜 삶을 살아가시기 바랍니다.

기도 응답의 확신

"구하라 그리하면 너희에게 주실 것이요 찾으라 그리하면 찾아낼 것이요 문을 두드리라 그리하면 너희에게 열릴 것이니 구하는 이마다 받을 것이요 찾는 이는 찾아낼 것이요 두드리는 이에게는 열릴 것이니라 너희 중에 누가 아들이 떡을 달라 하는데 돌을 주며 생선을 달라 하는데 뱀을 줄 사람이 있겠느냐 너희가 악한 자라도 좋은 것으로 자식에게 줄 줄 알거든 하물며 하늘에 계신 너희 아버지께서 구하는 자에게 좋은 것으로 주시지 않겠느냐" 마 7:7-11

우리가 인생을 살다 보면 인정하게 되는
두 가지 사실이 있습니다. 하나는 '인생이 나보다 크다는 것'입니다.
우주가 나보다 훨씬 크고, 세상이 나보다 아주 크며, 인생이 나보다
너무나 커서 그런 인생을 혼자 살아가기에는 아주 벅차다는 사실입
니다. 다른 하나는 '인간의 한계'입니다. 자신의 건강이나 재능, 능력
에는 한계가 있습니다. 누구나 인생을 살다 보면 자신의 한계성을 인
정하게 됩니다. 가끔 자신의 한계를 인정하지 않는 사람을 봅니다. 그
런 사람들은 자기 인생을 어떻게 해결해야 할지 모르고 다양한 반응
을 나타내기도 합니다.

어떤 사람은 속상해하고 짜증을 냅니다. 자주 그러다 보면 마음
이 비뚤어지고 그런 마음이 얼굴에 나타나 늘 인상을 쓰고 살게 됩
니다. 자연스럽게 삶을 저주하고 비관하는 것입니다. 반면 어떤 사람
은 인생의 고달픔을 잊기 위해 일부러 남을 웃기거나 과장해서 웃습
니다. 한번은 건물 지하 1층에 주차를 한 후, 그곳에서 일하고 계신
분에게 제가 찾는 사무실이 어디 있는지 여쭈었습니다. 그분이 "저
벽에 뭐라고 써 있지요?"라고 하셔서 "B1, B2라고 쓰여 있네요." 했
더니 그게 무슨 말이냐고 되물었습니다. 제가 "Basement 1, Base-

ment 2로, 지하 1층, 지하 2층이라는 말입니다."라고 했더니 그분은 "아아! Basement 1, Basement 2, Basement, Basemen-t…!"라고 읊조렸습니다. 그러더니 곧 얼빠진 사람처럼 막 웃었습니다. 이상하게도 그분과 이야기를 나누면서 왠지 모를 슬픔과 분노, 괴로움이 느껴졌습니다. 온전한 정신으로는 견딜 수가 없어 우스꽝스러운 말투나 질문을 하시는 듯했습니다. 그분과 헤어진 후 일을 잘 마치고 내려왔더니 그분은 누군가에게 "내가 저 화장실에서 일하다가 쓰러졌어요. 두 달을 입원하고 쥐꼬리만한 월급을 받겠다고 또 나와서 일하고 있다고요!"라며 악을 쓰고 있었습니다. 그의 음성과 표정은 분노로 가득 차 있었습니다. 자신의 고통스러운 인생을 해학과 허무한 농담으로 잊어보려는 듯했으나, 화가 나서 어찌할 바를 모르는 모습이었습니다.

어떤 사람은 인생의 고통을 침묵으로 이겨내려 합니다. 하지만 입을 닫으면 모든 근심과 고통이 마음과 몸속으로 들어가 결국에는 병이 되고 맙니다. 어떤 사람은 글로 표현하기도 합니다. 소설이나 시, 수필 등으로 승화시키는 것입니다. 카프카, 앙드레 말로, 사르트르, 까뮈 등의 작가는 인생의 허무함을 작품에 잘 드러냈습니다. 어떤 사람은 자살을 합니다. 날이 갈수록 자살하는 사람들이 늘어갑니다. 스위스처럼 일상생활이나 노후 보장이 잘 되어 있는 나라도 자살률이 대단히 높습니다. 물질적으로 풍요롭고 부유하다고 해서 진짜 잘 산다고 말할 수는 없습니다. 물질적 풍요가 만족스러운 삶을 보장하는 것도 아닙니다. 또 어떤 이들은 어디론가 도망치고 도피하기도 합니다. 이처럼 인생의 고통에 반응하는 방법은 여러 모양입니다. 한없이 먹고 또 먹어서 자신을 파괴하기도 하고, 어떤 이는 극단적으로 식사를 거부하며 자기 몸을 학대하기도 합니다. 또 어떤 사람은 잠으로, 술, 마약 등의 쾌락으로 도피합니다. 모두들 인생을 조금이라도 가볍게 만들어보려고 안간힘을 씁니다. 모두 다 인간의 한계를 극복해 보려는 적나라한 모습입니다. 그러나 그 어떤 방법으로도 인생의 문제를 완벽하게 해결할 수 없습니다.

기도로
해결하라

인생이 우리 자신보다 크다는 사실과 인간의 한계성을 인정하는 사람은 겸손한 사람입니다. 아주 지혜로운 사람입니다. 그런 사람들을 향해 주님은 "항상 기도하고 낙심하지 말아야 할 것"(눅 18:1) 당부하셨습니다. 예수님은 인생의 문제를 기도로 해결하라고 하셨습니다. 기도하지 않는 사람은 많이 먹거나 굶는 것으로, 걱정하고 도망하는 것으로, 중독이나 자살 등의 방법으로 해결하려고 합니다. 이런 방법은 일시적입니다. 때로는 극단적입니다. 설탕물 한 잔으로 피곤을 풀려는 것과 같습니다. 근본적인 해결책이 아닌 것입니다.

"지금까지는 너희가 내 이름으로 아무 것도 구하지 아니하였으나 구하라 그리하면 받으리니 너희 기쁨이 충만하리라"(요 16:24).

기도하지 않고 살면 우리 마음은 비뚤어지고 이상해집니다. 직면

하기보다는 회피하게 되고, 회복하려고 하기보다는 극단적인 방향으로 나아갑니다. 사람들 마음속에 주먹만큼 큰 덩어리가 몇 개씩 들어 있습니다. 그런 것은 X-Ray를 찍어도 나오지 않습니다. X-Ray에 찍혀 나오지 않지만 분명히 있습니다. 인생의 어려움이 얼마나 많습니까? 이를 견디고, 참고 또 참으니까 가슴속에 분노와 원망, 화와 슬픔, 고통과 아픔으로 맺히는 것입니다. 이것이 바로 기도 없는 삶의 결과입니다.

그 두려움이 변하여 내 기도 되었고
전 날의 한숨 변하여 내 노래가 되었네.

기도하는 사람은 주님 안에서 평안합니다. 두려움은 평안으로 바뀝니다. 한숨은 찬송이 됩니다. 기도하는 사람은 인생을 담담하게 살아갑니다. 기도는 하나님과 나와의 관계입니다. 나는 이 세상에 혼자 존재하지 않습니다. 내가 있는 이 세상, 그보다 더 큰 우주, 그 위에 우주보다 더 크신 하나님이 계십니다. 그분이 나를 사랑하시기에 그분께 기도하면 됩니다. 기도하는 사람은 인생이 크고, 나는 한계를 지닌 존재임을 인정하는 겸허한 사람입니다.

유한한 인간은 기도할 때에라야 비로소 무한하신 하나님과 연결됩니다. 무한한 하늘 문이 우리를 향해 열립니다. 나의 능력, 건강과 지혜만으로는 살 수 없습니다. 나보다 크시고 나를 사랑하시는 하나님께서 나와 함께해 달라고 기도해야 합니다. 나는 부족하고 연약해도 인생을 성공적으로 살 수 있습니다. 하나님께 기도하면 됩니다. 하나님은 우리가 미처 생각하지 못한 크고 놀라운 방법을 갖고 계십니다. 인생을 성공적으로 사는 사람은 언제나 유연성이 있습니다.

미국 시카고에 있는 회사의 CEO 3,000명을 대상으로 조사해 보았더니, 그들의 성공 이유 중 하나가 바로 유연성이었습니다. 유연성을 지닌 사람은 한 가지 길만 있다고 생각하지 않습니다. 여러 가지 방향을 보고 다양한 길을 모색합니다. 모든 가능성을 열어두고 유연하게 대처합니다. 도무지 문제 해결의 실마리가 보이지 않을 때 "주님, 해결해 주시옵소서!"라고 주님께 맡기면 우리가 생각하지 못한 방법으로 해결해 주시는 분이 바로 하나님입니다.

하나님은 사람들에게 낙망하지 말고 기도하라고 말씀하십니다. 이것은 하나님의 명령이자 자녀들의 특권입니다. 기도하지 않고 방황하지 말라, 즉 끊임없이 구하라는 것입니다. 기도 응답을 받는 조건은 오직 하나입니다. 바로 구하는 것입니다. 구하면 됩니다.

"구하는 이마다 받을 것이요 찾는 이는 찾아낼 것이요 두드리는 이에게는 열릴 것이니라"(마 7:8).

성공하는 사람은 '구하기'를 잘합니다. 성공 비결을 물어보면 "선생님께 여쭤 봐라!" 혹은 "상사에게 물어봐라!"라고 합니다. 물어 보지 않고, 구하지도 않으면서 실망하거나 포기해서는 안 됩니다. 구하는 사람은 받습니다. 그러니 언제든지 구하십시오. 특별히 하나님께 구하십시오.

어느 노처녀에게 남편을 달라고 기도해 보았느냐고 물었더니 무안해서 못 해봤다는 대답이 돌아왔습니다. 우리는 감기만 걸려도 빨리 낫게 해달라고 기도합니다. 그런데 인생에서 가장 중요한 문제인 배우자에 대한 기도를 왜 못하는 것입니까? '구하는' 것은 현재형 동사로 계속적으로 꾸준히 구하는 것을 의미합니다. 기도 응답이 있을 때까지 구해야 합니다. 쉬지 말고 구해야 합니다. 그러니 믿는 사람들은 낙망할 시간이 없습니다. 죽을 때까지 쉴 새 없이 구해야 합니다. 마지막 숨이 넘어갈 때까지 "주여, 주님의 손을 붙잡게 해주시옵소서!"라고 기도하는데 언제 낙망하고 근심하겠습니까? 그럴 시간에 기도에 더욱 열심을 내십시오.

여러분은 지금까지 인생을 어떻게 대하며 살아오셨습니까? 고통을 회피하셨습니까? 해학과 풍자로 웃어넘기셨습니까? 아니면 침통해하고 절망하셨습니까? 앞으로는 그러지 마십시오. 그럴 시간에 기도하십시오. 기도하는 사람에게 길이 있습니다. 구하는 자에게 주님은 반드시 주십니다.

인간은 오랫동안 하나님 앞에 나아와 구할 수 없는 존재였습니다. 그럴 자격이 없었습니다. 인간은 모두가 다 죄인이기 때문에 거룩하신 하나님 앞에 나아갈 수가 없었습니다. 그러나 하나님께서 예수님을 보내 우리 죄를 용서해 주셨습니다. 이제는 얼마든지 하나님 앞으로 나아갈 수 있습니다. 예수 그리스도의 이름으로 나아가는 사람에게 길이 열립니다. 문을 열어 주십니다. 이것이 성경이 말하는 영원한 진리입니다. 이 진리를 믿고 살아야 합니다.

예수님은 구하라고 말씀하실 뿐만 아니라 구할 때 주시겠다고 약속하셨습니다. 응답이 없는 것은 구하지 않기 때문입니다. 일회적으로 구해선 안 됩니다. 지속적으로 구해야 합니다. 열 번 기도해서 열 번 응답이 있었다면 100%입니다. 천 번 기도한 사람에게 'Yes!'라는 응답이 50% 있었다고 가정합시다. 적게 구한 것보다 훨씬 더 많은 응답을 받게 되지 않습니까? 기도하는 사람은 실망하고 낙심할 시간이 없습니다. 절망 속에서 헤맬 틈도 없습니다. 기도하기에도 시간이 부족한 게 우리 인생입니다.

기도 응답의
결과

첫째, 기도 응답을 받으면 기쁨이 충만해집니다. 매일, 매시간, 매순간 우리 속에 계시는 그분과 대화하고 기도하면 많은 응답을 받게 됩니다. 응답을 받으니 감사가 넘치고 절로 찬양이 흘러나옵니다. 기도를 통해 하나님의 살아계심과 사랑을 느낍니다. 날마다 하나님이 나와 함께하시는 경험을 하게 됩니다. 한숨을 쉬거나 눈물 흘리면서 살 틈이 없습니다. "기쁨이 충만하리라"(요 16:24)는 말씀처럼 우리 안에 기쁨이 넘쳐납니다. 여러분, 혹시 지금 인생이 재미없습니까? 가만히 있어도 눈물이 납니까? 그렇다면 기도해야 합니다. 혼자 눈물 흘리지 말고 기도하면서 눈물을 흘리십시오. 기쁨이 충만할 것입니다. 여러분이 재미없이 사는 것, 불행하게 살아가는 것을 주님은 보지 못하십니다. 견디지 못하십니다. 여러분을 너무나 사랑하시기 때문입니다.

둘째, 기도 응답 때문에 하나님께서 영광을 받으십니다. 하나님이 영광 받으시는 것보다 더 좋은 일이 있을까요? 우리 삶 속에 평화가 있고, 즐거움과 기쁨이 있으면 하나님을 더 사랑하고 찾게 됩니다. 우리가 기도를 통해 하나님의 살아계심을 경험하고 전파하니 결국 하나님은 우리 때문에 더욱 영광 받으십니다. 우리가 주님이 주신 기도 응답을 전파하고 간증하며 다니기 때문에 하나님께 영광이 된다는 뜻입니다.

지금까지 인생의 문제를 어떻게 해결해 오셨습니까? 오늘부터는 "구하라 그리하면 주시리라"는 주님의 기도 응답에 대한 약속을 확실히 믿으십시오. 자나 깨나 쉬지 않고, 무슨 일이든 기도하시기 바랍니다. 그럴 때 여러분의 삶에는 기쁨이 충만할 것입니다. 하나님께서 여러분의 삶을 통해 큰 영광 받으시기 바랍니다.

"너희가 내 이름으로 무엇을 구하든지 내가 행하리니 이는 아버지로 하여금 아들로 말미암아 영광을 받으시게 하려 함이라"(요 14:13-14).

기도의 특권

"그를 향하여 우리가 가진 바 담대함이 이것이니 그의 뜻대로 무엇을 구하면 들으심이라 우리가 무엇이든지 구하는 바를 들으시는 줄을 안즉 우리가 그에게 구한 그것을 얻은 줄을 또한 아느니라 누구든지 형제가 사망에 이르지 아니하는 죄 범하는 것을 보거든 구하라 그리하면 사망에 이르지 아니하는 범죄자들을 위하여 그에게 생명을 주시리라 사망에 이르는 죄가 있으니 이에 관하여 나는 구하라 하지 않노라 모든 불의가 죄로되 사망에 이르지 아니하는 죄도 있도다" 요일 5:14-17

기도는 믿는 사람의 특권입니다. 믿는 사람은 기도 응답에 대한 자신감이 있습니다.

'담대함'은 자신 있는 것, 즉 확신이 있는 것을 의미합니다. 곧 기도 응답에 대한 확신이 있다는 뜻입니다. '확신'은 인간적인 자신감이 아닙니다. 적극적이거나 긍정적인 사고도 아닙니다. 뛰어난 운동선수가 지닌 실력의 자신감도 아닙니다. 자기 능력이나 신념으로 인한 자신감도 아닙니다. 이것은 예수님을 향해 가진 담대함입니다. 예수님을 바라보니 자신이 있는 것입니다.

어린아이는 약합니다. 하지만 아빠와 함께라면 겁이 없어지고 무엇이든 할 수 있다는 태도로 자신 있어 합니다. 이와 마찬가지입니다. 우리를 사랑하시는 주님이 함께하시기에 담대할 수 있는 것입니다. 내 안에 임재하시고, 밖에서는 나를 인도하십니다. 나를 둘러싸고 계시기 때문에 앞을 봐도 주님이 계시고 뒤에도 계시며, 아래 위

어디든 주님이 함께하십니다. 주님이 에워싼 삶이니 무엇이 두렵겠습니까? 내 안에 살아계신 성령님이 계시니 담대할 수밖에 없습니다. 주님 때문에 우리에게는 강한 확신과 담대함이 있습니다.

| 기도 응답을
| 확신하는 이유

첫째, 우리는 하나님의 자녀로 다시 태어났기 때문입니다. 요한일서 5장 1절은 "예수께서 그리스도이심을 믿는 자마다 하나님께로부터 난 자니 또한 낳으신 이를 사랑하는 자마다 그에게서 난 자를 사랑하느니라"고 말합니다. 우리는 예수님이 그리스도이심을 믿는 사람입니다. 예수님을 믿어 하나님의 자녀로 다시 태어난 사람입니다. 성령으로 거듭난 하나님의 자녀입니다. 아버지는 자녀가 구하는 것은 주려고 애씁니다. 마찬가지로 창조주 하나님이 우리 아버지가 되시니 우리 기도가 응답 받는 것입니다.

둘째, 우리는 예수님이 피 흘려서 값을 지불한 자녀이기 때문입니다. 하나님께서는 예수 그리스도의 피를 쏟아 우리를 그분의 자녀가 되게 하셨습니다. 이처럼 엄청난 대가를 치르시고 우리를 구원하셨는데 어떻게 우리를 사랑하지 않으시겠습니까? 어찌 우리의 기도를 들어주시지 않겠습니까?

"이는 물과 피로 임하신 이시니 곧 예수 그리스도시라 물로만 아니요 물과 피로 임하셨고 증언하는 이는 성령이시니 성령은 진리니라"(요일 5:6).

"그런즉 이 일에 대하여 우리가 무슨 말 하리요 만일 하나님이 우리를 위하시면 누가 우리를 대적하리요 자기 아들을 아끼지 아니하시고 우리 모든 사람을 위하여 내주신 이가 어찌 그 아들과 함께 모든 것을 우리에게 주시지 아니하겠느냐"(롬 8:31-32).

하나님은 자기의 하나뿐인 아들을 십자가에 못 박을 정도로 우리를 사랑하셨습니다. 우리를 귀히 여기셔서 아들의 목숨까지 내어 주셨습니다. 그러니 독생자의 피 값보다 덜한 것은 무엇이든 주실 수밖에 없습니다.

미국에서 사역할 때 벧엘교회의 예배당을 지었습니다. 미국에 있는 한국교회 중에서는 꽤 넓은 대지에 지은 큰 교회였습니다. 그 지역에 있는 미국 교회도 벧엘교회처럼 크게 지은 교회는 없었기에, 연합모임을 할 때면 미국 교회들도 벧엘교회 건물을 빌려 쓸 정도였습니다. 처음에는 너무 무리해서 크게 지은 게 아닌가 걱정하는 성도가 많았습니다. 집사님 한 분은 저를 찾아와 "목사님, 왜 이렇게 교회를 크게 지으신 겁니까? 전기료를 비롯해 건물 관리에 들어가는 비용을 어떻게 감당하려고 그러십니까?"라며 불평했습니다. 그분 이야기를 한 시간 가량 묵묵히 들은 후에 이렇게 대답했습니다. "하나님께서 좋은 자동차 캐딜락을 주셨는데 기름을 안 주실 것 같습니까?" 그 후 일 년이 지나자 벌써 예배당이 좁다고 야단이었습니다.

그때쯤에는 "목사님, 왜 이렇게 교회를 작게 지었습니까?"라고 묻는 사람도 있었습니다. 저는 "걱정하지 마십시오. 땅은 얼마든지 있습니다!"라고 대답했던 기억이 납니다. 그러고는 하나님께서 가장 귀한 당신의 아들을 우리에게 주셨는데 어찌 그 아들과 함께 우리에게 다른 좋은 선물을 또 주시지 않겠느냐고 했습니다. 우리를 위해 예수님의 피를 흘리기까지 하셨으니, 그런 우리에게 모든 것을 주고 싶지 않으시겠습니까?

하나님의 사랑과 은혜, 자비와 희생을 잠잠히 묵상하면 우리가 주의 뜻대로 구할 때 주님은 반드시 주신다는 확신이 생깁니다. 신앙의 근본적인 이유를 아는 사람들은 기도 응답에 대해 의심하지 않습니다. 하나님의 사랑을 깨닫지 못하고 의심하는 사람이 문제입니다. 여러분은 거듭난 확신이 있습니까? 주님께서 내 안에 계시며 나를 둘러싸고 함께하신다는 것을 알고 믿으십니까? 그렇다면 주님께서 분명히 여러분의 기도에 응답하실 것을 분명히 확신합니다.

셋째, 우리에게는 영원한 생명이 있기 때문입니다. 요한일서 5장 11절은 "또 증거는 이것이니 하나님이 우리에게 영생을 주신 것과 이 생명이 그의 아들 안에 있는 그것이니라"라고 말씀합니다. 하나님은 우리가 구원받은 순간부터 영원까지 우리를 돌보십니다. 요한일서 5장 14절은 "그를 향하여 우리가 가진 바 담대함이 이것이니 그의 뜻대로 무엇을 구하면 들으심이라"라고 말씀합니다. 영원한 생명이 있으니 우리는 담대하게 하나님께 나아가 기도할 수 있습니다. 기도 응답에 대한 확신을 가질 수 있습니다.

첫째, 우리는 주님의 명령을 지키며 사는 사람들이기 때문입니다. 거듭난 사람은 주님 말씀대로 살고 싶어 합니다. 자녀가 아버지를 좋아하면, 아버지 말씀을 경청하고 또 순종합니다. 어머니를 사랑하는 자녀는 늘 어머니를 기쁘게 해드리고 싶습니다. 하나님의 자녀도 근본적으로 주님 말씀을 지키며 살고 싶어 합니다. 예전에는 주님 말씀대로 살지 못하는 것이 걱정이었습니다. 하지만 이제 그런 걱정은 하지 않습니다. 그분의 말씀대로 살고 싶기 때문입니다. 자기에게 은혜를 베푼 사람에게는 두고두고 고마운 마음이 생기는 법입니다. 하물며 놀라운 하나님의 사랑을 경험했는데 어떻게 하나님께 감사하지 않고 그분을 사랑하지 않겠습니까? 하나님은 우리에게 영원한 생명, 영원한 삶을 주셨습니다. 그리고 이 땅에서의 인생을 멋지고 아름답게 살게 하셨습니다. 우리가 주님 안에서 영원한 진리를 따라 살도록 은총을 내려주셨습니다. 그런 하나님의 뜻대로 살고 싶지 않으십니까? 하나님의 말씀대로 살고 싶은 것은 우리 안에 있는 아주 근원적이고 근본적인 소망입니다.

"무엇이든지 구하는 바를 그에게서 받나니 이는 우리가 그의 계명을 지키고 그 앞에서 기뻐하시는 것을 행함이라"(요일 3:22).

어떤 분들은 "하나님 아버지, 지난 한 주간도 죄 속에서 헤매다가 왔습니다."라고 기도합니다. 사실 저는 이런 기도를 별로 좋아하지 않습니다. 물론 죄 속에서 헤매며 살 수 있습니다. 하지만 분명 주님 말씀에 순종하려고 노력하며 살았을 것입니다. 부단히 애쓰고 노력하지만 어쩌다가 실수하고 넘어졌을 것입니다. 그러니 주님 앞에서 이렇게 기도하십시오. "주님, 지난 한 주간도 주님의 은혜 가운데서 주님의 뜻대로 살기 위해 애쓰다가 왔습니다. 노력한다고 했으나 몇 번 넘어졌습니다. 주님이 약 좀 발라 주십시오." 이런 기도는 "주여, 지난 주간도 마귀 새끼 노릇하다가 주님 앞으로 나아왔습니다."라는 기도와는 근본적으로 다릅니다.

우리는 신앙적으로 결단을 내린 사람들입니다. 연약하지만 하나님의 자녀임을 자부하면서 살아갑니다. 물론 주님 말씀을 완벽하게 순종하지는 못합니다. 자주 쓰러지고 넘어집니다. 그래도 우리는 하나님의 자녀입니다. 자녀가 잘못을 저지른다고 해서 자녀 자격을 박탈하는 부모는 없습니다. 우리에게는 하나님의 자녀라는 표시가 있습니다. 또한 우리의 기도를 들어 주신다는 확신도 있습니다.

둘째, 우리는 주님께서 기뻐하시는 일을 하면서 살기 때문입니다.

"누가 이 세상의 재물을 가지고 형제의 궁핍함을 보고도 도와 줄 마음을 닫으면 하나님의 사랑이 어찌 그 속에 거하겠느냐"(요일 3:17).

믿는 사람은 근본적으로 하나님의 일을 하며 삽니다. 도움이 필요한 사람에게 다가갑니다. 그들을 위해 시간과 에너지를 쓰고, 물질과 마음을 나누기도 합니다. 슬퍼하는 사람에게는 위로와 공감을 전하기도 합니다. 즉 주님께서 기뻐하시는 일을 하면서 살아갑니다. 물론 가끔은 예외적인 일도 생기지만 하나님은 이미 다 알고 계십니다. 그래서 요한일서 1장 10절은 "만일 우리가 범죄하지 아니하였다 하면 하나님을 거짓말하는 이로 만드는 것이니"라고 말씀합니다.

기도하는
이유

하나님은 우리를 사랑하십니다. 주님은 따뜻하고 자비로우십니다. 실수하고 죄를 지어도 우리가 자백하면 용서해 주십니다. 아픈 상처에는 약을 발라주시고 깨끗하게 치료해 주십니다. 좋으신 하나님은 그분의 뜻대로 기도할 때 반드시 응답하십니다. 하나님께서 원하시고 기뻐하시는 일 중 하나가 '주님 뜻대로' 구하는 것입니다. 마태복음 7장 7절 "구하라 그리하면 너희에게 주실 것이요"라는 말씀을 보십시오. 하나님은 분명하게 말씀하셨습니다. 하나님이 구하라고 하셨으니 이는 하나님의 뜻이자 약속입니다. 그런데도 왜 구하지 않으십니까?

도전하고 찾고 두드리는 사람이 발전하고 성공합니다. 무엇이든 이뤄냅니다. 한번 해보고 금방 포기하는 사람은 성공하기 어렵습니다. 우리는 주님께 구하고 또 구하는 일을 죽는 날까지 해야 합니다. 작고 사소한 일부터 크고 위대한 목표까지 주님께 구하고 도전해야 합니다. 지금 혹시 낙심했거나 절망 가운데 있습니까? 근심과 염려 속에 있습니까? 그럴 시간이 없습니다. 구해야 합니다. 구하는 것이 하나님이 원하시는 일입니다. 넘어져 있을 때도, 일어났을 때도 구하십시오. 걸을 때도 구하고, 달릴 때도 구하십시오. 구하면 응답 받습니다. 지금까지 구하지 않았다면 이제부터는 '계속 구하라(keep on asking)'고 하십니다. 그리하여 기도를 통해 기쁨이 충만하기를 원하십니다. 하나님의 뜻대로 구하라고 하셨습니다.

구하지도 않고 한숨 쉬고 불평해선 안 됩니다. 하나님 뜻대로 하십시오. 하나님이 원하시는 대로, 그분의 방법대로 구하고 찾고 두드려야 합니다. "오늘 구했는데 또 구하라니 미안해서 못 하겠어요."라고 말하지 마십시오. 하나님의 뜻은 천 번, 만 번이라도 구해야 합니다. 하나님은 우리가 그분 뜻대로 구할 때 들어주십니다(요일 5:14). 계속적으로 모든 일을 구하십시오. 구하는 사람에게 하나님은 문을 열어 주십니다. 구하는 자에게 응답하시고, 주님을 찾는 자를 만나주십니다. 이것이 하나님의 뜻입니다.

새로운 사업을 놓고 기도한 적이 있습니까? 잘 하셨습니다. 하나님의 뜻대로 하신 것입니다. 다만 욕심을 부려서 구하면 응답이 안 됩니다(약 4:2). 자기 욕심만 부리는 사람은 자기 손에 들어온 것은 절대로 놓지 않습니다. 이것은 하나님의 뜻이 아닙니다. 하나님의 뜻은 내가 가진 것을 다른 이와 나누는 것입니다. 예수 믿는 사람의 멋 중에 하나가 바로 헌금입니다. 믿는 사람은 최소한 일주일에 한 번은 자기 주머니에 있는 돈을 꺼냅니다. "이것은 내 거니까 절대 내놓을 수 없어! 한번 내 손안에 들어온 것은 다 내 것이야!"라는 태도로 살아가는 사람은 멋이 없습니다. 자기 것을 기꺼이 내놓을 줄 알고, 하나님과 이웃을 위해 나눌 줄 아는 사람이 진정 멋있습니다. 예수 믿는 사람은 일주일에 한 번은 하나님께서 나에게 맡기신 것을 드릴 줄 압니다. 이런 사람들을 어떻게 축복하지 않으시겠습니까? 자기 욕심만 부리는 것이 아니라, 남을 위해 내놓을 줄 아는 사람을 하나님은 꼭 기억하십니다. 몇 배로 갚아주십니다. 부족함이 없으시고 전지전능한 하나님이 왜 우리에게 빚지고 사시겠습니까? 하나님께서는 절대로 빚지지 않으시고, 몇 배로 채워주시고, 넘치게 부어 주시는 분임을 기억하십시오.

남에게 내 것을 줄 때 하나님은 내 필요를 채워 주십니다. 진심을 담아서 나누고 베푼 모든 것은 하늘나라에 차곡차곡 쌓입니다. 하나님이 나에게 시간을 주셨다면 시간이 없는 사람을 위해서 쓰십시오. 명석한 두뇌와 지식을 주셨다면 그 지혜를 나누십시오. 권력과 명예를 주셨다면 힘없고 약한 자들을 위해 사용하십시오. 그러면 하나님이 여러분의 필요를 채우시고, 넘치도록 축복하실 것입니다. 내 것을 나누는 경험을 통해 우리는 하나님이 나에게 주시는 것을 경험합니다. 하나님이 나를 돌보신다는 기쁨과 감사와 충만한 자신감이 생기는 것입니다.

예수님을 제대로 믿는 사람은 남을 위해 나누고 베풀 줄 압니다. 하나님은 남에게 준 것은 꼭 채워 주십니다. 무엇을 구하든지 받는다는 것을 깨닫게 하십니다. 이것은 제가 수십, 수백 번의 경험을 통해서 알게 된 확신입니다. 그런 경험을 통해 자신감을 가지게 됩니다. 하나님과 우리는 특별한 관계임을 기억하고, 나누고 채워지는 경험을 통해 진정한 신앙인의 모습으로 살아가시기 바랍니다.

기도해도 전혀 응답되지 않는 경우가 있습니다. 사망에 이르는 죄를 지었을 때는 기도해도 아무 소용이 없습니다. 하나님께 구해도 듣지 않으십니다(요일 5:16). 그렇다면 사망에 이르는 죄는 어떤 것일까요?

첫째, 죽음에 해당되는 죄입니다. 살인한 자는 반드시 죽게 되어 있습니다. 하나님의 형상대로 창조된 존귀한 인간을 죽이는 것은 하나님을 죽인 것과 마찬가지입니다. 인간을 해치고 죽이는 사람은 하나님을 해치고 죽이려고 덤비는 것과 다르지 않습니다. 그만큼 하나님은 인간을 소중히 여기십니다. 그러므로 사람을 고의적으로 미워하고 죽이는 죄를 짓는다면, 기도해도 아무 소용이 없습니다.

"다른 사람의 피를 흘리면 그 사람의 피도 흘릴 것이니 이는 하나님이 자기 형상대로 사람을 지으셨음이니라"(창 9:6).

우리는 모든 사람을 존귀하고 소중하게 대해야 합니다. 외모가 우습다고 해서, 몸이 불편하다고 해서, 가진 게 적고 많이 배우지 못했다고 해서 그 사람을 조롱하고 무시하고 비난한다면 하나님은 가만히 계시지 않습니다. 특히 하나님께서는 장애인에 대해 철저하게 보호하고 지키십니다. 하나님은 연약한 지체를 특별히 사랑하고 아끼십니다. 장애인도 하나님의 형상대로 창조된 존재이기 때문입니다. 하나님은 인간이라면 누구든 사랑하십니다. 인간을 해치는 죄는 가만두지 않으십니다.

물론 고의가 아닌 실수로 살인한 것은 예외였습니다. 민수기 35장에 "이 여섯 성읍은 이스라엘 자손과 타국인과 이스라엘 중에 거류하는 자의 도피성이 되리니 부지중에 살인한 모든 자가 그리로 도피할 수 있으리라"는 말씀이 있습니다. 하나님은 실수로 살인한 사람을 보호하십니다. 자동차 운전을 하다가 실수로 사람을 죽인 것도 마찬가지입니다. 의도적인 살인이 아닌, 실수에 대해서는 철저히 보호하십니다. 하지만 악의로 살인한 자의 생명을 구해 달라고는 기도하지 마십시오. 살인한 사람은 자기 생명으로 죽인 자의 생명을 갚는 것이 공의롭습니다. 좋은 집에 불을 질렀다면 자기가 가진 좋은 집을 내놓아야 합니다. 살인한 자를 '위한' 혹은 그를 '두둔하는' 기도는 응답되지 않습니다. 다만 그런 죄를 지은 사람의 영혼 구원을 위해 기도할 수는 있습니다.

둘째, '죽음에 이르는 일' 혹은 악입니다. 가령 63빌딩 꼭대기에서 일부러 뛰어 내리면서 "주여, 나를 구하소서!"라고 기도하면 어떻게 되겠습니까? 예수님도 "하나님을 시험하지 말라"고 하셨고 뛰어내리지 않으셨습니다. 죽음에 이르는 일을 하면서 구해 달라고 하면 안 됩니다. 기차가 달려오는데 "주님, 당신은 모든 것을 하실 수 있습니다!"라고 외치면서 뛰어들면 어찌 되겠습니까? 그런 기도는 응답되지 않습니다. 나사로가 살아난 것은 예수 그리스도가 하나님의 아들이

심을 보이기 위한 것이었습니다. 예수님이 그리스도라는 사실을 인류에게 보여주기 위한 기적이었습니다. 그러나 나사로도 결국에는 죽었습니다. "주여, 나사로를 한 번 살리셨으면 영원히 죽지 않게 보존하소서."라고 기도한다고 해서 응답받겠습니까? 죄의 값은 사망이니 모든 사람은 다 죽게 되어 있습니다. 캐더린 쿨만(Cathryn Kuhlman)이라는 여성 사역자가 신유의 은사를 받아 많은 사람의 병을 낫게 했습니다. 그러나 본인은 암에 걸려 죽었습니다.

사람이 죽는 것은 자연의 이치입니다. 언제 어떻게 죽을지 모를 뿐, 누구나 죽습니다. 죽을 때는 멋있게 죽어야 하지 않겠습니까? 안 죽겠다고 발버둥 치다가 죽지 않았으면 합니다. 하나님께서 부르시면 "주여! 저의 죽음을 통하여 주님이 영광 받으시고 신앙인답게 죽게 하소서."라고 말해야 합니다. 많은 순교자들이 찬송하며 죽은 것처럼 멋있게 죽어야 합니다. 우리는 죽어도 주님을 위해 죽고 살아도 주님을 위해 살아야 합니다. 사나 죽으나 내 몸에서 그리스도가 존귀하게 되시도록 해야 합니다. 살 때도 잘 살아야겠지만 죽을 때도 잘 죽어야 합니다. 잘 죽는 것은 저의 소원이기도 합니다. 돌아가실 때 온 교회에 은혜를 끼친 분을 보았습니다. 참 멋있고 은혜로운 임종이었습니다. 한 사람의 죽음을 통해 하나님의 영광이 크게 드러났기 때문입니다. 어차피 죽는 목숨인데 저렇게 아름답게 죽을 수 있으면 얼마나 좋을까 생각했습니다.

우리는 삶에 대해 깊은 애착을 가집니다. 물론 삶과 죽음은 우리 손안에 있지 않습니다. 죽어야 할 때는 슬프고 고통스럽지만 이제 그만 내려놓을 줄 알아야 합니다. 우리 그리스도인에게는 소망이 있음을 기억하십시오. 슬퍼하되 소망 없는 자처럼 슬퍼하지 말고, 소망 있는 자같이 슬퍼하십시오. 저는 몸이 아픈 성도가 있다면 먼저 그의 회복을 위해서 기도합니다. 아무리 열심히 기도해도 하나님께서 데려가시면 어쩔 수가 없습니다. 그래서 주님이 데려가신 뒤에는 "주여, 주님의 뜻을 받아들입니다."라고 기도하게 됩니다.

셋째, 성령을 거역하는 죄입니다. 신학적으로 '성령을 거역하는 죄'는 예수님께로 인도하는 성령님의 손길을 끝까지 뿌리치는 행위입니다. 예수 믿는 사람은 절대로 성령을 거역하는 죄를 범할 수 없습니다. 이미 믿었기 때문입니다. 걱정하지 마십시오. 믿는 사람 가운데 성령을 거역하는 죄를 범했을까 걱정하는 사람이 많습니다. 이것은 안 믿는 사람이 걱정해야 할 문제입니다. 이 사람은 끝까지 거역하기 때문에 어쩔 수가 없습니다. 이것이 마태복음 12장 31-33절의 내용입니다. 이런 사람은 이 세상에서도 용서받지 못하고 영원한 하늘나라에서도 용서받지 못합니다. 끝까지 성령의 음성을 거절하기 때문입니다. 이런 사람은 그 누구도 어떻게 손을 쓸 수가 없습니다.

'죽음에 이르지 않는' 모든 죄와 악, 즉 영적인 죄나 도덕적인 죄, 육체적인 죄와 물리적인 죄에 대해서는 얼마든지 기도할 수 있고, 응답도 받을 수 있습니다. 이는 하나님의 자녀들에게 주신 하나님의 뜻입니다. 그러므로 응답에 대한 확신을 갖고 계속적으로 기도하십시오. 주님 앞에서 우리 목숨이 다하는 그 순간까지 기도하고 응답받는 것이 하나님의 뜻입니다. 실망할 필요는 없습니다. 절망하지 마십시오. 괜히 해학적으로 살지 마십시오. 도피하거나 고민하지 마십시오. 인생을 저주하며 비뚤어지게 살 필요도 없습니다. 언제나 구합시다. 언제나 찾읍시다. 언제나 두드립시다. 주께서 들어주신다고 약속하셨습니다. 구하고 기도하고 응답받는 것이 하나님의 뜻임을 알고, 낙심하지 않을 때 우리 삶에 기쁨이 충만해집니다. 하나님은 그런 우리를 통해 영광을 받으십니다. 기쁘고 행복한 삶을 살며 하나님께 영광을 돌립시다.

용서의 확신

"우리가 그에게서 듣고 너희에게 전하는 소식은 이것이니 곧 하나님은 빛이시라 그에게는 어둠이 조금도 없으시다는 것이니라 만일 우리가 하나님과 사귐이 있다 하고 어둠에 행하면 거짓말을 하고 진리를 행하지 아니함이거니와 그가 빛 가운데 계신 것 같이 우리도 빛 가운데 행하면 우리가 서로 사귐이 있고 그 아들 예수의 피가 우리를 모든 죄에서 깨끗하게 하실 것이요 만일 우리가 죄가 없다고 말하면 스스로 속이고 또 진리가 우리 속에 있지 아니할 것이요 만일 우리가 우리 죄를 자백하면 그는 미쁘시고 의로우사 우리 죄를 사하시며 우리를 모든 불의에서 깨끗하게 하실 것이요 만일 우리가 범죄하지 아니하였다 하면 하나님을 거짓말하는 이로 만드는 것이니 또한 그의 말씀이 우리 속에 있지 아니하니라" 요일 1:5-10

운동 신경이 좋은 7세 여자 아이가 있었습니다. 아이는 몸이 날렵하고 민첩해 여기저기 올라가길 좋아했습니다. 한번은 나무 꼭대기까지 올라갔다가 떨어지는 바람에 손가락이 부러졌습니다. 서너 달 후에 다 낫긴 했지만, 그 후로 그 아이는 나무만 쳐다봐도 불안했습니다. 저에게도 그런 경험이 있습니다. 저는 개만 보면 얼음처럼 굳어버립니다. 초등학교 1학년 때 친구와 같이 길을 걸어가는데 멀리서 개가 달려왔습니다. 우리를 지나쳐 가는가 싶었는데 갑자기 저를 물어버렸습니다. 대학생 때도 친구 네 명과 길을 가다가 개에게 물린 적이 있습니다. 그후로 저는 '개'라는 소리만 들어도 싫습니다. 눈앞에 개가 보이지 않으면 괜찮습니다. 그러나 마음속에는 늘 개에 대한 불안감이 있습니다. 아직도 허벅지에는 개에게 물린 상처가 흉터로 남아 있습니다. 아이들이 강아지 한 마리만 사달라고 그토록 졸랐는데도 제가 거절한 이유가 바로 이 때문입니다.

아기가 기어 다니다가 뭔가를 잡고 일어섭니다. 하필이면 엄마가 아끼는 도자기를 붙잡았다가 그만 툭 떨어뜨려 와장창 깨지고 말았습니다. 그 소리를 들은 엄마는 깜짝 놀라서 달려왔습니다. 아끼는 도자기가 깨진 것을 보고는 버럭 화를 내며 고함을 칩니다. 아기는 영문을 모른 채 야단을 맞습니다. 엉덩이에 불이 납니다. 어리둥절한 상황에서 막 울다가 잊어버립니다. 수년이 지난 후에 "너 아기 때 엄마가 아끼던 도자기 깼지?"라고 물어보면 아기는 잘 모릅니다. 자기가 한 행동은 기억하지 못하지만 어렴풋하게 매 맞은 것이 기억납니다. 하지만 반짝거리는 병만 봐도 가슴이 두근거립니다. 무의식 속에 공포감이 남아있기 때문입니다. 엄마의 화난 목소리만 들어도 가슴이 쿵쾅거립니다. 내면 깊숙한 곳에 공포와 불안이 스며있기 때문입니다.

아이가 잘못을 했는데도 부모가 훈육하지 않고 그냥 두면 어떨까요? 분명 자기가 잘못한 것을 아는데 부모가 아무 말 하지 않고 가만히 있으면 아이는 계속해서 불안해합니다. 엄마 아빠가 쳐다보기만 해도 불안합니다. 공포와 초조감이 생깁니다. 늘 눈치를 보거나 자신감이 떨어질 수도 있습니다.

이럴 때는 어떻게 해야 할까요? 두 가지 해결책이 있습니다. 하나는 용서해주는 것입니다. 용서받으면 문제가 해결되니 마음이 편해집니다. 잘못을 했을 때 엄마가 아무 말 없이 눈만 치켜떠 보십시오. 아이는 나가 놀지도 못하고 엄마만 보면서 불안해합니다. 부모가 용서해 주고 "너를 용서했다"라는 말을 들을 때 아이는 '아, 이 문제는 끝났구나.'라는 걸 알게 됩니다. 심리적으로 안정되는 것입니다.

다른 한 가지는 벌을 주는 것입니다. 벌을 받으면 그것으로 끝납니다. 잘못에 대한 대가를 지불하니 마음이 편해집니다. 대가를 지불하지도 않고 용서받지도 않은 상태로 어정쩡하게 있으면 도리어 그

내면에 심리적인 문제가 생깁니다. 죄의식이 깊어지고 마음이 어두워 집니다. 자신감도 떨어집니다. 이런 경우에는 불안 속에서 무언가에 쫓기듯이 살게 됩니다. 물론 마음도 편안하지 않습니다.

사람은
용서가 필요한 존재

만일 어떤 사람이 수십 년 동안 말이나 생각, 태도와 행동으로 잘 못을 저질렀다고 합시다. 그런데 그 잘못에 대해 용서받지도 처벌받 지도 않았다면 뭔가 문제가 있는 것입니다. 사람은 살면서 수많은 잘 못을 저지릅니다. 이런 사람이 예수 그리스도를 영접하면 그 순간, 평생 안고 살아 온 모든 죄를 용서받습니다. 수십 년 동안 지은 죄와 오늘 내가 저지른 죄는 물론 미래에 지을 죄까지도 십자가에 모두 못 박힙니다. 그 모든 죄를 단번에 용서받습니다. 이에 대한 확신이 있어야 합니다. 예수 그리스도께서 나의 죄를 모두 다 사하셨다는 것 이 바로 복음입니다. 착한 사람은 용서해 주고, 못된 사람은 용서해 주지 않는 것은 복음이 아닙니다.

예수 그리스도의 복음은 우리를 영원히 사랑하시고 영원히 돌보 시며 영원히 용서해 주신다는 기쁜 소식입니다. 그러면 왜 우리가 왜 죄를 고백해야 할까요? 우리가 예수님 안으로 들어올 때 모든 죄를 단번에 용서해 주십니다. 죄 문제를 해결하지 않으면 우리 자신이 불 편합니다. 하나님은 우리가 근심과 불안, 초조함 속에서 살기를 바라 지 않으십니다. 하나님 안에서 행복한 삶을 살기를 원하십니다. 우리가 스스로 해결하지 못하는 죄와 모든 문제를 해결해 주시고 주님 안에서 평안하게 살기를 바라십니다. 그래서 죄를 고백하기를 원하시는 겁니다. 하나님이 우리가 지은 죄를 모르셔서가 아닙니다.

믿는 사람은 어떻게 살아야 할까요?

빛 안에서 죄를 짓지 않고 살아야 합니다. "만일 우리가 하나님과 사귐이 있다 하고 어둠에 행하면 거짓말을 하고 진리를 행하지 아니함이거니와"(요일 1:6)라는 말씀처럼 주님이 우리 가슴속에 들어오시기 전에는 용서받지 못한 채 수십 년 동안 죄를 쌓아왔습니다. 그러나 이제는 해결되었습니다. 예수님이 찾아오셨기 때문입니다. 내가 스스로 죄를 해결한 것이 아닙니다. 하나님께서 해결해 주셨습니다. 내면에는 여전히 분노와 질투, 걱정과 욕심이 가득 자리할 수도 있습니다. 빛이 들어왔으나 마음 구석구석을 다 비추지는 못하고 있는 것입니다. 죄의 보따리들이 그 속에 있기 때문입니다. 이제 우리는 주님을 믿으니 죄의 보따리를 하나씩 내버리면 됩니다. 죄가 있던 장소에 빛이 들어오니 어두웠던 우리 가슴은 밝아지게 됩니다.

예수 안에서 오랫동안 성장한 사람들인 경우 일부러 죄를 지으려고 하지는 않습니다. 예수 믿은 후에는 범죄하고 싶지도 않습니다. 죄를 지으면 우선 기분이 나쁩니다. 속이 상하고 불편하고, 하나님으로부터 오는 마음의 평화가 없습니다. 그러니 죄를 짓는 것이 싫습니다. 범죄하고 싶지 않은 마음이 거듭난 사람의 마음입니다. 범죄하고 나쁜 짓 하는 것을 즐기고 있다면 아무리 집사와 장로요, 목사라도 주님 안에서 반드시 거듭나야 합니다. 거듭난 사람은 그 안에 빛이 있기 때문에 어두운 것을 싫어합니다. 하나님은 빛이시기 때문입니다.

빛 안에 살지만 우리 속에는 아직도 죄의 성품이 있습니다. 요한일서 1장 8절은 "만일 우리가 죄가 없다고 말하면 스스로 속이고 또 진리가 우리 속에 있지 아니할 것이요"라고 말씀합니다. 여기서 '죄가 없다'는 것은 죄성이 사라졌다거나 구원받은 순간 죄성이 없어졌다는 뜻이 아닙니다. 하나님은 우리 속에 죄성이 있는 것을 아십니다. 죄성이 있다고 놀랄 것이 아닙니다. 태초의 에덴동산에서부터 죄성은 온 인류에게 전해지고 있습니다. 이는 하나님께서도 다 아시는 사실입니다. 또 10절은 "만일 우리가 범죄하지 아니하였다 하면 하나님을 거짓말하는 이로 만드는 것이니 또한 그의 말씀이 우리 속에 있지 아니하니라"라고 기록합니다. 하나님은 우리 안에는 죄성이 있기 때문에 범죄할 때가 있다고 말씀하십니다. 그런데 사람이 "나는 죄를 짓지 않았어요!"라고 한다면 하나님을 거짓말쟁이로 만드는 것입니다. 내 안에 죄의 성향이 있기 때문에 죄를 짓는다고 하나님이 놀라지는 않으십니다. 하나님이 하시는 일은 그런 저와 여러분을 은혜로 용서해 주시는 것입니다. 이것이 바로 기쁜 소식, 복음입니다.

우리는 구원받은 후에도 죄성으로 인해 날마다 죄를 지을 수 있습니다. 물론 예수 믿은 후에는 점차 시간이 지날수록 더 깨끗해지고 거룩해지며 죄도 덜 짓습니다. 죄를 지어도 빨리 해결하고 싶어집니다. 우리 안에서 성령이 역사하시기 때문입니다. 우리 안에 죄성이 있다는 것을 숨기지 않아도 됩니다. 애써 거룩한 척하고 죄가 없는 척하지 않아도 됩니다. 괜찮은 척이 오히려 더 좋지 않습니다. 하나님이 아시고 나도 알고, 모두가 다 아는 사실이니 말입니다. 누가 내 잘못을 비판하면 반박할 필요도 없습니다. 죄를 지었다면 즉시 고백하십시오.

이것은 성화의 과정을 뜻합니다. 구원의 문제가 아닙니다. 예수님이 제자들의 발을 씻어주시는 것을 보고 베드로는 자기는 아예 머리부터 다 씻어 달라고 청합니다. 그러자 예수께서는 이미 목욕한 자는 발밖에 씻을 것이 없다고 말씀하십니다. 예수님을 구주로 영접한 사람은 '목욕한 사람'이란 말입니다. 단번에 영원한 목욕을 한 사람입니다. 하나님께서는 예수 그리스도를 통해서 우리를 바라보십니다. 따라서 우리가 아무리 악한 죄를 많이 지었어도 우리를 의롭게 여기십니다. 죄가 없다고 선언해 주셨습니다. 바로 예수님 때문입니다.

한 번 목욕한 사람은 다시 목욕할 필요가 없습니다. 한 번만 주님을 영접하면 됩니다. 며칠 있다가 다시 영접하고 몇 년 있다가 또 영접할 필요가 없습니다. 목욕은 한 번이면 됩니다. 목욕을 했는데도 땀이 나고 발이 더러워지면 그럴 때마다 빨리 씻어내면 됩니다. 매번 닦지 않으면 점차 예수님과 멀어집니다. 예수님이 나를 멀리하시는 게 아닙니다. 잘못을 저지른 아이가 공연히 엄마 눈치를 보고 피해 다니는 것처럼 사람이 스스로 그렇게 하는 것입니다.

인간관계도 마찬가지입니다. 서로 용서하지 않으면 부부 사이가 남보다 더 멀게 느껴집니다. 용서하고 용서받지 않으면 부부나 교우 끼리라도 서로 눈도 마주치기 어렵습니다. 여러분에게도 그런 경험이 있을 것입니다. 상대방 때문이 아니라 내가 불안하고 기분 나쁘고 내 속이 상하고 분합니다. 용서하고 용서를 받지 않으면 이런 문제가 생 깁니다. 평안한 마음으로 살 수 없습니다. 평화로운 마음으로, 주님이 주시는 평안을 갖고 인생을 살기 바라십니까? 그렇다면 용서하고, 용 서를 구하고, 용서를 받으십시오. 용서만이 제대로 사는 길입니다.

용서받는
방법

첫째, 잘못했으면 잘못했다고 인정해야 합니다. 자기 잘못을 인정 하는 것은 무척 어려운 일입니다. 아내에게 잘못을 하고도 남편은 잘 못했다는 말을 하지 못합니다. 자존심 때문입니다. 속으로 아무리 사 과하고 "미안해!"라고 말한다 해도 아내는 알 수 없습니다. 하나님께 만 고백하고 아내가 자기 마음을 알아주길 바랍니다. '이제는 내 눈 치를 보고 내 마음을 알아채겠지?'라고 생각합니다. 먼저 "내가 잘못 했어."라고 인정하고 사과해야 합니다. 상대방뿐만 아니라 자기 자신 을 위해서도 그렇게 해야 합니다.

제 큰 아이가 열 살일 때의 일입니다. 제가 아이에게 잘못한 일 이 있었습니다. 하지만 아빠가 잘못했다고 말하기가 참 어려웠습니 다. 할 말을 하지 않은 채 며칠을 지냈습니다. 점점 제 가슴이 답답하 고 아이만 보면 마음에 짓눌림이 있었습니다. 결국 아이에게 "아빠를 용서해 줄래?"라고 말했습니다. 그러자 아이는 "아빠, 괜찮아요."라고 말해 주었습니다. 딸에게 용서를 받으니 얼마나 좋았는지 모릅니다. 부모도 자녀에게 잘못했다면 고백하고 용서를 구해야 합니다. 그래야 자녀도 엄마, 아빠의 삶을 배우고 용서하고 용서받는 것을 자연스럽게 배웁니다. 용서하고 용서받는 삶은 아름답습니다. 이렇게 살아야 빛 안에 사는 겁니다. 힘들고 어렵지만, 먼저 나의 잘못을 인정하는 것이 우선입니다.

둘째, 죄를 고백해야 합니다. 고백이란, 있는 그대로 말하는 것입니다. 솔직하게 고백하고 용서 받으면 기분이 좋습니다. 자꾸 변명하면 기분이 나빠집니다. 있는 그대로 고백하십시오. "주여, 저는 죄인입니다. 용서해주세요."라고 죄를 고백해야 합니다. 그 후에는 "손 씻어주세요." 혹은 "발 씻어주세요."하며 세세한 부분을 고백해야 합니다. 이는 우리 자신을 위한 일입니다. 자기가 지은 죄를 대부분 잊거나 지나치게 되지만, 분명 내면에는 초조함과 불안감이 남아있기 때문입니다. 하나님은 작은 잘못이라도 하나씩 다 씻어주시길 원하십니다.

상담사는 상담을 할 때 내담자에게 질문하고 또 그의 이야기를 듣습니다. 그러면서 내담자가 가진 문제의 핵심에 접근합니다. 이야기하다가 실제 자신의 문제에 가까이 가게 될 때 내담자는 고함을 지르거나 울음을 터뜨리기도 합니다. 입을 닫거나 상담을 멈추고 가겠다는 사람도 있습니다. 문제를 제대로 직면하기가 너무 힘들기 때문입니다. 문제를 알고도 덮어두고 살았는데 아픈 곳을 건드리니 너무나 괴롭습니다. 정신적으로 고통스럽습니다. 몸이 아프기도 합니다. 그러나 제대로 고치고 치료하려면 어쩔 수 없지만 꼭 건드려야 합니다. 끄집어내야 합니다. 그 문제를 쳐다봐야 합니다. 그때 느꼈던 느낌을 다시 느끼고 대면해야 합니다. 그런 과정을 통해 비로소 치유와 회복이 되고 살아날 수 있습니다.

자백은 내 속에 있는 악과 죄를 하나님 앞에 솔직하게 내어놓는 것입니다. 사람 앞에서도 마찬가지입니다. 잘못을 하고도 자백하지 않으면 그 사람을 생각할 때마다 불안합니다. 짜증나고 불쾌해집니다. 그 사람에 대해 불편하고 죄스러운 마음이 다른 사람에게는 분노와 짜증 같은 감정으로 드러날 수도 있습니다. 주님은 우리에게 "너희 죄를 다 내어놓아라. 그러면 용서해주겠다"라고 말씀하십니다. 죄를 고백해야 합니다. 우리 입 밖으로 내뱉어야 합니다.

셋째, 용서받은 것을 믿어야 합니다. 하나님이 용서해주시면 우리는 모든 죄를 용서받습니다. 죄를 고백한 그 순간, 하나님은 나를 용서하십니다. 용서하신 뒤에는 더 이상 기억하지 않으십니다. 하나님은 이미 용서하시고 잊으십니다. 하나님이 잊으셨는데 사람이 옛날 잘못을 되씹고 되새깁니다. 그러면서 불안해합니다. 하나님이 용서하신 것을, 깨끗하다고 하시는 것을 왜 스스로 더럽다며 괴로워합니까? 고백한 죄에 대해서는 하나님이 이미 용서하셨으므로 깨끗하게 되었다고 믿어야 합니다. 이것은 대단히 중요한 일입니다. 우리의 정신 건강과 영적인 건강, 육체의 건강과 전체적인 우리 삶의 건강을 위해서 아주 중요한 일입니다. 예수님은 당신을 깨끗케 하시고 아름답게 만드십니다. 당신이 평화롭고 행복하게 살기를 원하십니다. 여러분이 죄를 고백하는 그 순간, 하나님은 여러분의 죄를 영원히 잊으십니다. 그러므로 주님께 고백한 뒤에는 완전히 잊으십시오. 끌어안고 있으면 두고두고 마음만 고생합니다. 용서받은 것을 믿고 잊어버려야 합니다. 물론 완전히 잊지 못할 수도 있습니다. 그러나 고백하는 과정을 거치면 놀랍게도 우리 안에 큰 평안이 찾아옵니다. 그 이야기를 다른 사람이 해도 괜찮습니다. 주님 안에서 해결했기 때문입니다. 우리는 고백하고 용서받았음을 믿고 잊어버려야 합니다. 그리고 다시 새롭게 시작해야 합니다.

넷째, 용서받은 것을 감사해야 합니다. 이제 "주여, 저를 용서해 주셔서 감사합니다!"라고 하십시오. 그럴 때 가슴이 트입니다. 그러면 찬양하고 싶고 주님께로 가고 싶습니다. 기도하고 성경 읽고 싶은 마음이 듭니다.

오래 전, 미국 교회의 큰 선교 집회에서 폐회설교를 하게 되었습니다. 아침부터 머리가 지끈거렸습니다. 마치 톱으로 자르는 것 같은 지독한 통증이었습니다. 저녁 여섯 시가 되었는데 머리가 너무 아파 도저히 설교를 할 수 없을 것 같았습니다. 견디다 못해 의사를 찾아갔더니 좋은 약을 처방해 주었습니다. 약을 먹으면 곧 나을 줄로 알았는데 별 차도가 없었습니다. 겨우 설교를 마치고 집에 가는데 여전히 머리가 너무나도 아팠습니다. 왜 이렇게 머리가 아픈가 하며 곰곰이 생각하는데 성령께서 이렇게 물으시는 것 같았습니다.

"너 아침에 누구 만났지?"

"그 사람이 네게 좋지 않은 소리를 했지?"

"예. 그렇습니다."

"그때 기분이 어땠니?"

"속상했습니다. 내가 '김상복 목사'인데, 감히 내게 함부로 말하다니 싶어서 기분이 나빴습니다."

바로 그것이었습니다. 하나님께서 "너 못 쓰겠다. 아직 멀었어. 네가 뭔데 널 좀 비난했다고 그걸 가지고 그 야단이냐. 네가 죄인일 때 내가 구원해 준 걸 잊었구나. 너 아주 교만해!"라고 말씀하시는 것 같았습니다. 제가 교만한 상태로 나쁜 마음을 끌어안은 채 아침부터 끙끙대니 그토록 머리가 아팠던 것입니다. 차를 타고 오면서 '주님, 미쁘시고 의로우신 주님, 저의 죄를 사하시는 주님, 모든 불의에서 깨끗하게 하시는 주님을 믿습니다. 그 사람을 못마땅하게 여긴 죄를 용서해 주시옵소서. 저의 교만한 죄를 용서해 주시옵소서.'라고 자백하며 기도했습니다. 그런 후 '저를 용서해주실 것을 믿고 감사드립니다.'라고 마무리 기도를 하자 12시간 동안이나 지속되던 두통이 1분도 되지 않아 싹 사라졌습니다. 거룩한 주일에 온종일 가슴속에 더러운 죄를 끌어안고 있었으니 심한 두통이 올 만도 했던 것입니다.

여러분은 저처럼 그런 고생을 하지 않기를 바랍니다. 지은 죄를 인정하고 고백하십시오. 용서받은 것을 믿으십시오. "성령님, 저를 충만하게 해주시옵소서."라고 구하십시오. 그러면 충만하게 해주십니다. 기도했다면 믿고, 성령님의 힘을 의지하십시오. 이것이 신앙생활입니다. 혹시 무언가를 끌어안고 걱정하고 있습니까? 누군가를 용서하지 못하고 미워하고 있습니까? 그 사람만 생각하면 짜증과 분노가 일어납니까? 주님께 고백하십시오. "주님, 주님 앞에 내려놓습니다. 잘못했습니다." 분노하게 된다 해도 해가 지기 전에 해결하십시오. 죄를 짓는다 해도 오래 두지 마십시오. 정신적인 문제, 관계의 문제가 오래도록 방치되면 점점 더 해결하기 어렵습니다. 주님께 고백할 때 우리 죄를 용서해주시고, 새롭게 하십니다. 자주 잘못을 해서 말씀 드리기 어렵습니까? 죄송한 마음이 들어 고백하기 힘이 듭니까? 괜찮습니다. 고백하면 모든 불의에서 깨끗하게 해주십니다. 죄의 성품이 있어도 자주 고백하다보면 깨끗해지고 예전처럼 죄를 자주 짓지 않게 됩니다. 하나님이 우리를 용서해 주신다는 확신을 가지고 하나님이 주시는 참된 평안 가운데 살아가시기 바랍니다.

서로 용서하라

"하나님의 성령을 근심하게 하지 말라 그 안에서 너희가 구원의 날까지 인치심을 받았느니라 너희는 모든 악독과 노함과 분냄과 떠드는 것과 비방하는 것을 모든 악의와 함께 버리고 서로 친절하게 하며 불쌍히 여기며 서로 용서하기를 하나님이 그리스도 안에서 너희를 용서하심과 같이 하라" 엡 4:30-32

우리가 죄를 자백하면 하나님은 미쁘시고 의로우셔서 우리 죄를 사하시고 모든 불의한 악에서부터 깨끗하게 해주십니다. 하나님께서는 우리가 죄인인 것과 죄성이 있다는 것을 누구보다 잘 아십니다. 하나님은 우리 죄를 용서하시고 깨끗하게 만들어 주시는 일을 즐기십니다. 이미 목욕을 한 사람은 손과 발만 잘 씻으면 성결하게 살 수 있습니다. 그러므로 우리는 하나님의 용서하심에 의지하며 살아야 합니다.

용서의 확신은 우리 죄를 하나님께서 용서해 주신다는 확신입니다. 에베소서 4장 30-32절은 '사람 사이에서의 용서'를 말합니다. "우리가 우리에게 죄 지은 자를 사하여 준 것같이 우리 죄를 사하여 주시옵고"라는 주기도문의 내용과 일맥상통합니다. 하나님께서 죄를 용서해 주셔도 사람들 사이에서 용서받는 경험을 하지 못하면 하나님이 주시는 용서의 기쁨과 평화와 만족을 제대로 누리지 못합니다. 하나님은 용서해 주셨지만 실제 내 마음속에서는 용서의 은혜를 체험하지 못하는 것입니다. 마치 예수 그리스도의 구속으로 말미암아 구원을 받았으나 내 속에 있는 죄의 문제 때문에 구원의 확신이 느껴지지 않는 것과 같습니다. 내가 느끼지 못한다고 해서 구원이 없는 것은 아닙니다. 하나님의 은혜로 구원받았으니 구원의 은혜는 있습니다. 하지만 그것이 마음에 느껴지지 않아 구원받지 못한 사람처럼 불안하고 초조하며 의심이 생기는 것입니다.

죄가 용서받음으로 인해 얻게 되는 평안도 마찬가지입니다. 하나님은 우리가 죄를 자백할 때 용서해 주십니다. 우리의 모든 죄를 단번에 십자가에서 용서해 주셨습니다. 그리고 오늘 내가 범한 죄를 주 앞에 고백할 때 또 용서를 받습니다. 분명히 주님은 나를 용서해 주는데 나는 용서받은 것 같지가 않습니다. 삶 속에서 내가 다른 사람들을 용서해 주고 다른 사람에게서 용서받은 실제적인 경험이 없었기 때문입니다. 따라서 사람 사이에서 용서하고 용서받는 경험이 필요합니다. 그것이 하나님과 우리 사이의 용서, 관계를 이해하는 데 큰 도움을 줍니다.

용서하기 위해 버릴 것

왜 용서해야 합니까? 우리 가슴속에 맺힌 것이 많기 때문입니다. 에베소서 4장 31절은 "너희는 모든 악독과 노함과 분냄과 떠드는 것과 비방하는 것을 모든 악의와 함께 버리고"라고 말씀합니다. 모든 사람의 가슴속에는 그동안 살아오면서 맺힌 슬픔, 고통, 분노, 화 등이 아주 많습니다. 용서하기 위해서는 이 모든 것들을 다 버릴 수 있어야 합니다. 우리가 버려야 할 것을 살펴보겠습니다.

첫째, 악독을 버리십시오. '악독'은 '쓴맛(bitterness)', '섭섭한 마음', '기분이 상한 마음'입니다. 살다 보면 다른 사람에게 돈을 빌리거나 무언가를 빌려야 할 때가 있습니다. 빌린 사람은 쉽게 잊어버리지만 빌려 준 사람은 절대로 잊지 않습니다. 적은 액수를 빌려주었거나 별 것 아닌 것을 빌려줬다 해도 빠른 시일 내에 갚지 않으면 빌려 간 사람을 볼 때마다 속이 상합니다.

미국 신학교에 있을 때, 제 사무실 연필통에 펜이 가득 들어 있었습니다. 분명 제가 다 산 게 아닌데, 왜 이렇게 많을까 싶어 생각해 보니, 펜이 없을 때 다른 사람 것을 빌려 쓰고는 저도 모르게 습관적으로 주머니에 넣었던 것입니다. 누구에게 빌렸는지 기억이 안 나니까 다 연필통에 넣었습니다. 시간이 갈수록 펜은 늘어나는데 돌려주고 싶어도 주인이 기억나질 않아 돌려주지 못했습니다. 아마 저는 잊어버렸어도 펜을 빌려준 교인들은 잊지 않았을 것입니다. 목사님에게 펜을 돌려 달라고 말도 못한 채 무척 속상했을 것입니다. 책도 그렇습니다. 이상하게도 책은 빌린 후 잘 돌려주게 되지 않습니다. 좋은 책이면 더 그렇습니다. 이런 작은 일이 사람 속을 쓰리게 합니다. 섭섭하게 만듭니다.

대학 시절, 친구 하나가 돈을 빌려달라고 했습니다. 저는 안 빌려주겠다고 했습니다. 친구에게 돈을 빌려주었다가 친구를 잃어버릴 수 있기 때문이었습니다. 아예 주는 게 낫다고 생각했습니다. 하지만 친구는 친구끼리 뭐 돈도 안 빌려주느냐며 화를 냈습니다. 결국 돈을 빌려주었으나 60년이 지났는데도 돈을 받지 못했습니다. 그 친구는 잊어버렸을 것입니다. 하지만 저는 기억하고 이렇게 얘기하지 않습니까? 섭섭한 것입니다. 자신에게 살짝 말을 놓는 후배가 있다며, 기분이 나쁘고 선배를 몰라본다며 속상해 하는 분이 있었습니다. 악독이 이런 것입니다. 악하고 독한 게 아닙니다. 나의 명예를 훼손하고 인격적으로 멸시한 것에 대한 억울함, 배반감을 말합니다. 자기도 모르는 사이에 가슴속에 '쓰라림'이 자리하는 것입니다. 그 사람 이름만 들어도, 그 장소에만 가도 속이 쓰립니다.

오래 전에 2차 세계대전에 참전했다가 포로가 되어 수용소에 갇혔던 외국인의 인터뷰를 본 적이 있습니다. 그는 일본군 산하에 있는 포로수용소에 있었는데 한국 사람들이 감독을 했다고 합니다. 그래서인지 반평생이 지났는데도 한국 사람에 대한 감정이 좋지 않았습니다. 한국 사람과 일본 사람이 너무 못되게 굴어서 정말 싫다고 했습니다. 인터뷰 하는 얼굴에 쓰라림이 있었습니다. 얼굴이 경직되고 목소리에도 그런 심정이 담겨 있었습니다.

어떤 의사 집사님과 이야기를 나누었는데 그분 가슴에도 쓰라림과 원한의 덩어리가 있었습니다. 그가 중학생 때 아버지가 재혼해서 계모와 살게 되었는데, 마흔 살이 넘어서까지도 여전히 계모에 대한 쓰라린 기억이 뱀이 똬리를 틀듯 웅크리고 있었습니다. 성격이 참 좋은 분인데, 가끔 교인들을 혹독하게 비난하곤 했습니다. 왜 그러는 것일까 궁금했는데 그분의 속내를 들으니 이해가 되었습니다. 가슴속의 쓰라림이 다른 사람들을 향해 터져나가고 있었던 것입니다. 그는 저와 이야기를 나눈 후 새어머니를 용서하기로 결단했습니다. 새어머니를 용서하자 집사님 마음이 평안해졌습니다. 어머니를 찾아가 지난 이야기를 꺼내며 이야기를 시작했고, 결국 부모님이 모두 예수님을 믿게 되었뜹니다. 인생을 살다보면 여러 가지 일로 인해 억울하고 속상할 때가 많습니다. 속상한 마음이 우리 속에 그대로 있으면 내 속의 성령님도 슬퍼하십니다.

> "하나님의 성령을 근심하게 하지 말라 그 안에서 너희가 구원의 날까지 인치심을 받았느니라"(엡 4:30).

우리가 예수님을 믿게 되면, 성령께서 마음속에 임재하십니다. 만약 내 가슴속에 썩어서 냄새나는 원한이 가득 들어 있다고 가정해 보십시오. 수십 년, 몇 년, 몇 달, 몇 주, 며칠 된 원한과 쓰라림이 있다면 어떻겠습니까? 이 썩은 냄새 나는 곳에 거룩하신 성령님이 함께하셔야 하니 얼마나 불편하시겠습니까? 그래서 용서하자는 것입니다. 용서로 그 쓴맛을 없애자는 것입니다. 그래야 성령께서 내 안에서 편안하게 사십니다. 내 안에 임재하시는 성령께서 편하게 지내시도록 악독을 버려야 합니다. 나는 내 것이 아닙니다. 하나님의 소유입니다. 성령께서 구속의 날까지 나와 함께 계셔서 잠시도 떠나지 않고 함께 지내십니다. 그런 내 가슴속에 악독이 있으면 성령님을 슬프게 만들고 불쾌하게 만듭니다. '근심하게 한다'는 말은 '슬프게 한다', '섭섭하게 한다', '불편하게 한다'는 뜻입니다. 그러므로 냄새나는 것들을 빨리 처리하십시오.

둘째, 노함을 버리십시오. '노한다'는 것은 분노의 감정이 부글부글 끓고 있다는 뜻입니다. 밖으로 터져 나오지는 않을 수도 있습니다. 그저 끓고 있습니다. 기분 나쁘고 상한 감정이 끓고 있는 것입니다. 이런 사람은 위에 산이 많습니다. 밥 먹을 때만 산이 나와야 하는데 마음에 평안이 없으니 속이 부글부글 끓어서 위산이 많고 위가 쓰립니다. 그래서 위궤양에 걸립니다. 분노의 감정을 계속 붙들고 살면 병이 듭니다. 하나님의 성전인 몸에 분노의 마음이 계속되면 성령께서 얼마나 불편하시겠습니까? 용서하십시오. 용서하면 필요할 때만 위산이 나올 것입니다. 하나님께서는 우리를 사랑하시니 우리가 건강하길 원하시고, 성령께서도 건강한 몸속에 살기를 원하십니다.

셋째, 분을 버리십시오. '분을 낸다'는 것은 적대감정을 밖으로 확 표출하는 것입니다. 분이 너무 심해서 밖으로 터져 나오는 것입니다. 당장에라도 이혼하고 싶고 때리고 싶고 욕하고 비난하고 싶은 마음입니다. 화를 못 이겨 벽을 주먹으로 내려치고 발로 차고 물건을 집어던집니다. 형제를 미워하면 이미 살인한 것이라고 하셨는데, 그런 감정을 밖으로까지 표출하는 것입니다. 이런 것들은 성령께 대단히 불편한 것들입니다.

넷째, 떠드는 것을 그만두십시오. '떠드는 것'은 두 사람이 칼을 뽑아 싸울 때 칼이 부딪치며 내는 '쨍그랑!' 소리입니다. 미움과 분을 가지고 칼이 아닌 혀로 싸웁니다. 어떤 사람은 다른 사람에 대해 별의별 이야기를 다 하며 비난하고 욕합니다. 입술로 다른 사람에 대해 비난한다면 가슴속에 계시는 성령님이 대단히 불편해서 견딜 수 없으십니다. 아마 '내가 너와 영원히 함께하겠다'는 약속만 아니었다면 그 사람 속에서 진작 나가셨을지 모릅니다. 마음 안에 쓰라림과 분과 노가 있으면 삶에서 여러 가지 분쟁의 소리를 냅니다. 분쟁 소리는 서로를 용서하지 않았기 때문에 납니다.

다섯째, 훼방을 버리십시오. '훼방'은 남을 비난하는 것입니다. 상대방이 모르는 사이에 상대방의 뒷덜미를 물어뜯는 것입니다. '훼방(slander)'이라는 단어는 야수들에게 쓰는 단어입니다. 양이 도망가는데 사자가 뒤 따라와서 목덜미를 물어뜯고 찢는 것을 훼방한다고 합니다. 이것은 마귀가 하는 짓입니다. 하고 싶은 이야기가 있다면 당사자 앞에 와서 해야 합니다. 그가 없을 때, 듣지 못하는 곳에서 말하거나 등 뒤에서 물어뜯는 행위가 훼방입니다. '의'의 도구인 하나님의 백성이 이런 행동을 할 때 성령께서는 대단히 슬퍼하십니다. 우리 가슴속에서 견딜 수 없이 괴로워하십니다. 우리 속에 이런 훼방이 있을 때 자신에게는 큰 해가 됩니다.

여섯째, 악의를 버리십시오. '악의'는 남을 해치려는 뜻입니다. 이는 마음속의 독소입니다. 악의가 마음에 있을 때 성령께서는 불편해하실 뿐 아니라 우리 자신도 원만한 신앙생활을 할 수 없습니다. 악의가 있을 때는 누군가를 용서하기 어렵습니다. 그래서 모든 악을 버리라고 했습니다. 악독과 노함과 분과 떠드는 것과 훼방과 악의를 그냥 두고 "내 속의 모든 죄를 다 없애 주세요!"라고 기도할 게 아닙니다. 내 속에 분노가 있으면 꺼내어 들여다보십시오. 자세히 살펴보십시오. 앞서 말한 떠드는 것, 훼방, 악의가 있다면 하나씩 꺼내어 주님 앞에 내려놓으십시오.

용서하기 위해 해야 할 것들

"서로 친절하게 하며 불쌍히 여기며 서로 용서하기를 하나님이 그리스 도 안에서 너희를 용서하심과 같이 하라"(엡 4:32).

용서하기 위해서는 먼저 분냄과 떠드는 것과 노함과 악독과 훼방하는 것을 하나씩 하나씩 꺼내어 모두 버려야 합니다. 그러나 이것들은 준비 작업일 뿐입니다. 이것만으로는 안 됩니다. 적극적으로 해야 할 일들이 있습니다.

첫째, 서로 친절하게 하십시오. 아주 작은 것이라도 선을 베푸는 행위가 용서의 치료제가 됩니다. 한번은 저를 속상하게 만든 사람 때문에 하루 종일 머리가 아팠습니다. 정말 마음이 아팠습니다. 집에 가면서 하나님께 회개하고 용서를 받았습니다. 어느 도시에서 돌아오면서 비행기를 탔는데, 글쎄 그 사람이 앉아 있었습니다. 저를 보더니 벌떡 일어나서 인사를 하더군요. 하지만 저는 얼마나 씁쓸했는지 모릅니다. 여전히 그에 대해 해결되지 않은 나쁜 마음을 어찌해야 할지 몰라서 계속 기도했습니다. "하나님, 이 쓰라림을 제거해 주십시오. 이 사람 때문에 기도도 잘 안 나옵니다. 도와주세요." 하지만 바로 해결되지는 않았습니다.

하루는 로마서 8장을 읽다가 "너희는 악에게 지지 말고 선으로 악을 이기라"는 말씀을 보았습니다. 지지 않으려는 노력만으로는 해결이 안 됩니다. 악을 행하지 않는 것 정도로도 안 됩니다. 적극적으로 선을 행해야 합니다. 갑자기 제가 갖고 있는 책 가운데 그분이 좋아할 만한 책이 생각났습니다. 그것을 주면 왠지 좋아할 것 같았습니다. 서점에 가서 그 책을 사서 "사랑하는 ○○○씨, 제가 당신을 참 좋아합니다."라고 적은 후 서명을 해서 보냈습니다. 일주일 후 답장이 왔는데, "목사님이 저를 그렇게 생각하시는 줄 몰랐습니다."라는 답장이 쓰여 있었습니다. 친절을 베풀었더니 묶여 있던 응어리가 스르르 풀리는 해방감을 느낄 수 있습니다.

좋지 않은 마음을 버리는 것만으로는 안 됩니다. 더 나아가 선하고 친절한 행동을 해야 용서할 수 있습니다. 너희는 서로 인자하게 하라고 하셨습니다. 인자하다는 것은 착한 행동을 하라는 것입니다. 편지 한 통을 쓰거나 전화를 거십시오. 저녁 초대를 해도 좋습니다. 어떤 방법이든 나를 속상하게 한 그를 향해 선한 행동을 하십시오. 이것이 살아나는 방법입니다.

둘째, 불쌍히 여기십시오. '불쌍히 여기라'는 것은 부드러운 마음을 가지라는 것입니다. "나에게 와서 사과하기 전에는 절대로 용서하지 못해."라고 말하지 마십시오. 조금만 부드럽게 마음을 쓰면 됩니다. 목청을 높이고 얼굴을 붉히다 보면 결국 용서하지 못합니다. 용서할 준비가 안 된 것입니다. 마음을 느긋하게 먹고 부드럽게 대하십시오. 그래야 용서할 수 있습니다.

셋째, 하나님이 나를 용서해 주신 것을 기억하십시오. 하나님이 그리스도 안에서 우리를 용서하심같이 해야 합니다. 예수님은 억울하게 멸시, 천대를 당하셨습니다. 모욕과 상처뿐 아니라 죽음까지도 경험하셨습니다. 그러셨으면서도 십자가 위에서 "저들이 모르고 하는 일이니 저들의 죄를 용서해 주옵소서!"라고 기도하셨습니다. 우리는 죄를 짓고 또 짓는데 하나님께서는 끊임없이 용서하십니다. 죄를 용서받기 때문에 우리가 평안하게 지내는 것입니다. 우리도 주님처럼 누군가를 용서해야 합니다. "우리에게 죄 지은 자를 사하여 준 것같이 우리 죄를 사하여 주시옵소서!"라고 기도해야 합니다. 그럴 때 평안이 찾아옵니다. 성령께서 우리 안에 즐겁게 거하십니다. 감동이 있고 눈물이 흐르는 삶이 됩니다. 용서의 경험을 통한 감사가 넘칩니다.

뿐만 아닙니다. 야고보서 5장 15절에서는 하나님의 용서와 인간의 용서를 경험하게 될 때, 우리 몸의 질병마저도 없어진다고 말씀합니다. 영혼뿐만 아니라 육체의 병까지도 없어지는 것입니다. 생각만 해도 기분 나쁜 사람이 있습니까? 속상하고 억울한 일, 얼굴이 굳어지고 도무지 소화가 안 되는 것 같은 일이 있습니까? 용서하십시오. 용서하는 습관을 기르십시오. 그렇게 할 때 나머지 인생을 평안함 가운데 살 수 있게 됩니다.

인도하심의 확신

"너는 마음을 다하여 여호와를 신뢰하고 네 명철을 의지하지 말라 너는 범사에 그를 인정하라 그리하면 네 길을 지도하시리라" 잠 3:5-6

지금까지 구원받은 확신, 거듭난 확신, 주님이 내 안에 계시고 내 옆에 계시고 나를 둘러싸셔서 언제나 함께하신다는 확신, 우리의 기도를 들으시고 실수할 때도 용서하신다는 확신에 대해 배웠습니다. 이제는 하나님이 우리를 인도하신다는 확신을 이야기해 보겠습니다. 하나님께서 자기 자녀들에게 주신 약속 중 하나는 우리의 평생을 선하심과 인자하심으로 인도해 주신다는 것입니다. 찬송가 379장의 작사자 뉴만(J.H. Newman) 목사는 이렇게 노래합니다.

내 갈 길 멀고 밤은 깊은데 빛 되신 주
저 본향 집을 향해 가는 길 비추소서.
내 가는 길 다 알지 못하나
한 걸음씩 늘 인도하소서.

신앙인이라면 이 찬송가 가사처럼 기도할 때가 꽤 있을 것입니다. 주님께서는 우리의 길을 인도해 주신다고 약속하셨습니다. 그렇다면 우리는 인생길을 잘 살아가고 있을까요? 일반적인 미국 대학교육의 목적을 통해 우리가 어떻게 살아야 할지에 대한 힌트를 얻을 수 있습니다.

대학교육의 첫 번째 목적은 분석과 종합을 통한 판단력을 기르는 것입니다. 사물을 볼 때 정확하게 분석하고 분석한 것을 종합할 줄 아는 판단력은 매우 중요한 능력입니다. 판단력이 부족할 경우 우왕좌왕하며 사람들 말에 휩쓸리기 쉽습니다. 하지만 다른 사람의 이야기를 잘 듣고 분석하고 종합하는 판단력을 가진 사람은 중요한 순간에 지혜로운 결정을 내립니다.

두 번째 목적은 자기 의사를 잘 표현할 수 있도록 하는 것입니다. 의사 표현 방법에는 말과 글, 두 가지가 있습니다. 자기 생각을 논리적으로 정확한 말과 글로 표현하는 능력을 지닌 사람은 어디서 어떤 일을 해도 성공적으로 살 수 있습니다.

대학교육의 세 번째 목적은 다른 사람과 함께 조화롭게 일하는 능력을 기르는 것입니다. 대학생활을 하는 동안 이런 능력을 잘 기르면 어디서 어떤 일을 하더라도 무난하고 형통한 생활을 할 수 있습니다. 창의적으로 자기 일을 구상하고 다른 사람들도 그렇게 하도록 도울 수 있습니다. 자신을 잘 표현하고 남을 설득하며 분석, 종합, 판단할 수 있는 사람, 게다가 다른 사람들과 함께 일을 협력해서 해낼 수 있는 사람은 세월이 가면 갈수록 자신은 물론 가족과 이웃을 유익하게 하며 많은 일을 해내는 존재가 될 것입니다.

사업가들이 좋아하는 「포브스」라는 잡지의 발행인인 포브스(Forbes)가 25세 이하의 젊은 사업가들과 인터뷰하는 것을 본 적이 있습니다.

“제가 대학 1학년 때 사업을 시작해서 바쁘다 보니 대학을 졸업하지 못 했습니다. 어떻게 하면 좋을까요?”

“대학에 가는 이유가 뭡니까? 좋은 직장 가려고 아닙니까? 이미 당신은 사업에서 성공해 좋은 직장에 다니고 있으니 굳이 대학에 다시 갈 필요는 없습니다. 그냥 사업을 하십시오.”

저는 자유롭게 생각하는 이들의 모습을 보면서 우리나라도 그랬으면 좋겠다고 생각했습니다. 자유롭게 생각하고 창의적으로 일하는 모습, 전통이나 역사, 사회나 문화에 얽매이지 않고 자신의 세계를 만들어가는 모습을 가지면 좋겠다고 말입니다. 요즘 우리 사회도 많이 달라지고 있습니다. 보수적이고 지엽적인 사고에서 벗어나 많은 가능성을 펼칠 수 있는 사회로 말입니다. 전통에 갇혀 있지 않고 자유롭게 도전하며 새로운 세상을 만들어가는 우리가 되었으면 합니다. 하나님이 우리들을 더 해방시켜 주시고 인도하시는 손길을 볼 수 있길 바랍니다.

하나님의
인도를 받으려면

첫째, 하나님을 진심으로 의지하는 마음이 있어야 합니다. 무한하신 하나님을 바라보고 그분이 어떤 분인지 느낄 수 있어야 합니다. 그래야 우리의 생각도 마음도 넓어집니다. 잠언 3장 5절은 “너는 마음을 다하여 여호와를 신뢰하고 네 명철을 의지하지 말라”고 말씀합니다. 무한하고 창조적인 하나님이 내 가슴속에 가득 찰 때 나의 한계성, 나의 부족한 능력, 나의 모자라는 지혜, 나의 얼마 안 되는 지식을 의지하지 않게 됩니다. 공부를 하면 할수록 우리 지식이 지극히 작고 제한된 것임을 알게 됩니다. 사실상 공부를 많이 하지 않은 사람이 아는 척을 하는 것입니다. 공부를 많이 한 사람들은 겸손합니다. 자기가 아는 것이 얼마나 부족한가를 인정하기 때문입니다.

오래 전, 어느 교회 수양회를 인도하러 갔습니다. 그곳에는 핵공학 박사님이 앉아 있었습니다. 그분은 제가 설교하는 것을 방해했습니다. 다른 분과 함께 "기독교는…", "신앙은…", "예수는…"하면서 저와 회중을 설득하려 했습니다. 그래서 제가 물었습니다.

"박사님, 전공이 무엇입니까?"

"핵공학을 전공했습니다."

"핵공학을 전공하셨으니 핵에 대해 잘 아시겠군요. 제가 핵을 설명해 보겠습니다. 핵은 밀을 빻아 가루를 만들어서 채에 쳐서 나온 찌꺼기입니다."

그랬더니 그분이 껄껄 웃으셨습니다. 제가 또 말을 이었습니다.

"핵에 대해 알지도 못하는 사람이 핵을 전공한 사람을 앞에 두고 핵이 밀가루를 빻아서 나온 것이라고 하니 어떠십니까? 지금 박사님이 제게 그러고 계십니다. 신학박사 학위를 받은 사람이 설교를 하는데 신앙이 무엇인지 모르는 분이 신앙이 어떻고, 기독교가 어떻고 그러고 계십니다. 이렇게 방해하시면 어쩝니까? 성경은 몇 번이나 읽어 보셨습니까?"

"한 번도 안 읽었습니다."

"성경을 한 번도 읽지 않고 어떻게 안다고 말씀하십니까? 학자는 근본적인 자료를 읽고 연구하는 사람입니다. 박사이자 학자이신 분이 어찌 성경을 읽지도 않고 기독교에 대해서 이야기합니까?”

그러자 그는 벌떡 일어나더니 화를 내며 나가버렸습니다. 핵에 대해 공부했으면 핵에 대한 박사일 뿐입니다. 물리나 화학, 기독교에 대한 박사는 아니지 않습니까? 이처럼 지식 세계는 아주 제한적입니다. 저도 한참 신학을 공부할 때는 무언가를 좀 아는 것 같았습니다. 그러나 논문을 쓰려고 큰 도서관에 갔을 때 그만 질려버렸습니다. 신학 관련된 책만 백만 권이 넘었습니다. 엄청나게 많은 전공 관련 책들을 보고는 기절할 뻔했습니다. 이렇게 많은 책 중에서 얼마나 읽었나 생각하니 도무지 ‘안다’는 말을 할 수 없었습니다. 우리의 지식이나 지혜는 제한적입니다. 경험에도 한계가 많습니다. 철학 사상 가운데 ‘경험주의’라는 것이 있습니다. 경험주의는 ‘우리 스스로 경험한 것 외에는 알 수가 없다’고 주장합니다.

제가 경험한 것이 몇 가지나 되는지 생각해 보았습니다. 지금까지 알고 있는 것은 어머니, 아버지가 일러 주신 것, 형님이 알려 준 것, 또 교회나 선생님이 가르쳐 주신 것, 신문이나 전문가에게 들은 것 등. 그 모든 것이 누군가 나에게 알려 줘서 알게 된 것들이었습니다. 제가 경험한 것은 지극히 적고, 어찌 보면 과거의 경험도 정확하지 않습니다.

물에 젓가락을 넣으면 구부러져 보입니다. 눈으로는 구부러진 듯 보이지만 실제는 구부러지지 않았습니다. 멀리 뻗은 철로 끝을 보면 철로가 서로 만나는 것처럼 보이지만 계속 평행하게 갑니다. 눈으로는 철로 둘이 만나는 것처럼 보이지만 그렇지 않습니다. 이처럼 우리의 경험은 완전하지 않습니다. 전문가의 이야기를 듣거나 책에서 접한 내용을 받아들여서 알 뿐입니다. 경험 자체도 우리 삶을 완전하게 인도해 주지는 못합니다.

우리의 의견도 마찬가지입니다. 자기 생각을 말할 때면 "제 생각은 이렇습니다." 이렇게 시작하는 게 좋습니다. 하나님의 계시 외에 절대적인 것은 없습니다. 모두가 다 학설이나 가정, 의견일 뿐입니다. 우리의 생각이나 경험, 지식이나 능력마저도 그것만으로 판단을 내리기에는 인생이 그리 간단하지 않습니다. 사업하는 사람도 전문가에게 묻고 의견을 종합해서 정확하게 판단하려고 노력합니다. 하나님께서는 우리에게 개인적인 능력을 주셨지만, 이것만으로는 인생이 어떻다고 판단하기는 쉽지 않습니다. 오직 여호와 하나님을 만나고, 그분을 알며 지혜의 근본이신 그분을 의지하고 함께해야 합니다.

둘째, 나에게 있는 것을 주님께 드리면 됩니다. 하나님께서 나에게 무엇을 주셨습니까? 주신 것에 대해 감사해야 합니다. 우리가 가진 것은 다 하나님께 받은 것입니다. 전부 다 주님 앞에 드리십시오. 우리가 갖고 있지 않은 것은 드릴 수 없습니다. 배움이 짧거나 물질이 적은 것, 권력이 없고 지위가 없는 것 등은 어찌할 수 없습니다. 그러나 누구든 자신이 가진 오병이어가 있습니다. 내가 가진 물고기와 떡을 주님 앞에 드리면 됩니다. 그러면 하나님이 축복하시고 역사하실 것입니다.

셋째, 모든 일에서 하나님을 인정해야 합니다. 무엇을 하든 하나님을 인정하고 언제나 하나님을 앞세우며 살아야 합니다. 미국의 풋볼 팀 '워싱톤 레드스킨스(Washinton Redskins)' 팀이 우승했을 때 수천만 명이 보는 가운데 TV 인터뷰를 했습니다. 코치는 "가장 먼저 하나님께 감사드립니다. 그리고 이 풋볼 팀의 소유주와 선수들에게 감사를 드립니다. 이 팀이 승리할 수 있게 되어서 참 기쁩니다!"라고 했습니다. 가장 기쁘고 좋은 일이 생겼을 때 주님께 먼저 영광 돌린 것입니다.

미국의 한 농구팀이 전국 선수권 대회에서 우승을 했습니다. 키 큰 흑인이 주장이었는데 혼자 20여 점을 얻었습니다. 인터뷰하는 리포터가 오늘이 바로 인생에서 가장 기쁜 날이 아니냐고 묻자, 선수는 "오늘은 두 번째로 기쁜 날입니다. 제가 주님을 만난 날이 제일 기쁜 날이고, 오늘은 두 번째입니다!"라고 대답했습니다.

미국 인디애나에 있는 미국인 친구 목사와 전화 통화를 하면 저는 늘 도전과 격려를 받습니다. 많은 시련과 어려움을 겪을 때면 그 친구는 "복잡한 기회가 나에게 왔소."라고 말하곤 했습니다. 하나님이 이 어려운 문제를 어떻게 해결하실지 기대된다는 뜻이었습니다. 친구는 아무것도 가진 것 없이 십대 문제 소녀들을 돕기 시작했습니다. 임신을 하거나 낙태한 소녀, 전과가 있는 소녀들을 자기 집으로 데리고 가 돌봐주었습니다. 그로부터 30여 년이 지났을 때 그는 큰 농장을 가지게 되어 많은 아이들을 돕고 있었습니다. 하지만 그중에는 도망가는 아이들도 있고 경찰에 가서 고소하는 아이도 있었습니다. 저도 그 당시 기관의 부이사장으로서 돕고 있었습니다. 기관은 그 소녀들을 도와주려고 애쓰는데 소녀들은 경찰에서 기관 종사자들이 자신들을 때린다고 거짓말을 하기도 했습니다. 그러면 정부에서는 조사를 나왔기 때문에 기관 운영에 어려움이 많았습니다. 그러나 그는 힘든 일이 생길 때마다 어려움이라고 생각하지 않았습니다. 어려움이라 부르지 않고 '복잡한 기회'라 칭했습니다. 하나님의 해결법이 궁금하고 기대된다고 말입니다.

여호와 하나님을 전심으로 의지하는 사람, 모든 일에 여호와 하나님이 함께하심을 인정하면서 살아가는 사람에게 하나님은 "그리하면 네 길을 지도하시리라"(잠 3:6)고 약속하십니다. 인생길을 인도해 주시고, 똑바로 가도록 도우시고, 돌아가거나 헤매지 않게 해주신다는 말입니다. 우리 생각에는 먼 길을 돌아가는 것 같아도 하나님이 보실 때는 돌아가는 것이 아닙니다. 하나님은 이런 사람의 인생을 인도하겠다고 말씀하십니다. 우리는 나이가 들수록 배움이 쌓이고 지혜가 많아집니다. 경험도 쌓이고 재산도 늘어갑니다. 능력과 지위도 꽤 높아집니다. 그러나 그런 것들을 의지하지 않고, 하나님을 의지한다면 하나님은 반드시 우리를 인도하십니다.

하나님의
인도를 받은 사람

성경에는 하나님의 인도를 받아 성공적인 삶을 산 인물들이 많습니다. 다윗은 사울을 피해 사막과 광야를 돌아다녔습니다. 사무엘상 27장을 살펴보십시오. 블레셋 군대와 이스라엘 군대가 싸울 당시 다윗은 블레셋에 살았습니다. 블레셋 왕은 다윗에게 함께 가자고 했지만, 배반을 두려워한 블레셋 왕이 다윗에게 돌아가라고 했습니다. 그러자 다윗은 "하나님, 어디로 갈까요?"하며 기도합니다. 이처럼 다윗은 사사건건 기도했습니다. 하나님이 속히 집으로 가라고 명하셔서 집으로 돌아갔지만, 이미 아말렉 군대가 다윗과 함께하던 500여 명을 모두 잡아간 후였습니다. 이에 다윗이 아말렉을 쳐서 모든 것을 도로 찾았습니다. 만일 다윗이 자기 생각대로 쉬었다 갔거나 다른 데로 갔다면 어떻게 되었겠습니까? 하나님의 인도하심을 구한 결과 모든 것을 구할 수 있었습니다.

느헤미야는 얼굴에 수심이 없던 사람입니다. 얼굴만 봐도 기분이 좋은 사람이어서 왕의 수석 비서관으로 뽑혔는지도 모릅니다. 그런 그의 얼굴에 수색이 생기자 왕이 "걱정이 있는 것 같은데 무슨 일 때문이냐?"라고 물었습니다. 저 같으면 금방 대답할 것 같은데 느헤미야는 느헤미야 2장 4절 "내가 곧 하늘의 하나님께 묵도하고 왕에게 아뢰되"라는 말씀처럼 순간적으로 하나님께 기도하고 대답했습니다. 대답할 말도 하나님의 인도하심에 따라 하겠다는 것입니다. 왕이 그의 말에 감동 받았고, 느헤미야가 예루살렘 성벽을 재건하도록 허락했습니다.

여러분이나 저는 능력과 지식, 어떤 일에 대한 개인적인 의견을 갖고 있습니다. 그러나 그것만을 의존해서는 안 됩니다. 전적으로 하나님을 의지하고 인정해야 합니다. 하나님께서 말 한마디, 결정 하나, 나의 판단력과 대인관계도 세밀하게 인도해 달라고 기도해야 합니다. 그리하면 반드시 우리의 길을 인도해 주십니다. 우리는 하루를 살아도 하나님의 인도하심 가운데 하나님이 원하시는 방향으로 선택하고 결정해야 합니다. 우리가 말하고 행동하는 모든 삶 가운데 하나님의 크신 축복이 임하길 간절히 바랍니다.

인도하시는 방법

"그가 자기 백성은 양 같이 인도하여 내시고 광야에서 양 떼 같이 지도하셨도다 그들을 안전히 인도하시니 그들은 두려움이 없었으나 그들의 원수는 바다에 빠졌도다" 시 78:52-53

우리는 잠언 3장 5-6절 "너는 마음을 다하여 여호와를 신뢰하고 네 명철을 의지하지 말라 너는 범사에 그를 인정하라 그리하면 네 길을 지도하시리라"라는 말씀으로 '인도하심의 확신'을 함께 살펴보았습니다. 자신의 제한된 지식이나 능력, 경험이나 의견을 의지하지 않고 하나님을 의지할 때 하나님은 우리를 반드시 인도해 주십니다. 그렇다면 하나님은 어떤 방법으로 우리를 인도해 주실까요? 일곱 가지로 살펴보겠습니다.

첫째, 우리보다 앞장서서 인도해 주십니다. 이스라엘 백성들이 넓은 광야를 지나갈 때 사방은 온통 돌과 사막뿐이었습니다. 우리 인생도 이와 비슷합니다. 건강이나 가정형편, 개인이나 사업상의 문제로 인해 어디로 가야 할지 모를 때가 생깁니다. 그럴 때 우리 주님께서는 한 발자국 앞서 우리를 인도해 주십니다. 출애굽기 13장 21-22절을 보면 하나님께서 이스라엘 백성을 밤에는 불기둥으로, 낮에는 구름기둥으로 그들을 인도하셨습니다. 어찌 해야 할지 모를 때 주님께 맡기고 인도해 달라고 기도하십시오. 전적으로 의지하십시오. 그러면 캄캄한 어둠 속에서 주님의 불기둥이 나타나고 구름 기둥이 나타나 우리가 어디로 가야 할지를 앞서서 인도하실 것입니다. 이스라엘 백성을 인도하셨던 것처럼 우리 인생길에도 앞서 나타나실 것입니다.

제가 처음 중국에 갔을 때의 일입니다. 큰 가방 두 개에 성경과 신앙서적을 넣어 갔습니다. 당시 제가 섬기던 벧엘교회 성도들은 24시간 연속으로 기도했습니다. 모든 형편과 처지를 인도하시는 우리 주님이 저보다 먼저 가셔서 성경과 녹음테이프와 찬송가를 꼭 갖다 줄 수 있도록 간절히 기도했습니다. 떠나는 순간부터는 온 교인이 순서를 정해서 연속적으로 기도하기 시작했습니다. 일행 세 명이 상해에 들어갔는데, 한 사람이 비자 문제로 이민국에 걸리고 말았습니다. 그 바람에 짐을 조사하던 이민국 직원들이 이리저리 왔다 갔다 했습니다. 덕분에 우리가 가져간 큰 가방은 손도 안 대고 통과할 수 있었습니다. 이 광경을 보고 얼마나 웃었는지 모릅니다. 한 사람이 어려움을 겪는 바람에 짐 두 개가 내용물 확인도 거치지 않고 그대로 통과되었던 것입니다. 주님께서 먼저 가셔서 수백 권의 성경과 신앙서적을 그대로 통과시켜 주셨던 것입니다. 우리보다 미리 앞서서 인도하시는 하나님을 만난 귀한 경험이었습니다.

교회를 건축할 때는 이런 일도 있었습니다. 건축을 위해 온 교회가 기도하며 80만 달러를 모아서 은행에 예금했습니다. 그런데 그 은행이 파산하게 되었다는 뉴스를 접했습니다. 달려가 보니 그 은행에서 돈을 찾으려는 사람들이 길게 줄을 서 있었습니다. 헌금 80만 달러가 고스란히 은행에 있는데 정말 이거 큰일이구나 싶었습니다. 그런데 갑자기 은행 직원이 교회 재무 장로님에게 전화를 해서 빨리 오라고 했습니다. 재무 장로님은 당시 의사였는데 그 은행의 대리가 그 장로님의 담당 환자였던 것입니다. 대리는 "오늘 저녁에 문이 닫히면 못 찾으니 빨리 가져가세요!"라면서 80만 달러가 되는 수표를 건네 주었습니다. 만일 우리가 그 돈을 찾지 못했더라면 당시 교회 건축은 불가능했을 것입니다.

우리가 열심히 주님을 의지하고 사랑하며 주님의 지혜를 구하고 주님이 원하시는 일에 순종할 때 하나님은 우리보다 앞서서 인도하십니다. 때로는 바보처럼 어리석고 미련해 보일지라도 자신의 명철을 의지하지 않고 주님만을 의지하며 살겠다는 사람들을 주님은 친히 인도하십니다. 저는 교인들과 얼마나 기쁘고 재미있게 교회 건축을 진행해 나갔는지 모릅니다. 교회 건축을 한 후에는 교회가 깨진다, 목사가 병든다, 문제가 많아진다, 싸움이 생긴다는 등 정말 지옥 같은 이야기를 많이 들었습니다. 하지만 저희는 그렇지 않았습니다. 그렇게 재미있게 할 수만 있다면 한 번 더 해도 좋겠습니다. 전적으로 주님을 의지하고 주님의 인도하심대로 살겠다고 결심하고 그렇게 살아갈 때, 하나님은 우리보다 앞서서 인도해 주십니다. 이것은 하나님의 약속입니다.

둘째, 적이 공격하면 우리를 사면으로 감싸고 인도하십니다. 히스기야가 침략 당했을 때 하나님은 모든 적국의 손에서 구원해 사면으로 보호하며 인도하셨습니다(대하 32:22). '사면으로 보호하셨다'는 것은 어느 방면에서 사단의 공격을 받거나 시련이 생겨도 하나님이 천군 천사를 보내서 둘러싸고 보호하시며 인도해 주신다는 말입니다. 이것은 우리가 가진 특권입니다. 구원받고 거듭난 사람들의 특권입니다. 예수 그리스도를 마음에 모시고 사는 사람들의 특권입니다. 이런 약속이 있는데도 이 약속을 믿지 않는 것이 문제입니다. 이 약속을 믿고 산다면 인생을 자신 있게 살 수 있습니다. 두려워하지 않고 살 수 있습니다. 능력의 하나님께서 우리를 둘러싸서 보호하고 인도하신다고 약속하셨기 때문입니다.

엘리사의 집이 시리아의 군대에게 포위되었을 때 엘리사의 집을 보호하기 위해서 천군 천사가 둘러싸고 있는 것이 엘리사의 종의 눈에는 보이지 않았습니다(왕하 6:14-19). 신앙이 있는 사람들은 육신의 눈에는 보이지 않을지라도 영의 눈으로 하나님의 보호하심과 감싸서 지키시는 모습을 볼 수 있습니다. 종의 눈을 뜨게 해달라고 기도하자 종은 영의 눈을 뜨고 둘러싼 천사들을 보았습니다.

"주여, 제 눈을 뜨게 하셔서 주님이 보호하시는 손길을 보게 하소서."라고 기도하십시오. 하나님께서 우리의 영적인 눈을 밝게 해주시기를 바랍니다. 우리 가슴속에 있는 어떤 악이든 해결하지 못한 것이 있으면 빨리 해결하십시오. 우리의 영의 눈이 밝아져서 어떤 공격을 당해도 천사들이 우리를 둘러싸고 있는 것을 볼 수 있는 축복이 있기 바랍니다.

"마음이 청결한 자는 복이 있나니 그들이 하나님을 볼 것임이요"(마 5:8).

셋째, 직접 눈으로 확인해 가며 우리를 인도하십니다. 시편 32편 8-9절에는 하나님께서 직접 보시고 어디에 돌멩이가 있고 숲이 있는지 일일이 보면서 넘어지지 않고 발이 미끄러지지 않게 해주시겠다고 말씀하십니다. 영적인 눈이 밝은 사람들은 이것을 봅니다. 신앙생활은 영적인 일입니다. 손으로 만져지거나 감정으로 느끼지 않고 눈으로 보이지는 않지만 그래도 믿는 것입니다. 믿음은 바라는 것들의 실상이요 보지 못하는 것들의 증거입니다. 어떤 사람은 아무것도 보이지 않고 느껴지지 않으나 믿음으로 보고 확신하며 주님의 손길을 따라갑니다.

시편 1편 6절은 "무릇 의인들의 길은 여호와께서 인정하시나 악인들의 길은 망하리로다"라고 말씀합니다. 악한 자가 아무리 숨어 다니면서 악한 일을 해도 하나님의 눈은 그의 움직임을 보고 계시기 때문에 악인은 결국 망하게 되어 있습니다. 그러나 의로운 사람, 곧 예수 그리스도의 보혈의 피로 씻음 받아 하나님의 자녀가 된 사람의 길은 다릅니다. 하나님께서 친히 돌보시고 직접 눈으로 확인하면서 인도해 주신다고 약속하셨습니다. 주목하여 인도하신다는 것은 우리가 가는 길을 하나님의 눈으로 일일이 확인해 주시겠다는 것입니다.

넷째, 안전하게 인도해 주십니다. 시편 78편 52-53절은 "그가 자기 백성은 양 같이 인도하여 내시고 광야에서 양 떼 같이 지도하셨도다 그들을 안전히 인도하시니 그들은 두려움이 없었으나 그들의 원수는 바다에 빠졌도다"라고 말씀합니다. 주님께서 인도하실 때는 홍해 속으로 들어가는 것이 안전합니다. 주님께서 나를 붙들고 가시는 그곳이 안전한 곳입니다. 사망의 음침한 골짜기를 가도 주님의 손이 함께 하시면 거기가 안전합니다. 어두운 골짜기를 지나가도 주님 앞에서는 그 어두움조차 대낮같이 밝습니다. 인간의 눈에 보이지 않고 도저히 이해할 수 없는 길이라 해도 하나님께서 인도하실 때는 그것이 안전한 길이요, 그것이 대낮이요, 그것이 평안한 길입니다.

> 예수 나를 오라 하네.
> 예수 나를 오라 하네.
> 어디든지 주를 따라
> 주와 함께 함께 가려네.

겟세마네 동산까지 가시면서 예수께서는 부활의 영광을 누리셨습니다. 고통스러운 겟세마네 동산을 지나야 부활의 영광이 있습니다. 주님과 함께한다면 겟세마네 동산도 두렵지 않습니다. 그 길이 도리어 안전한 길이며 부활의 영광과 영광의 나라로 들어가는 지름길이기 때문입니다. 그래서 주를 따라 주와 함께 가라는 것입니다. 예전부터 많은 신앙인들이 이 찬송을 부르고 또 불렀습니다. 고통과 신음 속에서 눈물 흘리고 한숨을 쉬면서도 불렀습니다. 가슴을 치면서 끝까지 부른 신앙인들은 결국 하나님의 승리를 맛보게 됩니다. 양떼를 돌보는 목자처럼 주님이 여러분을 안전하게 인도해 주신다는 것을 믿으십시오.

다섯째, 숙련된 손으로 인도하십니다. 주님은 묘하고 신기하게 인도하십니다. 우리가 이해할 수 없을 만큼 기가 막히게 인도하십니다. 그분은 자기 백성을 인도하시는 데는 전문가이십니다. 수천 년, 아담과 하와 이후로 수십억, 수백억 명의 백성들을 인도해 오셨습니다. 주님은 그들을 한 명도 놓치지 않고 끝까지 인도하셨습니다. 안전하게 보호하고 아름답게 인도하셨기에 우리는 안심하고 그 손을 믿게 됩니다. 내 손과 발, 지혜는 미숙합니다. 그러나 주님의 숙달된 손길이 우리를 신비하게 인도해 주십니다.

지난날을 돌아보십시오. 하나님께서 얼마나 놀랍고 신비롭게 인도해 주셨습니까? 은혜가 넘칩니다. 감사할 뿐입니다. 때로는 하나님이 인도해 주신 것을 잘 깨닫지 못하거나 잊어버리기도 합니다. 과거 우리나라에 있었던 어려움을 떠올려 보십시오. 이 순간까지 지켜주신 하나님의 손길도 함께 떠올리십시오. 하나님은 우리가 이해할 수 없을 만큼 놀랍게 인도해 주셨습니다. 하나님의 손길을 볼 줄 아는 사람은 하나님이 앞으로도 영원히 우리를 인도해 주실 줄 믿는다고 고백하게 됩니다.

여섯째, 우리를 계속적으로 인도해 주십니다. 시편 121편에서는 "여호와께서 졸지도 아니하시고 주무시지도 아니하시고 우리 우편에 그늘이 되셔서 낮에는 해가 상치 아니하도록 밤에는 달이 상치 아니하도록 돌보시며 우리의 출입을 지금부터 영원까지 돌봐 주신다"고 기록합니다. 이렇게 하나님께서 언제 어디서든 돌봐 주실 것을 믿는 사람은 요셉과 같은 사람입니다. 구덩이에 들어가도 주님의 손길이라 여기고 노예로 팔려가도 주님의 손길이라 믿었습니다. 감옥에서도 주님의 손길이 있으리라 여겼기에 실망하지 않았습니다. 그 손길을 미리 보았기에 소망을 버리지 않습니다. 세상은 이런 사람을 감당할 수 없습니다. 실제로 세상은 요셉처럼 하나님께서 인도하신다는 확신을 갖고, 믿음으로 사는 신앙인을 보고 싶어 할지도 모릅니다. 여러분의 직장 동료도 당신이 믿음으로 자신 있게 사는 모습을 보고 싶어 할 것입니다.

"여호와가 너를 항상 인도하여 메마른 곳에서도 네 영혼을 만족하게 하며 네 뼈를 견고하게 하리니 너는 물 댄 동산 같겠고 물이 끊어지지 아니하는 샘 같을 것이라"(사 58:11).

가뭄으로 인해 모든 사람이 목말라 할 때에도 주님께서 인도하시면 우리 영혼 속에는 끊어지지 않는 샘물이 넘쳐날 것입니다. 아무리 힘센 사람도 피곤해지고 넘어집니다. 그러나 여호와를 앙망하는 자는 새 힘을 얻습니다. 그분의 인도하심을 확실하게 믿는 사람들은 뼈가 강해질 뿐 아니라 그 영혼에도 만족이 있습니다. 이 은혜가 여러분의 것이 되기를 바랍니다.

일곱째, 하나님의 영광의 나라에까지 인도하십니다. 시편 73편 24절은 "주의 교훈으로 나를 인도하시고 후에는 영광으로 나를 영접하시리니"라고 말씀합니다. 주님은 우리를 영광의 나라로 들어가게 하십니다. 오늘뿐만 아니라 내일과 모레, 내년과 후년 그리고 마지막 날 예수님을 다시 만나는 그 시간까지 하나님께서는 여러분과 저를 확실하게 인도해 주시겠다고 약속하셨습니다. 이 땅을 사는 동안 목자 되신 우리 주님께서 앞장서서 인도해 주시고 적이 쳐들어와도 우리를 감싸고 인도해 주십니다. 우리를 주목해서 확인하시며 우리를 안전하게 인도하시고 숙련된 손으로 놀랍게 이끌어 가십니다. 또한 언제 어디서나 우리를 돌보시고 영광에 이르는 그 날까지 함께하십니다. 여러분이 자기 자신을 의지하지 않고 주님만을 확실히 붙잡고 한 걸음씩 나아가기를 진심으로 바랍니다.

승리의 확신

"사람이 감당할 시험 밖에는 너희가 당한 것이 없나니 오직 하나님은 미쁘사 너희가 감당하지 못할 시험 당함을 허락하지 아니하시고 시험 당할 즈음에 또한 피할 길을 내사 너희로 능히 감당하게 하시느니라"

고전 10:13

인생은 전쟁입니다. 여러분이 원하든 아니든 인생은 전쟁입니다. 전쟁에서는 이기는 사람이 있고 지는 사람이 있습니다. 부상을 당해 더 이상 전쟁에서 쓸모없어진 사람도 있습니다. 그러나 성경에서는 하나님으로부터 난 자는 누구든지 다 세상을 이긴다고 말씀합니다.

"무릇 하나님께로부터 난 자마다 세상을 이기느니라 세상을 이기는 승리는 이것이니 우리의 믿음이니라"(요일 5:4).

인생에는 여러 가지 전쟁이 있습니다. 가장 먼저 피부로 느껴지는 것이 육신의 전쟁입니다. 몸이 아프면 기침이 나오고 열이 납니다. 혈압이 오르고 심장이 죄어옵니다. 의술은 발달했고 병원도 많지만 병원은 각종 환자들로 꽉꽉 차고 넘칩니다. 한국은 유독 더 심한 것 같습니다. 바이러스나 감염이 원인인 병도 있지만, 100세 시대라는 말처럼 장수하는 분들이 늘어나니 환자 중에는 연세 드신 분들이 많습니다. 나이가 들면 사람 몸은 점점 쇠약해집니다. 할머니 한 분이 제게 "목사님, 마음은 이팔청춘인데 몸이 말을 안 듣습니다."라고 하신 적이 있습니다. 참으로 공감 가는 말입니다. 이렇게 하루하루가 전쟁입니다. 그러다 보면 주변에 있는 분들이 하나둘 보이지 않게 됩니다. 영원한 하늘나라로 떠나는 것입니다. 우리 모두는 언젠가 죽습니다. 할머니, 할아버지가 떠나시고 나면 부모님 차례입니다. 이어 남편도, 아내도 떠납니다. 이는 우리가 잘 아는 사실입니다.

또한 정신적인 괴로움이 있습니다. 특히 외로움의 전쟁이 지독합니다. 소년 소녀 가장들의 수기를 읽은 적이 있는데 그 아이들이 제일 견디기 힘든 것은 "어머니", "아버지"라고 부를 사람이 없다는 사실입니다. 어버이날이 가까워 오면 학교에서 꽃을 만듭니다. 선생님은 어머니, 아버지께 꽃을 달아 드리고 오라고 합니다. 꽃은 있는데 꽃을 달아 드릴 어머니가 안 계십니다. 그럴 때 그들이 느끼는 외로움은 말로 다 할 수 없는 것입니다. 그 책을 읽으면서 아이들이 너무나 가엾고 짠해 자꾸만 눈물이 났습니다. 고마운 것은 그렇게 외롭고 힘들게 지내면서도 아이들은 수기의 마지막 부분에서 "보람 있게 살겠다", "용기를 내겠다", "이제 할 수 있다"라고 다짐했습니다. 가슴이 뭉클했습니다. 그토록 어렵게 살면서 힘을 내보겠다고, 자기를 도와준 사람들이 보람을 느끼도록 열심히 살겠다고 다짐하고 있었습니다. 이를 악물고 일어서는 아이들을 보면서 마음이 짠하기도 하고, 도전을 받기도 했습니다.

육신의 전쟁, 정신적인 전쟁 그리고 대인관계의 전쟁 등 사람이 인생을 살아가는 것이 왜 이렇게 힘이 들까요? 사람이 사람과 어우러져 함께 사는 것이 왜 그렇게 힘든지 모르겠습니다. 결혼 생활도 그렇습니다. 결혼 생활이 쉬우면 얼마나 좋겠습니까? 결혼한 사람 중에

'결혼 생활이 누워서 떡먹기'라고 하는 사람은 단 한 명도 없습니다. 사랑해서 결혼을 했는데 사랑하는 사람끼리 왜 그렇게 힘듭니까? 답은 간단합니다. 죄성이 있어서 그렇습니다. 죄성을 가진 사람이 하나만 있어도 힘든데, 둘이 모입니다. 가족이 되면 더 힘들어집니다. 가족뿐 아니라 어디를 가든지 사람을 만나면 힘이 듭니다. 사람을 사귀고 사람과 같이 살고 사람과 같이 일하는 자체가 무척 힘든 일입니다. 말 한마디 때문에 속이 상하고 전화 목소리 톤 때문에 기분을 망칩니다. 이처럼 우리 삶은 크고 작은 전쟁의 연속입니다. 이 전쟁에서 이기지 못하면 무척 고생스럽게 삽니다. 많은 사람들이 한 번의 관계맺음으로, 전화 한 통으로 픽픽 쓰러집니다. 교회 생활을 하다가 조금만 문제가 생기고 장로님이나 권사님, 집사님이 작은 실수만 하나 해도 그것에 걸려 넘어지고 패배합니다. 말 한마디, 얼굴 표정 하나, 전화 통화 하나 때문에 오랫동안 교회 생활을 잘 하던 분이 쓰러집니다. 그러고는 일어나지 못합니다. 이런 인생의 크고 작은 전쟁에서 승리하려면 어떻게 해야 할까요?

첫째, 인생은 전쟁임을 인정해야 합니다. 인생은 전쟁이라는 사실을 인정해야 합니다. 그런 후 승리자로 살 것인지 패배자로 살 것인지 하나님의 말씀에서 확실한 증거를 얻어야 합니다. 인간관계든 경제적인 것이든 나 자신의 실수든 믿는 사람은 반드시 이기며 살 수 있습니다. 이기며 살아야 합니다.

세상에는 온갖 전쟁이 있습니다. 고린도후서 10장 13절은 "사람이 감당할 시험 밖에는 너희가 당한 것이 없나니"라고 말씀합니다. 이것은 우리가 당하는 전쟁과 시련은 으레 모든 사람이 겪는 것이라는 뜻입니다. 이 세상에서 숨 쉬며 사는 사람이라면 누구든 전쟁하며 살게 되어 있다는 말입니다. "하나님이여, 나에게는 고통도 없고 눈물도 없고 한숨도 없고 투쟁도 없고 전쟁도 없게 하여 주시옵소서!" 라고 기도한다면 그것은 "주님, 나를 죽여주십시오!"라고 말하는 것과 같습니다. 무덤에 들어간 사람만 인생의 시련이 없습니다. 호흡이 있는 사람은 누구든 언제나 전쟁을 하며 삽니다. 문제는 나를 공격하고 망하게 하며 쓰러지게 하는 전쟁이 있고 없고의 여부가 아닙니다. 관건은 이기느냐 혹은 지느냐 입니다. 지금 이 순간도 어려움과 근심에 둘러싸여 있으십니까? 분명한 사실은 여러분만 가지고 있는 문제는 아니라는 것입니다. 우리 모두가 지닌 문제입니다.

사람은 누구든 다 고통 속에 삽니다. 로마서 8장 22절은 세상 모든 피조물이 함께 신음하며 처음부터 지금까지 고생하고 있다고 말씀합니다. 고생하는 것은 당신만이 아닙니다. 우리 모두가 다 그렇습니다. 고생의 종류가 다르고 겪는 때가 다를 뿐입니다. 세상에 전쟁하지 않고 사는 사람은 하나도 없습니다. 75억 명이 넘는 인류가 다 마찬가지입니다. 과거에도 그랬고 앞으로도 그럴 것입니다. 성경은 어려운 일이 있을 때 이것이 보편적인 일이라는 것을 깨닫고 놀라지 말라고 합니다. 이상하게 생각하지 말라는 것입니다.

"사랑하는 자들아 너희를 연단하려고 오는 불 시험을 이상한 일 당하는 것 같이 이상히 여기지 말고"(벧전 4:12).

여기서 '불 시험'은 도저히 참지 못할 극심한 시험입니다. 만약 당신이 그런 일을 당하고 있다면 이상한 일로 여기지 말라는 뜻입니다. 이것이 성경의 교훈입니다.

인생에서는 인정하고 싶지 않은 사건이 생기고, 믿을 수 없게 고통스러운 일들이 펼쳐집니다. 부모님이 아침에 차를 타고 나가셨는데 교통사고로 죽어 돌아오지 않아서 소년 소녀 가장이 되는 경우가 있습니다. 세계 어디든 그런 일이 있습니다. 그러나 안심하십시오. 믿는 사람들은 영적 전쟁이든 삶의 전쟁이든 다 이길 수 있습니다. 전쟁을 겪은 사람 중에는 왜 이런 일이 일어났을까 고민하다가 정신 이상이 되는 경우가 있습니다. 소년 소녀 가장들의 수기를 보니 부모님 중 한 분이 돌아가신 후 그 충격 때문에 다른 한 분도 괴로워하다가 정신 병원에 들어가신 경우가 있었습니다. 결국 아이는 부모 모두를 잃는 상황이 됩니다.

살다 보면 우리가 예상하지 못했던 일이 생깁니다. 어떤 일도 내게 일어날 수 있습니다. 그러나 삶에서 문제가 생길 때 이를 악물고 "이런 일이 생길 수도 있어. 성경에서 그렇게 말하니까. 인생이니 그럴 수 있어!" 하며 하나님을 바라보십시오. 당황하지 마십시오. 마음을 차분하게 하고 고통을 겪는 것도 인생의 한 부분임을 받아들여야 합니다. 작은 문제만 생겨도 놀라고 겁내면서 '도대체 이런 일이 왜 일어난 거지?'라는 생각에 몰두하면 패배하기 쉽습니다.

어떤 부인은 남편이 죽은 지 10년이 지났는데도 여전히 기운을 차리지 못하고 있습니다. 자기 남편이 죽는다는 것은 말이 안 된다고, 있을 수 없는 일이라고 하면서 말입니다. 인생에서는 어떤 일이든 있을 수 있습니다. 죽는 것은 단지 일찍 혹은 나중이라는 시간문제일 뿐입니다. 이런 진리와 현실을 직시하는 것이 승리를 향한 기본 첫 단계입니다. 믿는 사람들은 이 진리를 터득했기 때문에 시련을 맞을 준비가 되어 있습니다. 이것이야말로 승리의 출발점입니다.

둘째, 하나님의 약속을 믿어야 합니다. 하나님은 우리가 감당할 수 없는 시험은 허락하지 않으십니다. 내 인생에서 건강이든 경제적 문제든 시험에서 낙방하든 내가 감당할 수 없는 시험은 없다고 생각해야 합니다. 내가 감당할 수 없다고 생각할 때 힘이 빠져 넘어지게 됩니다. 마치 하나님께서 나를 미워하셔서서 벌을 주시려고 그러신다고 생각합니다. 그러면 안 됩니다. 하나님의 약속을 믿으면서 감당하는 사람은 고난을 당하면 당할수록 더 빛납니다. 어려서 고난을 당하면 성장하면서 웬만한 일로는 끄떡없게 됩니다. 고난을 많이 당하면 또 다시 다가온 전쟁 앞에서 눈 깜짝하지 않는 담대한 사람이 됩니다. 인생을 넉넉하게 살아가게 됩니다.

감당할 수 없는 시련은 없다고 믿으면 마음이 담담해집니다. 걱정할 것 없습니다. 인생의 전쟁을 대하는 태도가 달라지기 때문입니다. 사업할 때 '이거 해서 안 되면 어쩌지? 집어치우지 뭐!'하고 집어치울 생각부터 한다면 그런 전쟁은 시작할 필요가 없습니다. 나와 함께 계시고 나를 인도하시는 분, 내 안에 계시고 나를 영원히 사랑하시는 그분을 믿으십시오. 내가 감당하지 못할 것은 절대로 안 주신다는 사실을 믿으면 골리앗이 와도 괜찮습니다. 사울과 이스라엘 군인들은 벌벌 떨었으나 다윗은 하나님의 인도하심을 믿었습니다. 믿음의 차이입니다.

안 믿으면 마음이 불안하고 고민이 늘어납니다. 만성 두통이나 만성 위장병도 생깁니다. 하나님을 믿는 사람들은 하나님이 감당할 수 있는 시험만 주신다고 믿습니다. 괜찮다고 여기는 사람에게는 괜찮습니다. 죽겠다고 하는 사람은 죽는 것입니다. 도리가 없습니다. 믿는 대로 됩니다. 하나님께서 시련을 주셔도 우리가 지닌 능력의 한도 안에서 주십니다. 경험해 본 사람들은 압니다. 만약 능력 이상의 시험이라면 피할 길을 주셔서 감당하게 하십니다.

이스라엘 백성들이 출애굽을 했을 때 어땠습니까? 뒤에서는 애굽 군대가 따라오고 앞에는 홍해로 가로막힌 진퇴양난의 위기에 처했습니다. 이때 죽겠다고 아우성치던 사람들이 있었습니다. 그 사람들이 문제입니다. 가정에서도 그런 사람들이 문제를 일으킵니다. 교회도 마찬가지입니다. 교회에서도 야단났다고 떠드는 사람이 문제입니다. 차분하게 있는 사람들은 괜찮습니다. 문제가 크다고, 그럴 수 있냐고 떠드는 바로 그 사람이 문제입니다. 인생은 이럴 수도 있고 저럴 수도 있는 겁니다. 얼마든지 이상한 일이 있을 수 있습니다. 그것을 인정하면 이상한 것이 하나도 없습니다. 무슨 일이 있을 때 야단법석하면서 큰일 난 것처럼 떠들고 전화하지 마십시오. 집뿐 아니라 교회나 직장, 어디에서든 그러지 마십시오. 그럴 수도 있다고 넘기십시오. 작은 문제 하나로 소란스럽게 혼란을 일으키면 지는 것입니다.

하나님께서는 능력 주시는 자 안에서 모든 것을 할 수 있다고 말씀하십니다. 나 자신의 힘이 아니라 주님께서 우리에게 힘을 주십니다. 피할 길을 주시고 홍해를 갈라 주십니다. 내가 할 수 없을 때는 하나님께서 해주십니다. 넘어지는 것은 문제가 아닙니다. 넘어진 후 일어나면 됩니다. 실패는 문제가 아닙니다. 실패한 다음에 주님의 힘을 믿고 일어나는 것이 관건입니다. 우리가 겪는 일은 누구에게나 생기는 평범한 일이니 이상하게 여기지 마십시오. 어려움이 생겨도 주님의 힘을 입어서 감당할 수 있다고 생각하면 이기는 것입니다. 내가 할 수 없을 때는 주님이 홍해와 요단강을 갈라 주십니다. 또 번개와 우박으로 대적을 부수고 여러 가지 방법으로 우리를 도와주십니다.

하나님을 의지하며 사는 사람들은 패배자들처럼 살지 않습니다. 부상당해서 절룩거리며 살지 않습니다. 하나님께서는 우리에게 주님 나라 가는 날까지 믿음 덕분에, 하나님 덕분에 언제든지 승리하며 살 수 있도록 약속하셨습니다. 우리는 앞으로 몇 년 더 살지 모릅니다. 앞으로도 고난이 있고 여러 일을 겪을 것입니다. 그럴 때면 "주여, 감당할 수 있음을 믿습니다. 어려울 때에는 반드시 저를 도와주셔서 승리하게 해주실 것을 믿습니다!"라는 믿음의 기도를 하십시오. 여러분의 가슴에 심겨진 믿음을 통해 언제 어디서나 승리하는 삶을 살기 바랍니다.

승리의 필연성

"끝으로 너희가 주 안에서와 그 힘의 능력으로 강건하여지고 마귀의 간계를 능히 대적하기 위하여 하나님의 전신 갑주를 입으라 우리의 씨름은 혈과 육을 상대하는 것이 아니요 통치자들과 권세들과 이 어둠의 세상 주관자들과 하늘에 있는 악의 영들을 상대함이라" 엡 6:10-13

이번 장에서는 왜 우리가 승리할 수밖에 없는지, 믿는 사람들이 인생을 살아가면서 왜 승리를 경험하게 되는지 그 이유를 살펴보겠습니다.

"우리의 씨름은 혈과 육을 상대하는 것이 아니요 통치자들과 권세들과 이 어둠의 세상 주관자들과 하늘에 있는 악의 영들을 상대함이라"(엡 6:12).

믿는 사람들도 여러 가지 전쟁을 합니다. 육신의 전쟁, 대인관계의 전쟁, 경제적인 전쟁, 영적인 전쟁입니다. 우리 삶 속에는 늘 다양한 전쟁이 있습니다. 이런 전쟁은 이미 우리 삶 속에 계속되어 왔고, 지금도 있으며, 앞으로도 수시로 있을 것입니다. 이 사실을 이미 알고 있기에 그다지 놀라지 않습니다. 그렇다면 인생의 전쟁에서 어떻게 승리할 수 있을까요?

첫째, 어떤 전쟁이든 영적인 전쟁이라고 생각해야 합니다. 우리의 전쟁은 단순히 나와 상사, 나와 시어머니와의 전쟁이 아닙니다. 어떤 전쟁이든 혈과 육에 대한 것이라고만은 볼 수 없습니다. 나를 괴롭히고 미워하며 욕하고 비난하더라도 그 사람을 통해 사단이 나를 어떤 식으로 공격하는가를 늘 염두에 두어야 합니다.

육신의 병으로 투쟁하지만 이를 몸이 아픈 것 정도로만 여기지 않아야 합니다. 하나의 영적 전쟁으로 보고 이 전쟁에서 승리해야 한다고 여기는 겁니다. 믿는 사람들은 인생의 여러 전쟁에서 질 수 없습니다. 모든 것이 영적인 전쟁이기 때문입니다.

어느 날 제자들과 길을 가시던 중에 예수님이 소경을 만나셨습니다. 소경을 본 제자들이 이렇게 물었습니다. "선생님, 저 사람은 눈이 멀었는데, 뭔가 잘못된 것 같습니다. 저것이 저 사람의 잘못입니까? 부모의 죄 때문입니까?(요 9:2 참조)" 이것이 바로 영적인 것을 이해하지 못하는 사람의 질문입니다.

영적인 것을 이해하지 못하는 사람은 어떤 사람이 눈이 멀게 되거나 육체의 질병이 생기면 "무슨 죄를 많이 지은 게 분명해. 부모가 죄를 지었나? 조상이 죄를 많이 지었나?"하면서 혈과 육의 관점에서 봅니다. 인간적인 관점에서 세상의 시각으로 보는 것입니다. 삶에서 생기는 여러 가지 문제를 영적인 눈으로 보지 않은 사람은 '누구의 실수 때문일까?' 혹은 '조상이 잘못 했나?' 또는 '뭔가 잘못한 게 있을 거야!'라고 생각하면서 사람을 나무라고 사람에게서 이유를 찾습니다. 혈과 육에서, 인간적이고 세상적인 곳에서 이유를 찾으려 합니다. 이것이 인간의 모습입니다. 예수님의 제자들은 오랫동안 예수님과 생활했음에도 불구하고 여전히 육신의 눈으로만 문제를 바라보았습니다. 이때 예수님은 뭐라고 하셨습니까? 예수님은 그가 소경이 된 것은 자기 죄나 부모 때문이 아니라 하나님의 영광을 드러내기 위해 그렇게 된 것이라고 말씀하셨습니다.

육신의 문제가 있을 때 그것을 영적인 전쟁이라고 보는 사람들은 하나님의 영광이 내 육신을 통해서도 드러날 것이라고 생각합니다. 우리는 살면서 육신의 고통을 많이 겪습니다. 질병 없이 건강하고 마음도 편안한 삶을 살기를 간절히 바라지만, 누구에게나 육신의 질병은 찾아옵니다. 이 전쟁을 어떤 관점에서 보느냐가 중요합니다. 문제나 시련, 사건을 혈과 육의 전쟁이 아닌, 정사와 권세와 어두움의 세상 주관자들과 하늘에 있는 악한 영들과의 싸움이라고 생각해야 합니다. 육체 문제를 통해 나를 영적으로 망하게 하고 뒤틀린 신앙의 눈으로 보게 하려는 사탄의 궤계가 숨겨져 있음을 알아채야 합니다.

11절은 "마귀의 간계를 능히 대적하기 위하여 하나님의 전신 갑주를 입으라"라고 말씀합니다. 사단은 잔꾀가 많고 전략적입니다. 여러분에게서 아주 작은 약점이라도 찾으면 그 약한 부분을 뚫고 들어와 결국에는 패배자로 만들어 버립니다. 약점은 육신의 연약함, 경제적 어려움, 가정불화, 인간관계의 어려움 등입니다. 사단은 우리가 겪는 시련과 문제의 아주 작은 틈을 노립니다. 그래서 우리는 하나님의 전신갑주를 입고 싸워야 합니다.

시험이나 대학, 취업 등에 최선을 다했어도 불합격될 수 있습니다. 이것을 혈과 육으로만 생각해야 할까요? 하나님은 우리의 인생을 또 다른 방법으로 인도하실 수 있습니다. 이 사실을 간과하고서 비관하고 절망하며 휘청거린다면, 그래서 패배자로 살아간다면 얼마나 안타깝고 어리석은 일입니까? 하나님은 머리털 하나도 그냥 떨어뜨리시는 분이 아닙니다. 우리 삶의 모든 부분에서 영적 전쟁을 치르고 있음을 기억하십시오. 우리는 고통과 고난마저도 하나님의 영광을 드러내기 위한 하나님의 역사라고 믿고 나아가야 합니다. 그렇게 믿고 살아가는 사람을 통해 하나님은 영광을 받으십니다. 이런 사람을 반드시 승리하게 하십니다.

둘째, 하나님께서는 사랑하시는 자를 징계하신다는 사실을 알아야 합니다. 인생에서 시련을 겪고 어려움을 당할 때 이를 혈과 육의 싸움으로 생각하는 사람이 있습니다. 패배자의 관점에서 '나'를 중심으로 생각하는 사람입니다. '어찌하여 하나님이 나에게 이런 시련을 허락하시는 걸까?'라고 생각하며 하나님이 자기를 미워하신다고 생각합니다. 육적인 생각으로 사단의 궤계에 넘어가 버립니다. 반면 어떤 문제와 시련도 영적 전쟁으로 보는 사람이 있습니다. 영적으로 대처하며 반드시 승리해야 한다고 보는 것입니다.

"또 아들들에게 권하는 것 같이 너희에게 권면하신 말씀도 잊었도다 일렀으되 내 아들아 주의 징계하심을 경히 여기지 말며 그에게 꾸지람을 받을 때에 낙심하지 말라 주께서 그 사랑하시는 자를 징계하시고 그가 받아들이시는 아들마다 채찍질하심이라 하였으니"(히 12:5-6).

주께서 사랑하시는 자를 징계하십니다. 물론 모든 시련이 징계는 아닙니다. 그럴 수도 있고 아닐 수도 있습니다. 만약 나의 잘못으로 인해 징계를 받는다면 그것은 하나님께서 나를 사랑하신다는 증거입니다. 시련이나 고통스러운 일이 생긴다 해도 영적인 관점을 지닌 사람들은 별로 영향을 받지 않습니다. 그로 인해 실망하는 일도 없습니다. 어려움을 겪을 때 이런 사람은 '하나님이 나를 또 사랑하셔서 이런 일이 생기는구나!'라고 해석하기 때문입니다. 인생은 보는 '관점(perspective)'에 따라 해석이 달라집니다.

혈과 육으로 해석하는 태도는 나를 하나님으로부터 아주 멀리 떨어뜨립니다. 하나님을 원망하고 저주하게 만들며 하나님을 아예 떠나게 해버립니다. 이는 분명한 마귀의 궤계입니다. 아무리 고통스러운 일이 몰려와도 하나님이 나를 사랑하셔서 나를 통해 뭔가 이루시려는 섭리라고 받아들이십시오. 눈물을 흘리고 찢어지는 고통을 당하면서도 이를 통해 하나님의 은혜와 축복이 반드시 나타날 것이라고 믿으십시오. 하나님을 사랑하는 자 곧 그 뜻대로 부르심을 입은 자들에게는 모든 것이 합력해서 선을 이룬다는 말씀을 붙잡으십시오. 성도는 어떤 일이라도 합력하여 반드시 선을 이루게 된다고 믿는 사람입니다.

만약 고통과 시련이 징계라고 한다면 그것은 하나님이 사랑하신다는 증거입니다. 그 징계를 통해 우리가 깨끗해지는 역사가 일어납니다. 징계를 받을 때 회개하기 때문입니다. "주여, 징계를 통해서 제가 미처 깨닫지 못한 것을 알게 하시니 감사합니다. 제가 모르고 있을 때 알게 하셔서 겸손하게 하시고 저의 죄를 분명히 보게 하시니 감사합니다." 이렇게 회개할 때 하나님께서 우리를 용서하십니다. 용서를 통해 우리를 깨끗하게 만들어 주십니다. 용서의 기쁨과 용서로 인한 평안을 맛보게 하십니다. 이것이 영적인 전쟁을 하는 사람들의 모습입니다. 그 어떤 마귀의 계략에도 쓰러지지 않습니다. 혈과 육으로 해석하지 않습니다. 그러니 영적인 성도들은 망할 수도 없고 실패할 수도 없습니다.

셋째, 시련은 우리가 신앙을 고백하는 기회가 된다고 생각해야 합니다. 욥을 기억하십니까? 우리가 아무리 고생하고 고난을 겪으며 눈물과 한숨 쉴 일이 있다 해도 욥만큼 당한 사람은 없을 것입니다. 혈과 육으로 사단의 궤계에 넘어가는 사람은 욥이 당한 것 같은 큰 어려움을 당한다면 바로 낙심합니다. 두려움과 불안과 초조에 싸여 마음도 산산조각 납니다. 어떤 사람은 정신병원에 입원하기도 합니다.

"그가 나를 죽이시리니 내가 희망이 없노라 그러나 그의 앞에서 내 행위를 아뢰리라"(욥 13:15).

이를 다르게 번역하면 "하나님이 나를 죽이는 경우가 있더라도 나는 하나님만 바라보리라"는 뜻입니다. 얼마나 멋진 신앙 고백입니까? 돈을 잘 벌고 가족 모두가 건강하며 아이들이 100점만 척척 받아올 때는 누구든 이런 고백을 할 수 있습니다. 그러나 욥은 어려운 상황을 혈과 육에 대한 것이 아니라 영적 전쟁으로 보았습니다. 그는 하나님을 욕하고 죽어 버리라는 비난을 받았지만 꿋꿋하게 어려운 시간을 이겨냈습니다. 수천 년 동안 누구와도 비교할 수 없는 위대한 신앙을 드러냈습니다. 그래서 지금까지 칭찬받는 신앙 인물이 되었습니다. 우리가 하는 싸움이 어려우면 어려울수록 멋진 신앙고백을 하게 됩니다. 수백 룩스(Lux)의 빛처럼 광채가 납니다. 하나님께서는 여러분을 통해 큰 영광을 받으실 뿐만 아니라 여러분의 신앙 때문에 주변 친구와 교우, 가족들이 더 도전을 받습니다. 우리가 겪는 시련은 신앙의 멋진 고백을 할 수 있는 절호의 기회인 셈입니다.

그럼에도 불구하고 혈과 육에 속한 자는 이렇게 외칩니다. 사울이 "오, 나는 망하였도다. 하나님도 나를 좋아하지 않고 가족도 그렇다. 세상이 다 나와는 대적이 되었도다!"라고 말했듯이 혈과 육으로 사는 사람들은 어려움을 당하면 마치 온 세상이 자기를 버린 것처럼 여깁니다. 이런 태도는 신앙을 가진 사람과 참으로 대조적입니다. 우리는 신앙을 가졌고 모든 것을 영적으로 해석하려고 노력합니다. 시련도 신앙고백의 기회로 봅니다. 그러니 우리는 망하기는커녕 승리할 수밖에 없습니다.

넷째, 시련이 오면 하나님께 감사해야 합니다. 우리는 고난에 참여하는 특권을 받았기 때문입니다. 고난당할 때 '주님도 고난을 받으셨는데 나같이 부족한 죄인이 그 고난의 100분의 1이라도 당하게 해주시니 참 감사하구나!'하고 생각하는 것입니다. 이것이 영적인 사람의 고난 해석입니다. 이런 일들을 통해 "주여, 감사합니다. 그동안 제가 잘 살아왔는데 이번 기회에 주님께서 당하신 고난과 멸시, 미움의 일부라도 경험하게 하시니 감사합니다!"하며 기뻐해야 합니다.

"사랑하는 자들아 너희를 연단하려고 오는 불 시험을 이상한 일 당하는 것 같이 이상히 여기지 말고 오히려 너희가 그리스도의 고난에 참여하는 것으로 즐거워하라 이는 그의 영광을 나타내실 때에 너희로 즐거워하고 기뻐하게 하려 함이라"(벧전 4:12-13).

누군가 나를 멸시하고 천대해도, 나를 괴롭히고 비난해도 이렇게 생각하는 사람들은 승리자가 됩니다. 이런 사람이 어떻게 망하겠습니까? 오뚝이는 아무리 굴려도 다시 일어납니다. 믿는 사람은 마치 오뚝이 같습니다. 넘어진 것 같은데 일어납니다. 이것이 믿는 사람의 모습입니다. 믿는 사람들은 망하고 싶어도 망할 수가 없습니다. 잘못되고 싶어도 잘못될 수가 없습니다. 이런 사람이 나타나면 누구든 서로 만나려 할 것입니다. 패배자로 가득 찬 세상에서 신앙으로 성공하고 승리하니 참으로 귀한 사람들입니다.

이것이 바로 우리 믿는 사람들의 모습인 것입니다. 고난과 시련은 특권입니다. 주님의 고난에 참여할 수 있는 기회입니다. 선생이신 주님이 고난 받았고 주인이신 주님이 고난 받았습니다. 그러니 종이나 제자인 우리가 고난 좀 받으면 어떻습니까? 주님을 생각하십시오. '나를 위해 선생님이 고난 받으셨는데 내가 고난을 받으면 좀 어떤가?' 생각하는 사람은 망하지 않습니다. 신앙인들은 승리합니다. 우리에게는 승리밖에 없습니다. "우리는 아무리 고통을 당해도 망하지 않고 혼란이 와도 낙심하지 않습니다. 핍박을 당해도 버림받지 않고 맞아 쓰러져도 죽지 않습니다"(고후 4:8, 9 참조).

다섯째, 시련을 당하면 인격이 완성되며 성숙해진다는 사실을 믿어야 합니다. 고난과 어려움을 당하면서 성숙해진 사람들을 보면 인생을 잘 이해하는 모습이 나타납니다. 반면 고생을 하나도 안 해본 사람들은 빈 깡통 같아서 그에게서는 들을 말이 없습니다. 도움이 되지 않을 뿐만 아니라 오히려 다른 사람에게 상처를 주기도 합니다. 그러나 믿음 안에서 어려움을 당해 본 사람들은 얼굴만 바라봐도 은혜가 됩니다. 사람들이 그의 인격과 경륜에 깊은 감동을 받습니다. 인생을 담담하면서도 자신 있게 한 걸음씩 걸어온 것이 느껴집니다. 불평할 일에도 입에서 감사가 나오고, 원망할 일에도 사랑과 은혜의 고백이 나옵니다. 혹독한 시련을 겪고 전쟁에서 이긴 사람은 안정감이 있습니다. 어지간한 충격으로는 끄떡하지 않습니다. 이런 사람들이야말로 참 신앙인입니다.

"내 형제들아 너희가 여러 가지 시험을 당하거든 온전히 기쁘게 여기라 이는 너희 믿음의 시련이 인내를 만들어 내는 줄 너희가 앎이라 인내를 온전히 이루라 이는 너희로 온전하고 구비하여 조금도 부족함이 없게 하려 함이라"(약 1:2-4).

믿는 사람은 어려움을 당할 때마다 "이 일 때문에 내가 성장했구나. 더 인생을 이해하게 되었구나. 하나님을 좀 더 의지하게 되었구나. 하나님의 영광이 나타나게 되었구나!"라고 감사합니다. 인격이 다듬어지고 성숙한 사람이 되어갑니다. 그들은 고난을 신앙으로 이겨 냅니다. 따라서 자신감이 생기고 모든 일에 보람을 느끼며 다른 사람들에게 도움이 되는 선한 말을 합니다. 인생과 사람에 대한 폭넓은 이해가 생기고, 다른 이들의 아픈 마음을 위로하는 깊은 사랑이 생깁니다. 이것이 고난을 신앙 안에서 잘 헤쳐나간 사람, 승리한 사람들의 모습입니다. 이런 사람들은 넘어져도 벌떡 일어나고, 일어나서도 형통합니다. 걸어도 뛰어도 다 잘됩니다. 결코 망하지 않습니다. 이는 사도 바울의 말입니다.

여섯째, 어려움이 있을 때 하나님의 능력이 삶에 나타납니다. 혼자서 헤쳐 나가기에 인생은 너무나 크고 벅찹니다. 나의 힘만으로는 승리할 수 없습니다. 오직 주님을 통해서만 승리할 수 있습니다. 에베소서 6장 10절은 "끝으로 너희가 주 안에서와 그 힘의 능력으로 강건하여지고"라고 기록하고 있습니다. 주님 안에서 주님이 주신 능력으로 매순간 강해지니까 얼마든지 마귀의 궤계를 대적할 수 있다는 뜻입니다.

즉 내가 약할 때 강해집니다. 내가 할 수 없을 때 하나님의 능력이 임합니다. 하나님의 자비와 힘, 성령님의 역사가 나타납니다. 우리가 상상할 수 없는 놀라운 방법으로 우리의 사업이나 가정, 직장이나 개인 생활에서 하나님께서 역사하십니다. 이를 통해 하나님은 존귀하신 분임을 알게 됩니다.

주님이 함께하시면 굳게 설 수 있습니다. 주님을 의지하면 우리가 강해집니다. 우리의 능력으로는 강하게 설 수 없지만 하나님의 능력을 붙잡으면 강해집니다. 우리가 주 안에, 주님이 우리 안에 계셔서 영원히 함께하시기 때문입니다. 주님의 도움이나 능력이 필요할 때 우리는 하나님께 구하면 됩니다. 하나님께서는 언제든 도와주실 준비가 되어 있으십니다.

주님 한 분만 바라보고 의지하겠다는 욥처럼 산다면 우리는 망하지 않습니다. 망하고 싶어도 망할 수가 없습니다. 우리는 때때로 이해하지 못하는 일들을 많이 만납니다. 하나님이 왜 나를 구원하셨고 나에게 은혜를 주셨는지, 왜 은혜를 깨닫게 하시고 믿음을 주시는지, 또 언제 주님이 오실지 등등 모르는 것이 많습니다. 그러나 내가 믿고 의지하면 내 형편을 모두 아시는 주님께서 언제나 돌보시고 승리하게 해주실 것을 믿습니다.

저는 승리자로 살기로 작정했습니다. 한번 사는 인생인데 왜 패배의 쓴 잔을 마시면서 혈과 육을 의지하며 살겠습니까? 영적으로 생각하면 승리가 있는데 왜 실패의 길로 가려고 하겠습니까? 우리는 절대로 망할 수 없고 패배할 수 없습니다. 승리를 맛보게 하시려고 우리에게 삶을 주셨으니 감사해야 합니다. 이런 신앙을 갖고 매일 기대감 속에서 '또 오늘은 어떻게 승리할까?'를 생각해야 합니다. 하나님께서 여러분의 오늘 내일 모레, 아니 평생 동안 주님을 힘입은 놀라운 경험을 하게 하시리라 믿습니다. 주님을 의지해 승리하는 삶을 맛보시기 바랍니다.

2부

—

성장하고 있습니까?

성장의 목표

"이로써 그 보배롭고 지극히 큰 약속을 우리에게 주사 이 약속으로 말미암아 너희가 정욕 때문에 세상에서 썩어질 것을 피하여 신성한 성품에 참여하는 자가 되게 하려 하셨느니라 그러므로 너희가 더욱 힘써 너희 믿음에 덕을, 덕에 지식을, 지식에 절제를, 절제에 인내를, 인내에 경건을, 경건에 형제 우애를, 형제 우애에 사랑을 더하라 이런 것이 너희에게 있어 흡족한즉 너희로 우리 주 예수 그리스도를 알기에 게으르지 않고 열매 없는 자가 되지 않게 하려니와 이런 것이 없는 자는 맹인이라 멀리 보지 못하고 그의 옛 죄가 깨끗하게 된 것을 잊었느니라 그러므로 형제들아 더욱 힘써 너희 부르심과 택하심을 굳게 하라 너희가 이것을 행한즉 언제든지 실족하지 아니하리라 이같이 하면 우리 주 곧 구주 예수 그리스도의 영원한 나라에 들어감을 넉넉히 너희에게 주시리라" 벧후 1:4-11

저희 집 막내가 네 살 때 일입니다. 당시 저희 가족은 미국의 아주 작고 아름다운 노스 인디아나라는 곳에 살고 있었습니다. 워낙 작은 지역이다 보니 문화 예술 행사 같은 게 전혀 없었습니다. 세종문화회관이나 예술의 전당 같은 건물은 당연히 없었습니다. 그 지역에서 제일 큰 문화 행사는 고등학생들의 합창이었습니다.

어느 날, 시카고에서 한국의 바이올리니스트가 공연하러 온다는 소식이 들렸습니다. 얼마나 반가운지 일찍부터 아이들을 데리고 공연 장소에 가서 맨 앞줄에 앉았습니다. 잘 보이는 곳에 앉아 바이올린 연주도 보여주고 싶었고, 그때까지 한국 사람을 본 적 없던 아이들에게 한국 사람을 보여주고 싶은 마음도 있었습니다. 공연이 시작되었습니다.

두 명의 어린아이가 무대 위로 올라왔습니다. 여자 아이가 네 살, 남자 아이가 일곱 살인 남매였습니다. 오빠가 피아노를 연주하고, 여동생이 바이올린을 연주했습니다. 저 작은 아이가 뭘 하겠나 싶었습니다. 여자 아이가 꾸벅 인사를 한 후, 바이올린을 턱에 갖다 대고는 동요 '나비야'를 연주했습니다. 그 순간 저는 '아이고, 한국 망신 다시키겠구나!'라고 생각했습니다. 그곳에는 미국 사람들도 많이 와 있었는데, 그들은 연주를 듣고 우렁찬 박수를 쳐 주었습니다. 그들의 순박함을 볼 수 있었습니다. '나비야' 후에는 바이올린 초급 과정 곡을 연주했습니다. 조금 나았습니다. 저도 박수를 쳤습니다. 그 다음에는 조금 더 어려운 곡을 연주했습니다. 그만하면 괜찮았습니다. 점점 나아지고 있었습니다. 그러다 마지막에는 바이올린 활이 보이지 않을 정도로 정신없이 빠르고 기교가 뛰어난 곡을 연주하는 것이었습니다. 그 곡은 오스트리아에 가서 '심포니 오케스트라'와 협연한 곡이었습니다. 청중들은 다 넋을 잃은 듯했고, 미국 사람들도 함성을 지르며 환호했습니다. 저희 아이들도 바이올린 연주에 반해 버렸습니다.

공연이 훌륭했던 터라 아이들 데려오기를 참 잘했다고 생각하는 순간, 막내가 "아빠! 나도 바이올린 사 주세요."라고 말했습니다. 막내아이가 바이올린 공연을 보고 감동을 받아 자기도 배우고 싶다고 하니 몹시 기뻤습니다. 막내와 바이올린을 사러 갔습니다. 이 아이가 재주가 있는지 없는지는 알 수 없었기 때문에 초보 학생용 바이올린을 하나 사 주고, 레슨을 시작했습니다.

많은 부모들이 아이에게 다양한 음악 레슨을 받게 합니다. 그중 특별히 바이올린 레슨을 받는 아이의 부모는 인내심이 많아야 합니다. 피아노는 건반이 있고 기타는 금이 있지만 바이올린은 다릅니다. 손가락을 미세하게 잘못 누르고 활을 조금만 잘못 움직여도 아주 듣기 싫은 소리가 납니다. 악기 가운데 가장 배우기 어려운 것이 바이올린 같습니다.

막내 아이가 바이올린을 처음 배울 때, 듣기 거북해서 당장 그만 두라고 말하고 싶은 때가 많았습니다. 그러나 "잘한다. 아주 잘해! 훌륭해!"라고 격려하면서 기다렸습니다. 한참 시간이 지나니 아주 잘하지는 못하지만 곧잘 했습니다. 그러다 고등학생이 됐습니다. 아이의 바이올린 선생님은 저에게 "이젠 더 좋은 선생님에게 배우는 게 좋겠습니다."라며 다른 분을 소개해 주셨습니다. 그분을 찾아가 바이올린 연주를 하니, 선생님은 아이에게 더 나은 바이올린을 새로 사라고 권유하셨습니다. 아이와 함께 바이올린을 사러 악기 매장에 갔습니다. 아이가 바이올린을 하나 켜 보았는데 집에서 연주할 때와 아예 다른 소리가 났습니다. 분명히 같은 아이가 연주했으니 연주 실력은 그대로이고 연주곡도 같았습니다. 그렇게 다른 소리가 났던 이유는 '악기가 좋았기 때문'입니다. 가격이 무척 비쌌지만 연주 소리를 들어 보니 그 바이올린을 안 살 수가 없었습니다. 같은 아이가 같은 실력으로 같은 음악을 연주했는데 바이올린이 달라지니 아주 훌륭한 곡이 되었습니다. 악기가 참 중요했던 것입니다.

성가대도 마찬가지입니다. 같은 사람들, 같은 곡, 비슷한 실력인데 '나'라고 하는 성가대원이 어떤 소리를 내느냐에 따라 성가대 전체 소리가 달라집니다. 성가대원, 지휘자, 악기 연주자 등 모두가 음악적으로 뛰어나고 영적으로 성숙한 사람들일 때, 그 성가대의 찬양은 이전과는 다른 훌륭한 곡이 되어 은혜롭게 울려 퍼지게 됩니다. 즉 우리 한 사람 한 사람의 신앙이 깊고 성숙해져서 좋은 악기가 될 때, 그 악기들이 모여서 감동적인 음악을 만드는 것입니다. 우리 모두는 하나님의 악기입니다. 성숙한 신앙인으로서 각자의 삶이 하나의 악

기가 되어 연주될 때 하나님께 얼마나 영광과 존귀를 올려드리게 될
까요? 우리 모두가 조율이 잘 된 악기가 되어 하나님의 이름을 높이
찬양하고 그분께 영광 돌리는 삶을 살기 바랍니다.

성장의 목표는
무엇인가?

베드로후서 1장 1-11절에서는 우리의 '성장의 목표'를 '하나님의
성품'을 개발하는 것이라고 말합니다. 이는 예수님의 성품을 닮는 것
을 의미합니다. 먼저, 우리는 어떤 사람들입니까?

"이로써 그 보배롭고 지극히 큰 약속을 우리에게 주사 이 약속으로 말
미암아 너희가 정욕 때문에 세상에서 썩어질 것을 피하여 신성한 성
품에 참여하는 자가 되게 하려 하셨느니라"(벧후 1:4).

우리는 이전에 사단에 속해 마귀의 성품을 가졌던 존재입니다. 본
래 죄의 성품을 가지고 태어난 사람이라는 것입니다. 그러나 예수 그
리스도를 영접함으로써 우리는 영원한 생명을 받아 하나님의 성품
을 소유하게 되었습니다.

구약 시절, 아브라함 가정을 살펴보겠습니다. 처음에 이스마엘이
태어났습니다. 그러나 그는 약속의 자손이 아니었습니다. 죄로 태어
난 아이입니다. 14년 정도가 흘러 이스마엘이 청소년이 되었습니다.
죄로 물든 아이, 죄의 씨로 난 이스마엘은 망나니였습니다. 성경은 그

를 '사나운 들나귀'(창 16:12) 같다고 말합니다. 그 가정에 이 불량스러운 아이밖에 없었으니 아브라함 가정이 얼마나 불행했겠습니까? 바로 그때 이삭이 태어났습니다. 이삭과 이스마엘은 열댓 살 차이가 났습니다. 이삭은 약속의 자손이요 하나님의 자녀였습니다. 기업을 받을 자손이었던 것입니다. 이 두 아이가 한 집에서 자라납니다. 하나는 악의 성품을 받은 아이요, 하나는 하나님의 성품을 받은 아이입니다. 하나는 멸망의 자손이요, 하나는 약속의 자손입니다.

이 둘이 한 집에서 자라나는 모습이 바로 우리 모습입니다. 우리 속에도 이스마엘과 이삭이 있습니다. 이스마엘과 이삭이 한 집에서 자라며 얼마나 많은 어려움이 있었겠습니까? 이스마엘이 어린 이삭에게 수시로 행패를 부렸습니다. 자신은 불법의 자손이요 이삭은 약속의 자손이니 무척 미워했습니다. 어린 이삭이 십대 소년인 형을 당해낼 수 없었을 겁니다. 이것이 우리가 처음 예수 믿을 때의 모습입니다. 오랫동안 이스마엘(죄성)이 우리를 통제하고 괴롭히고 죄와 세상 속으로 끌고 다녔습니다. 욕정이 우리를 지배하고 휘젓게 두었습니다. 그러다 예수를 믿으면서 우리 안에 이삭이 태어났습니다. 이스마엘과 이삭, 이 둘이 계속 충돌하니 이 집에는 평화가 없습니다.

이삭이 이스마엘의 멸시와 천대를 받지 않으려면 어떻게 해야 할까요? 이삭이 빨리 성장하면 됩니다. 성경을 보면 아브라함 가정에 이스마엘(하갈)과 이삭(사라) 때문에 불화가 끊이질 않습니다. 이삭의 어머니인 사라도 보통 여자가 아니었습니다. 그녀는 여종 하갈을 심하게 학대했습니다. 이를 견디지 못한 하갈은 도망치게 됩니다. 나중에 하갈과 이스마엘을 내보낸 후에 비로소 아브라함 가정에 평화가 찾아옵니다. 우리도 마찬가지입니다. 우리 속에 있는 죄성을 쫓아내고 우리 안에 있는 미성숙하고 악한 습관을 제거해야 합니다. 그래야 우리가 제대로 성장할 수 있습니다.

이전의 우리에게는 죄의 성품만 있었지만, 이제는 우리 속에 하나님의 성품이 생겼습니다. 우리 안에 이삭이 자라기 시작합니다. 이삭이 우리 안에서 커 가고 있으니 이스마엘을 굶겨 죽이거나 쫓아 버려야 합니다. 내 안의 이스마엘을 계속해서 먹이고 안아주면 어떻게 될까요? 이스마엘을 꼭 안고 내려놓지 않으면 어찌 되겠습니까? 그 시절 아브라함도 '이스마엘도 내 자식이다!'라고 말하며 끌어안고 내려놓지 않으려 했습니다. 그러자 하나님께서 "사라의 말이 옳다! 하갈과 이스마엘을 내쫓아라!"고 말씀하셨습니다. 그렇게 하갈과 이스마엘이 쫓겨나게 된 것입니다. 그제서야 비로소 아브라함의 삶에 평화가 시작되었고, 이삭도 형통하고 수월하게 자랄 수 있었습니다.

이스마엘은 먼 훗날 아랍 사람들의 조상이 됩니다. 아랍 사람들은 지금도 이스라엘을 미워합니다. 4,000년 전 아브라함의 죄로 인해 아랍 사람들은 오늘날까지 이스라엘을 괴롭힙니다. 이라크 대통령은 아랍 사람입니다. 즉 이스마엘의 후손입니다. 이스마엘이 이스라엘을 여전히 괴롭히고 있는 것입니다.

우리 안에서도 언제나 아랍과 이스라엘의 전쟁이 일어납니다. 우리는 늘 이스라엘을 먹이고 운동시키고 열심을 다해 길러야 합니다. 그러면 점차적으로 튼튼하게 성장한 이스라엘이 얼마든지 아랍과 겨룰 수 있습니다. 884만여 명(2018년 이스라엘 중앙 통계청)의 이스라엘이 수천만 명의 아랍 사람들과 당당하게 겨룹니다. 아랍이 이스라엘에게 꼼짝 못합니다. 이스라엘이 장성하니 그들을 둘러싸고 있는 아랍 민족과 당당히 겨룰 수 있게 된 것입니다. 이것이 우리가 가는 길입니다. 예수를 믿으면 우리 속에 하나님의 성품이 생깁니다. 이런 성품을 성장시켜 나가면 우리가 이깁니다. 가만히 있으면 하나님의 성품이 성장하지 않습니다. 그렇다면 우리가 어떻게 해야 성장할 수 있습니까?

"그러므로 너희가 더욱 힘써 너희 믿음에 덕을, 덕에 지식을"(벧후 1:5).

'더욱 힘써(Be deligent)'는 '열심이 있고 적극적으로'라는 의미입니다. 어떤 희생이 따르더라도 내 안의 이삭을 키우겠다는 의지가 중요합니다. 우리에게는 마귀의 권세, 세상의 힘, 내 속에 있는 죄의 성품이라는 세 가지 적이 있습니다. 이들이 얼마나 강한지 모릅니다. 우리가 아무리 싸워 이기려 해도 우리 힘으로 감당하지 못할 때가 많습니다. 나의 죄성, 죄성을 부추기는 세상, 세상의 주관자이자 공중의 권세 잡은 마귀라는 강한 적은 우리 혼자서는 도저히 감당할 수 없습니다. 우리 속에 성령께서 임재하심을 깨달아야 세 가지 큰 적과 싸울 수 있습니다. 성숙해지고 강해지려면 우리 안에 적극적이고 열심인 마음이 있어야 합니다. 이런 사람이 결국 성장하는 것입니다.

"그러므로 형제들아 더욱 힘써 너희 부르심과 택하심을 굳게 하라 너희가 이것을 행한즉 언제든지 실족하지 아니하리라"(벧후 1:10).

여기서도 '더욱 힘쓰라'고 힘주어 반복합니다. 저는 여러분이 하나님 나라에 겨우 들어가 문간에 앉아 하나님 나라에 들어온 자체에만 감사하는 성도가 되기를 원치 않습니다. '아, 내가 세상에 있을 때 좀 더 열심을 낼 걸!'하며 후회하는 성도가 되지 않았으면 합니다. 저는 여러분이 당당하게 천국에 들어가길 원합니다.

11절은 "이같이 하면 우리 주 곧 구주 예수 그리스도의 영원한 나라에 들어감을 넉넉히 너희에게 주시리라"고 말씀합니다. 이것은 하나님 나라에 당당하게 들어갈 수 있다는 의미입니다. 그러면 당당하게 들어가기 위해서는 어떻게 해야 됩니까? 11절의 '이같이 하면'을 살펴보면 알 수 있습니다. 바로 10절 "그러므로 형제들아 더욱 힘써 너희 부르심과 택하심을 굳게 하라 너희가 이것을 행한즉 언제든지 실족치 아니하리라"라는 말씀입니다. 우리가 부르심과 택하심을 얻게 된 것은 하나님께서 불러 주셨기 때문입니다.

로마서 8장 27-29절에서는 하나님께서 '미리 아셨다(before knew)'라고 기록되어 있습니다. 우리가 태어나기도 전, 세상을 창조하기 전, 영원 전부터 하나님께서 우리를 먼저 사랑하셨다는 뜻입니다. 또 미리 아신 그 사람들을 예정하셨다고 말합니다. 그것은 선택했다는 의미입니다. 이는 우리가 예수 그리스도를 닮아가기를 원하셨기 때문입니다. 우리 신앙 성장의 궁극적 목표이자 마지막 지점은 예수 그리스도를 닮는 것입니다. 우리를 영원 전부터 사랑하셨고 또 택하셨고, 불러주셨고, 죄가 없다고 인정하고 선포하신 하나님께서 우리를 변화시키시고 성화시키시는 것입니다. 우리는 예수 그리스도를 닮아가는 과정 중에 있습니다. 즉 변화되는 도중에 있는 것입니다. 기쁜 일을 만나면 감사와 찬양 속에서 예수님을 닮아가고, 좋지 않은 일을 만나더라도 이를 통해 더욱 예수님을 닮아가게 됩니다. 평생토록 예수님을 닮아가는 우리에게 주님은 부르심과 택하심을 '굳게 하라(make certain)'고 말씀합니다. 우리를 부르심과 택하심을 굳게 하라는 것은 무슨 뜻입니까?

예전에 한 성도가 제게 어떤 때는 자신의 신앙생활에 확신이 없어진다고 말했습니다. 그래서 "예수님을 영접한 것이 사실입니까?"하고 물었더니 사실이라고 대답했습니다. 이는 하나님이 손을 내미셔서 내가 그 손을 잡은 상황입니다. 그런데 어떤 때는 내가 피곤하고 의심스럽고 우리 스스로 문제가 있어 보여 우리 자신이 하나님의 손을 놓는 때가 생깁니다. 내가 손을 놓았을 때는 자신이 없을 때입니다. 확신이 없을 때입니다. 그러나 내가 손을 놓았다고 해서 하나님과의 관계가 불확실해지는 것은 아닙니다. 끊어지는 것도 아닙니다. 하나님께서 나를 붙잡고 계시기 때문입니다. 예수 그리스도로 인해 영원하신 하나님의 오른팔이 우리를 영원히 붙드십니다.

하나님께서 우리를 부르시고 택하신 것은 확실합니다. 신앙생활을 하다 보면 우리 자신 안에서 확신이 흔들리거나 왔다 갔다 할 때가 있습니다. 즉 내가 꼭 붙잡을 때는 가슴속에 흔들림 없는 확신이 있다가도 내가 놓아버렸을 때는 불확실해집니다. 그러나 내가 주님 손을 놓았다고 해서 부르심과 택하심이 없어지는 것은 아닙니다. 하나님이 나를 붙들고 계실 때 나도 하나님을 붙들면, 훨씬 강한 확신이 생기고 마음이 편안해질 것입니다. 10절에서 우리를 부르심과 택하심을 '굳게 하라'는 것이 바로 이런 의미입니다.

어떻게 해야 확실한 신앙을 가질 수 있을까요? '겨우'가 아니라 '넉넉히' 천국에 들어가는 신앙인이 되려면 어떻게 해야 할까요? 앞에서는 자신을 성장시키고, 넉넉히 천국에 들어가는 확실한 신앙을 가지려면 우리 안에 '열심'이 있어야 한다고 했습니다. 그러면 무엇을 위해 열심을 내야 할까요?

"그러므로 너희가 더욱 힘써 너희 믿음에 덕을, 덕에 지식을, 지식에 절제를, 절제에 인내를, 인내에 경건을, 경건에 형제 우애를, 형제 우애에 사랑을 더하라"(벧후 1:5-7).

첫째, 믿음에 열심을 내야 합니다. 신앙은 믿음에서부터 출발합니다. 믿음이 기초입니다. 믿음은 크게 '구원의 믿음'과 '생활의 믿음'으로 나뉩니다. 구원의 믿음은 크고 작은 것이 없습니다. 있거나 없거나 둘 중 하나입니다. 내가 예수 그리스도를 영접했으면, 구원에 대한 믿음은 있는 것입니다. 즉 구원받은 것입니다. 신앙생활 자체가 원래 보이지 않는 세계를 마음으로 이해하고 가슴으로 받아들이며 믿는 것입니다. 그때부터 믿음으로 출발하는 것입니다. 생활의 믿음은 우리가 크고 작은 일들을 주님께 의존하는 삶입니다. 내가 선택하고 행하는 모든 일에서 하나님을 의지하고 한 걸음씩 살아가는 것입니다. 나는 부족하고 연약하고 여전히 죄성이 있는 인간이지만, 그렇게 부족한 대로 하나님을 의지하고 산다는 뜻입니다. 그래서 믿음이 출발인 것입니다.

구원의 믿음이 없이는 신앙의 성숙도 없습니다. 믿음이 있어야 구원받고 천국에 들어갈 수 있습니다. 그러나 천국에 들어가서 부끄럽고 떨리고 창피할 수도 있습니다. '저 땅에 있을 때 좀 더 주님을 위해 나 자신을 드리고, 하나님의 성품을 개발할 걸!' 하면서 부끄럽게 천국에 들어가서야 되겠습니까? 믿음이 있으면 천국에 들어갈 수 있지만, 당당하게 들어가려면 믿음 위에 한 층의 집을 더 지어야 합니다. 그것이 무엇일까요? 바로 '덕(德)'입니다.

둘째, 덕(德)이 있어야 합니다. 어떤 성도는 믿음은 좋은데 덕이 없습니다. 그래서 사람들에게 본이 되지 못하고 오히려 그리스도의 이름을 욕되게 하는 경우가 있습니다. 여기에서 덕은 평소에 우리가 말하는 그런 덕이 아니라 'moral excellence(도덕적으로 뛰어남)'입니다. 이는 그 사람의 말과 행동, 생각 등이 전혀 의심할 여지가 없이 틀림없다는 뜻입니다. 그의 삶이 도덕적으로 나무랄 데가 없어서 "그 사람 괜찮아요. 그 사람 틀림없어요. 그 사람 참 좋은 사람이죠."라는 이야기가 들리는 것입니다.

다른 사람들이 의아한 눈으로 바라보거나 의심하는 그런 인격이 아니라, 어느 누가 봐도 괜찮을 정도로 깨끗한 내면과 도덕적인 삶을 사는 것입니다. 도덕적으로 깨끗하지 않은 부분이 있다면, 갈고 닦고 지워서 깨끗하게 만들어야 합니다. 그렇게 하지 않으면 예수 믿고 구원받았다 해도 자신이 없고 확신이 들지 않습니다. 넉넉히 천국에 들어갈 수 있는 확실한 신앙을 가지려면 믿음 위에 덕과 도덕적 순수성을 쌓아 올려야 합니다.

셋째, 지식이 있어야 합니다. 이것은 세상의 학문적 지식이 아니라 예수 그리스도를 아는 지식입니다. 베드로후서 1장 2절은 "하나님과 우리 주 예수를 앎으로 은혜와 평강이 너희에게 더욱 많을지어다"라고 말씀합니다. 예수를 아는 지식은 성경을 넓고 깊게 읽으며 지적(知的)으로 주님에 대해 많이 아는 것입니다. 그러나 단순한 성경 지식에서 그치는 것이 아니라 영적으로 예수님과 친밀해지는 것입니다.

사람 사이도 매일 만나고 매일 이야기하고 매일 같이 다니면 친해지는 것처럼 신앙에서도 마찬가지입니다. 교회도 다르지 않습니다. 새 성도가 오면 친교 모임에 초청하고 집으로 초대하기도 합니다. 티타임도 갖고 쇼핑도 같이 하면서 어느 정도 친숙해지는 것이 중요합니다. 예수님과 날마다 교제함으로써 더욱 친밀해지고 그분에 대해 잘 알아갈 수 있습니다. 지식 없이 믿음만 갖고 있으면 균형이 맞지 않아 엉뚱한 일이 많이 일어납니다. 산을 옮길 만한 믿음이 있으면 큰일을 해내지만, 그 속에 하나님 말씀의 기반이 약하고 예수님에 대한 지식이 얕으면 균형이 맞지 않아 교회에 덕이 되지 않습니다. 믿음 위에 덕을, 덕에 지식을 더해야 합니다.

넷째, 절제를 배워야 합니다. '절제'는 세상에서 가장 어려운 일 중 하나입니다. 절제(self-control)는 자기 자신을 통제하는 것입니다. 인생을 살아가는 데 제일 다루기 힘든 장애물이 바로 '자기 자신'입니다. 자기 자신보다 더 큰 문제는 세상에 없습니다. 비난과 비판의 말을 하지 않으려고 입술을 깨물다가도 한순간의 실수로 상대에게 상처 주는 말을 쏟아냅니다. 한 숟가락만 덜 먹었으면 괜찮았을 텐데 그걸 절제하지 못해 배탈이 납니다. 말, 식탐, 쾌락 등 조금만 절제할 수 있으면 얼마나 좋을까요? 신앙생활에서도 왜 극단적이고 광적인 성도가 되어버립니까? 절제하지 못해서 끝까지 빨려 들어갑니다.

처음 예수님을 믿고 영접했을 때 그 기쁨이 얼마나 큽니까? 그래서 누구든지 전도하고 싶습니다. 처음 예수 믿은 사람들이 얼마나 전도를 잘하는지 모릅니다. 이제 막 주님을 믿기 시작한 새신자들이 전도를 열심히 하는데, 오래 믿음 생활을 한 성도들이 전도를 안 합니다. 그때부터는 분통이 터집니다. "집사님들과 장로님들은 왜 전도를 안 합니까? 목사님들은 왜 전도를 안 합니까?" 이분에게는 신앙생활 시작하고부터 일 년 정도는 성경이 66권이 아니라 요한복음 3장 16절 한 구절만 있다 할 정도로 열정적일 수 있습니다. 그렇다고 "당신만 예수 믿는 줄 압니까? 나도 그럴 때가 있었어요!"하면서 기를 죽여선 안 됩니다. 열정적인 새신자들을 잘 인도해 신앙의 균형을 맞출 수 있게 도와야 합니다. 열심히 전도하고 있는 새 신자에게 자칫 말을 절제하지 못해 실수를 하면 관계가 어긋나고 맙니다. 그렇게 되면 "이 교회는 못 다니겠어. 오래 믿은 사람들이 오히려 냉랭하다니! 전도하러 가자고 해도 안 가겠다고 하다니…!"라며 극단적으로 반응할지 모릅니다. 이런 경우도 자제력이 없어 절제하지 못해 한쪽으로만 치우치는 것입니다.

기도를 많이 하는 성도는 교회 와서 "이 교회는 왜 기도가 없어?

교인들이 이렇게나 기도를 안 하다니!"라고 말합니다. 타인의 기도 생활을 판단해선 안 됩니다. 어디서 기도하는지, 언제 기도하는지 타인이 어떻게 압니까? 기도는 가장 개인적인 하나님과의 관계입니다. 우리는 절대로 다른 사람의 신앙생활을 판단할 수 없습니다. 기도 위에 말씀을 보태고 덕도 쌓고 절제도 더하면 되는데, 저런 분은 혼자 너무 기도에만 집중하다 보니 자기만 기도하고 다른 사람들은 아무도 기도하지 않는 것처럼 느끼는 것입니다. 이런 경우는 기도에 치우친 생활이 도리어 교회나 다른 성도에게 시험을 가져올지 모릅니다. 성경 공부를 많이 해 성경 지식이 해박한 사람들은 "이 교회 교인들은 아무것도 몰라. 아무것도 모르는 사람들이야!"라고 말합니다. 자주 다른 성도를 향해 "그런 것도 모르느냐?"고 타박합니다. 이런 태도 역시 절제가 없고 극단적 신앙이 되어 버린 경우라 할 수 있습니다.

신앙은 한쪽으로 치우치지 않고 골고루 균형 있게 조금씩 성장해 나가야 합니다. 믿음에 덕을, 덕에 지식을, 지식에 절제를 더한 사람들은 언제 어디서나 차분하게 기도하며 주님과 교제합니다. 말씀을 한 구절씩 꼭꼭 씹어 익히며 자기 것으로 만듭니다. 신앙은 함부로 판단해서는 안 됩니다. 먼 훗날 하나님 앞에서 모든 것이 드러날 때 많은 사람들이 놀랄 것입니다. 앞장서서 신앙생활 하던 사람이 부끄러움을 당할 수도 있고, 열심히 믿는 것 같지 않던 사람이 믿음에 덕을, 덕에 지식을, 지식에 절제를 길러 탄탄하고 넉넉한 믿음으로 당당하게 서 있을 수도 있습니다. 그때는 '아, 내가 공연히 그 사람을 타박했구나!'하게 됩니다. 믿음은 함부로 판단하는 것이 아닙니다. 골고루 균형 있게 쌓아 가는 것이 중요합니다.

다섯째, 인내해야 합니다. 인내는 참는 것입니다. 영어로는 'patience'와 'perseverance' 이렇게 두 가지 단어가 있습니다. 'patience'는 그냥 참는 것입니다. 본문 6절의 인내는 'perseverance'인데, 이것은 마지막 승리가 나의 것임을 확신함으로써 당당하게 참는 것입니다.

올림픽 마라톤 경기에 나가 1등을 한 경력이 있는 사람은 자기가 1등 하리라는 것을 확신합니다. 하지만 끝까지 뛰어야 1등을 하는 것입니다. 마라토너는 두 시간 십 분 안에 42.195km를 달려야 합니다. 그쯤 뛰다 보면 러닝셔츠도 무겁습니다. 그러나 끝까지 참고 뜁니다. 절반쯤 오면 온몸이 마비가 되는 것 같다고 합니다. 그 다음에는 기계적으로 발이 뜁니다. 그동안 받은 훈련 때문에 손과 발이 기계적으로 달리게 되는 것입니다. 이처럼 승리에 대한 확신을 갖고 당당하고 자신 있게 참는 것이 6절에서 말하는 인내입니다.

여러분과 저는 이미 하나님 나라에 들어가기로 약속받은 사람들이요, 들어가기로 확인된 사람입니다. 저 하늘나라, 저 천국은 우리 것입니다. 이 사실을 알기에 이 세상에서 어떤 어려움을 만나더라도 우리는 넉넉히 이겨내고 참을 수 있습니다. 이것이 승리의 확신입니다. 참는 자들은 발전을 이루어냅니다. 음악가들도 참고 인내하다가 포기하기도 하고, 국가고시를 준비하는 사람들도 끝내 기권하는 경우도 있습니다. 그러나 최후까지 참고 버티는 사람이 발전하고 결국에는 승리를 이루어냅니다.

어느 목사님이 15년간 목회를 잘 해오시다가 미국으로 이민을 왔습니다. 미국 교회에서도 열심히 목회를 하셨는데 제직들이 너무 속을 썩이고 힘들게 하는 일들이 많았습니다. 어느 날 제직회를 하던 중에 "너 이리 나와!"하며 제직 중 한 분을 치려고 했습니다. 그 목사님은 유도 2단의 실력자였던 것입니다. 그날, 그 일로 그분의 목회는 끝났습니다. 그때 참았더라면 먼 훗날 교회 성도들에게 "우리 목사님 정말 훌륭한 분이야."라는 말을 들었을 것입니다. 정말 더 이상은 못 참겠다고 생각될 때, 바로 그때 참아야 합니다. 바로 그때가 내가 성장하느냐, 퇴보하느냐가 결정되는 순간입니다. 도저히 못 참겠으면 "주여! 저를 도와주소서!"라고 기도하십시오. 성령의 도우심으로 열매가 나타날 것입니다. 못 참을 것 같을 때 참으면 성장합니다. 바로 그 지점에서 인격의 성장과 퇴보가 나뉩니다. 마지막까지 참는 사람! 여기에 신앙인의 품격이 있습니다.

공부를 할 때도, 사업을 할 때도 한 번 두드려서 안 된다고 포기하지 마십시오. 여러분이 누군가와 계약을 맺으려 할 때, 그 사람이 안 하겠다고 하더라도 "안 한다니 할 수 없지."하며 포기해선 안 됩니다. 극구 사양하고 거절할 때, 찾아가고 또 찾아가고 다시 찾아가야 합니다. 성경 속 '구하라!'는 말씀은 한 번 구해보고 안 되면 그만두라는 뜻이 아닙니다. 지속적이고 반복적으로, 응답될 때까지 구하라는 것입니다. 다른 사람들이 모두 중도포기하고 기권하더라도 누군가는 끝까지 포기하지 않고 나아가야 합니다. 이것이 그리스도인의 특징이어야 합니다. 마지막까지 주님을 부인하지 않겠다면서 참고 참다가 마지막에 부인하면 어떻게 되겠습니까?

제가 평양에서 살 때는 저희 학교 선생님이 예수 믿는 애들을 두들겨 팼습니다. 저도 여덟 살부터 3년 동안 예수 믿는다는 이유로 많이도 맞았습니다. 처음에는 열두 명의 친구가 예수 믿는다고 고백했지만 시간이 지나면서 하나 둘씩 떨어져 나갔습니다. 3년 후에는 목사 아들인 '송해용'이란 친구와 저, 이렇게 둘만 남았습니다. 제 친구는 토요일에 아예 등교를 하지 않았습니다. 그러면 월요일에 학교 왔을 때, 왜 일요일(주일)에 학교 안 나왔냐고 질문을 받습니다. 그럴 때 "토요일에 아파서 학교에 못 나왔기 때문에 주일에 학교 나오라는 이야기를 못 들었습니다!"라고 말할 수 있었습니다. 저도 그 친구처럼 토요일에 결석을 할까도 생각했습니다. 그러나 아팠다고 거짓말할 수가 없어서 토요일에 학교를 갔습니다. 그러면 주일에도 학교 나오라는 이야기를 듣게 됩니다. 주일에 학교 안 가고 교회를 가면, 월요일에 학교에서 또 매를 맞는 것입니다.

저는 그때 거짓말을 하지 않고 매 맞으면서도 참고 지낸 것을 참 잘했다는 생각이 듭니다. 더 이상은 못 참을 것 같을 때, 바로 그때 참아야 합니다. 그때 참으면 평화가 찾아옵니다. 그때부터 뭔가 되기 시작합니다. 그러나 그때 못 참으면 믿지 않는 사람들과 똑같습니다. 여러분에게 시련과 어려움이 몰려 와 견디기 힘든 순간, 성령의 도우심을 구하시기 바랍니다. 성령의 힘으로 참고 이겨내야 합니다. 그럴 때 성숙한 신앙으로 한걸음 나아갈 수 있습니다.

여섯째, 경건해야 합니다. '경건(godliness)'은 '하나님으로 가득 찼다'는 의미입니다. 경건한 사람은 누워도 하나님, 일어나도 하나님, 앉아도 하나님, 먹어도 하나님, 서 있어도 하나님, 걸어도 하나님, 뛰어도 하나님, 넘어져도 하나님을 부릅니다. 온몸이 하나님으로 가득 차 있어서 배를 조금만 눌러도 "하나님!"이 입에서 툭 튀어나옵니다. 다윗이 그런 사람이었습니다. 다윗은 시를 쓰려고 붓을 들면 첫마디가 "여호와는…"이었습니다. "여호와는 나의 빛이요, 여호와는 나의 산성이요, 여호와는 나의 목자시요."라고 노래했습니다. 붓을 들어 시만 쓰면 "여호와!"였습니다. 이것이 '경건'입니다.

제가 만약 시편 23편을 썼다면 "나의 목자는 여호와시니…"라고 시작했을 겁니다. '나'를 가장 앞에 넣습니다. 나로 가득 찼기 때문입니다. 그러나 다윗은 여호와로 가득 찼기 때문에 "여호와는…"이라고 시작한 것입니다. 여호와 우선주의, 자나 깨나 하나님 우선주의, 무엇을 하든 하나님 제일주의! 바로 이것이 경건입니다. 경건은 하나님으로 가득 찬 것입니다.

일곱째, 형제우애가 있어야 합니다. 하나님의 자녀들을 내 가족으로 생각하며 한 집의 형제처럼 친숙하게 지내라는 것입니다. 친절은 선을 행합니다. 상대방이 미처 생각지도 못하고 기대하지 않았는데 그 사람을 위해 행하는 선입니다. 어느 날, 전화 한 통을 받는다고 가정해 봅시다.

"아무개 선생님, 평안하세요?"

"네, 누구세요?"

"네, 아무개 집사에요."

"어머, 어쩐 일로 전화하셨어요?"

"그냥 평안하신지 안부 전화 드렸어요. 모두 무고하시지요? 아이들은 잘 크나요?"

이렇게 기대하지 않았는데 나를 돌보아주고 살펴봐 주는 것이 바로 친절입니다.

제가 처음 미국에 갔을 때, 돈이 없어 타자기를 사지 못해 고생을 많이 했습니다. 한국에서 달랑 50불만 들고 나갔기 때문에 타자기를 살 수가 없었던 것입니다. 한번은 미국 교회에서 설교를 마치고 나니 한 분이 저에게 와서 "십 년 전만 해도 당신처럼 설교하는 분의 설교를 듣곤 했는데, 최근 십 년 동안 이런 설교는 못 들어 봤습니다! 고맙습니다!"라고 인사했습니다. 제게 악수를 청하시며 작은 종이를 쥐어주고는 집에 가서 펴 보라고 했습니다. 집에 돌아가 펼쳐 보니 50불짜리 수표였습니다. 마침 그때 제일 싼 타자기가 50불이었습니다. 꼭 필요한 물건이었기에 그 돈으로 타자기를 샀습니다.

저는 지금까지도 그 일을 잊지 못합니다. 이처럼 생각지도 않았는데 베푸는 선이 친절입니다. 기대하고 있는 사람에게 기대하고 있는 선을 행하는 것은 친절이 아닙니다. 생각지도 못했는데 날 찾아 주고, 생각도 안 하고 있었는데 연락을 주고, 기대하지 않았던 마음과 물질을 전하는 것이 친절입니다. 성도들 간에도 이와 같은 친절이 오고 가야 합니다.

여덟째, 사랑이 있어야 합니다. 사랑은 모든 것을 덮습니다. 성숙한 사람은 집을 짓는 데 믿음을 토대로 삼고 사랑을 그 지붕으로 삼습니다. 믿음과 사랑 사이에 여섯 단계가 있으니 총 여덟 단계가 됩니다. 이 여덟 가지를 골고루 기르다 보면 우리는 예수 그리스도를 닮아갈 것입니다. 이 여덟 가지가 내 삶에서 조금씩 자랄 때마다 하나님의 부르심과 택하심이 더욱 확실해집니다. 이렇게 확실한 신앙이 성숙한 인격 위에 세워진다면, 그 사람은 넉넉히 하나님 나라에 들어갈 것입니다. 우리의 목표는 예수 그리스도를 닮는 것입니다. 믿음으로 출발해 그 위에 덕을, 덕에 지식을, 지식에 절제를, 절제에 인내를, 인내에 형제 우애를, 형제 우애에 사랑의 지붕을 덮어야 합니다. 그리하여 우리 마음속에 확실한 믿음을 갖고, 당당하게 주님 나라로 행군해 들어갈 수 있기를 바랍니다.

성장의 요소

"그러므로 모든 악독과 모든 기만과 외식과 시기와 모든 비방하는 말을 버리고 갓난 아기들 같이 순전하고 신령한 젖을 사모하라 이는 그로 말미암아 너희로 구원에 이르도록 자라게 하려 함이라" 벧전 2:1-2

구원받은 성도라면 기본적인 확신의 토대 위에 신앙을 세워야 합니다. 앞 장에서는 우리 신앙의 목표가 예수 그리스도를 닮은 것이라고 말씀드렸습니다. 이번 장에서는 그리스도인으로서의 성숙한 삶에 대해 말씀드리고자 합니다.

생명은 반드시 성장해야 합니다. 만약 태어난 생명이 자라지 않고 성숙해지지 않는다면 그것은 비정상이며 문제가 있는 일입니다. 아기가 태어나면 으레 자라나기 마련입니다. 마찬가지로 성령으로 새로 태어난 사람도 성장하고 성숙해져야 합니다. 성도가 성장하지도, 성숙해지지도 않는다면 몇 가지 문제가 있을 수 있습니다.

성도가 성장하지 않는 이유

첫째, 태어나지 않았기 때문에 생명이 없습니다. 자기 속에 하나님의 생명이 있다면, 신앙은 반드시 성장합니다. 그러나 생명이 없다면 당연히 자랄 수 없습니다. 없는 생명이 어떻게 자라납니까? 교회를 여러 해 다녔지만 내적인 성장이 없다면, 아마 그 속에 생명이 없기 때문일지도 모릅니다. 예수 그리스도께서 거저 주시는 영원한 생명이 우리 영혼 안에 없으면 성장할 수 없습니다. 그래서 저는 설교할 때마다 예수를 영접함으로써 우리 안에 영원한 생명이 시작된다는 사실을 누차 반복합니다. 이 메시지는 아마도 제가 죽을 때까지 반복할 것입니다. 생명이 있는 자만이 자라날 수 있다는 것을 잊지 마십시오.

제가 미국에 이민 온 한국 사람들을 만나보면 많이들 "목사님, 저도 한국에서는 열심히 믿었습니다!"라고 이야기합니다. 그러면 저는 "얼마나 믿었습니까?"라고 묻습니다. 돌아오는 대답은 "한 십 년은 믿었어요. 하지만 미국에 와서 7년 동안 한 번도 교회에 안 갔어요."였습니다. 그들이 열심히 믿었다고 말하는 것은 교회에 열심히 다니면서 여러 가지 봉사와 섬김을 했다는 의미였습니다. 그러나 교회를 다니고 봉사와 섬김 등의 활동을 했다는 것과 영원한 생명이 영혼 속에 있다는 것은 전혀 다른 문제입니다.

여러분은 어떻습니까? 그동안 아내를 따라 교회를 다녔거나 어머니를 따라 교회를 다녔습니까? 가슴속에 영원한 생명에 대한 확신이 없다면, '구원받아 거듭난 자녀'라는 확신이 없다면 절대로 우리 신앙은 성장하고 성숙해질 수가 없습니다. 교회에 와서 예배를 드리고 간다고 해서 모두 영원한 생명을 갖게 되는 것은 아닙니다. 예수님이 갈보리 산에서 돌아가신 것은 나의 죄를 위함이요, 세상 죄를 위함이지만, 나와 예수님의 십자가가 연결되지 않으면 생명이 생기지 않습니다. 혹 지금 이 책을 읽는 독자들 중 자신에게 영원한 생명이 있다는 것을 확신하지 못하는 분이 있다면 지금 당장 주님 앞에 엎드려 부르짖으십시오.

"주여 내게 이 생명을 주시옵소서. 내 가슴에 찾아오시옵소서. 주님께서 주시는 은혜의 선물을 나의 것으로 받아들입니다."라는 고백을 할 때, 그 순간부터 영원한 생명이 시작됩니다. 생명이 태어나면 자라기 마련입니다. 그러나 아예 생명이 없으면 자라날 수가 없다는 것을 기억하십시오.

둘째, 태어났으나 어딘가 병이 들었을지 모릅니다. 몸속에 질병이 있는 아이는 잘 크지 못합니다. 제가 미국에 있을 때, 열 살 된 아이가 스스로 아무것도 못하는 경우를 보았습니다. 10년 동안 가만히 누워 어머니가 먹여 주는 음식만 먹었습니다. 그러면서 온갖 병을 다 앓고 말도 잘 하지 못하며 지냈습니다. 부모님 마음이 얼마나 아팠겠습니까? 결국 아이는 열 살이 되어 주님 품으로 떠났습니다. 그 집에 여러 번 방문했는데, 그런 어려움이 있으니 부모도 힘들고 아이도 참 괴로워했습니다. 어머니는 신앙의 힘으로 잘 이겨내고 있었지만, 아버지는 그렇지 못했습니다. 아이 하나만 더 낳아 보자고 해서 낳았는데 둘째도 같은 질병을 앓았습니다. 부모 둘 다 정밀 검사를 받아 보았는데, 아무 이상이 없었습니다. 조상들도 아무렇지 않았습니다. 둘째 아이도 십 년 동안을 그렇게 누워 있었습니다. 몸 속 어딘가, 무엇인가 잘못되어 있으니 아이가 성장하지 못합니다. 그런 중에 참으로 다행이고 감사한 일은 아이 아버지가 주님을 영접하고 신앙생활을 잘 하고 있다는 것입니다. 영적인 부분도 그렇습니다. 우리 안에 어딘가 잘못된 것, 오래된 영적 지병이 있습니까? 먼저 그것을 해결해야 합니다. 그것이 해결되기 전에는 제대로 성장하기 힘듭니다.

"그러므로 모든 악독과 모든 궤휼과 의식과 시기와 모든 비방하는 말을 버리라"(벧전 2:1).

유독 타인에 대한 비판을 즐겨하는 사람들이 있습니다. 사실 남을 비방하면 내 기분이 먼저 나빠집니다. 그런데 어떤 사람은 수십 년 동안 그렇게 해왔기 때문에 비방과 비판 전문가가 되어 있습니다. 이런 습관은 고치기 힘듭니다. 노력해 보지만 또 비방과 비판의 말들이 나옵니다. 남이 조금 잘 돼도 바로 질투합니다. 시기, 질투, 분노, 악독, 그런 것들이 우리 속에 있으면 신앙 성장을 방해합니다. 뽑아내야 합니다. 결판내야 합니다. 산에 가든지, 금식을 하든지, 어느 곳에서든 뿌리를 뽑아야 합니다. "주여, 제가 이것 때문에 그 동안 자라지 못했습니다. 저를 성장시켜 신앙의 어른이 되게 해주시옵소서. 어떤 일이 있어도 믿음을 잃지 않고 주님과 이웃을 섬기며, 주님과 이웃을 사랑하는 어른으로 만들어 주시옵소서!"하고 부르짖으며 매달려야 합니다.

우리 내면을 어둡게 하고, 영혼의 목을 조르는 문제가 있으면 신앙이 성장하기 어렵습니다. 그것이 무엇입니까? 형제들의 경우, 젊었을 때 보지 말아야 할 선정적인 책이나 그림, 동영상을 많이 본 것이 문제일 수도 있습니다. 그런 자극적인 장면은 머릿속에 생생하게 남아 계속 따라다니며 우리를 괴롭힙니다. 어떤 사람은 '먹는 것'일 수도 있습니다. 담배나 술, 마약 혹은 어떤 특정한 음식일 수도 있습니다. 그것이 무엇이든 신앙의 성장을 방해한다면 반드시 주님 안에서 결단하고 해결해야 합니다.

대인관계도 마찬가지입니다. 누군가와 나쁘게 얽힌 것이 있으면 해결해야 합니다. 부부 관계에서도 상대가 나를 비난하고 비판하면 무척 속이 상합니다. 그래서 상대방을 미워하는 마음이 생깁니다. 그럴 때 "주님, 이 모든 것을 받아들일 수 있도록 나에게 은혜를 주시옵소서."라고 기도하십시오. 남편의 있는 모습 그대로, 아내의 모습 그대로, 자식의 모습 그대로 받아들이십시오. 그 모습 그대로 받아 주지 않으니까 늘 속상하고 안타까운 것입니다. 주님도 우리의 있는 모습 그대로 받아주셨지 않습니까! 우리가 구원받았다는 것이 의미하는 사실 중 하나는, 하나님께서 나의 이 모습 이대로 받아 주셨다는 것입니다. 사랑의 첫 단계가 바로 상대를 '있는 그대로 받아 주는 것'입니다. 주님처럼 받아 주면 편해집니다. 내 마음에 안 맞고 불편하다는 이유로 "그것을 고칠 때까지는 받아 줄 수 없어!"라는 식으로 대한다면 영적 성장에는 전혀 도움이 되지 않습니다.

내 영적 성장을 저해하는 것이 있다면, 어렸을 때 혹은 젊었을 때부터 가졌던 나쁜 습관이나 다른 무엇이든지 간에 제거해야 합니다. 이것은 신앙 성장의 차원이지 구원의 차원이 아닙니다. 즉, 그런 장애물을 갖고 있는 사람은 구원받지 못했다는 말이 아닙니다. 이런 장애 요인들 때문에 신앙이 성장하지 못하고 있으니 이 문제를 심각하게 생각하고 하나님 앞에서 해결하자는 이야기입니다.

셋째, 정상적인 성장 과정을 거쳐 모든 면을 골고루 계발하지 못했을 것입니다. 어떤 사람은 공부를 많이 해서 지성이 발달해 있습니다. 반면 정적(情的)인 영역이 제대로 작동되지 않아 차가운 사람처럼 보일 수 있습니다. 늘 어려운 이야기만 늘어놓고 혹시 다른 사람이 평범한 이야기를 하게 되면 시시하다고 말합니다. "공부도 못한 사람들!"이라고 타인을 무시하기도 합니다. 지식, 지성, 즉 머리만 발달된 사람이기 때문입니다. 예수를 믿어도 그렇습니다. 신학만 오래 하고 많이 해서 신학 박사나 철학 박사가 된 사람들은 뜨겁게 예수를 믿는 사람들을 싫어하는 경향이 있습니다. "뭘 그렇게 열정적으로 합니까?"라고 말합니다. 이 역시 골고루 계발되지 못한 경우입니다.

어떤 사람은 가슴만 뜨겁습니다. 가슴이 뜨거워 팔팔 끓고 방방 뜁니다. 그러나 말씀을 배워 신령한 지식을 겸비하지 못했기 때문에 종종 엉뚱한 모습이 나타납니다. 어떤 사람은 봉사만 열심히 합니다. 그저 열심히 뛰기만 합니다. 뭐든지 손발 가고 몸 가는 데는 다 앞장섭니다. 그런데 가슴은 차갑습니다. 마르다처럼 열심히 일만 합니다. 마르다가 얼마나 열심히 일했습니까? 마르다처럼 열심히 일해야 하지만, 예수님이 오셨을 때에는 마리아처럼 귀 기울여 들어야 합니다. 기도에만 심취해도 안 되고, 성경만 많이 알아도 안 됩니다. 한쪽만 자라나면 기형(奇形)이 됩니다. 머리만 커도 안 되고 가슴만 뜨거워도 안 됩니다. 모든 면에서 골고루 자라 균형 잡힌 신앙인으로 성장해야 합니다.

한번은 어느 목사님이 "김 목사 목회의 특징은 무엇입니까?"라고 물었습니다. 가만히 생각해 보니 이렇다 할 특징이 없었습니다. 예배만도 아니요, 기도만도 아니요, 말씀만도 아니요, 전도, 구제, 선교, 친교만이 강한 것도 아니요, 모든 면에서 골고루 균형 있게 성장하는 것이 저의 바람이었습니다. 저는 어렸을 때 "하나님, 저를 평범한 사람으로 만들어 주시옵소서!"라는 기도를 한 적이 있습니다. 다른 사람들을 가만히 지켜보니 대부분 한두 가지 특별한 데가 있었습니다. 그래서 저는 특별하게 한 영역만 두드러진 사람이 아니라 다방면에서 균형 잡힌 사람이 되게 해달라고 기도한 것입니다. 그때 이후로 한쪽으로 치우치지 않고 여러 분야를 계발하려는 노력을 해왔습니다. 전공 이외에 다른 분야도 공부하며 균형감을 잃지 않으려 했습니다. 그래서 목회를 해도 이렇다 할 특징이 없나 봅니다.

예수님도 키가 자라고 지혜가 깊어지며 사람들과 하나님 앞에서 사랑스러워졌습니다. 주님도 한쪽으로 치우치지 않고 골고루 계발하셨습니다. 개인뿐만 아니라 교회도 전 영역이 골고루 성장해야 합니다. 구제, 선교, 예배, 교육, 친교, 봉사 등 골고루 잘하는 교회가 되어야 합니다. 신앙의 성장도 마찬가지입니다. 기도 생활을 하면서 성경도 꾸준히 읽고, 전도도 열심히 해서 모든 영역이 골고루 자라면 더없이 좋겠습니다.

균형 잡힌
믿음 성장을 위해서

우리는 이제 신앙의 전 영역이 골고루 성장해야 한다는 것을 알았습니다. 그러기 위해서는 어떻게 해야 할까요? 여기에 균형 잡힌 믿음 성장을 위한 네 가지 지침이 있습니다.

첫째, 깨끗하고 순수한 말씀을 사모하십시오. '하나님의 말씀 자체'

를 사모하라는 뜻입니다. 시중에 나와 있는 Q.T 교재의 도움을 받으면 성경을 읽는 데 수월합니다. 교재의 도움을 받더라도 집필자의 글을 의지하기보다는 말씀 자체를 읽고 깊이 묵상하는 데 집중해야 합니다. 말씀 자체가 가장 순수하고 깨끗한 젖입니다. 아무것도 섞이지 않은 말씀을 꼭 먹어야 합니다. 성경 말씀보다 사람의 글을 더 의지하면 제대로 성장하기 힘듭니다. 그것은 후식이기 때문입니다. 후식을 열심히 먹으면 그 당시에는 아주 맛있을지 모르지만, 건강을 유지하기 어렵게 됩니다. 말씀의 젖, 말씀 자체를 여러분의 눈으로 직접 읽고, 머리로 생각하고, 뜨거운 가슴으로 느껴야 합니다. 그럴 때 우리는 골고루 튼튼하게 성장할 수 있습니다.

"갓난아이들같이 순전하고 신령한 젖을 사모하라"(벧전 2:2).

일주일에 한 번, 주일에만 목사님 요리를 먹어서도 부족합니다. 한 끼만 먹고 일주일을 건강하게 지내기는 힘듭니다. 어떤 분들은 "우리가 오늘 받은 은혜로 한 주일 동안 잘살게 해주시옵소서!"라고 기도합니다. 이는 잘못된 기도입니다. 한 끼 먹고 일주일 동안 건강하게 살겠다는 건 욕심입니다. 목사도 한 끼만 먹고 한 주를 살 수는 없습니다. 매일 먹어야 합니다. 오늘 말씀을 통해 은혜를 받았을 때 "주여, 오늘도 이 말씀으로 은혜 주셔서 내 영혼이 풍족하니 감사드립니다!"라고 기도하면 됩니다. 이 은혜는 오늘로 끝입니다. 다시 말해 그 은혜가 내일 모레 양식까지 되기를 바라며, 두 손 놓고 가만히 있지 말라는 이야기입니다. 이렇게 하면 신앙이 자라지 않습니다. 주

일 예배 한 번으로는 부족합니다. 날마다 그날의 양식을 먹어야 합니
다. 주기도문에서도 일주일 먹을 양식을 구한 것이 아니라 '우리가 일
용할 양식'을 달라고 기도했습니다. 말씀은 매일 먹어야 한다는 것을
기억하십시오.

광야에서 만나를 주실 때, 하나님께서는 이스라엘 백성들에게 만
나를 딱 하루 분량만 가져가라고 말씀하셨습니다. 오늘 일용할 양식
을 달라고 기도하는 사람에게는 하나님께서 그날의 양식을 주십니
다. 하나님의 말씀을 '날마다' 사모하기 바랍니다. 하나님의 말씀을
날마다 사모하는 교인들은 건강합니다. 건강한 교인들이 모인 교회
는 당연히 건강할 수밖에 없습니다. 그러면 어떤 교회가 건강한 교회
입니까?

1. 주일 중심이 아닌 '매일 중심'의 신앙생활이 되어야 합니다.

2. 목사 중심이 아닌 '교인 중심'의 신앙생활로 바뀌어야 합니다.
   목사에게 의존하지 않아야 합니다. 목사님이 인도해 주시더라
   도 내 양식은 내가 스스로 찾아 먹어야 합니다.

3. 듣기만 하는 것이 아닌 '직접 읽는' 신앙생활이 되어야 합니다.

4. 받아먹는 어린아이가 아닌 '내가 스스로 찾아 먹는' 신앙생활
   이 되어야 합니다.

5. 다양한 신앙에서 '하나 된 신앙'으로 가야 합니다. 주일은 목사
   님이 마련해 주는 영의 양식을 먹고 예배드립니다. 월요일부터
   는 각자 스스로 「오늘의 양식」을 찾아 먹어야 합니다(이때 전교인
   이 같은 말씀을 매일의 양식으로 삼는 것이 좋습니다.) 그러면 온 교회

가 다 같은 말씀을 먹으니 서로 소통하는 부분이 많아지고 함께 성장할 수 있습니다. 같은 방향을 바라보며 예수님을 닮아가는 것입니다. 교회 공동체는 모두가 함께 가야 합니다.

주일 중심에서 매일 중심으로, 목사 중심에서 교인 중심으로, 받아먹는 신앙생활에서 찾아 먹는 신앙생활로, 듣는 신앙생활에서 읽는 신앙생활로, 다양한 신앙생활에서 하나 된 신앙생활로 바뀌어야 합니다. 이것이 우리가 성장하고 사는 길입니다. 매일 이렇게 살아갈 때, 교회는 건강하고 성숙한 신앙인들로 채워지게 됩니다.

둘째, 기도를 생활화하십시오. 그리스도인은 교회에 가서 기도합니다. 철야 기도도 하고 금식 기도도 합니다. 기도원에 가기도 하고 산에 가서 기도하기도 합니다. 그러나 이런 특별한 형태의 기도만 의지해서는 안 됩니다. 기도가 생활화되어야 합니다. 예수님은 언제나 우리 가슴속에 계십니다. 항상 우리와 동행하십니다. 그러므로 아무리 작은 일이라도 예수님과 대화하고 교제해야 합니다. 집이나 일터, 혹은 길에서도 기도하는 것이 자연스러워야 합니다. 마치 페르시아의 왕이 질문을 던졌을 때 순간적으로 기도하고 대답했던 느헤미야의 모습처럼 말입니다.

기도는 성도의 호흡입니다. 호흡을 몰아서 쉬면 어떻게 됩니까? 산에 가서 한꺼번에 몰아서 숨 쉬려고 평상시에 숨을 제대로 쉬지 않으면 그 사람은 얼마 지나지 않아 죽게 될 것입니다. 기도도 마찬가지입니다. 평소에는 기도하지 않고 특별한 일이 있을 때만 기도하면, 신앙생활이 원만하지 못합니다.

성경 속 기도의 예를 살펴보면 기도를 꼭 오랜 시간, 길게 해야만 하는 것은 아닙니다. 다니엘, 느헤미야의 기도가 제법 길지만, 성경에서 가장 긴 기도는 요한복음 17장에 기록된 예수님의 기도입니다. 하지만 우리가 요한복음 17장을 읽어 보면 3분밖에 안 걸립니다. 물론 예수님은 실제로 밤을 새워 기도하셨습니다. 이것은 특수 기도입니다. 그러나 기도가 꼭 길어야 하는 것은 아닙니다. 예수님도 중언부언하지 말라고 말씀하셨습니다. 데살로니가전서 5장 17절 "쉬지 말고 기도하라"는 말씀은 기도를 생활화하라는 뜻입니다. 그래야 신앙이 지속적으로 성장할 수 있습니다.

셋째, 정기적으로 예배 생활을 하십시오. 주님을 믿는 성도라면 예배는 꼭 드려야 합니다. 예배를 드리지 않으면 신앙이 성장할 수 없습니다. 어떤 이유로든 예배에 빠지게 되면 신앙이 한 발 퇴보합니다. 모든 예배에 참석하려고 노력해야 합니다. 예배에도 종류가 많습니다. 홀로 고요히 드리는 예배가 있고, 가정에서 가족끼리 드리는 가정 예배가 있고, 구역 식구들이 모이는 구역 예배가 있고, 교회에서 드리는 주일 낮 예배가 있고, 저녁 예배, 수요 예배가 있습니다. 또 특별한 부흥회나 연합 예배, 심방 예배도 있습니다. 이 모든 예배를 즐거워하는 성도가 되어야 합니다.

예배를 드리는 사람은 반드시 성장합니다. 예배는 하나님께 영광이 되고 성도에게는 영적으로 큰 도움이 됩니다. 하나님께서는 우리가 예배드리기를 원하십니다. 예배 시간에 우리와 만나기를 원하십니다. 요한복음 4장 23-24절 말씀을 보면 하나님은 영이시니 신령과 진정으로 예배하는 자들을 찾으신다고 했습니다. 예배는 우리에게만 필요하고 도움 되는 시간이 아닙니다. 하나님께서도 예배를 너무나 원하십니다. 즉 자녀들의 찬양 소리를 듣고 기도를 듣고, 자녀들에게 말씀하고 싶으신 것입니다. 하나님은 당신의 자녀가 모두 모여 예배 드리는 것을 원하고 기뻐하십니다. 그분은 예배드리는 자를 찾으십니다. 우리는 예배를 통해 우리가 은혜 받을 것만 생각합니다. 그러나 이제부터는 예배가 우리 하나님 아버지를 만나러 가는 시간임을 기억하십시오. 빠지지 말고 예배에 참석하십시오. 휴가지에 가서도 꼭 교회를 찾아 예배를 드리십시오. 근처에 교회가 없으면 가족끼리 모여서라도 꼭 예배를 드리십시오.

넷째, 그리스도인들과 교제하며 떡을 떼는 생활을 하십시오. 예수님을 영접한 후 성도들과의 교제 속에 들어가지 않으면 신앙이 자랄 수 없습니다. 교회에서 자기가 소속된 부서 모임에 참석하는 것은 아주 중요합니다. 소속감을 가지고 모임에 나가는 것은 신앙의 성장에 큰 도움이 됩니다. 초대 교회가 성장하게 된 것은 그들이 함께 모여서 떡을 떼며 교제했기 때문입니다.

우리나라 사람들이 가장 좋아하는 것 중에 하나가 먹는 일입니다. 모이면 먹어야 합니다. 먹지 않으면 모인 것 같지 않습니다. 사과 한 쪽이라도 함께 나눠 먹어야 합니다. 그것이 성경적입니다. 사도행전 2장을 보면 성도들이 함께 모여 먹습니다. 함께 먹으면 친해집니다. 믿는 사람들끼리 모이고 함께 먹으면 신앙이 자랍니다. 믿는 사람들이 자주 모여 교제하는 일은 정말 중요합니다.

이처럼 성경을 통해, 기도를 통해, 예배를 통해, 친교를 통해서 우리는 성장할 수 있습니다. 이제는 다른 사람을 위해 뭔가 해야 합니다. 즉 나를 헌신해서 봉사하고 섬기는 생활을 해야 한다는 뜻입니다. 하나님이 우리를 자라게 하시고 성숙한 성도가 되게 하신 이유는 미성숙하고 어린 사람들을 돌보기 위함입니다. 그러므로 우리는 남을 위해 살기로 작정하고 "주여, 저를 사용해 주시옵소서!"라고 기도하며 삶으로 행해야 합니다. 내 자녀만이 아니라 다른 사람의 자녀도 생각할 줄 알아야 합니다. 내 가족만 위하는 것이 아니라 내 이웃도 생각하고 타인을 위할 줄 알아야 합니다. 내 나라만이 아닌 어렵고 가난한 다른 나라도 섬겨야 하는 것입니다.

오래 전 한 가정을 심방해서 이야기를 나누던 중에 '어떻게 하면 이웃을 도울 수 있을까?' 고민하는 성도님의 모습을 보고 큰 은혜를 받았습니다. 섬김이 있어야 성장합니다. 자기만 생각하고 자기만을 위해 사는 사람은 절대로 성숙해질 수 없습니다. 어린아이들은 자기만 생각할 때가 많습니다. 어린아이이기 때문입니다. 물론 어린아이라고 다 그런 것은 아닙니다.

얼마 전에 초등학교 4, 5학년쯤 되는 아이들이 건네준 편지 한통을 읽었습니다. 우리 교회에서 소년 소녀 가장 돕기를 하는데 "얘야, 너도 좀 도우면 어떠니?" 하시는 어머니 말씀을 듣고 자기 방에 들어가 기도를 했답니다. 그런데 하나님께서 "네가 그 동안 모아 놓은 돈을 너와 같은 나이의 아이들을 위해 주거라."라고 말씀하셨답니다. 그래서 1학년 때부터 매일 5년 동안 천 원씩 모아 놓은 저금통을 몽

땅 가져왔습니다. 그 아이의 남동생도 같은 마음으로 저금통을 가져왔습니다. 두 아이의 돈을 합하니 한 가정이 일 년 동안 먹고 살 수 있을 정도의 돈이 되었습니다.

얼마나 기특한 일입니까? 이처럼 성숙한 아이들은 다른 사람을 생각할 줄 압니다. 며칠 전에도 한 고등학생이 소년 소녀 가장들을 위해 써 달라며 자신의 통장을 가져왔습니다. 저는 그 아이에게 "어려서부터 남을 생각하는 너를 하나님께서 반드시 축복해 주실 거다!"라며 격려했습니다. 이웃을 향한 사랑이 있을 때, 우리는 온전하게 성장할 수 있습니다.

다른 사람을 위해
사는 삶이란

첫째, 내가 가진 재능으로 다른 사람을 섬기는 것입니다. 하나님께서 우리에게 좋은 것들을 많이 주신 이유는 무엇일까요? 다른 사람과 나누면서 살라고 주신 것입니다. 지식이 많은 사람은 그것으로 자랑할 게 아니라 그 지식으로 부족하고 어려운 사람들을 도와야 합니다. 기운이 센 사람은 그 힘으로 약한 사람을 돕고 섬겨야 합니다. 각자의 다양한 재능도 모두 마찬가지입니다. 남을 섬기는 데 자신의 재능을 드리며 헌신할 때, 우리는 건강한 영혼과 행복한 신앙을 가지게 됩니다.

둘째, 나의 시간으로 다른 사람을 섬기는 것입니다. 시간의 십일조를 하나님과 다른 사람을 위해 써야 합니다. 하루 24시간 전부를 나를 위해서만 쓰면 안 됩니다. 제가 병원에 갔더니 의사 선생님이 한 부인을 진찰하고 계셨습니다. 의사 선생님은 "당신의 눈을 보니 마음의 병인 것 같습니다. 교회에 가야 나을 것 같네요."라고 말했습니다. 그러자 그 부인은 너무 바빠 교회 갈 시간이 없다고 말했습니다. 자기 삶이 바빠서 타인에게 관심을 쏟을 시간과 여유가 없다는 것이었습니다. 이런 사람은 절대로 성장할 수 없습니다.

셋째, 나의 재물로 다른 사람을 섬기는 것입니다. 하나님께 물질의 십일조도 드려야 하지만, 필요할 때 다른 사람을 위해 드릴 줄도 알아야 합니다. 돈을 버는 일은 대단히 중요합니다. 그러나 버는 것보다 제대로 쓰는 것이 더 중요합니다. 제 지인 중 한 사람은 돈을 아주 잘 벌지만 절대로 쓰지 않습니다. 이것이 큰 병입니다. 하나님께서 능력 주시는 대로 많이 벌고, 그 물질을 주님과 남을 위해 쓸 줄 알아야 합니다. 재산을 자식들에게 다 물려주면, 정부는 상속세라는 세금을 부가합니다. 만약 여러분에게 수십억의 재산이 있다면, 나중에 정부에서 50%를 세금으로 가져가게 하겠습니까? 아니면 당신이 원하는 곳에 의미 있게 쓰겠습니까? 미리미리 원하는 곳에 주고, 가치 있는 일에 써야 합니다. 우리가 드린 물질이 아름답게 쓰이는 것을 직접 본다면, 큰 즐거움과 행복감, 삶에 대한 깊은 만족감을 느낄 수 있을 것입니다.

넷째, 복음을 전함으로써 다른 사람을 섬기는 것입니다. 우리가 믿지 않는 사람들을 주님께 인도할 때 신앙이 자라고 성숙해집니다. 삶이 의미 있고 재밌어집니다. 전도가 인생을 가장 의미 있게 만듭니다. 이 기쁨을 맛보지 못한 사람은 인생의 가장 큰 행복을 경험하지 못한 사람입니다.

우리는 지금까지 균형 잡힌 신앙 성장을 위한 네 영역을 살펴보았습니다. 이를 골고루 계발시키고 또 다른 사람을 섬기는 삶에 열심을 다한다면, 가족과 사회 더 나아가서는 하나님 나라와 전 세계를 위해 공헌하는 성숙한 신앙인이 될 것입니다. 점점 성숙해질 여러분의 신앙과 믿음의 삶을 축복합니다.

말씀의 생활화 (1)

"복 있는 사람은 악인들의 꾀를 따르지 아니하며 죄인들의 길에 서지 아니하며 오만한 자들의 자리에 앉지 아니하고 오직 여호와의 율법을 즐거워하여 그의 율법을 주야로 묵상하는도다 그는 시냇가에 심은 나무가 철을 따라 열매를 맺으며 그 잎사귀가 마르지 아니함 같으니 그가 하는 모든 일이 다 형통하리로다 악인들은 그렇지 아니함이여 오직 바람에 나는 겨와 같도다 그러므로 악인들은 심판을 견디지 못하며 죄인들이 의인들의 모임에 들지 못하리로다" 시 1:1-6

신앙 성장의 요소 중 가장 으뜸인 것이 '하나님 말씀'입니다. 이번 장에서는 말씀의 역할과 말씀을 사모하는 사람들에게 임하는 축복에 대해 살펴보겠습니다.

말씀의
역할

첫째, 하나님 말씀은 우리에게 놀라운 역사를 행합니다. 하나님의 말씀으로 사람들은 구원에 이릅니다. 어거스틴도 로마서 13장 13-14절을 읽고 인생이 변했습니다. 그는 많은 죄를 지은 사람이었습니다. 스무 살이 되기 전에 아이 아버지가 된 그는 늘 술에 취해 방탕한 생활을 했습니다. 그러다 하나님의 말씀 한마디에 거듭나고 구원을 받았으며, 기독교 역사상 가장 위대한 신학자가 되었습니다. 또 어거스틴으로 인해 구교와 신교가 다 같이 하나님 말씀의 가르침을 깨닫게 되었습니다.

마르틴 루터도 어느 날 "의인은 믿음으로 말미암아 살리라"(롬 1:17)는 말씀을 깨닫고, 모든 율법으로부터 해방되어 종교개혁을 시작했습니다. 감리교를 시작한 웨슬레도 말씀(벧전 1:4)으로 깨우침을 받았던 사람입니다.

제 지인 한 분도 그런 경험을 했습니다. 그분은 신혼여행을 가는 도중에 신부와 싸웠습니다. 호텔에 도착하자마자 서로 말도 하지 않고 등을 돌린 채 책상에 앉았다고 합니다. 그냥 멍하니 앉아 있다가 책상 위에 놓인 책을 별 생각 없이 펼쳐 읽기 시작했습니다. 그런 신랑의 모습을 보고 속상해진 신부는 침대에 엎드려 울고 말았습니다. 신랑은 신부를 내버려 둔 채 책 속으로 빠져들었습니다.

책에서 '하나님', '세상', '믿음', '영생', '사랑'이란 글자가 눈에 들어왔습니다. 그래서 읽고 또 읽었습니다. 스무 번쯤 읽자 그 내용이 "하나님이 세상을 이처럼 사랑하사 독생자를 주셨으니 이는 저를 믿는 자마다 멸망치 않고 영생을 얻게 하려 하심이니라"라는 말씀으로 요약된다는 것을 깨달았습니다. 스무 번쯤 읽은 후 말씀의 의미를 깨닫게 된 그분은, 성경 구절 하나로 인해 예수 믿고 구원을 받았습니다. 그분은 신혼여행에서 돌아오자마자 교회를 찾아갔습니다. 그것이 계기가 되어 올해로 십 년째 신앙생활을 하고 있습니다.

누구든지 하나님 말씀을 읽게 되면, 말씀 속에서 하나님을 만나게 됩니다. 그의 눈에 영원한 세계가 보이기 시작하고, 그 사람의 영혼 속에는 영원한 하나님의 생명이 나타나게 됩니다. 많은 사람들이 말씀을 통해 구원받습니다. 저도 마찬가지입니다. 하나님의 말씀은 영원한 생명을 발견하도록 해주었습니다.

둘째, 하나님 말씀은 우리를 깨끗하게 해줍니다. 요한복음 17장

17절은 예수께서 "저희를 진리로 거룩하게 하옵소서 아버지의 말씀은 진리니이다"라고 기도하신 내용이 나옵니다. 진리의 말씀으로 우리의 생각과 느낌, 말과 태도와 삶이 거룩하게 되어야 합니다. 진리 없이 거룩해질 수 없고, 진리 없이 삶이 변화될 수 없습니다. 그러나 하나님 말씀을 묵상하고 듣고 또 기도할 때, 그 말씀이 내 속에 들어와 나를 변화시키고 하나님의 거룩한 백성이 되게 합니다.

셋째, 하나님의 말씀은 우리에게 죄를 깨닫게 해줍니다. 하나님 말씀은 우리 양심을 일깨우고 어두움과 죄를 비춰 줍니다. 야고보서는 "하나님의 말씀은 거울 같다"고 말씀합니다. 성도는 말씀 거울을 통해 각자의 모습을 점검하게 됩니다. 건강하고 평안한 사람들은 순간순간 자기를 돌아보면서 본인의 때 묻은 모습을 회개하고 돌이킵니다. 말씀 안에서 자신을 씻어내고 용서받음으로써 영혼을 새롭게 합니다.

요즘은 양심적인 사람이 많이 없어졌습니다. 오래 전 AFKN 채널을 보다가 미국의 NBC에서 방영하는 한국에 관한 특별 프로그램을 시청한 적이 있습니다. 그런데 프로그램의 제목이 「Kingdom of Fake」였습니다. '가짜의 왕국'이라는 뜻입니다. 한국이 세계적으로 유명한 브랜드의 가짜를 만들어 국내에서도 팔고 전 세계로 수출한다는 것을 공개적으로 폭로하는 내용이었습니다. 수천만 명이 방송을 봤을 텐데 한국은 '가짜의 나라', '거짓의 나라', '양심 없는 나라'로 낙인찍힌 게 참 부끄럽고 속상했습니다. 이 나라의 양심이 누구입니까? 우리 믿는 사람들이어야 합니다. 우리나라가 세계적으로 '가짜

상품의 왕국'이라고 알려진 것은 우연이 아닙니다. 우리나라 사람들의 양심이 빛을 잃어가고 있기 때문에 생긴 일입니다.

양심을 회복하는 일은 하나님 말씀으로 사는 우리 성도들부터 시작해야 합니다. 우리 죄를 고백하고 새로운 양심이 싹트도록 해야 합니다. 우리가 이 땅의 양심이고, 이 나라의 빛이 되어야 합니다. 각자의 위치에서 우리 자신이 양심이 되어야 합니다. 하나님 말씀이 없는 곳에는 양심이 죽어 있을 수밖에 없습니다. 그러나 여호와의 율법을 즐거워하고 그것을 주야로 묵상하는 곳에서는 양심이 살아나게 됩니다. 말씀 속에서 죄를 깨닫고 회개하기 때문입니다. 이렇게 성도들로부터 시작된 움직임이 결국 이 나라의 양심을 새롭게 하리라 믿습니다.

넷째, 하나님 말씀은 우리를 승리하게 합니다. 에베소서에서는 하나님 말씀을 '성령의 검'이라고 말합니다. 우리네 인생은 하루하루가 전쟁이고 고통입니다. 육체적 아픔으로 인한 전쟁, 마음의 고통으로 인한 전쟁, 얽히고설켜 엉망이 된 인간관계로 인한 전쟁입니다. 또 우리는 돈 때문에 고통 받고, 자식 때문에 고통 받고, 사업하느라 고통 받으며 날마다 전쟁을 치릅니다. 이 전쟁을 이겨 낼 수 있는 방법은 오직 하나입니다. 하나님 말씀으로 강하게 무장하는 것입니다. 우리는 말씀의 힘을 얻어 어떤 적과도 싸워 이길 수 있습니다. 하나님 말씀이 우리 속에 있을 때, 이 말씀이 우리의 피가 되고 살이 되며, 머리가 되고 호흡이 되어 우리를 강하게 합니다. 말씀을 붙잡을 때 우리 인생은 승리를 맛보며 살아가게 될 것입니다.

지금까지 하나님 말씀의 역할 네 가지를 살펴보았습니다. 이제는 시편 말씀을 통해 하나님 말씀을 사모하는 성도가 받게 될 축복을 헤아려 보겠습니다.

말씀을 사모할 때 받는 축복

"복 있는 사람은 악인들의 꾀를 따르지 아니하며 죄인들의 길에 서지 아니하며 오만한 자들의 자리에 앉지 아니하고 오직 여호와의 율법을 즐거워하여 그의 율법을 주야로 묵상하는도다 그는 시냇가에 심은 나무가 철을 따라 열매를 맺으며 그 잎사귀가 마르지 아니함 같으니 그가 하는 모든 일이 다 형통하리로다 악인들은 그렇지 아니함이여 오직 바람에 나는 겨와 같도다 그러므로 악인들은 심판을 견디지 못하며 죄인들이 의인들의 모임에 들지 못하리로다"(시 1:1-3).

시편 1편 1-3절에는 여호와의 율법을 사모하며 즐거하는 사람에게 임하는 축복을 네 가지로 설명합니다. 먼저 여호와의 율법, 즉 말씀을 사모하고 즐거워한다는 것이 어떤 뜻인지 생각해 보아야 합니다. 하나님의 사람은 행복한 사람입니다. 이런 사람은 오직 여호와의 율법을 즐거워합니다. 여기서 '즐거워한다'는 단어는 그저 좋아한다는 정도가 아닙니다.

영어로는 'Delight'로 보통을 넘어 아주 많이 좋아하는 뜻입니다. 아이스크림도 '아이스크림 딜라이트'라는 게 있습니다. 커다란 컵에

다 아이스크림을 가득 집어넣고 그 위에 빨간 체리를 얹어 놓은 것입니다. 아이들은 아이스크림 딜라이트를 보면 환호성을 지릅니다. 그 정도로 여호와의 율법을 좋아한다는 의미입니다.

이 세상 무엇보다도 여호와의 율법을 사모하는 사람들, 그들은 이 율법을 좋아하고 즐거워할 뿐만 아니라 밤낮으로 묵상하며 생각합니다. 머리와 가슴속에는 늘 하나님의 말씀이 들어 있습니다. 그 말씀을 꼭꼭 씹으면 우리의 피와 살, 뼈와 머리카락이 되고 결국 호흡이 되는 것입니다. 즉 하나님 말씀이 그 사람의 인격 전부를 차지합니다. 이렇게 말씀을 사모하는 사람에게 임하는 네 가지 축복을 구체적으로 살펴보겠습니다.

첫째, 말씀을 좋아하는 사람은 행복합니다. 1절의 '복 있는'이란 '행복하다'는 뜻입니다. 행복은 바깥에 있지 않습니다. 우리 안에 있습니다. 보통 복을 말할 때는 오복(伍福)을 일컫는데 이는 치아가 좋고, 아들을 낳고, 부귀영화를 누리는 것 등입니다. 저는 오복을 다 가졌는데도 불행한 사람을 여럿 보았습니다. 반면 아들이 없어도 행복한 사람은 얼마든지 있습니다.

'행복'은 내적 상태입니다. 우리를 불행하게 만들 수 있는 건 바깥에 아무것도 없습니다. 오직 나만이 나를 불행하게 할 수 있습니다. 이 세상 무엇이 나를 불행 속으로 빠뜨리려고 해도 내가 불행할 것을 거절하면, 불행해지지 않습니다. 하나님 말씀으로 가득 차 있는 사람은 악에게 지지 않습니다. 악은 우리를 절망하게 하고 불행하게 만들며 죄의식과 고통을 줍니다.

그러나 복 있는 사람은 악과 싸워서 이기기 때문에 악인의 꾀를 좇지 않고, 죄인의 길에 서지 않으며, 오만한 자의 자리에 앉지 않습니다. 그는 시냇가에 심은 나무처럼 될 수밖에 없습니다. 깨끗한 시냇가에 심어 놓은 나무를 상상해 보십시오. 이 말씀 속 '나무'는 20m 정도로 높이 솟은 '데이팜'이라는 식물입니다. 성경 속 '여리고' 도시에 가면 이 나무를 쉽게 볼 수 있습니다. 이 나무들은 잎사귀가 크고 아주 길어서 보기만 해도 시원합니다.

둘째, 말씀을 좋아하는 사람은 열매를 많이 맺습니다. 왜 열매를 잘 맺을까요? 나무가 쭉쭉 위로 잘 뻗어나가고, 열매를 많이 맺을 수 있는 이유는 시냇가에 심겨졌기 때문입니다. 깨끗한 물가에서 쉼 없이 물과 영양분을 섭취하는 나무는 잘 자랄 수밖에 없습니다. 우리 인간은 몸의 70%가 물로 이뤄져 있기 때문에 좋은 물을 마셔야 합니다. 나쁜 물을 마시면 70%가 병듭니다. 사람은 물만 마셔도 두세 달은 살 수 있을만큼 물이 중요합니다. 물속에는 우리 몸에 필요한 영양분이 많이 들어 있기 때문입니다.

시냇가에 심은 나무는 밤낮으로 물과 영양분을 공급받으니 잘 자랄 수밖에 없습니다. 그 영양분이 무엇일까요? 바로 '여호와의 율법'입니다. 즉, 하나님의 말씀인 성경을 통해 영적 영양분을 공급받으면 우리의 피와 살이 되는 것입니다. 우리 삶의 70%를 하나님 말씀으로 채워 놓으면, 건강해지는 건 당연한 수순입니다. 이런 사람은 악을 좋아할 리 없습니다. 악을 싫어하기 때문에 악한 자의 꾀를 좇지 않고, 죄인의 길에 서지 않고 오만한 자의 자리에 앉지 않습니다. 결과적으로 마음이 깨끗해지고 삶이 정결해지며 생각도 맑아집니다. 자연스레 우리 삶도 행복해지고 평안해지는 것입니다. 시냇가에 심은 나무는 시절을 좇아 과실을 많이 맺습니다. 좋은 과실이 주렁주렁 열립니다. 먹고 싶은 사람은 얼마든지 풍족하게 먹을 수 있습니다. 나와 내 인생을 통해, 내 힘과 지식을 통해 다른 사람들을 섬기고, 내가 가진 것들을 다른 사람들에게 넉넉히 나누고 베풀며 살게 됩니다.

셋째, 말씀을 좋아하는 사람은 보기만 해도 신선한 느낌을 줍니다. "그 잎사귀가 마르지 아니함 같으니"라는 말씀은 잎사귀가 말라서 비틀어지지 않을 정도라는 의미가 아닙니다. 잎사귀가 너무 청정해 윤기가 나고 사람들이 바라만 봐도 힘이 나고 위로가 되며 삶의 행복을 느낄 정도로 신선하다는 뜻입니다. 나무가 좋은 시냇가에 심겨졌고 신선한 물과 영양분을 항상 공급받기 때문에 잎사귀가 푸르고 탐스러운 것입니다.

넷째, 말씀을 좋아하는 사람은 만사형통합니다. 만사가 형통하다는 것은 하는 일마다 잘된다는 뜻입니다. 그래서 나누고 베풀 것이 많습니다. 시간도 나누고, 재능도 베풀고, 힘과 사랑도 나눠줍니다. 지금 여러분은 가난합니까? 이 가난은 물질이나 돈을 말하는 것이 아닙니다. 마음과 영혼과 육체 그리고 인간관계의 가난함과 빈곤함을 말합니다. 만일 그렇다면 반드시 이유가 있을 것입니다. 여호와의 율법을 즐거워하면서 주야로 묵상하지 않기 때문인지도 모릅니다. 스스로를 점검해 보시기 바랍니다.

여호와의 율법을 즐거워하여 주야로 묵상하는 사람은 무엇을 하든지 형통할 것이라고 했습니다. 이 '형통'이라는 단어는 여호수아서 1장 8절에도 나옵니다.

"이 율법책을 네 입에서 떠나지 말게 하며 주야로 그것을 묵상하여 그 안에 기록된 대로 다 지켜 행하라 그리하면 네 길이 평탄하게 될 것이며 네가 형통하리라"(수 1:8).

'형통'은 영어로 'good success'입니다. 성공한다는 뜻입니다. 무엇을 하든지 다 성사되고 번영합니다. 모든 문제가 해결됩니다. 히브리어 원문에는 "그 사람이 하는 것은 무엇이든지 하나님께서 번창하게 해주실 것이다"라고 기록되어 있습니다. 먹든지 마시든지 어떤 일을 하든지, 하나님께서 당신이 하는 일을 번창시켜 주신다는 뜻입니다. 여기서 중요한 것은 전제(前提)입니다. 이 축복은 '여호와의 율법을 즐거워하고 주야로 묵상하는' 사람에게 주어지는 선물임을 잊지 마십시오. 삶에서 참 열매가 열리고, 보기만 해도 신선한 모습으로 살며, 무엇을 해도 번창한다면 그 사람은 행복할 수밖에 없습니다. '복 있는 사람'은 바로 그런 의미입니다.

저는 하나님께서 여러분을 행복한 사람으로 만들어 주시길 원합니다. 행복한 사람이 되기 위해서는 여호와의 율법을 즐거워하고 주야로 묵상하면 됩니다. 시냇가에 심은 나무처럼 시절을 좇아 좋은 열매를 맺고, 잎사귀가 청청하며 하는 일마다 형통한 이 은혜가 우리 삶에도 임할 수 있도록 하나님 말씀을 사랑하고 즐겁게 묵상합시

다. 하나님의 말씀으로 변화를 받고 하나님의 축복을 받읍시다. 그리
하여 언제 만나더라도 행복한 모습으로 서로를 대하고 형통한 삶을
나눌 수 있도록 말입니다.

말씀의 생활화(2)

"하나님의 말씀은 살아 있고 활력이 있어 좌우에 날선 어떤 검보다도 예리하여 혼과 영과 및 관절과 골수를 찔러 쪼개기까지 하며 또 마음의 생각과 뜻을 판단하나니 지으신 것이 하나도 그 앞에 나타나지 않음이 없고 우리의 결산을 받으실 이의 눈 앞에 만물이 벌거벗은 것 같이 드러나느니라" 히 4:12-13

우리는 앞장에서 시편 1편을 살펴보았습니다. 말씀을 통해 행복한 신앙인이 되고, 인격적인 열매를 맺으며, 무엇을 하든 주님 안에서 형통한 사람이 된다는 것을 배웠습니다. 이번 장에서는 '하나님의 말씀을 어떻게 대할 것인가?' 하는 방법들을 이야기하고자 합니다. 어떻게 하면 하나님의 말씀을 우리 각자의 것으로 만들 수 있을까요?

하나님의 말씀을 내 것으로 만드는 방법

첫째, 말씀을 읽고 들어야 합니다. 요한계시록 1장 3절을 보면 "이 예언의 말씀을 읽는 자와 듣는 자와 그 가운데에 기록한 것을 지키는 자는 복이 있나니 때가 가까움이라"고 말합니다.

어떤 사람이 복이 있습니까? '말씀을 읽는 자와 듣는 자'입니다. 여기서 '읽는 자'는 단수, '듣는 자'는 복수입니다. 지금은 누구나 다 성경을 가지고 있습니다. 한 사람이 여러 종류의 성경을 가진 경우도 많습니다. 하지만 옛날에는 그렇지 않았습니다. 성경을 갖고 있는 사람이 거의 없었기 때문에 성경 한 권으로 몇 교회가 돌아가며 읽기도 했습니다. 성경이 더없이 귀했기 때문에 교회에서 대표로 성경을 읽는 사람이 그것을 보관했다가 꺼내 읽고 또 다시 보관하곤 했던 것입니다. 그래서 성경을 입에 올리고 눈으로 보고 읽는 사람이 복되다는 말을 한 것입니다. 골로새서에서도 "성경을 다른 교회에 주어 읽게 하라"고 기록합니다. 그래서 옛날 사람들은 성경 사본을 만들어 읽었습니다. 그 당시 상황과 비교해 보면 우리는 지금 얼마나 행복하고 풍족합니까? 성경도 종류별로 있고 성경을 쉽게 설명해 놓은 책도 많으며, 교회는 더 많습니다. 요즘처럼 예수 믿기 좋은 세상이 어디 있을까요?

사실 이 세상에는 아직도 하나님의 말씀을 본 적 없고 듣지 못한 사람도 있습니다. '성경'이라는 단어조차 들어보지 못한 사람도 있습니다. 북한에 사는 제 동생도 제가 읽어 준 성경 말씀이 세상에 태어나 처음 들어본 복음이었습니다. 북한에는 그런 사람들이 얼마든지 있습니다. 북한뿐만 아닙니다. 전 세계 구석구석에는 하나님의 말씀을 읽거나 듣지 못한 사람들이 많이 있다는 것을 기억해야 합니다.

제가 있던 신학교는 신학생들이 선교사로 많이 나갔습니다. 그들이 선교지에서 돌아와 채플(chapel) 시간에 간증한 내용 중 인상적인 일화가 있었습니다. 뉴기니 정글로 복음을 전하러 갔을 때의 일입니다. 그곳 사람들은 하나님 말씀을 들어 본 적도 없고 예수 믿는 사람을 만나 본 적도 없었다고 합니다. 그들에게 하나님의 말씀을 전하는 것이 선교사들의 오랜 소망이었지만 그곳 사람들은 글을 읽지 못했습니다. 그래서 선교사들이 문자를 만들고 그 글대로 성경을 번역

해서 복음을 전했습니다. 그들이 처음으로 하나님 말씀을 입에 올려 읽어낼 때의 기쁨은 실로 대단했다고 합니다.

어느덧 이 세상에 교회가 셀 수 없을 만큼 많아졌습니다. 성경도 흔하고 마음만 먹으면 설교 말씀을 듣는 것도 어렵지 않게 되었습니다. 말씀을 읽고 듣는 것의 중요성과 그로 인한 기쁨을 크게 느끼지 못하는 시대입니다. 그러나 지금도 성경 말씀을 처음 접하는 사람들이 많이 있다는 사실을 기억해야 합니다. 말씀을 읽고 듣는 사람이 복이 있습니다. 말씀을 듣지 못하는 사람에게 믿음이 생길 수 없습니다. 믿음은 들음에서부터 납니다. 우리가 원할 때 주님 말씀을 읽을 수 있고, 들을 수 있다는 것은 얼마나 큰 축복입니까?

둘째, 말씀을 깊이 묵상해야 합니다. 제가 학생 시절에는 '누가 성경을 많이 읽는가?'를 경쟁하는 '성경 다독표'가 벽에 붙어 있었습니다. 저도 그 표에 표시하기 위해 성경을 열심히 읽었습니다. 토요일 밤이면 얼마나 빨리 잘 읽었는지 모릅니다. 그러나 성경은 많이 읽는 것보다 깊이 묵상하는 것이 중요합니다. 말씀을 조금 읽더라도 깊이, 골똘히 생각해야 합니다. '묵상(meditation)'이란 생각하고 또 생각해서 그 말씀을 꼭꼭 씹어 내 것으로 소화하는 것입니다. 하나님 말씀을 오랜 시간 묵상하면 말씀이 머리뿐만 아니라 가슴 안에 새겨집니다. 신앙인의 집념과 확신, 그리스도인으로서의 자신감과 의(義)가 드러나는 것은 바로 하나님 말씀을 깊이 묵상한 결과입니다.

저는 대학생들과 자주 만납니다. 젊은이들과의 교제는 참 좋습니다. 청년들이 예배에 많이 참석하면 그 모습이 얼마나 아름다운지 모릅니다. 어머니와 아들, 아버지와 딸이 함께 앉아 예배드리는 모습은 아주 보기 좋습니다. 주님 말씀은 어렸을 때부터 읽고 들어야 합니다. 어린 나이에는 하나님 말씀이 쏙쏙 잘 들어갑니다. 생각이 복잡하지 않고, 이미 들어 있는 지식도 적기 때문에 읽고 듣는 대로 머리와 가슴에 새겨집니다. 어릴 때 배운 것은 두고두고 우리 인생을 인도해 주기도 합니다. 성경 말씀을 잘 듣고 묵상한 후 그 뜻과 교훈을 내 것으로 만들어 가는 것이 중요합니다. 그럴 때마다 우리 신앙은 성장합니다.

셋째, 말씀을 조직적으로 공부해야 합니다.

"너는 진리의 말씀을 옳게 분별하며 부끄러울 것이 없는 일꾼으로 인정된 자로 자신을 하나님 앞에 드리기를 힘쓰라(Study to show thyself approved unto God, a workman that needeth not to be ashamed, rightly dividing the word of truth)"(딤후 2:15).

미국의 '어와나(AWANA)'라는 어린이 청소년 선교 단체가 그 이름을 디모데후서 2장 15절에서 따왔다고 합니다. '부끄러울 것이 없는 일꾼으로 인정된 자(Approved Workman Are Not Ashamed)'의 첫 글자를 조합해 따온 이름이 바로 '어와나(AWANA)'입니다.

미국의 신학생들은 반드시 목사나 선교사가 되기 위해 신학교를 가는 것이 아니었습니다. 일주일에 한 번, 목사님 설교로는 성경을 주일학교에서 배우는 정도밖에 알지 못하기 때문에 1년 정도 성경을 체계적으로 공부하기 위해 신학교에 입학하는 경우가 전체의 50% 정도 되었습니다. 그래서 일 년 후에는 학생의 절반만 남는 경우가 많습니다. 그들은 진짜 목회자나 선교사가 되기 원하는 사람들입니다. 우리와는 참 다른 모습입니다. 한국의 그리스도인들도 보다 조직적이고 체계적으로 성경을 공부해야 할 필요가 있습니다. 목사나 신학생들만 성경을 공부해야 하는 것은 아닙니다. 물론 사역자들에게는 더 많은 성경 공부와 연구가 필요한 건 사실입니다. 하지만 평신도들이 하나님 말씀을 체계적으로 공부하면 굉장히 큰 도움이 될 것입니다. 주일 설교 한 번 듣는 것과 가끔 경건의 시간을 갖는 것 정도로는 신앙이 성장하기 힘듭니다. 성도들은 하나님 말씀이 잘못 전달되고 있는데도 잘 모르는 경우가 많습니다.

이전에 『내가 본 천국』이라는 책이 엄청나게 팔렸습니다. 제가 읽어보니 성경에도 없는 엄청난 이야기를 해놓은 책이었습니다. 책 제목을 『성경이 말하는 천국』이라고 하면 아무도 읽지 않습니다. 『사도 요한이 본 천국』이라고 해도 별로 관심을 갖지 않습니다. 그러나 『내가 본 천국』이라고 하면 '뭘 봤을까?'하며 궁금해 합니다. "와아! 천국이 이렇대! 천국이 저렇대!"하면서 야단법석입니다. 성경에 기록되지 않은 내용인데도 그렇게들 떠듭니다. 성경을 모르기 때문에 진리를 분별하지 못하기 때문에 그렇습니다. 하나님께서 계시를 통해 보여주신 것에는 무관심하지만, 누군가 흥미로운 꿈을 꿨다고 하면 다들 관심을 보입니다. 교회에서는 엉뚱하고 기이한 일에 이리저리 휩쓸리는 일들이 많이 일어납니다. 이를 항상 조심해야 합니다.

하나님 말씀을 잘 아는 사람은 이상한 이야기를 듣는 순간, 바로 분별합니다. 어떤 이야기를 들어도 바로 분별할 수 있도록 하나님 말씀을 깊이 공부해야 합니다. 책 몇 권을 사서 집에서 혼자 공부할 수도 있습니다. 지금은 시간이 없거나 돈이 없어서 공부하지 못한다고 핑계대기 힘든 시대입니다. 기회가 없어 공부를 못 한다는 건 변명에 불과합니다. 교회마다 성경공부 모임이 많고 평신도를 위한 신학원이나 훈련원도 있습니다.

진리의 말씀을 옳게 '분별한다'는 말씀에서는 'dividing'이란 단어를 사용합니다. 이것은 목수가 자를 대고 정확하게 줄을 긋고, 또 정확하게 톱으로 잘라 낸다는 것을 뜻합니다. 조금이라도 비뚤어지거나 틀어지면 안 되는 것입니다. 제가 목사로서 성도들에게 원하는 것은 성도들이 성경 강해와 설교를 듣고 '참 좋다!'라고 감탄하는 차원을 넘어 성도들 스스로가 성경을 읽고 공부함으로써 김상복 목사보다 먼저 성경 진리를 깨닫는 것입니다. 그래서 저도 듣는 축복이 있다면 더 없이 기쁘고, 제 마음도 벅찰 듯합니다.

우리 모두가 보다 더 조직적이고 체계적으로 성경을 공부할 때 신앙이 자라납니다. 바쁘더라도 시간을 내야 합니다. 바쁜 일상에 쫓겨 분주하게 뛰어다니다 보면 어느덧 인생의 마지막 순간을 맞이할 때가 다가옵니다. 죽음의 순간이 언제인지는 아무도 모릅니다. 영원한 보상과 영원한 성숙함을 위해 성도들 모두가 조금씩 시간을 내서 성경을 더 꼼꼼하고 깊이 있게 공부하기를 바랍니다. 진리의 말씀을 옳게 분별하면 우리는 '부끄러울 것이 없는 일꾼'이 됩니다.

그러나 진리를 정확하게 알지 못하고 제대로 분별하지 못하면, 주님을 섬기면서도 어떤 때는 흔들리고 방황하게 됩니다. 말씀을 통해 성숙해질 수 있는 길이 있는데 이 길에서 멀리 떠나 살면 주님 앞에서 부끄러운 일꾼이 될지도 모릅니다. 요즘은 다들 공부를 많이 하고 학벌도 좋기 때문에 똑똑하고 박식한 사람이 많습니다. 그 중 가장 귀한 지식인 성경 공부를 열심히 해서 주위 사람들에게 선한 가르침을 줄 수 있다면 얼마나 좋을까요? 여러분이 그렇게 할 수 있도록 말씀을 체계적으로 배우고 공부해 보십시오.

넷째, 말씀을 암송해야 합니다. 모든 운동 경기에는 각각 지켜야 할 규칙이 있습니다. 어느 날 텔레비전에서 하는 축구 경기를 보았습니다. 한국 선수가 공을 몰고 골대를 향해 공격해 들어가고 있었는데 중국 선수가 손으로 잡아당기는 것이 아니겠습니까? 이것은 축구가 아니고 '손구'입니다. 축구에서 손을 쓰면 반칙입니다. 신앙생활도 마찬가지입니다. 인생살이도 다르지 않습니다. 하나님 앞에서도 우리가 지켜야 할 규칙이 있습니다. 기차는 반드시 기찻길을 따라 달려야 합니다. 그런데 "나는 그렇게 안 살아! 나는 내 마음대로 갈 거야!"라며 기찻길을 벗어나면 큰 사고가 나게 됩니다.

오래 전, 저는 하나님 말씀을 저를 괴롭히고 옭아매는 존재라고 여겼습니다. "내가 인생을 즐기지 못하게 하시려고 하나님이 단단히 작정하셨구나!"라고 생각했습니다. 예수님을 믿지 않고 하나님 말씀대로 살지 않으면 자유롭고 인간답게 살 수 있을 것 같았습니다. 하나님 말씀이 마치 자유로운 저를 꼼짝 못하게 묶어버린다고 생각했던 것입니다. 그러나 성경을 깊이 깨닫고 나니 제 생각이 잘못되었다는 것을 알게 되었습니다. 하나님은 우리를 만드신 분입니다. 우리가 어떻게 만들어졌는지 하나님보다 더 잘 아시는 분은 없습니다. 우리는 하나님이 만드신 방법대로 살아야 인간다운 삶을 살 수 있습니다.

많은 부모들이 아이에게 처음 자전거를 사 줄 때는 무척 설레고 떨립니다. 마치 자기 아이가 인류 역사 이래 처음으로 자전거를 타는 아이처럼 생각됩니다. 더군다나 첫 아이가 자전거를 탈 때는 왜 그렇게 신기한지 모릅니다. 미국 자전거는 완제품으로 조립되어 있지 않고 박스 속에 낱개로 들어 있습니다. 조립을 하려면 30불을 더 내야 합니다. 그래서 대부분 아빠들이 집으로 가져와 조립을 합니다.

급한 마음에 조립을 서두르다 보면 부품이 꼭 서너 개 남습니다. 그 부품이 어디에 들어가는 건지 알 수가 없습니다. 한참 궁리를 하다가 박스 속을 들여다보면 그제야 설명서 한 장을 발견합니다. 설명서 1번 항복은 '조립하기 전에 반드시 이 설명서를 먼저 읽으십시오.'라고 적혀 있습니다. 설명서를 찬찬히 읽어보고 그대로 조립하면 제대로 완성되는데 급한 마음에 혼자 서둘러 조립하다 보면 엉망이 됩니다. 자전거를 만든 사람에 제대로 된 조립 방법을 적어 놓은 설명서가 있는데도 그대로 하기 싫어 자기 마음대로 조립하는 것이 우리 인간입니다. "대학도 졸업했는데 내가 이거 하나 못할까봐? 자전거야 바퀴 달아놓으면 굴러 가는 거지!"하면서 조립하지만 잘 안 됩니다.

제품을 만든 사람이 설명서를 적어 놓은 이유가 있습니다. 그대로 조립해야만 자전거가 제대로 된 자전거 구실을 할 수가 있기 때문입니다. 자전거가 제대로 조립되기만 하면 얼마든지 자전거를 즐길 수 있는데 그 설명서대로 조립하지 않고 마음대로 다루니 문제가 생기는 것입니다. 자전거 조립 방법을 잘 알면 조금씩 훈련이 되고 어느 자전거든지 조립할 수 있고 조금만 잘못돼도 스스로 고칠 수 있습니다. 즉, 기본적인 원리와 방법을 알면 됩니다. 성경이 바로 그런 역할을 해줍니다. 하나님께서는 우리를 하나님의 형상대로 아주 섬세하게 만드셨습니다. 또 보람 있게, 멋지고 즐겁게 사는 방법도 알려 주셨습니다. 바로 성경 말씀을 통해서입니다. 성경은 우리가 읽고 깨닫고 암기해야 합니다. 인생을 살아가면서 필요한 순간마다 내 안에 새겨놓은 성경 말씀을 꺼내 적용하면 됩니다. 그러면 좌로나 우로나 치우치지 않고 풍성한 삶을 살 수 있습니다.

하나님은 우리에게 관심이 아주 많으십니다. 창세기부터 요한계시록까지 읽어보면 하나님이 우리의 행복에 대해 얼마나 관심이 많으신지 깨달을 수 있습니다. 우리가 원만하고 성숙하게, 보람 있고 즐겁게 잘사는 것이 하나님의 최고 목표 중 하나입니다. 하나님의 영광이 첫 번째이고, 그 다음이 우리의 행복입니다. 인간은 영적인 존재로서 인간답게 살 수 있는 길이 있는데 이를 알지 못하고 어둠 속에서 헤맵니다. 이때 하나님께서는 아흔아홉 마리의 양을 두고 잃어버린 한 마리의 양을 찾으러 간 목자처럼 우리를 안타깝게 바라보시며 우리가 하루빨리 주님 품으로 돌아오기를 기다리십니다. 주님은 우리가 행복하고 의미 있는 삶을 살기를 바라십니다. 그래서 우리 인생의 마지막 순간에 "주님, 우리가 풍성하고 만족한 삶을 살게 해주셔서 감사합니다. 하나님의 뜻과 영광을 이 땅에 이루며 살 수 있게 해주신 것 또한 감사드립니다. 마지막으로 주님과 이웃을 섬기며 행복하게 살 수 있도록 해주신 것에 너무나 감사합니다!"라는 황홀한 고백을 듣고 싶어 하십니다. 우리가 이런 삶을 살고 천국에 갈 수 있게 인도하시는 것이 하나님의 목적입니다. 우리가 하나님의 이 목적대로 살려면 하나님 말씀을 잘 알아야 합니다.

컴퓨터는 어떤 자료를 입력하든 넣은 그대로 출력됩니다. 우리 마음속에도 쓰레기를 넣으면 쓰레기가 나오고 좋은 것을 넣으면 좋은 것이 나옵니다. 우리 영혼과 머릿속에 언제든지 하나님 말씀이 들어 있어야 합니다. 그래야 언제든지 우리 삶을 바른 길로 인도해 줄 수 있습니다. 말씀 암송은 이렇게 중요한 일입니다.

앞에서 예를 든 중국 선수의 경우, 경기 도중 축구 경기의 규칙이 적힌 책자를 꺼내 상대방 선수를 손으로 잡아당겨도 되는지 안 되는 지를 찾아 보려하면 이미 늦습니다. 믿는 성도들도 마찬가지입니다. 하나님 말씀이 우리의 마음속에 완전히 새겨져 있어서 어떤 상황에 서든 말씀을 거쳐 생각하고 결정하며 행동할 수 있어야 합니다. 그렇 기 때문에 성경 말씀을 암송하는 일은 대단히 중요합니다.

"내가 주께 범죄하지 아니하려 하여 주의 말씀을 내 마음에 두었나 이다(Thy word I have treasured in my heart that I may not sin against Thee)"(시 119:11).

영어성경 본문을 보면 주의 말씀을 내 마음에 두었다는 말은 내 가슴에 하나님 말씀을 '보물처럼' 잘 보관했다는 의미입니다. 하나님 앞에서 죄 짓는 삶을 살지 않기 위해서입니다. 우리를 불행하게 하는 것은 우리가 지은 죄입니다. 죄가 하나님과 우리 사이의 관계를 끊어 버리고 자신을 파괴시킵니다. 또 나와 이웃의 관계를, 나와 가족의 관계를 깨뜨립니다. 죄가 우리의 원수인 것입니다. 하루는 어떤 분께 전도를 하다가 이런 대화를 하게 되었습니다.

"목사님, 저는 예수 믿는 것을 별로 좋아하지 않습니다."

"왜 그러십니까?"

"예수 믿으면 불편해서 그렇습니다. 교회만 가면 이것은 하라, 저것은 하지 말라 하는데 안 들으면 속이 편하지만 듣고 나면 불편합니다. 안 할 수도 없고, 할 수도 없고 하니까 저는 아예 교회에 안 갑니다. 교회에서 야유회 갈 때는 예외지만요."

그날은 저희 교회의 야유회였습니다. 자유롭게 살고 싶다는 그분에게 그러려면 예수를 믿어야 한다고 말했습니다. 왜냐하면 성경이나 기독교는 '이건 하고 저건 하지 마라!'하는 식으로 복잡하게 요구하지 않기 때문입니다. 단 한 가지만 하지 말라고 합니다. 골프를 쳐도 괜찮고 설렁탕을 먹어도 괜찮고 등산을 가도 괜찮고 피아노를 쳐도 괜찮고 물구나무를 서도 괜찮고 무엇을 해도 다 괜찮습니다. 하지만 꼭 하나만은 절대로 하지 말라고 합니다. 그것은 바로 죄입니다. 죄만 짓지 말라고 말합니다. 죄를 지으면 죄를 지은 본인, 즉 당신이 다치기 때문입니다. 죄 때문에 하나님과 당신 사이가 멀어지기 때문입니다.

기독교에서는 '죄' 하나 말고는 금하는 것이 없습니다. 하나님께서 에덴동산 중앙에 있는 선악을 알게 하는 실과만 먹지 말라고 말씀하시고, 동산의 모든 과일은 뭐든지 먹으라고 하셨습니다. 선악과 외에는 무엇을 먹어도 하나님께서 나무라지 않으십니다. 기독교는 사람의 자유를 얽매지 않습니다. 그저 죄만 짓지 말라고 합니다. 그 이유는 죄가 당신을 괴롭히고, 파괴시키고, 당신 자신과 가족과 당신이 속한 사회와 국가와 세상을 망치기 때문입니다. 이렇게 될 때 진짜 자유가 없어지는 것입니다. 죄를 짓지 않으려면 하나님 말씀을 보물처럼 내 안에 간직해야 합니다. 언제 어디서든 말씀이 나를 지켜 줄 수 있어야 합니다. 여행을 가도 그렇습니다. 혼자 있으면 음란한 생각이 들 수 있고 낯선 곳에서는 엉뚱한 생각이 들 수도 있습니다. 그럴 때 하나님께서는 저 하늘에도 계시고, 바다 끝에도 계시며 호텔 방에도 계시다는 시편 139편 8-10절 말씀을 떠올리면 됩니다. 그러면 '어이쿠! 정신 차려야지!'하면서 마음을 다잡고 행동을 조심하게 될 것입니다.

하나님 말씀이 언제나 우리 속에 있을 때, 다시 말해 말씀을 외워서 마음속에 새겨 놓으면 그 말씀이 우리를 죄 짓지 않게 지켜줍니다. 저는 할렐루야교회에 와서 많은 감동을 받았습니다. 시간이 지나며 점점 더 '이 교회가 훌륭한 교회구나, 교인들이 참 훌륭하구나!'라는 것을 강하게 느꼈습니다. 오래 전 사랑방 모임 때 교인들이 나와 많은 성경 구절을 암송하는 모습을 보며 '참 잘 되었다. 제대로 되었다!'라는 생각을 했습니다. 말씀은 목사님을 위해 암송하는 것이 아닙니다. 사람들에게 보여주기 위해서도 아닙니다. 말씀 암송은 가슴속에 보물을 간직함으로써 죄 짓지 않는 삶을 살게 하기 위한 훈련입니다. 참으로 성숙한 그리스도인이 되기 위한 운동인 것입니다. 이 운동은 어른보다는 어린이들이 더 잘합니다. 어른들은 머릿속에 복잡한 생각이 많아 잘 암기하지 못합니다.

어느 교수님이 말하기를 "나이가 들면 두 가지 증세가 나타나는데, 하나는 잘 잊어버리는 습관이고 나머지 하나는 '도무지 기억이 안 나네요!'라는 말을 자주 사용하는 습관!"이라고 했습니다. 정말 그런 것 같습니다. 나이 들어 예수 믿으면 손해가 얼마나 많은지 모릅니다. 오륙십 세 되어 예수 믿으면 돌아가실 때까지 찬송가 한 곡도 끝까지 외워 부르지 못하는 경우가 허다합니다. 주님 품으로 갈 때 되어 마지막 숨을 내쉬며 "내 주를 가까이 하게 함은 십자가 짐 같은 고생이나…" 같은 찬송을 부르거나 성경 말씀을 읊조리며 떠날 수 있으면 얼마나 좋을까요? 임종과 같은 힘든 상황에서도 찬송가 가사를 몇 절씩 암송하는 성도를 가끔 봅니다. 그러나 어떤 성도는 주기도문도 외우지 못합니다. 어렸을 때나 젊었을 때 주님 말씀을 많이 암송해 놓으면 우리 몸이 피곤하고 지칠 때 혹은 성경을 펼칠 힘조차 없는 절망의 순간에도 우리 안에 새겨진 말씀으로 인해 새로운 힘을 얻을 수 있습니다. 이처럼 주님 말씀을 되새기며 인생의 마지막 순간을 장식할 수 있다면 참 좋겠습니다.

저희 장모님 칭찬을 좀 하고 싶습니다. 장모님이 62세 되던 해에 예수를 믿으셨습니다. 80세까지도 매일 기도하고 찬송하셨습니다. 제 막내딸이 어렸을 때부터 외할머니와 함께 지냈습니다. 두 살짜리가 아침에 일어나면 할머니와 함께 예배를 드리곤 했습니다. 그런데 장모님이 젊었을 때 찬송가를 배우지 못해, 가사는 정확해도 곡조는 전부 장모님 나름대로 편곡을 하셨습니다. 음악적 소질이 뛰어나셨던 장모님은 어쩌면 그렇게 모든 곡을 같은 곡조로 편곡해 놓으셨는지 모르겠습니다. 자연스럽게 제 막내딸이 외할머니가 부르시던 찬송가를 똑같이 배웠습니다. 우리 다섯 식구가 찬송을 부르면 장모님은 따로 편곡해 부르셨습니다. 어렸을 때, 젊었을 때 찬송과 말씀을 머릿속에 잘 담아 두십시오. 신앙이 잘 성장할 수 있도록 말입니다.

다섯째, 말씀에 순종해야 합니다. 우리는 지금까지 하나님 말씀을 우리 것으로 만들어 마음속에 새기는 방법을 배웠습니다. 말씀을 읽고, 듣고, 묵상하고 공부하고 암기하는 것이었습니다. 그러나 하나님께서 우리에게 말씀을 주신 궁극적인 목적은 '말씀에 순종하라'는 것입니다.

"이 율법책을 네 입에서 떠나지 말게 하며 주야로 그것을 묵상하여 그 안에 기록된 대로 다 지켜 행하라 그리하면 네 길이 평탄하게 될 것이며 네가 형통하리라"(수 1:8).

여기서 '형통하리라'는 말은 '성공하리라'는 뜻입니다. 율법을 주야로 묵상하고 입에서 떠나지 않게 하고 그것을 지켜 행하라고 말씀하셨지만 한꺼번에 모든 말씀을 다 지켜 행하기는 어렵습니다. 깨달은 만큼만 순종하고 행동에 옮겨 보십시오. 하나님의 말씀을 제대로 깨달아 알게 되는 것은 그 말씀을 행동으로 옮겨 순종할 때입니다. 세상의 모든 지식은 머리로 알 수 있습니다. 그러나 하나님 말씀은 머리로 아는 것이 아니라 내 손과 발로 행하는 것입니다. 많은 말씀을 행하지 못해도 오늘 배우고 느낀 말씀만이라도 당장 행해 보십시오. 그러면 성경 말씀을 확실하게 깨닫게 됩니다. 순종할 때 온전히 내 것이 됩니다.

늘 순종하지 못해도 순종하려고 계속해서 노력할 때 우리의 신앙은 성장합니다. 신앙생활은 '다 이루었다'라는 것이 없습니다. 이 말은 예수님밖에 할 수 없습니다. 사도 바울도 빌립보서 3장 12-14절에서 "내가 이미 얻었다 함도 아니요 온전히 이루었다 함도 아니라 … 뒤에 있는 것은 잊어버리고 앞에 있는 것을 잡으려고 푯대를 향하여 … 좇아가노라"고 기록했습니다. 우리는 연약해서 죄를 지을 수 있고 쓰러질 수 있습니다. 그러나 쓰러졌다 일어나는 것이 더 중요합니다. 우리의 연약함을 아시는 주님께서 우리를 긍휼히 여기시고 인도하시고 돌보십니다. 우리가 실수하고 잘못하는 것보다 중요한 것은 '우리가 근본적으로 무엇을 원하는가?'입니다. 다시 말해 '우리 마음 속에 어떤 동기가 있는가?' 하는 것이 가장 중요합니다.

"하나님의 말씀은 살아 있고 활력이 있어 좌우에 날선 어떤 검보다도 예리하여 혼과 영과 및 관절과 골수를 찔러 쪼개기까지 하며 또 마음의 생각과 뜻을 판단하나니"(히 4:12).

히브리서 4장 12절에서 '뜻'은 'intention'입니다. 즉 내 가슴속에서 원하는 것, 내 마음의 동기를 뜻합니다. 설령 부족하고 실수하더라도 근본적으로 우리 마음과 영혼이 주님을 사랑하고 주님 말씀을 순종하며 성장해 가면서 살기를 원하는 것, 이 동기가 가장 중요합니다. 얼마만큼 행하는가도 중요하지만 근본적인 마음의 동기가 더욱 중요한 것입니다. 아브라함이나 다윗도 얼마나 실수가 많았습니까? 그런데도 하나님께서 그들을 지극히 사랑하셨습니다. 왜 그러셨을까요? 그들이 실수를 안 해서가 아니라 주님의 뜻대로, 말씀대로 살기를 간절히 원했기 때문입니다.

저는 부족한 점이 많습니다. 하지만 한 가지 주님께 분명히 말씀드릴 수 있는 것이 있습니다. 제 가슴 깊은 곳에서부터 주님을 사랑하고 주님 뜻대로 살며, 이 땅에서 주님 뜻을 이루며 살기를 간절히 원한다는 사실입니다. 애쓰고 노력하면서 한 걸음씩 나아갈 때 우리는 성장합니다. 아름답고 귀한 주님의 말씀을 사모하게 되고, 읽고 듣고, 공부해서 암기하고 싶어집니다. 더 나아가 순종하고 싶어지고 실제로 순종하게 됩니다. 이것이 성장의 길입니다. 찬송가 449장처럼 말입니다.

예수 따라 가며 복음 순종하면
우리 행할 길 환하겠네.
주를 의지하며 순종하는 자를
주가 늘 함께하시리라.
의지하고 순종하는 길은
예수 안에 즐겁고 복된 길이로다.

우리는 모두 자신의 신앙이 성장하기 원하고 서로의 성장을 돕습니다. 한 사람, 한 사람이 성장하고 성숙한 그리스도인이 될 때, 교회와 사회와 국가가 변할 것입니다. 우리로 인해 이 땅에 하나님 나라가 이루어질 줄로 믿습니다.

기도의 생활화(1)

"주 안에서 항상 기뻐하라 내가 다시 말하노니 기뻐하라 너희 관용을 모든 사람에게 알게 하라 주께서 가까우시니라 아무 것도 염려하지 말고 다만 모든 일에 기도와 간구로, 너희 구할 것을 감사함으로 하나님께 아뢰라 그리하면 모든 지각에 뛰어난 하나님의 평강이 그리스도 예수 안에서 너희 마음과 생각을 지키시리라" 빌 4:4-7

사도 바울은 고린도후서 4장 16절에서 "겉사람은 후패하나 우리의 속은 날로 새롭도다"라고 고백했습니다. 시간이 갈수록 사람은 누구나 약해집니다. 나날이 젊어지는 사람은 어디에도 없습니다. 나이가 들면 우리 육신은 약해집니다. 언젠가는 모두 다 주님 앞에 가게 될 텐데, 그 시간까지 겉사람은 계속 쇠퇴합니다. 그러나 우리의 속사람은 날마다 왕성하게 자라고 점점 더 깊고 강해질 수 있습니다. 시간이 갈수록 우리 삶에 풍성한 열매들이 맺힐 뿐만 아니라, 우리의 존재만으로도 깊고 그윽한 아름다움을 나타낼 수 있습니다. 우리 모두는 시간이 흐를수록 지혜와 생각이 자라고, 태도도 더 나아지며 영적으로 성숙해짐으로써 무엇을 하든 형통한 사람이 되고 싶어 합니다. 그리하여 이 땅에서의 삶이 참으로 보람되고 행복하기를 원합니다.

우리는 앞 장에서 형통하고 의미 있는 삶을 살기 위해, 마지막 숨을 내쉬는 그날까지 성장하기 위해 어떻게 해야 하는지 '말씀'에 초점을 맞추어 이야기했습니다. 이번 장에서는 성장의 두 번째 요소인 기도에 대해 이야기하고자 합니다. 기도하는 사람은 계속적으로 성숙해 갑니다. 또 성숙해진 삶에는 반드시 기도가 있습니다. 기도가

없는데 성숙해진 사람은 없으며, 기도하는데 성숙해지지 않는 사람
도 없습니다. 성장하기 원하는 사람은 반드시 기도해야 합니다. 그렇
다면 우리는 어떻게 기도해야 할까요?

| 기도의
| 자세

첫째, 자연스럽게 기도하십시오. 어린아이가 태어나서 숨 쉬는 것
이 자연스러운 것처럼 기도도 그렇게 자연스러워야 합니다. 여러분
중에 "우리 모두 금요일 저녁 10시부터 2시까지 교회에 모여 숨을 쉽
시다." 혹은 "40일 동안 금식하면서 숨을 쉽시다."라는 식으로 말하
는 사람이 있습니까? 아무도 특별한 때 모여서 숨 쉬자고 하지 않습
니다.

기도도 마찬가지입니다. 특별한 기간에 집중적으로 기도하기도
하지만, 기도는 호흡처럼 일상에서 생활화되어야 합니다. 숨 쉬듯이
자연스럽게 기도하는 것이 가장 정상적입니다. 일상적인 삶 속에서
수시로 기도하는 사람은 한꺼번에 몰아서 기도하지 않아도 됩니다.
날마다, 순간마다 기도를 하니 몰아서 기도할 이유가 별로 없습니다.
특별한 상황이나 절기가 있지만, 일반적인 기도는 평상시에 숨을 쉬
듯 자연스럽게 해야 합니다. 하나님의 자녀들은 아버지 하나님과 함
께, 성령님과 예수님과 동행하고 있기 때문에 언제든 기도할 수 있습
니다. 기도는 일상에서 생활화되는 것이 가장 자연스럽고 바람직합
니다.

둘째, 이야기하듯이 기도하십시오. 기도 생활을 오래 하다 보면 기도의 형식이 생길 수 있습니다. 자기가 주로 쓰는 단어나 익숙한 말투가 생기기도 합니다. 제가 미국에 있을 때, 기도를 아주 은혜롭게 하는 분이 있었습니다. 대구 사람이었는데 '옵소서'의 '옵'에다 무척 힘을 주어 기도했습니다. 기도는 자기 스타일대로 이야기하듯 하는 것이 좋습니다.

목사님들의 기도에는 특이한 곡조가 있기도 합니다. 초신자들이 그런 말투를 따라 하려고 하면 어렵기만 합니다. 따라 하지 않아도 괜찮습니다. 그저 쉽게 이야기하듯이 하면 됩니다. 특별한 단어를 써야 하는 것도 아닙니다. 내가 우리 아버지에게 하고 싶은 이야기를 하듯 쉽고 자연스럽게 하십시오. 교회 나온 지 얼마 되지 않은 성도들은 신앙생활을 오래 하신 장로님이나 권사님 스타일을 따라 하려고 애쓰는데 꼭 그렇게 하지 않아도 됩니다. "하나님, 오늘도 또 뵙고 싶어서 왔습니다. 제가 요즘 한 가지 생각하고 있는 것이 있는데, 뭘 한 가지 해보려고 하는데 힘이 모자라네요. 하나님께서 좀 도와주셔서 저에게 지혜도 주시고, 적절한 사람도 만나게 해주시고, 그 사람과 만나서 좋은 관계를 맺을 수 있도록 좀 해주세요." 이렇게 쉽게 이야기하듯이 하면 됩니다. 이런 기도는 누구든지 할 수 있습니다.

그리스도인은 언제 어디서나 수시로 기도해야 합니다. 본문인 빌립보서 4장 6절은 "아무것도 염려하지 말라"고 말씀합니다. 염려할 시간에 기도하자는 말입니다. 염려하는 사람은 수시로 독백을 합니다. 독백이란 "아이고, 죽겠구나. 어떻게 하지. 야단났네. 큰일 났다! 이러다간 망하겠구나!"하면서 혼자 나지막한 목소리로 이야기하는 것입니다. 혼자 하는 것은 독백이지만 하나님 앞에서 예수님과 대화하는 것은 기도입니다. "아이고, 어찌할꼬!"하는 것은 독백이고 "주여, 어찌 하오리까!"하는 것은 기도입니다. 기도는 언제 어디서나 쉽고 자연스럽게 할 수 있으며, 친한 사람과 이야기하듯 하면 됩니다. "주님, 이거 빨리 하고 가야겠는데요. 적절한 사람을 좀 보내 주십시오!" 이런 식으로 하면 좋습니다. 처음 예수 믿는 사람들이 기도하는 것을 보면 참 듣기 좋습니다. 하나님 앞에서 솔직 담백하게 이야기하기 때문입니다. 어떤 성도는 대표기도를 할 때 하나님께 기도하는 것이 아니라 청중에게 기도를 합니다. 성도들 듣기 좋은 거창하고 특별한 단어를 사용하기도 합니다. 공중 기도든 가족끼리 하는 기도든, 혼자 하는 기도든 쉽게 기도하는 훈련을 하십시오. 그래야 언제 어디서든 기도할 수 있습니다.

셋째, 수시로 기도하십시오. "쉬지 말고 기도하라"는 성경 말씀이 있습니다. 기도는 언제 어디서나 할 수 있습니다. 주일에만 예배드리고 주일에만 찬송하고 기도해서는 안 됩니다. 수시로 기도하고 수시로 주님을 찬양하며 하루 종일 주님과 함께하는 신앙생활을 해야 합니다. 주일 중심의 신앙생활이 아니라 매일 중심의 신앙생활, 교회 중심의 신앙생활이 아닌 가정 중심의 신앙생활을 해야 합니다. 그렇게 되면 신앙생활이 재미있어집니다. 신앙이 곧 삶이기 때문입니다.

기도하는 사람은 반드시 성숙해집니다. 기도하는 사람은 하나님과 가까워지고 생각이 맑아지기 때문입니다. 영혼도 깨끗해지며 육체도 건전하고 건강해집니다. 그래서 무엇을 하든 날마다 번창하고 형통한 사람이 될 수 있습니다. 여러분은 어떻게 기도를 하나요? 무슨 내용으로 기도하나요? 기도에 꼭 있어야 할 내용을 다섯 가지로 간추려 보겠습니다.

첫째, 찬양이 있어야 합니다. 찬양은 하나님을 영화롭게 하고 존귀하게 합니다. 하나님의 위대하심과 선하심을 칭송하며 높이는 것입니다. 어떤 청년이 자기가 흠모하는 여인의 아름다움을 묘사하는 것처럼 말입니다. 아가서에는 젊은 왕자가 들판에서 만난 여인을 칭찬하고 존귀하게 여기며 영화롭게 하는 내용이 나옵니다. "내 사랑아 너는 어여쁘고 어여쁘다." 이것이 바로 찬양입니다. 남편은 아내를 이렇게 찬양해야 합니다.

남편들에게 묻겠습니다. 아내를 이렇게 찬양한 적이 있습니까? 아내들에게 묻겠습니다. 남편을 이렇게 찬양한 적이 있습니까? 있다면 언제였습니까? 한 십여 년 되었습니까? 3천 년 전, 한 젊은이가 사랑하는 여인을 만나 "당신의 눈은 비둘기 같군요. 당신의 머리카락은 염소 같이 아름답군요. 입은 어여쁘고 너울 속의 뺨은 석류 한 쪽 같습니다."라며 칭찬했습니다. 남자가 여자의 아름다움을 보고 묘사하는 것, 바로 이것이 찬양입니다. 상대에게 아름다운 가치를 부여하고 그 이름을 높여 주는 것입니다.

우리는 기도할 때 주님의 아름답고 위대한 모습, 존귀하신 모습을 묘사하며 주님께 영광 돌릴 수 있습니다. 아브라함은 하나님을 향해 "전능하신 여호와 하나님이여!"라고 고백했습니다. 우리는 연약하고 부족하지만 하나님은 전지전능하신 분입니다. 창세기 14장 19절은 "지극히 높으신 하나님이여"라고 말씀합니다. 우리 아버지보다 높고 대통령보다 크시며 우주보다 크고 높으신 하나님이라는 뜻입니다. 창세기 21장 33절에는 "영원하신 여호와"라 부릅니다. 창세전부터 계셨고 지금도 계시며 앞으로도 영원히 계실 하나님, 오늘도 내일도 변치 않으시는 하나님이여! 내가 어릴 때도 돌보셨고 지금도 돌보시며 내일도 돌보실 하나님! 그런 영원하신 하나님을 부르니 얼마나 든든하고 위로가 되겠습니까? 내가 좋을 때나 어려울 때나 어디서든지 영원무궁토록 계실 하나님, 그 하나님의 이름을 높이 부르고, 그분의 능력과 아름다움을 묘사하는 것이 찬양입니다.

창세기 14장 22절에는 "천지의 주재 하나님"이라는 말이 나옵니다. 하늘과 땅을 만드시고 그것을 주장하시는 하나님의 아름다움과 그분의 속성을 노래하는 것이 찬양입니다. 창세기 18장 25절은 "세상을 심판하시는 이가 정의를 행하실 것이 아니니이까"라고 묻습니다. 이는 아브라함이 소돔과 고모라를 멸망시키시려는 하나님의 계획을 듣고 시작한 중보기도의 내용입니다. 공의의 하나님께서 의인들을 악인들과 함께 멸하실 수 있느냐는 물음입니다. 하나님은 그분의 속성에 충실하시기에 의인을 멸하지는 않으십니다. 이처럼 하나님의 속성을 인정하는 것이 바로 찬양입니다.

다윗은 사울에게 쫓겨 다닐 때, 우연히 그를 죽일 기회를 얻었으나 죽이지 않고 하나님 손에 맡깁니다. "공의로우신 하나님, 제가 억울합니다. 공의로우신 하나님께서는 아시오니 주님께서 다 해결해 주시옵소서!"라고 기도하며 주님 손에 맡겨드렸습니다. 기도하는 사람들은 혼자 뒹굴며 속상해하지 않습니다. 기도하며 주님께 맡기고 편하게 잠이 듭니다. 하나님은 주님께 헌금하는 사람들에게 빚지지 않고 갚아 주십니다. 그대로 갚는 정도가 아니라 몇 배로 돌려주십니다. 그런 경우를 보며 저는 '하나님은 참으로 공의로우신 분이구나!'라는 것을 느꼈습니다.

등록금을 내지 못하는 가난한 신학생들을 은밀하게 돕는 사람들을 하나님께서 얼마나 많이 채워 주시는지 모릅니다. 하나님은 그런 사람들에게 은혜를 주시고 넉넉히 채워 주십니다. 하나님은 참으로 공의로우신 분입니다.

모세는 "오래 참으시는 하나님"이라고 고백했습니다. 이스라엘 백성들은 끊임없이 죄를 지었고 하나님께서는 끊임없이 용서하시고 오래 참으셨습니다. 연약한 우리는 죄를 짓고 실수하지만 하나님께서는 자비로우시고 긍휼이 많으십니다. 우리가 자신의 연약함과 부족함을 생각할 때, 그때가 바로 하나님께 영광 돌리는 기회입니다. 다윗도 반석 되신 하나님, 피난처 되신 하나님, 의로우신 하나님을 부르면서 하나님께 영광과 찬양을 돌렸습니다. 이렇게 우리는 기도하면서 하나님께 영광을 돌릴 수 있습니다.

가령 가정 예배 시간에 "오늘은 다른 기도보다도 오직 주님을 찬양하는 기도를 올려드립시다!"라고 아버지가 인도해 보십시오. 그러면 딸과 아들이 "거룩하고 자비로우신 하나님, 언제나 우리를 사랑하시는 하나님을 찬양합니다!"라고 기도하면 됩니다. 엄마는 다른 찬양을 부르기도 하고, 막내는 하나님을 찬양하는 기도를 할 수 있습니다. 이처럼 찬양으로도 쉽게 기도할 수 있습니다.

둘째, 감사해야 합니다. 본문에서도 "감사함으로 하나님께 아뢰라"고 말씀합니다. 감사는 습관입니다. 감사 제목들을 찾아야 합니다. '받은 복을 세어보아라'라는 가사의 찬송도 있습니다. 손꼽아 세어 보면 감사 제목들이 계속해서 나타납니다. 반대로 불평, 불만도 손꼽기 시작하면 끝이 없습니다. 불평, 불만은 아예 세지 말아야 합니다. 대신 감사 제목을 찾아보는 습관을 들여야 합니다.

어떤 것을 감사할 수 있을까요? 예배에 참석할 수 있는 것이 감사하고, 호흡을 주신 것도 감사하고, 어려운 사람을 도울 수 있는 돈이 있다는 것도 감사한 일입니다. 어떤 교인들은 헌금 자체가 시험이 됩니다. 또 헌금한다고 불평합니다. 그런 사람은 참 불행한 사람입니다. 그런 사람은 행복하게 살 수 없습니다. 헌금할 수 있는 기회가 생겼을 때 주님께 드릴 수 있는 것이 얼마나 감사한 일입니까? 많은 금액을 낼 수 없다 해도 내 주머니에 돈이 있다는 사실은 무척 감사한 일입니다.

생각해 보십시오. 지진이나 수해 같은 천재지변으로 여러분의 집이 무너지거나 물에 잠겼다면, 혹은 자녀들을 잃었다면 어떨 것 같습니까? 어려움과 아픔이 가득한 세상에서 우리가 지금 여기 앉아 하나님의 이름을 찬양하고 그분께 영광 돌릴 수 있다는 것은 얼마나 감사한 일입니까? 하지만 우리가 언제까지 감사할 수 있을지는 아무도 알 수 없습니다. 우리가 오늘까지만 이 세상에 존재하고 내일은 이 세상에 없을지도 모릅니다. 그러니 지금 이 자리에서 "오늘 우리에게 예배할 수 있는 시간을 주셔서 감사합니다!" 하고 감사를 찾으십시오.

여러분의 현재 삶에 속상하고 짜증나고 화나는 일이 있습니까? 물론 삶에서 슬픔과 아픔과 고통이 없을 수는 없습니다. 인생이 그렇습니다. 그러나 같은 상황이라도 뒤집어서 생각해 보면 거기서도 감사를 찾을 수 있습니다.

펜실베니아 대학의 아론 벡(Aaron Beck)이 주장한 '인지치료(cognitive therapy)'라는 게 있습니다. 간단한 이론입니다. 어떤 사건을 놓고 이렇게 생각하면 불평이 나오고, 저렇게 생각하면 감사가 나온다는 이론입니다. 부정적인 생각을 긍정적인 생각으로 바꾸면 감사할 수 있습니다. 이 방법을 적용해 본 결과 불행하게 사는 사람, 육체의 질병과 아픔이 있는 사람 그리고 정신적으로 괴로워하는 사람들의 75%가 변했다고 합니다. 약물 치료를 통해 15%의 사람들이 효과를 본 반면, 이 인지치료 요법을 통해 75%의 사람들이 효과를 본 것입니다. 여러분은 그냥 멍하니 앉아 있겠습니까? 아니면 생각을 바꾸어 감사 모드로 전환하겠습니까? 선택은 당연히 후자입니다. 기도할 때 특별히 하나님 앞에서 감사할 제목을 찾으십시오. 그리고 하나님께 진심으로 감사하십시오. 믿지 않는 사람들은 감사하고 싶어도 누구에게 감사해야 할지 그 대상을 찾지 못합니다. 그러나 그리스도인은 우리 하나님 아버지께 감사하면 됩니다.

평소에 주님을 찬양하고 감사하며 사는 사람들의 얼굴은 환합니다. 찬양하면 가슴이 탁 트이고 시원해집니다. 세상이 밝게 보입니다. 왜냐하면 하나님의 아름다움을 묘사하고 찬양하기 때문입니다. 게다가 감사하는 마음까지 품으니 아름다워지고 성숙해질 수밖에 없습니다. 우리 신앙을 성장시키는 방법은 기도하고 찬양하는 것입니다. 기도하며 찬양하십시오. 기도하며 감사하십시오. 여러분의 삶은 반드시 더 좋아질 것입니다. 심리적으로 평안해질 것이고, 신앙적으로 성숙해질 것입니다. 얼굴이 밝아지고 하는 일이 잘 되며, 인간관계에서도 더 수월하고 편안해질 것입니다. 반드시 더 나아질 것임을 잊지 마십시오.

셋째, 죄를 고백해야 합니다. 죄는 오래 두면 안 됩니다. 잘못되고 나쁜 것을 오래 둘 필요가 없습니다. 오래 두면 딱딱하게 굳어져서 해결하는 데 시간이 훨씬 많이 걸립니다. 그러나 순간순간 기도가 생활화되어 바로바로 죄를 회개하고 용서받는다고 생각해 보십시오. 그런 사람은 용서받은 것을 감사하고 기뻐하며 마음에 평화를 누리게 될 것입니다. 마음이 어두워질 틈이 없습니다. 그래서 기도하는 사람의 삶은 언제든지 형통할 수밖에 없습니다. 밝고 아름다운 태도로 살아가게 됩니다. 행복과 평안이 가득한 삶을 사는 사람이 잘못되거나 망할 수 있을까요? 그런 사람이 하는 일이 잘되지 않을 수 있을까요? 그래서 기도 생활을 잘 훈련한 사람들은 망하지 않고 성공하게 되는 것입니다.

넷째, 간구해야 합니다. 간구는 하나님께 우리가 원하는 것을 간절히 구하는 것입니다. 하나님께서는 어떤 문제가 있으면 구하고 찾고 문을 두드리라고 하셨습니다. 아무 일에도 염려하지 말고 하나님께 구하라는 것입니다. 염려 대신 간구해야 합니다. 어떤 것은 가능하고 어떤 것은 불가능한 것이 아닙니다. 우리 생각으로는 불가능해 보일지라도, 하나님은 무엇이든 하실 수 있는 분이니, 우리는 구할 수 있습니다.

기도는 평범한 사람이 초자연적인 삶을 사는 길입니다. 평범한 사람들이 비범한 것을 구하고 비범한 일들을 하면서 사는 것이 기도 생활입니다. 보통 사람이 엄청난 일을 해내는 것이 기도의 삶인 것입니다. 그래서 우리는 구합니다. 언제든지 구합니다. 무엇이든 구합니다. 천 번 구하고 칠백 번 응답받는 것이 열 번 구하고 열 번 응답 받는 것보다 훨씬 좋습니다. 설령 연약한 우리가 스스로에게 해가 될 것을 구한다 해도 하나님께서 알아서 걸러 주시기 때문에 걱정 말고 구하면 됩니다.

예수께서도 "일용할 양식을 주옵시고"라고 간구했습니다. 사실 우리 인생은 멀리 내다보지 않아도 됩니다. 딱 하루씩 살면 됩니다. 먹을 것도 많이 쌓아둘 필요가 없습니다. 단지 오늘 먹을 것만 있으면 됩니다. 내일 먹을 것을 쌓아 놓으려니 큰 집이 필요한 것입니다. 하루 먹을 양식만 있으면 되고, 하루 마실 물과 음료만 있으면 되고, 하루 입을 옷만 있으면 됩니다. 딱 하루씩만 살아가면 됩니다. '이 남자와 어떻게 환갑 때까지 살아갈까?'하면서 걱정할 필요 없습니다. 오늘만 살면 됩니다. 오늘만 용서해 주면 됩니다. 오늘만 웃어 주면 됩니다.

오늘만 참아 주면 됩니다. 그래서 예수님께서는 '일용'할 것을 구하라고 하신 것입니다. '자식들이 다 커서 결혼하고 나면 나 혼자 남아서 어떻게 살지?'하고 걱정할 필요 없습니다. 쓸데없는 걱정입니다.

예수님께서는 하루씩 살라고 말씀하십니다. 하루의 은혜, 하루의 능력, 하루의 건강, 하루의 지혜, 하루의 사랑, 하루의 인내 등 딱 하루에 필요한 것만 구하십시오. 열심히 하루 것을 구하십시오. 광야에서 만나를 내려 주실 때도 주님께서는 딱 하루 분량만 주워 담으라고 말씀하셨습니다. 자꾸 내일 것을 생각하니까 염려하게 됩니다. 열심히 하나님께 '오늘의 것'을 간구하십시오. 날마다 기도 응답 받으며 기쁘게 사십시오.

다섯째, 중보(中保)해야 합니다. '중보'는 남을 위해서 기도하는 것입니다. "저에게 이것을 주시옵소서!"하고 자기 것만 구하지 말고 남을 위해서 기도해야 합니다. 첫째는 나를 위해서 기도하고, 둘째는 이웃을 위해 기도하고, 셋째는 윗사람(리더)을 위해서 기도하십시오. 목사님을 위해 기도하고, 장로님을 위해 기도하고, 대통령을 위해 기도하고, 국회의원들을 위해서 기도하십시오. 정치를 잘할 수 있도록 그들에게 지혜를 부어 주셔서 우리 국민들이 평화롭고 안전하게 살 수 있게 해달라고 기도하십시오. 넷째는 우리 가족들을 위해 기도하십시오. 네 번째 손가락에 끼워진 결혼반지를 보십시오. 남편을 위해 기도하는 아내는 많습니다. 그런데 아내를 위해 기도하는 남편은 성경에서 딱 한 사람 보았습니다. 이삭입니다. 참 착한 남자입니다. 남자들도 자기 아내를 위해서 기도해야 합니다. 또 주로 부모가 자식을 위해 기도합니다. 하지만 자식도 부모를 위해서 기도해야 합니다. 자녀들은 어머니와 아버지를 위해, 할머니와 할아버지를 위해 기도해야 합니다. 서로서로 다른 사람을 위해 기도해야 합니다.

어떤 사람들이 진정으로 행복할까요? 남을 위해 사는 사람들입니다. 불행한 사람을 가만히 들여다보십시오. 자기 생각만 하는 사람입니다. 자기를 위해서 남편이 이걸 안 해주고, 자기를 위해서 아내가 이걸 또 안 해주고, 자기를 위해서 어머니가 저런 걸 안 해줘서 불행한 것입니다. 늘 자기 생각만 하고 있는 사람은 행복할 수 없습니다. 그런데 남을 생각하는 사람들, 남을 위해 무언가 행하고 섬기는 사람들은 불행할 시간이 없습니다. 남을 위해서 기도하는 사람들이 남을 위해서 사는 것입니다. 자녀를 키울 때 "너는 공부 열심히 해서 돈 많이 벌고 잘살아야 된다!"라고 채근하지 마십시오. 자기 공부 열심히 해서 자기 돈 많이 벌고 자기 잘살려고 하는 사람들은 어른이 되어도 행복하기 힘듭니다. "너는 열심히 공부해서 돈 많이 벌어 하나님을 위해 살아라." 혹은 "너는 열심히 공부해서 돈 많이 벌면 다른 사람을 위해서 살아라." 이렇게 말하십시오. "애야, 공부 열심히 해서 돈 많이 벌어 부자 돼야 한다. 그래서 내가 늙고 못 벌어도 먹고 살 수 있도록 해다오." 이렇게 말하는 부모 밑에서 자란 자녀는 행복하지 않습니다. 다른 사람을 위해 기도하는 부모 밑에서 자란 자녀들은 남을 위한 삶을 살게 됩니다. 돈을 벌어도 남을 위해 쓸 줄 알고, 지식과 지혜를 남을 위해 사용하며, 권력과 명예도 남을 위해 쓰는 삶을 사는 것입니다.

우리는 무엇을 위해 기도해야 할까요? 나를 위한 기도부터 시작해

내 가정을 위해 기도하고, 내 직장과 사회 그리고 국가와 세계를 위해 기도해야 합니다. 그리스도인들은 작은 골방에 앉아서도 세계를 상대하고 사는 사람들입니다. 세계 곳곳을 위해서 기도해야 합니다. 예수 믿는 사람들은 나만 예수 믿고 축복받는 것이 아니라, 아직도 복음을 듣지 못하는 온 열방과 다른 민족을 위해 기도해야 합니다. 부모들이 그런 본을 보일 때, 자녀들도 이를 보고 듣고 배웁니다. 자녀들 앞에서 국가와 전 세계를 위해 기도하십시오. 그리고 자녀들에게 "이라크의 평화를 위해 기도하자. 우리 대통령을 위해, 교회를 위해 기도하자. 그리고 ○○국가에 있는 ○○○선교사님을 위해 기도하자!"라고 말씀하십시오. 복음이 들어가지 않은 민족을 위해 기도하는 사람은 세계를 가슴에 품기 때문에 믿음과 신앙이 성숙해집니다. 이 글을 읽는 여러분도 말씀을 통해 성숙해질 뿐만 아니라 기도를 통해 믿음이 깊어지고 지경이 더 넓어지는 축복이 있기를 바랍니다.

기도의 생활화(2)

"백성이 다 세례를 받을새 예수도 세례를 받으시고 기도하실 때에 하늘이 열리며 성령이 비둘기 같은 형체로 그의 위에 강림하시더니 하늘로부터 소리가 나기를 너는 내 사랑하는 아들이라 내가 너를 기뻐하노라 하시니라" 눅 3:21-22

우리는 앞 장에서 기도하는 사람의 신앙은 반드시 성장하고 삶에도 커다란 변화가 있다는 것을 살펴보았습니다. 이번 장에서는 누가복음 속에 나타난 '기도하시는 예수님의 모습'을 통해 기도에 대한 교훈을 배우고자 합니다. 주님께서 우리를 구원하신 이유는 예수 그리스도를 닮게 하기 위해서라고 말씀하셨습니다. 기도하시는 예수님의 모습을 통해 우리가 은혜를 받고, 우리의 기도 생활이 변화되기를 원합니다.

세례 받으실 때
기도하신 예수님

"백성이 다 세례를 받을새 예수도 세례를 받으시고 기도하실 때에 하늘이 열리며 성령이 비둘기 같은 형체로 그의 위에 강림하시더니 하늘로부터 소리가 나기를 너는 내 사랑하는 아들이라 내가 너를 기뻐하노라 하시니라"(눅 3:21-22).

예수님께서 세례를 받으신 일은 예수님 사역의 출발이라고 할 수 있습니다. 예수님께서는 세례를 받으실 때 기도하셨습니다. 기도하는 순간, 세 가지 사건이 일어났습니다.

첫째, 하늘이 열렸습니다. 교회에 다니고 신앙생활을 하면서도 하늘나라가 잘 안 보일 때가 있습니다. 하늘의 세계가 닫혀 있는 것 같고 와닿지 않을 때 하늘 문을 여는 방법이 있습니다. 바로 기도입니다. 기도하면 하늘 문이 열리고 하늘나라가 가까워 보입니다. 이것이 기도의 은혜입니다.

둘째, 성령께서 임했습니다. 여러분은 개인적으로 성령의 은혜를 체험하셨나요? 만약 그렇지 못했다면 성령의 은혜를 체험하는 아주 간단한 방법을 알려드리겠습니다. 기도하면 됩니다. 여러분이 기도하면, 기도하는 가운데 하나님의 영이 당신의 마음을 다스리며 영혼을 두드리십니다. 당신의 가슴을 뜨겁게 하며 눈물과 회개를 주십니다. 그리고 당신의 삶에 변화를 일으키십니다. 우리가 기도할 때 성령께서 우리 마음에 뜨겁게 역사하시는 은혜를 체험할 수 있습니다. 그것이 예수님의 임재 경험입니다. 지금은 우리가 예수님을 믿고 있기 때문에 성령께서 이미 우리 마음속에 계십니다. 우리가 기도하면 우리 속에 계시는 성령께서 자신이 우리 안에 살아 계신다는 것과 우리와 함께하신다는 사실을 나타내십니다. 이것이 기도할 때 나타나는 현상입니다.

셋째, 하나님의 음성이 들립니다.

"하늘로부터 소리가 나기를 너는 내 사랑하는 아들이라 내가 너를 기뻐하노라 하시니라"(눅 3:22).

이렇게 기도할 때 하나님의 사랑의 음성이 들립니다. 혹시 신앙생활을 하면서도 하나님이 여러분을 사랑하신다는 사실을 깊이 느끼지 못했나요? 하나님께서 영원히 여러분을 사랑하시고 지키시고 함께하신다는 사실을 눈물이 날 만큼 뜨겁게 느껴보지 못했다면 지금 당장 기도하십시오. 그러면 기도 속에서 "너는 내 사랑하는 아들(딸)이요. 나는 너를 사랑하고 영원히 지킬 것이며 함께할 거란다."라는 하나님의 음성을 들을 수 있을 것입니다.

여러분은 주님 음성을 듣기 원합니까? 주님의 사랑을 체험하기 원합니까? 저는 스물다섯 살 되었을 때, 저를 영원히 사랑한다는 주님의 음성을 듣고 너무나 감격해 성가대에 앉았다가 바닥에 고꾸라져서 한없이 눈물을 흘린 경험이 있습니다. 그렇게 하나님의 사랑의 음성을 듣고 나니까 세상이 너무나 밝아 보이고 인생이 완전히 달라졌습니다. 하나님의 사랑의 음성을 들으면 우리는 자신이 얼마나 중요한 존재이고 소중한 사람인지 깨닫게 됩니다.

때때로 수십억 인구 가운데 '나 같은 사람이 뭐 그리 중요하겠어?' 하는 생각이 들 수 있습니다. 그러나 기도하는 가운데 하나님의 음성을 들으면, 자기 자신이 세상에 하나 뿐인, 그 무엇과도 바꿀 수 없는 너무나 소중한 존재라는 사실을 깨닫게 됩니다. 하나님께서는 끊임없이 "너는 내 사랑하는 아들(딸)이다. 내가 너를 얼마나 사랑하는지 알고 있니?"라고 말씀하십니다. 하나님께서는 오늘 이 시간에도 온 세상을 향해 이렇게 말씀하십니다. 주님의 음성을 잘 듣지 못하는 사람도 있지만, 항상 주님께 마음을 열고 대화하려고 기도하면 그 속에서 주님 음성을 들을 수 있습니다. 하나님의 사랑을 깨달으면, 그 사랑이 인간의 어떤 사랑과도 비교할 수 없는 무한하고 절대적인 사랑임을 알게 됩니다. 바울은 하나님의 사랑이 너무 감격스럽고 벅차서 결혼도 하지 않고 주님을 위해 헌신했습니다. 물론 저도 하나님의 사랑이 너무너무 좋지만 결혼은 했습니다.

예수님께서도 기도할 때 이런 경험들을 하셨듯이 우리도 기도할 때 하늘 문이 열리고, 하늘나라가 보이고 성령께서 우리 가슴을 뜨겁게 하실 것입니다. 그리고 하나님 음성이 들릴 것입니다. 이런 은혜를 경험을 하는 사람들은 성장하게 됩니다. 성장할 수밖에 없습니다. 주님을 체험하고 영적인 세계를 체험한 사람들은 분명 이전과는 다른 삶을 살게 될 것입니다.

조용한 곳에서 기도하신 예수님

"예수는 물러가사 한적한 곳에서 기도하시니라"(눅 5:16).

기도는 조용한 곳에서 하는 것이 좋습니다. 현대인들은 군중 속에 둘러싸여 바쁘게 살기 때문에 고요한 곳에서 혼자 있는 시간이 필요합니다. 하나님의 놀라운 역사는 나와 주님 단 둘이 만나는 고요한 공간에서 일어납니다. 우리는 대부분 바쁜 생활을 하다 보니 고요한 시간을 만들기가 쉽지 않습니다. 그래도 반드시 조용한 곳을 찾아 혼자만의 고요한 시간을 만들려고 노력하십시오. 그런 시간과 장소가 없으면, 하나님과 나만의 깊고 친밀한 대화를 이어가기 힘들고 하나님을 만나기가 어렵습니다.

기도하려면 조용한 공간과 시간이 필요합니다. 모든 사람에게 꼭 필요한 조건입니다. 혼자 있는 시간이 없는 사람은 정신적 피로감이 커져서 이상 증세를 일으킬 수도 있습니다. 마음의 안정을 찾으려면 혼자만의 조용한 시간이 꼭 있어야 합니다. 이 때문에 '경건의 시간(Q.T)'을 갖기도 하고 다른 사람에게 권하기도 합니다. 혼자만의 시간을 가정 예배로 대체해서 드리는 것은 좋지 않습니다. 가정 예배는 가정 예배로, 나와 주님과의 시간은 둘만의 관계로 따로 구별해야 합니다. 아침에는 고요하게 주님과 단 둘이 만나고, 저녁에는 온 가족이 모여 가정 예배를 드리는 것도 좋습니다. 어떤 시간이든 주님과 나와 둘만의 시간과 장소를 꼭 확보하십시오. 이것이 예수님이 보여 주신 본(本)입니다.

| 중요한 일을 놓고
| 오랜 시간 기도하신 예수님

인생의 중요한 시기를 맞거나 큰 사건을 앞두고 있을 때는 오래 기도하는 자세가 필요합니다. "이때에 예수께서 기도하시러 산으로 가사 밤이 새도록 하나님께 기도하시고"(눅 6:12). 13절 이후를 보면 예수님께서 열두 제자를 뽑습니다. 열두 제자는 미래의 교회를 결정할

사람들입니다. 어떤 사람을 제자로 뽑느냐는 아주 중요했습니다. 기독교와 세계의 역사 그리고 하나님의 영원한 역사에 결정적인 영향을 미칠 것이기 때문입니다. 그래서 예수님께서 집중적으로 장시간 동안 기도에 매진하셨습니다. 인생의 중요한 결정을 앞두었을 때는 집중적으로 기도해야 합니다. 예수님은 이때 산에 올라가 홀로 기도하셨습니다.

젊은이들은 어떤 대학을 갈지, 무엇을 전공할지, 어떤 직업을 가질지, 어느 직장을 들어갈지, 어떤 사람과 결혼할지 등을 고민합니다. 이런 문제들 앞에서 하나님께 나아가 열정적이고 집중적으로 기도하는 시간이 필요할 것입니다. "제가 무엇을 공부하기 원하시며, 어떻게 살기를 원하시나요, 제가 주님을 위해 이 땅에서 무엇을 하며 살아야 할까요, 제 인생을 향한 주님의 뜻이 무엇인가요?"하고 하나님께 간절히 물으십시오. 부모님의 강요와 선택이 아니라 자기 자신이 적극적으로 기도하고 간구하는 시간이 필요합니다.

결혼도 마찬가지입니다. 내가 어떤 사람과 결혼하는가 하는 것은 인생에서 가장 중요한 문제 중 하나입니다. 그래서 기도가 필요합니다. 사업도 마찬가지입니다. 어떤 사업을 할 것인지, 어디서 언제 어떤 방식으로 하면 좋을지 구체적으로 기도해야 합니다. 이사할 때는 어디로 갈 것인지, 어떤 집으로 가야 할지 주님께 구해야 합니다. 병이 나서 입원을 하거나 수술을 앞두고 있을 때도 시간을 들여 열정적으로 기도해야 합니다. 인생의 중요한 일들을 앞두고 우리도 예수님이 기도하신 것처럼 기도하는 성도가 되기를 바랍니다.

| 혼자 기도하신
| 예수님

누가는 예수님께서 혼자 기도하셨다고 기록합니다(눅 9:18). 온 교회가 함께 기도할 때가 있고, 가족이나 공동체가 함께 기도할 때도 있지만 예수님처럼 홀로 하는 기도도 필요합니다. 예수님께서도 제자들과 함께 기도하지 않으시고 홀로 따로 기도하시며 하나님을 찾았습니다.

| 동역자와 함께
| 기도하신 예수님

앞서 언급한 것처럼 혼자 기도할 때도 필요하지만 마음을 모아 함께 기도할 사람도 필요합니다. 어떤 때는 혼자 하는 기도가 잘 됩니다. 다른 때는 누군가와 함께 기도할 때 혹은 누군가 날 위해서 기도해 주는 중보자가 있을 때 더욱 힘이 납니다. 자신이 관계를 맺고 있는 기도의 동역자와 평상시에도 함께 기도하는 것이 중요합니다. 만나서 기도하기 어려울 때는 전화 통화나 편지, 핸드폰 메시지 등으로도 함께 기도할 수 있습니다.

"이 말씀을 하신 후 팔 일쯤 되어 예수께서 베드로와 요한과 야고보를 데리고 기도하시러 산에 올라가사"(눅 9:28).

예수님께서는 기도하시려고 세 사람을 데리고 산을 오르셨습니다. 예수님께서 기도하실 때에 얼굴이 변하고 옷이 빛났습니다. 이것이 기도할 때 나타나는 성도의 모습입니다. 기도할 때 우리는 변합니다. 하나님께서 우리를 변화시키시고 성숙하게 하시며 예수님을 닮게 하시는 방법 가운데 하나가 바로 기도입니다. 여러분을 위해 기도하는 중보자가 있습니까? 함께 기도하는 기도의 동역자는 누구입니까?

제가 예전에 교회 사랑방 모임을 통해 큰 감동을 받았습니다. 다락방 성도들이 똘똘 뭉치고 서로를 위해 기도하는 모습이 참으로 아름다웠습니다. 제가 늘 소망하고 원하던 교회의 모습이었는데 이곳에 와서 보게 되어 얼마나 감사했는지 모릅니다. 대여섯 명이 모여 기도의 동역자로서 함께 기도하고 서로 돕는 은혜가 기도 생활에 꼭 필요합니다. 예수님께서도 이렇게 하셨습니다. 기도의 동역자와 함께 기도할 때 우리에게 큰 유익이 있습니다.

다른 사람을 위해 중보하신 예수님

"시몬아, 시몬아, 보라 사탄이 너희를 밀 까부르듯 하려고 요구하였으나 그러나 내가 너를 위하여 네 믿음이 떨어지지 않기를 기도하였노니 너는 돌이킨 후에 네 형제를 굳게 하라"(눅 22:31-32).

예수님께서는 여러 사람을 위해 기도하셨습니다. 음식을 놓고 감사 기도를 드리기도 하셨습니다. 또한 한 사람을 정해 놓고 중보기도를 하셨습니다. 이 구절은 특별히 베드로를 위해 기도하신 모습을 기록합니다. 우리도 특정 대상을 정해 놓고 특별한 기도를 한 경험들이 있을 것입니다. 나와 이웃을 위해, 가족과 리더를 위해, 약하고 어려운 사람을 위해 기도해야 한다는 것을 우리는 앞 장에서 배웠습니다.

이처럼 다른 사람을 위해 중보기도를 하는 것은 예수님의 삶이었습니다. 하나님께서는 남을 위해 기도하고 남을 생각하는 사람들을 크게 들어 사용하십니다. 남을 위해 살아갈 때 우리의 마음이 커지고 영혼이 깊어집니다. 다른 사람을 위한 기도에 응답을 받았을 때 얼마나 감사하고 기쁜지 모릅니다. 나만을 위해 사는 것이 아니라 다른 사람을 위한 삶, 여기에 인생의 참 의미와 기쁨이 있습니다. 성경에서도 강한 사람은 약한 사람을 위해, 즉 약한 사람의 짐을 짊어지기 위해 존재한다고 기록합니다. 내가 남을 위해 기도할 수 있다는 것은 이미 내가 신앙적으로 강하고 성숙한 사람이라는 뜻입니다. 남을 위해 기도함으로써 주님 안에서 더 강한 믿음과 성숙한 신앙을 가진 그리스도인이 되기를 바랍니다.

하나님의 뜻을 찾기 위해 기도하신 예수님

예수님께서는 하나님 아버지의 뜻대로 살기 위해 필사적으로 기도하셨습니다.

"그들을 떠나 돌 던질 만큼 가서 무릎을 꿇고 기도하여 이르시되 아

버지여 만일 아버지의 뜻이거든 이 잔을 내게서 옮기시옵소서 그러
나 내 원대로 마시옵고 아버지의 원대로 되기를 원하나이다 하시니"(눅
22:41-42).

예수님의 유일한 소망은 이 땅에서 하나님의 뜻이 이루어지는 것
이었습니다. 우리가 이 시대에 한국 땅에서 태어난 데는 주님의 뜻과
목적이 있습니다. 하나님께서 영원 전부터 우리를 지금, 특별히 한국
사람으로 태어나게 하신 것은 우리의 성격과 지능, 능력과 모습을 통
해서 이 땅에서 이룰 수 있는 하나님의 계획이 있기 때문입니다.

가끔 '나는 무엇 때문에 이 세상에 태어났을까?'하는 생각이 듭니
다. 여러분 각자도 다른 사람과 모든 것이 다릅니다. 외모나 집안 배
경, 살아온 환경과 학벌, 가치관 등 모든 것이 다릅니다. 왜 다른 사
람이 아닌 자기 자신으로 태어났습니까? 하나님께서 당신이 아니고
는 이룰 수 없는 하나님의 뜻과 계획을 갖고 계시기 때문입니다. 그
뜻을 알기 원하십니까? "주여, 제가 이 땅에 사는 목적이 무엇입니
까? 하나님의 크고 영원하신 뜻이 무엇입니까? 저는 이 땅에서 무엇
을 위해 존재하는 것입니까?"라고 하나님께 엎드려 물어 보십시오.

우리가 인간적으로 원하는 것들이 있습니다. 마치 예수님께서 "이
잔을 내게서 옮기시옵소서. 그러나 내 원대로 마시옵시고"라고 말씀
하신 것처럼 우리 개인의 생각과 뜻이 있을 것입니다. 누구에게나 다
있습니다. 그러나 인생을 가장 가치 있게 사는 방법은 내 뜻을 이루
는 것이 아니라 우리 삶에서 하나님의 뜻을 발견하고 이루며 사는
것입니다. 가위가 하나 있다고 가정해 봅시다. 가위는 무언가를 자르

기 위한 물건입니다. 가위를 못 박는 데 사용한다면 가위는 제 구실을 못하는 것입니다. 볼펜은 글씨를 쓰기 위해 만들어졌습니다. 자동차 열쇠는 반드시 자동차 시동을 켜기 위해서만 존재합니다. 이 세상에 존재하는 모든 것은 각각의 목적이 있습니다. 어느 것 하나도 목적 없이 존재하지 않습니다. 작은 펜 하나도 존재의 목적이 있는데 우주에서 가장 중요한 존재인 우리에게 삶의 목적이 없을 리 있겠습니까? 기도하며 하나님의 음성을 들어 보십시오. "주여, 제 뜻대로 마옵시고 아버지의 뜻대로 되기를 원하나이다."라고 기도할 때 하나님께서는 그분의 선하고 아름다우신 뜻을 보여주실 것입니다.

십자가의 길은 부활의 영광이 따릅니다. 그 힘든 십자가를 원하는 사람이 어디 있겠습니까? 고난과 고통을 어느 누가 원하겠습니까? 그러나 고난에도 목적이 있습니다. 고난 저편에는 반드시 부활의 영광이 있습니다. 여러분에게 고난이 있습니까? 당신의 고난은 고난 그 자체가 목적이 아닙니다. 고난을 거쳐 예수 그리스도를 믿고 하나님의 자녀가 되어 더욱 성숙한 자녀가 되게 하시기 위함입니다. 인생에서 일어나는 모든 일에는 하나님의 영원하신 목적이 있다는 것을 알고, 그 목적대로 살고자 해야 합니다. 그렇게 사는 사람은 불행할 수가 없습니다. 주님은 하나님의 뜻을 필사적으로 찾아 그 뜻을 하루하루 이루며 사셨습니다. 하나님은 실수가 없으신 분입니다.

예수님께서는 다른 사람들을 위한 기도를 하셨습니다. 그것도 자기를 십자가에 못 박아 죽이려 하는, 자기를 향해 욕을 하고 침을 뱉는 성난 군중들을 위해 기도하셨습니다.

"이에 예수께서 이르시되 아버지 저들을 사하여 주옵소서 자기들이 하는 것을 알지 못함이니이다 하시더라 그들이 그의 옷을 나눠 제비 뽑을새"(눅 23:34).

기도는 우리를 분노와 미움에서부터 해방시켜 줍니다. 여러분의 마음에 억울함과 분노가 있습니까? 마음 깊은 곳에서부터 화가 나고 속상한 일이 많습니까? 어떤 사람에게 속아 손해를 보았습니까? 당신이 아무리 그 사람을 잊어버리려 애를 써도 잘 안 될지 모릅니다. 잊으려고 할수록 자꾸 생각납니다. 미워하지 않으려고 애를 써도 잘되지 않습니다. 언제 그 미움에서 해방될 수 있을까요? 그를 위해서 기도할 때입니다. 그를 용서하는 기도를 하고, 그가 잘되기를 진심으로 기도할 때입니다. 예수님은 자기를 죽이는 사람들을 용서해 달라고 기도하셨습니다. 그들을 위해 기도하셨습니다.

제가 미국에서 운전면허를 받으러 가던 날, 그날따라 유독 옷을 허름하게 입고 갔습니다. 앞에 서 있던 사람이 저의 행색을 보고서 저를 어찌나 무시하는지 수치감과 모욕감이 들 정도였습니다. 뭐라고 한 마디 제대로 해주고 싶었습니다. 그때 갑자기 '내가 온 세상과 우주를 창조한 하나님의 자녀이고 만왕의 왕의 자녀잖아! 그 사람이 몰라서 그런 걸 어쩌겠어?'하는 생각이 들었습니다. 그래서 "주여, 저 사람을 용서해 주옵소서!"라고 기도했더니 널뛰던 감정이 차분해지고 이내 괜찮아졌습니다. 그래도 그 일이 지금까지 기억납니다. 악을 이기는 유일한 방법은 선을 행하는 것밖에 없습니다. 미운 사람은 사랑을 해버려야 이길 수 있습니다. 미워하지 않으려 노력해서는 좀처럼 이길 수가 없습니다.

종이 두 장이 있다고 상상해 보십시오. 오른쪽 종이를 한번 보십시오. 그 상태에서 오른쪽 종이에 대해 생각하지 마십시오. 잘 됩니까? 생각하지 않으려고 노력하면 할수록 더 생각납니다. 이번엔 왼쪽에 있는 종이를 생각해 보십시오. 오른쪽 종이를 잊어버리고 왼쪽 종이를 생각하는 것입니다. 어떻습니까? 왼쪽 종이를 생각하니까 오른쪽 종이는 생각이 나지 않습니다. 마찬가지입니다. 어떤 사람을 미워하지 않게 해달라고 기도하기보다는 아예 그 사람을 위해서 기도하십시오. 용서하는 기도를 해버리고, 아예 그를 사랑해 버리면 미움이 저절로 없어집니다. 이런 모습이 참 신앙인들의 모습입니다.

| 마지막까지
| 기도하신 예수님

"예수께서 큰 소리로 불러 이르시되 아버지 내 영혼을 아버지 손에 부탁하나이다 하고 이 말씀을 하신 후 숨지시니라"(눅 23:46).

예수님은 십자가에서 마지막 숨을 거두시는 순간, 자기 영혼을 아버지께 맡기는 기도를 하셨습니다. 평소에 기도가 호흡처럼 생활화되어 있었기 때문에, 마지막 순간에도 기도하셨던 것입니다. '나도 죽기 전에 예수님처럼 이렇게 기도하고 죽을 수 있으면 좋겠다!'라고 원한다고 해서 이렇게 되는 것은 아닙니다. 평상시에 훈련해야 합니다. 예수님은 처음부터 기도하셨고 언제나 기도하셨으며 수시로 기도하셨기 때문에 이 땅에서의 마지막 순간도 기도로 끝낼 수 있었던 것입니다. 제 소원도 이 땅에서의 마지막 순간, 숨을 거두기 직전 "주여, 제 영혼을 받아 주시옵소서. 제게 아름다운 인생과 행복한 삶을 주신 것 감사합니다."라고 기도하면서 죽는 것입니다.

오래 전, 우리 교회 집사님 한분의 일화입니다. 어느 날 집사님이 백화점 앞에 주차해 놓은 자기 차에 올라탔다고 합니다. 그런데 시동도 걸기 전에 자동차가 저절로 출발하더랍니다. 그것도 아주 쏜살같이 빠른 속도로 말입니다. 큰 길도 건너고 언덕을 향해 질주하더니 어딘가에 쾅! 소리를 내며 부딪쳤답니다. 아주 잠깐 30초도 안 되는 시간인데 운전대를 잡고 있던 집사님이 공중으로 붕 떴다가 언덕으로 떨어졌습니다. 바닥에 떨어지는 순간, 그 집사님이 "주여, 제 영혼을 받아 주시옵소서!"라고 기도했답니다. 그런데 주님이 "아직은 너무 이르다!"라고 하셨고, 그 집사님은 언덕 아래 물웅덩이에 콱 박힌 덕분에 집사님은 크게 다치지 않았습니다. 집사님의 간증을 듣고 참 멋있다고 생각했습니다. 집사님은 자동차가 붕 뜰 때 "아이쿠! 기도 생활해야지!"라고 한 것이 아닙니다. 늘 기도하던 분이기 때문에 몇 초의 위기 상황에서도 "주여, 제 영혼을 받아 주시옵소서!"라고 기도할 수 있었던 것입니다. 차는 두 동강이가 났는데, 집사님은 거의 다 치지 않았습니다. 죽음의 위기에서도 기도하니까 살 수 있었습니다. 천국으로 데리고 가 달라고 기도해도 안 데려가셨습니다. 언제나 기도하는 사람들은 위기 상황에서도 즉각적으로 기도가 나옵니다.

우리 인생의 마지막 순간은 아무도 모릅니다. 교통사고로 죽게 될지, 병원에서 숨을 거두게 될지, 수술대에서 떠나게 될지 알 수 없지만 어떤 순간이든 "주여, 제 영혼을 받아 주시옵소서."라고 기도하고 떠날 수 있기를 바랍니다. 우리도 예수님처럼 마지막 순간까지 기도하고 그분의 모습을 닮는 성숙한 신앙인이 되어야 합니다.

예배의 생활화

"우리 조상들은 이 산에서 예배하였는데 당신들의 말은 예배할 곳이 예루살렘에 있다 하더이다 예수께서 이르시되 여자여 내 말을 믿으라 이 산에서도 말고 예루살렘에서도 말고 너희가 아버지께 예배할 때가 이르리라 너희는 알지 못하는 것을 예배하고 우리는 아는 것을 예배하노니 이는 구원이 유대인에게서 남이라 아버지께 참되게 예배하는 자들은 영과 진리로 예배할 때가 오나니 곧 이 때라 아버지께서는 자기에게 이렇게 예배하는 자들을 찾으시느니라 하나님은 영이시니 예배하는 자가 영과 진리로 예배할지니라" 요 4:20-24

그리스도인들은 예배를 '드리기' 위해 정기적으로 모입니다. 그런데 종종 예배를 '보러' 오는 분들도 있습니다. 한국 속담 중에 '굿이나 보고 떡이나 먹지!'라는 말이 있습니다. 수천 년 동안 우리 민족은 '굿'하는 것을 구경했습니다. 그런 문화적인 배경 때문에 교회 예배도 '보러' 간다고 말합니다. 그러나 예배는 보는 것이 아니라 드리는 것입니다.

신앙이 성장하기 위해서는 중요한 몇 가지 요소가 있습니다. 그중 세 번째 요소가 예배를 드리는 것입니다. 예배는 신앙생활에서 가장 중요한 항목 중 하나입니다. 이번 장에서는 예배의 생활화에 대해 말씀드리고자 합니다.

예배는 우리 삶에 완전히 생활화되어야 합니다. 주일은 당연히 주님 앞에 나와 예배를 드리는 날이어야 합니다. 신앙생활에서 예배는 절대적으로 중요합니다. 교인들 중 75-85%는 한 주에 한번 예배를 드리기 때문에 예배가 신앙생활의 중심이라고 해도 과언이 아닙니다. 많은 사람들이 예배를 마치 소극장에 가서 연극을 보는 것처럼 생각합니다. 연극의 주인공은 목사님이고 막후에는 보이지 않는 연출자이신 하나님이 계시고, 모든 교인들은 예배를 평가하고 관람하는 관객이자 심판자 같습니다. "오늘 이만하면 됐어! 훌륭해!" 혹은 "오늘은 틀렸어. 성가대가 왜 저래?" 이런 식으로 예배를 평가합니다. 설교도 평가하고 성가대도 평가하고 심지어 다른 성도들까지 평가합니다.

예배는 하나님의 자녀들이 하나님께 드리는 것입니다. 그러므로 여러분이 주연 배우이고 목사님은 연출가, 진정한 관객이자 심판자 는 하나님이십니다. 우리가 드리는 예배를 하나님께서 받으십니다. 가인과 아벨이 제사를 드렸을 때, 하나님께서는 아벨의 예배는 즐겁 게 받으셨지만 가인의 예배는 받지 않으셨습니다. 지금도 마찬가지입 니다. 예배를 구경하러 온 사람들은 어떤 날은 괜찮다 여기고 어느 날은 별로라고 평가합니다. 이런 사람들은 교회의 여러 가지 행사나 프로그램에 대해서도 탐탁지 않게 여깁니다. 그러나 예배의 주연 배 우는 바로 여러분 자신이라는 것을 잊지 말고 기억하십시오!

예배란 무엇인가?

구약성경에서는 '예배'가 '윗사람에게 존경을 표하며 엎드려 절한 다'라는 의미로 쓰였습니다. 아브라함이 상수리나무 아래에 있을 때 세 사람이 자기에게 다가오는 것을 보았습니다. 그런데 그들은 보통 사람들이 아니었습니다. 아브라함은 천사들이 주님과 함께 사람의 모습으로 나타났다는 것을 알아차리고 바로 그들 앞에 엎드려 절했 습니다. 이렇게 엎드려 절하는 것을 보고 '예배드린다', '경배한다'고 말하는 것입니다. 영어로는 'worship'인데 이는 상대에게 가치를 인정하며 존경을 표한다는 의미입니다.

신약성경에서 ‘예배’는 ‘섬기다’는 뜻을 지닌 ‘프로스퀴네오(prosku-neo)’입니다. 아래에서부터 윗사람을 섬기는 것입니다. ‘경배하다’와 ‘섬기다’라는 두 단어가 한꺼번에 나올 때도 있습니다. 그래서 우리가 주일 예배를 드릴 때는 하나님의 이름을 경배하고, 그분의 위대하심을 인정하며 찬양하는 것입니다. 하나님의 자녀들이 공동체로 함께 모여 하나님의 아름다우심과 존귀하심을 찬양하는 축제, 이것이 바로 예배입니다. 사람들이 환갑이나 칠순 잔치를 하는 것처럼 일주일에 한 번씩 드리는 예배 역시 우리에게는 잔치이자 축제입니다. 요한복음 4장 21절은 “예수께서 가라사대 여자여 내 말을 믿으라 이 산에서도 말고 예루살렘에서도 말고 너희가 아버지께 예배할 때가 이르리라”라고 말씀합니다. 예배는 아버지 하나님께 드리는 것입니다. 목사님께 예배를 드리러 가는 것은 옳지 않습니다.

4세기 ‘크리소스톰(Chrysostom)’이라는 목사님은 설교를 아주 잘하셔서 ‘황금의 입(golden mouth)’이라는 평을 들었습니다. 그분이 설교를 마칠 때쯤이면, 훌륭한 연설이 끝난 것처럼 저절로 기립 박수가 터져 나오기도 했습니다. 또 ‘헨리 비처(W. H. Beecher)’라는 유명한 목사님도 아주 유명한 설교자였습니다. 그는 ‘펄핏티어(pulpiteer)’로 불리기도 했습니다. 이는 설교가 너무 탁월해 하나님 없이 그 목사님 설교만 들어도 예배가 이루어지고 예배 속으로 빠져든다는 말이었습니다.

하루는 비처 목사님이 개인 사정으로 자리를 비우셔서 다른 목사님이 초청되어 오셨습니다. 그런데 성도들이 그 목사님은 재미가 없다며 웅성웅성 하더니 하나둘 자리를 뜨기 시작했습니다. 그러자 목사님은 강단에 서서 "여러분 중에 오늘 비처 목사님께 예배를 드리러 오신 분들은 전부 퇴장해 주시기 바랍니다. 그리고 하나님께 예배드리실 분만 앉아 계십시오!"라고 말했습니다. 그렇습니다. 예배는 하나님께 드리는 것입니다.

과거 기독교 역사를 살펴보면 목사님들 가운데 설교의 귀재인 분이 많았습니다. 한국 목사님 중에서도 뛰어난 설교자들이 참 많았습니다. 저도 그러면 참 좋겠습니다. 제가 벧엘교회에 있을 때 한 달에 한 번씩 다른 교회에 집회하러 갔습니다. 그런데 제가 없는 주일은 교인들이 예배에 불참하는 경우가 종종 있었습니다. 회계부에서 저에게 "목사님이 안 계신 주일에는 교인들이 안 나와서 헌금이 많이 줄어듭니다!"라고 말했습니다. 시간이 더 흐른 후 교인들은 목사님이 아닌 하나님께 예배드리려는 마음이 생겼습니다. 그 후로는 큰 변동 없이 모든 성도들이 하나님께 예배드리게 되었습니다.

대형 교회나 유명한 담임 목사님을 둔 교회의 경우, 자칫하면 하나님이 아닌 목사님께 예배를 드리게 될 위험성이 있으니 항상 조심하고 주의해야 합니다. 어떤 성도들은 "하나님은 볼 수 없지만 그래도 목사님은 만나기도 하고 악수도 할 수 있으니 얼마나 좋습니까? 그래서 목사님을 보고 교회 옵니다!"라고 말하기도 합니다. 물론 하나님께서는 목사님을 통해 하나님의 말씀을 전하고 그분의 모습을 드러내십니다. 하지만 우리가 진정으로 보아야 할 것은 목사님이 아니라 그분을 통해 전하시려는 하나님의 말씀과 하나님 그 자신입니다. 우리는 사람이 아닌 하나님과 만나고 그분이 우리 마음속에 울려주시는 음성을 듣고 새로워지는 것입니다. 설교자보다 더 크신, 설교자 위에 계시고 설교자 안에 계시는 주님의 모습을 바라보는 것이 우리 예배의 핵심이 되어야 합니다.

저도 언젠가 한 번은 시험에 들 뻔했습니다. 교인들이 목사를 너무 집중해서 보기 때문이었습니다. 벧엘교회에 갔을 때 저는 "하나님이여, 제가 교인들과 함께 신앙생활을 할 때 어떻게 하든지 하나님을 보여줄 수 있게 하소서. 예수님의 모습을 보여주고 그분의 아름다우심과 존귀하심을 드러낼 수 있게 하셔서 교인들이 주님께 반하게 되길 원합니다. 하나님도 너무 좋고 예수님도 너무 좋아서 제가 살짝 없어져도 김상복 목사 사라진 줄 모르게 해주옵소서!"라고 기도했습니다. 그런 마음을 품고 이 교회에 갔습니다. 시간이 점점 흐르면서 처음 오신 분들과 악수를 할 때면 "목사님, 제가 ○○집사와 같은 직장에 있는데 그 집사가 어찌나 김목사님 이야기를 하는지요. 제가 계속 안 오겠다고 하니 그러면 한 번만 와서 우리 김목사님 만나보라고 하더군요. 김목사님 만나보고 싫으면 안 와도 된다고요. 그래서 한 번 왔습니다."라고 말하는 경우가 자주 있었습니다. "아, 그러셨군요. 교회 와서 저를 보시니 어떠십니까?"라고 물으면 "괜찮네요!"라고 대답하셨습니다.

하나님 말씀을 전하는 사람이 목사니까 당연히 성도들은 목사 얘기를 하게 됩니다. 그러나 예배의 중심은 목사님이 아니라 하나님이어야 합니다. 이는 대단히 중요한 개념입니다. 어떤 분은 성가대 때문에 오고, 어떤 분은 목사님 만나러 오고, 어떤 분은 친구 때문에 오고, 어떤 분은 가족에게 이끌려 할 수없이 오기도 합니다. 그러나 주

일 예배든 다른 예배든 교회는 꼭 하나님을 만나러 와야 합니다. 주
님을 만나리라는 기대감을 품고 와야 합니다. 집을 나설 때부터 성전
에 도착하기까지 주님께서 어떤 모습으로 만나 주실지 기대하며 오
십시오.

하나님께서는 우리가 죄 가운데 헤매고 있을 때, 용서와 자비 그
리고 긍휼의 하나님으로 나타나십니다. 우리 믿음이 흔들릴 때는 반
석처럼 나타나십니다. 교만할 때는 책망의 하나님으로, 마음이 어두
워질 때는 찬란한 빛의 하나님으로, 마음이 더러워졌을 때는 거룩하
신 하나님으로 다가오십니다. 하나님께서는 우리가 기도할 때, 헌금
할 때, 성가대 찬양을 들을 때, 목사님 설교를 들을 때 등 모든 순간
에 일대일 만남으로 나타나기도 하시고, 공동체적으로 임재하기도
하십니다.

오래 전, 외국에서 온 몇 명의 크리스천들이 우리 교회에서 주일
예배를 드리고 떠났습니다. 떠나던 날 그들은 "이 교회에 와서 예배
할 때 하나님의 임재가 느껴졌어요!"라고 말했습니다. 한국말은 잘
알아듣지 못했지만 큰 감동을 받았다고 고백했습니다. 저도 그런 감
정을 느꼈습니다. 하나님께서는 한국말을 잘 알아듣지도, 말하지도
못하는 사람들 가운데 나타나셔서 따스한 모습을 보이시고 세밀한
음성을 들려주셨습니다. 이렇게 주님을 만나고 돌아가는 사람들에게
는 광채가 납니다. 여러분은 예배를 드리고 집으로 돌아갈 때 마음
이 뿌듯하고 만족스럽습니까? "오늘 교회 오길 참 잘했어!" 혹은 "오
늘 참 은혜로웠어!"라는 고백이 나오는 것은 성령께서 우리 마음속
에 함께하셨기 때문입니다. 예배를 드리고 돌아가는 주일은 여러분

의 마음이 항상 즐겁고 행복하기를 간절히 바랍니다.

어떤 성도들은 "목사님, 저희는 예배드리고 돌아갈 때마다 싸웠습니다!"라고 이야기하기도 합니다. 이는 진정한 예배를 드리지 못했다는 증거입니다. 예배를 구경하러 왔거나 관객이나 심판관처럼 앉아서 눈에 보이는 여러 가지들을 판단했을지도 모릅니다. "이 교회 교인들은 옷을 너무 화려하게 입네!"라고 비난하기도 했을 것입니다. 예배를 구경하러 온 사람에게는 늘 그런 것들이 보이겠지만 하나님께 예배드리러 온 사람에게는 그런 것이 안 보입니다. 하나님께 예배드리러 올 때 아름답고 좋은 옷을 입고 오는 것은 좋습니다. 너무 화려해서 이목을 집중시키는 정도면 곤란하지만, 깨끗하고 단정한 옷을 정성스럽게 차려 입고 오는 것은 주님이 보실 때도 귀한 일입니다. 그러나 다른 사람의 옷에 신경 쓰느라 예배를 못 드리면 안 됩니다.

우리 예배의 중심은 언제나 주님입니다. 예배 시간은 주님을 바라보고 주님을 즐거워하며 그분을 만나 따뜻한 음성을 들어야 합니다. 예배를 통해 여러분의 얼굴에 모세가 경험했던 아름다운 주님의 광채가 나타나는 은혜가 있기를 간절히 바랍니다.

어디서
예배를 드리는가?

"예수께서 이르시되 여자여 내 말을 믿으라 이 산에서도 말고 예루살렘에서도 말고 너희가 아버지께 예배할 때가 이르리라"(요 4:21).

이 말씀은 교회에서만 예배를 드리는 것이 아니라, 우리의 삶 전체가 예배라는 뜻입니다. 우리는 모든 것을 하나님 앞에서 해야 합니다. 하나님을 사랑하고 찾고 의지하는 삶이 곧 예배입니다. 이 산에서도 말고 예루살렘에서도 말고 하나님 앞에서 예배하는 인생을 살아가야 합니다. 하루 종일 사무실 컴퓨터 앞에 앉아 일을 하는 사람은 하나님 앞에서 예배드리듯 신실하고 성실하게 일해야 합니다. 즉 언제 어디서나 예배자로 살아야 한다는 것입니다. 주일에 주님의 자녀들이 모두 모여 하나님을 찬양하고 주님께 예배드리는 것은 너무나 당연한 일입니다. 그것은 하나님께서 명령하신 일이기도 합니다. 하나님께서는 예배하는 자를 찾으십니다. 교회의 모든 예배에 열심히 참석하십시오. 반드시 신앙이 성장할 것입니다.

어떻게 예배를 드리는가?

성경은 '우리가 어떻게 예배를 드려야 하는지'를 다섯 가지로 이야기합니다.

첫째, 전심으로 예배드려야 합니다. 온 마음을 모아 예배하는 것입니다. 살다 보면 우리를 혼란에 빠뜨리고 어지럽게 하는 요소들이 수시로 나타납니다. 평소에는 이리저리 마음을 빼앗기면서 산다 해도, 주일 예배 시간에는 조용하고 경건한 마음으로 모든 내면을 주님께 집중해야 합니다. 가사 하나하나를 마음에 새기면서 정성껏 찬양해야 합니다. 마음을 다하고 정성을 드려 헌금해야 합니다. 대표기도 시간에는 대표기도하시는 분의 말 한 마디 한 마디를 따라가며 간절히 간구해야 합니다. 어떤 날은 성가대 지휘자의 지휘만 봐도 은혜가 됩니다. 지휘자의 은혜로운 얼굴과 표정에서, 아름다운 몸짓에서 인간의 존귀함과 주님의 거룩하심을 볼 수 있습니다. 이런 분들이 모인 성가대라면, 많은 성도들이 성가대의 찬송에 은혜를 받을 수밖에 없습니다.

오래 전, 어떤 신학교의 합창단 찬양을 들을 기회가 있었습니다. 젊은이들이 깨끗한 옷을 입고 어깨를 반듯하게 편 채로 얼굴에 미소를 띠며 정성을 다해 주님을 찬양했습니다. 그 모습이 얼마나 감동적이었는지 모릅니다. 이 지구 반대편에서는 같은 또래의 젊은이들이 마약을 하고 죄악 가운데 헤매고 있는데, 예수 믿는 젊은이들이 이처럼 아름답게 하나님을 찬양하는 모습을 보니 하나님께는 영광이요, 성도들에게는 은혜였습니다.

둘째, 아름답고 거룩하게 예배드려야 합니다. 많은 성도들은 교회 갈 때 아름답고 단정한 옷을 입고 갑니다. 반드시 부자여야 아름답게 꾸밀 수 있는 것은 아닙니다. 개인의 취향과 패션 센스에 따라 충분히 아름답게 꾸밀 수 있습니다. 비싼 브랜드나 명품 옷이 아니어도 됩니다. 단정하고 깔끔한 모습이면 충분합니다. 외모뿐만 아니라 우리의 내면과 예배드리는 태도 역시 아름다워야 합니다. '거룩하게 드리라'는 것은 구별되게 하라는 뜻입니다. 예배드리는 시간은 따로 떼어 그 시간만큼은 주님과 깊은 교제를 하는 시간이어야 합니다. 거룩하게 한다는 것은 겉모습만이 아닙니다. 예배 시간에 웃으면 안 된다고 말하는 사람도 있지만, 저는 그렇게 생각하지 않습니다. 아들, 며느리, 손자, 손녀들이 다 함께 와서 웃고 박수치며 즐겁게 찬송하고, 온 가족이 함께 주님을 찬양하며 춤을 추면 하나님 보시기에 얼마나 어여쁘겠습니까?

60년대 중반에 미국에서는 '히피(hippie)'들이 많았습니다. 어느 날 히피 두 녀석이 하나님께서는 외모가 아니라 마음의 중심을 보시는 분이니, 어떤 모습으로 예배 드려도 된다는 식으로 옷을 훌러덩 벗고 나타났습니다. 미국 사람들은 그런 모습을 이상하게 생각하지도 않았고 시선이 집중되지도 않았습니다. 아마 한국이었다면 야단법석이 났을 것입니다. 미국인들은 다른 사람이 어떤 행동을 하든 크게 신경 쓰지 않습니다. 삼복더위에 두터운 외투를 입고 나타나도 개의치 않습니다.

거룩함과 경건함을 강조하느라 즐겁게 예배드리는 것을 막을 필요는 없습니다. 하나님의 자녀들이 많이 모여 즐겁게 예배드릴 때 우리 주님께서 기뻐하실 것이니 말입니다. 찬송하고 기도할 때, 예배의 어떤 시간이라도 이왕이면 즐겁고 기쁘게 참여하면 좋겠습니다.

셋째, 감사함과 기쁨으로 예배드려야 합니다.

"기쁨으로 여호와를 섬기며 노래하면서 그의 앞에 나아갈지어다"(시 100:2).

예배 시작 시간보다 조금 일찍 도착하십시오. 감사 제목들을 찾아 하나님께 전심으로 감사 기도를 드리십시오. 또 찬양의 예물을 드리십시오. 예배 시작 전에 부르는 찬송을 '준비 찬송'이라고 합니다. 부흥회 때는 종종 "목사님, 7시 반에 시작한다고 했지만 사실은 8시입니다. 목사님은 8시에 나오십시오."라는 말을 듣습니다. "그러면 왜 7시 반이라고 하셨습니까?"라고 질문하면 "교인들이 일찍 안 와서 그렇습니다."라고 답을 합니다. 8시까지는 그저 준비 찬송 몇 곡을 부르며 기다립니다. 그래선 안 됩니다. 찬송을 부를 때는 집중해서 전심으로 찬송을 불러야 합니다. "준비 찬송 몇 장 하십시다!"라는 말은 적절하지 않은 것 같습니다. "우리 다함께 주님께 찬송 드립시다!"라고 하면 됩니다. 가능하면 '준비'라는 단어는 붙이지 않는 것이 좋겠습니다. 모든 찬송은 온전한 찬송으로 불러야 합니다. 예배를 준비하기 위한 수단이나 도구가 되어선 안 됩니다.

여러분은 '주일'과 '일요일' 중 어떤 단어를 사용하나요? 가능하면 '일요일'을 '주일'이라고 말하면 좋겠습니다. 어떤 사람은 다른 집사님이 주일을 '일요일'로 칭했다며 "이 따위 교회가 어디 있느냐?"며 노발대발했습니다. 사실 그럴 것까지는 없습니다. 어떤 경우에는 일요일이라고 할 수도 있습니다. 아직 습관이 안 된 경우는 그럴 수도 있습니다. 작고 사소한 문제로 상대를 비난하고 교회를 비판하는 태도는 서로를 아프게 할 뿐입니다. 교회와 그리스도인은 모두 서로 노력하면서 성장하는 것입니다.

넷째, 신령과 진정으로 예배드려야 합니다.

“하나님은 영이시니 예배하는 자가 영과 진리로 예배할지니라”(요 4:24).

‘신령과 진정으로(in spirit and in truth)’ 드리는 예배는 우리의 영으로 하는 것입니다. 눈으로 보거나 손으로 만질 수 없습니다. 하나님은 영이시기 때문에 눈으로 볼 수 없습니다. 그래서 기도할 때 눈을 감습니다. 어떤 분은 대표 기도를 할 때 적어 온 기도문을 읽습니다. 저는 그것을 나쁘다고 생각하지 않습니다. 자기가 기도하는 마음으로 거룩하고 경건하게 적어서 온 것인데 크게 문제될 게 무엇이겠습니까? 어떤 분은 저에게 와서 “목사님! 글쎄 ○○장로님이 기도하는데 써 가지고 와서 읽었습니다!”라고 말했습니다. 그래서 저는 “그것을 어떻게 아십니까?”하고 물었던 적이 있습니다. 그분은 또다시 “하나님 앞에서 기도하는 걸 어떻게 종이에 써서 읽을 수 있냐?”라고 화를 냈습니다. 하나님께 기도할 때 써서 읽을 수도 있고 그냥 생각나는 대로 이야기할 수도 있습니다. 성경 어디에도 기도할 때 절대로 써서 읽어서는 안 된다고 말하지 않습니다. 시편의 대부분은 적어 놓은 기도입니다. 기도문을 적어서 읽는 것보다 이런 작고 사소한 것을 트집 잡고 화내는 것이 더 바람직하지 않습니다.

다섯째, 예물을 갖고 나아와 예배드려야 합니다. 헌금은 미리 준비하고 봉투를 사용하면 좋습니다. 어떤 때는 봉투가 없을 때도 있지만, 없으면 없는 대로 하되 준비된 헌금을 해야 합니다. 무엇이든지 율법적으로 되는 항목과 안 되는 항목을 정해 놓으면 마음이 불편해집니다. 그런 규율이 오히려 예배 시간에 마음을 흐트러뜨리고 언짢게 할 수도 있습니다. 어떤 집사님이 헌금을 미리 준비하지 못했는데 헌금 시간이 되었습니다. 서둘러 지갑을 열어 어떤 지폐를 꺼내야 할까 고민했습니다. 시간이 촉박해서 급하게 꺼낸 지폐를 헌금함에 넣었습니다. 천 원짜리를 꺼내려고 했는데 넣고 보니 만 원짜리였습니다. 그분은 교회에 와서 손해 봤다고 생각했을지 모릅니다. 헌금은 그렇게 하는 것이 아닙니다. 급하게 서두르며 일회적으로 해서는 안 됩니다. 하나님께서 각자에게 주신 은혜의 분량에 따라 미리 준비해서 감사한 마음으로 드려야 합니다.

어떤 성도는 헌금을 누가 얼마나 했는지 공식적으로 발표하기를 기다립니다. 또 어떤 성도는 그런 걸 드러내는 것을 좋아하지 않습니다. 오히려 화를 내기도 합니다. 두 경우 모두 옳지 않습니다. 헌금은 주님께 드리는 것입니다. 주보 헌금란에 이름이 실려 있는지의 여부나 헌금 액수가 정확하게 기재되어 있는가 하는 것 등을 신경 쓸 필요가 없습니다. 구약 성경에는 헌금한 내용이 기록된 경우도 있습니다. 광야에서 장막을 지을 때는 예물을 드린 사람들이 무엇을 얼마나 드렸는지 상세히 다 기록해 놓았습니다. 덕분에 3,500년이 지난 지금 우리는 그분들이 무엇을 예물로 드렸는지 알 수 있게 되었습니다. 헌금의 자세한 내용은 발표해도 좋고 안 해도 좋습니다. 그런 것을 일일이 신경 쓰는 대신 '하나님께 드린다'라는 기본적인 태도에 초점을 맞추십시오. 하나님께 드린다는 것이 가장 중요합니다.

예배는 누가 드려야 합니까? 우리 모두가 예배드려야 합니다. 우리는 모두 왕 같은 제사장입니다. 목사님이 예배를 인도하는 것이 아니라 교인 모두가 하나님 앞에서 제사장으로서 각자의 예배를 드려야 합니다. 우리 모두가 하나님 앞에서 축제처럼 즐거운 예배를 드려야 합니다. 그럴 때 하나님께서 우리의 예배를 기쁘게 받으십니다. 우리의 예배를 통해 하나님이 영광 받으시길 바랍니다.

친교의 생활화(1)

"그들이 이 말을 듣고 마음에 찔려 베드로와 다른 사도들에게 물어 이르되 형제들아 우리가 어찌할꼬 하거늘 베드로가 이르되 너희가 회개하여 각각 예수 그리스도의 이름으로 세례를 받고 죄 사함을 받으라 그리하면 성령의 선물을 받으리니 이 약속은 너희와 너희 자녀와 모든 먼 데 사람 곧 주 우리 하나님이 얼마든지 부르시는 자들에게 하신 것이라 하고 또 여러 말로 확증하며 권하여 이르되 너희가 이 패역한 세대에서 구원을 받으라 하니 그 말을 받은 사람들은 세례를 받으매 이 날에 신도의 수가 삼천이나 더하더라 그들이 사도의 가르침을 받아 서로 교제하고 떡을 떼며 오로지 기도하기를 힘쓰니라" 행 2:37-42

지금까지 우리는 신앙의 성장을 위해 할 수 있는 여러 가지 방법들을 살펴보았습니다. 신앙이 성장하려면 첫째는 하나님 말씀 중심으로 살고, 둘째는 기도가 생활화되어야 하며, 셋째는 예배자로서의 삶을 살아야 합니다. 대부분의 교회가 가진 큰 과제 중 하나가 '신앙의 생활화'일 것입니다. 삶이 따로 있고, 신앙도 따로 있어선 안 됩니다. 신앙의 생활화, 즉 신앙이 곧 삶이 되게 하려면 교회에서뿐만 아니라 집과 일터에서 말씀과 기도와 예배 생활을 해나가야 합니다. 이번 장에서는 신앙 성장을 돕는 네 번째 요소인 '성도의 교제'에 대해 살펴보고자 합니다.

사도행전 2장 37-47절 말씀에는 이 네 가지가 계속 나타납니다. 하나님을 찬미하고 기도하는 모습입니다. '사도의 가르침을 받는다'는 것은 성경 공부를 뜻합니다. 또 서로 떡을 떼며 교제하는 모습이 보입니다. 이를 통해 사람들에게 칭찬을 받고, 하루에 3천 명이 예수님을 믿게 되었습니다. 이것은 전도입니다.

어떤 사람이
성도인가?

'성도'는 '거룩한 무리'란 뜻입니다. 사도행전 2장 38절은 '성도(거룩한 무리)'에 대해 구체적으로 언급합니다.

"베드로가 이르되 너희가 회개하여 각각 예수 그리스도의 이름으로 세례를 받고 죄 사함을 받으라 그리하면 성령의 선물을 받으리니"(행 2:38).

첫째, 성도는 회개한 사람입니다. '회개하다'는 '죄를 고백하다'라는 뜻입니다. '회개'는 그동안 저지른 잘못이나 죄 등을 하나님께 고백하는 행위가 아닙니다. '회개'라는 말은 '돌아섰다'라는 말입니다. 전에는 예수 그리스도를 나의 구주라고 고백하지 않고 살았다면, 이제는 예수께로 완전히 돌아섰다는 말입니다. 지금까지는 사망의 권세 아래서 멸망의 세계로 걸어갔다면, 복음을 듣고 난 후로는 완전히 돌아서서 천국과 영원한 생명을 향해 걸어간다는 뜻입니다. 다시 한 번 강조합니다. '회개했다'라는 말은 '거룩한 사람이 되었다'가 아니라 '하나님께로 돌아섰다'는 뜻입니다. 여러분은 지금까지 어떻게 살아왔습니까? 언제 하나님께 돌아섰습니까? 각자 예수님을 만나고 다시 태어난 영적 생일이 있을 것입니다. 제가 오래 전 사역했던 벧엘교회에서는 한 성도가 예수 믿은 지 일 년 되는 날, 구역 식구들이 케이크를 준비해 "생일 축하합니다!" 노래를 다 같이 부르며 깜짝 이벤트를 해주었습니다. 그러자 그분은 어리둥절해하며 갑자기 들이닥친 구역 식구들에게 "오늘은 제 생일이 아닌데요?"했습니다. 그러자 "당신이 일 년 전에 주님을 영접했잖아요. 그러니 바로 오늘이 당신의 영적 생일입니다!"라고 답해주던 구역 식구들의 모습이 눈에 선합니다.

그리스도인이라면 누구나 주님께로 돌아섰던 날이 있을 것입니다. 당신은 언제 돌아섰습니까? 아직도 돌아서지 않은 것은 아닌지요? 아직도 천국을 향해 돌아서지 않고 세상을 바라보며 암흑을 향해 걸어가고 있는 것은 아닙니까? 하나님께서는 늘 기다리고 계십니다. 그분은 늘 좋은 기회를 주십니다. 혹시라도 주님께로 아직 돌아서지 않은 성도가 있다면, 지금 이 시간 마음을 결정하고 돌아서기 바랍니다. 이것이 진정한 성도가 되는 출발점입니다.

둘째, 성도는 세례를 받은 사람입니다. 세례 받는 것을 두려워하는 분들이 있습니다. 가끔 "목사님, 저는 아직 도저히 세례를 받지 못하겠습니다. 저는 예수 믿으려면 철저히 믿어야 한다고 생각합니다. 예수 믿는다고 세례 받고서도 제대로 믿지 못하면 어쩝니까? 그럴까봐 주저하게 됩니다. 세례 받고도 어정쩡하게 신앙생활을 하는 사람들을 많이 봤거든요."라는 말을 듣습니다. 물론 하나님의 은혜를 깨닫고도 희미하고 어중간하게 사는 사람도 있습니다. 예수를 믿는다고 하면서도 나쁜 짓만 골라서 하는 사람도 있습니다. 안타깝지만 모두 다 사실입니다.

예수 믿는 사람이 성자(聖者)는 아닙니다. 다른 사람과 마찬가지로 죄인입니다. 그런데 그냥 죄인이 아니라 용서받은 죄인입니다. 예수 믿는 사람이 모두 성인군자 같지는 않지만 그렇게 살기 위해 노력하고 기도하며 간구합니다. 보다 더 수고하고 금식하며 자복합니다. 사실 성자는 구원받을 필요가 없고 예수를 믿을 필요도 없습니다. 죄인은 꼭 예수를 믿어야 합니다.

그러므로 세례 받는 것을 대단히 엄청나고 큰일이라고 여기지 않아도 됩니다. 교회마다 다르긴 하겠지만 세례 받으려면 학습을 받고 최소한 6개월이 지나야 하지만, 옛날에는 세례 받는 데 그렇게 오랜 시간이 필요하지 않았습니다. 사도 바울이 빌립보 감옥에 갇혀 있을 때, 한밤중에 지진이 나서 감옥 문이 열리는 사건이 일어났습니다. 이를 보고 그들을 지키던 간수가 자살을 하려고 했습니다. 그러자 사도 바울이 "자살하지 마시오. 우리가 여기 있소!"라고 말했습니다. 이 상황에 감동한 간수는 사도 바울을 자기 집으로 데려가 약을 발라주고 저녁도 대접했습니다. 그리고 사도 바울의 말씀을 듣고 예수를 믿었습니다. 그날 저녁 간수와 그의 가족들이 예수를 믿었는데, 그들이 언제 세례를 받았는지 아십니까? 그날 밤 즉시 세례를 받았습니다. 세례가 무엇입니까? 세례는 예수님을 나의 구주로 영접했다는 표시입니다. 이 사실을 사람들 앞에서 외적으로, 공개적으로 선포하는 것입니다.

성경에는 에티오피아 왕국의 내시 한 사람이 등장합니다. 그는 병거를 타고 가다가 빌립 집사를 태우게 됩니다. 빌립 집사는 열심히 성경을 읽는 내시에게 성경 내용이 무슨 뜻인지 아느냐고 묻자, 그는 모른다고 대답합니다. 그러자 빌립 집사가 설명을 해줍니다. 그가 읽던 성경 구절은 예수 그리스도에 대한 이야기였습니다. 예수는 그리스도시고 메시야이시다, 하나님의 아들로서 이 땅에 오셨다, 당신의 죄를 사하시려고 십자가에서 돌아가셨으나 장사한 지 사흘 만에 다시 살아나신 우리의 구원자라고 설명했습니다. 에티오피아 왕국의 내시는 그날로 예수님께로 돌아섰습니다. 회개했다는 이야기입니다. 빌립 집사는 회개하고 돌아선 내시에게 "당신이 세례를 받지 않을 이유가 있습니까?"라고 묻습니다. 빌립 집사는 목사가 아니었지만 당장 그에게 세례를 주었습니다.

'세례'를 받는다는 것은 '예수를 자신의 구주로 받아들였다'는 외적인 표시입니다. 전도 집회 후 어떤 분이 저를 찾아와 "목사님, 저는 세례를 세 번 받았습니다. 어릴 때 유아 세례 받고, 기독교 대학에서 유아 세례 받은 것이 잘 기억 안 난다고 했더니 다시 받으라고 권유해 다시 받았습니다. 그런데 미국 이민 와서 침례교회를 갔더니 침례를 다시 받으라고 해서 또 받았습니다."라고 했습니다. 그분은 세 번이나 세례를 받았는데도 예수님이 자기 구주인 줄 몰랐다고 고백했습니다. 다행히 그 전도 집회에 참석해 진정으로 예수를 믿고 영접하게 되었습니다. 지금 그분은 깊고 뜨거운 신앙생활을 하고 있습니다.

세례는 구원받은 사람, 예수님을 자신의 구주로 받아들인 사람이 받는 표시이자 상징입니다. 나이가 어리거나 성경을 많이 알지 못해도 괜찮습니다. 특별히 거룩하게 보이지 않아도 괜찮습니다. 주님을 자기 구주로 받아들였다면 그 즉시 세례를 받을 수 있습니다. 세례 받았다는 것은 그 사람이 완전해졌다는 뜻은 아닙니다. 가톨릭에서는 세례를 '영세'라고 칭하며 영세 자체를 대단히 중요하게 여깁니다. 영세를 받지 않으면 구원받은 것이 아니라고 말합니다. 그러나 세례는 단지 예수를 믿기로 결심해 주님을 진정으로 받아들였다는 표시일 뿐, 세례 자체가 우리를 구원하는 것은 아닙니다. 그럼에도 불구하고 세례는 '저는 주님을 영접했습니다'라는 공식적인 표시이니 반드시 세례를 받으시기 바랍니다. 이렇게 회개하고 세례 받은 사람이 성도입니다. 성도들과 교제해야 합니다. 믿지 않는 사람들과만 가깝게 지내면, 신앙 성장에 별 도움이 되지 않습니다.

셋째, 성도는 죄 사함을 얻은 사람입니다. 회개하고 세례를 받았다면 죄를 사함 받았다는 확신을 가져야 합니다. 세례 때는 물을 뿌리며 기도해 주는데, 여기서 물은 '깨끗하게 하는' 행위 혹은 '씻어 줌'을 상징합니다. 물을 뿌리는 이유는 무엇일까요? 침례교회에서 행하는 침례(浸禮)와 그 밖의 교회에서 행하는 세례(洗禮)는 뜻이 다릅니다. '침례'는 물속에 몸을 담갔다가 나오는 것으로 죽었다가 다시 살아났다는 뜻을 가집니다. 물을 머리에 뿌리는 '세례'는 옛날 구약 시대의 방식을 따온 상징적인 행위입니다.

구약 시대 때는 문둥병은 영원히 못 고치는 병으로 여겼습니다. 그래서 문둥병자들은 이스라엘 백성과 분리해 죽을 때까지 성 밖에서 살게 했습니다. 하나님의 백성 속에 들어오지 못하고 성 밖에 사는 문둥병자들은 곧 '죄'를 상징했습니다. 30년이 넘도록 문둥병자로 살다가 하나님의 특별한 은혜를 입어 갑자기 병이 낫기도 했습니다. 그럴 경우 그는 제사장에게 가서 문둥병이 나았다는 것을 알립니다. 제사장은 자세히 살펴보고 확인한 다음 우슬초에 새 피를 찍어 일곱 번 뿌리면서 "코셔!"라고 합니다. 이는 '너는 이제 깨끗해졌다!'라는 뜻으로써 공식적으로 다 나았음을 선포하는 행위였습니다. 이 정결의식과 그 의미가 오늘날 세례에 적용되었습니다. 세례를 주면서 물을 뿌리는 것은 "성부와 성자와 성령의 이름으로 이제는 당신이 예수를 믿고 회개하여 죄를 사함 받았기 때문에 완전히 깨끗해졌습니다!"라고 선포하는 것입니다.

하나님께서는 여러분을 완전히 깨끗해진 사람으로 바라보십니다. 우리는 여전히 '나는 아직도 깨끗하지 못한데! 나는 아직도 부족하고 연약한데! 나는 여전히 성숙하지 못한데!'라고 생각합니다. 그러나 우리는 우리 자신의 능력이나 성품으로 구원받은 것이 아님을 기억해야 합니다. 우리는 예수님 덕분에 구원받은 것입니다. 영생은 하나님의 은혜입니다. 예수님이 여러분을 위해 십자가에서 대신 돌아가셨기 때문에 구원받은 것이지, 여러분 자신의 공로나 노력의 결과로 구원받은 것이 아닙니다. 그러므로 누구든지 예수 그리스도를 믿으면 멸망하지 않고 영생을 얻으리라고 말씀하신 것입니다.

구원받은 사람은 누구나 다 하나님 앞에서 완전히 깨끗한 사람으로 인정받는 것입니다. 회개하고 세례 받았다면, 죄 사함을 받았다는 확신과 기쁨 속에서 살게 됩니다. 회개하고 세례 받아 죄를 사함을 받았으면, 성령을 선물로 받게 됩니다. 이는 동시적인 일입니다. 우리 영혼에 성령님이 오셔서 우리를 하나님의 자녀로 인(印)쳐 주시고, 그때부터 우리 안에서 영원히 함께하십니다. 성령님께서 우리를 도우시며 우리를 위해 기도하시고 격려하시며 우리를 새롭게 변화시키고 성숙하게 해주십니다. 이렇게 성령님과 동행하며 변화되는 사람이 구원받은 사람입니다. 이런 사람을 '성도'라고 말합니다.

구원받은 사람은 영원한 하나님의 자녀가 됩니다. 우리 그리스도인들은 모두 다 성도요, 하나님의 자녀입니다. 영원무궁토록 하나님 나라에서 함께 살 사람들입니다. 지금 곁에 있는 성도 모두가 천국에서 영원히 함께할 사람들이니 얼마나 소중하고 귀한 존재입니까? 또 우리는 서로 친밀하고 깊은 교제 속에서 살아가야 합니다. 그래서 '성도의 교제'가 절대적으로 중요한 것입니다. 성도의 교제는 마치 온실과 같습니다. 그 교제 속에 들어가면 따뜻한 사랑 안에서 살기 때문에 우리 신앙이 온실 속 식물처럼 편안하게 성장할 수 있습니다.

가정에서도 부모와 자식 간에 사랑이 있어야 하고, 형제간에도 우애가 있어야 합니다. 세상에서 가장 아름다운 모습 중 하나가 형제들이 서로 사랑하고 돕는 모습입니다. 여러분에게도 자녀가 있습니까? 부모로서 자녀들이 서로 사랑하고 아껴주는 모습을 보면 얼마나 뿌듯하고 행복합니까? 자녀들이 어려서부터 서로 정답게 지내는 모습은 세상 그 무엇과도 비교할 수 없는 행복입니다. 저는 딸이 셋입니다. 자매들이 서로 아끼고 사랑하는 모습을 보면 얼마나 좋은지 모릅니다. 부모들은 자녀들의 우애와 사랑을 위해 기도하고 아이들에게 권고해야 합니다. 마찬가지로 우리 그리스도인들은 모두 다 하나님의 영원한 자녀이기 때문에 서로 다정한 교제를 하는 것이 마땅합니다.

A.D. 125년, 사도 요한이 죽은 지 얼마 지나지 않은 때, 로마 제국

의 한 총독이 로마 황제에게 편지를 썼습니다. 편지에는 그리스도인들의 모임에 대해 이렇게 적혀 있었습니다.

"그리스도인들은 새벽에 모여서 찬송하고 기도합니다. 나사렛 사람인 예수를 하나님이라고 칭하면서 그에게 경배를 합니다. 이 사람들은 서로 얼마나 사랑하는지 자기 친형제 이상으로 아끼고 사랑하며 지냅니다. 이상한 사람들입니다."

이처럼 우리 그리스도인들이 함께 모여 기도하고 예배하는 모습, 서로 아끼고 사랑하는 모습이 너무나도 인상적이고 부럽고 또 한편으로는 이상해 보이기까지 하면 좋겠습니다. "저 사람들은 진짜 이상하고 신기해!"라고 소문이 나면 좋겠습니다. 이런 것이 진정한 예수 그리스도의 교회 모습일 것입니다.

지금은 러시아지만 당시에는 소련이었던 시기에 한 소련 아가씨가 캐나다 친척을 방문하려고 3개월의 비자(visa)를 받았습니다. 소련과 비교해 캐나다가 얼마나 좋았겠습니까? 석 달 동안 친척들은 이 아가씨에게 캐나다와 미국에서 유명하고 좋은 곳은 다 보여주었습니다. 그녀는 가는 곳마다 감탄하며 탄복했습니다. 그녀는 '이런 광경은 내가 그동안 한 번도 보지 못했던 것들이야. 서방 세계가 이렇게 좋을 줄이야! 참 좋은 곳이 많구나!'라고 생각했습니다. 그녀가 감탄하고 좋아하는 모습을 보고 친척들은 그녀에게 망명을 권했습니다. 그런데 석 달이 다 지나자 그녀는 캐나다에 머무르는 것이 아닌 소련으로 돌아가기를 원했습니다. 친척들이 그 이유를 묻자, 그녀는 "서방 세계에 오니까 참 좋은 것들이 많습니다. 좋은 것들이 너무 많다 보니 그 좋은 것들을 즐기느라 사람에 대해서는 별로 관심을 두지 않게 되네요. 그런데 우리 소련에는 좋은 것은 별로 없지만, 사람들끼리 다정하고 어울려 사는 모습이 있습니다. 그래서 저는 좋은 풍경이나 문화보다 좋은 사람들과 함께 살고 싶어 돌아가려고 합니다!"라고 대답했습니다. 그녀는 예수를 믿는 성도였습니다. 즉 교회에서 성도들끼리 친밀하고 따뜻하게 교제를 나누던 그리스도인이었던 것입니다.

우리는 발달된 문명과 미디어 문화 혹은 화려한 외모나 물질 때문에 사람의 아름답고 귀한 점을 놓치고 있지는 않습니까? 사람이 가진 고귀하고 값진 것을 소홀히 여기고 있지는 않은지 돌아보십시오. 다른 성도들과 깊은 교제를 하면서 하나님의 은혜를 나눌 뿐만 아니라 사람의 소중함과 아름다움을 나눌 수 있었으면 좋겠습니다. 그러나 현재 우리의 삶은 참으로 분주합니다. 바쁘고 힘들게 일하면서 많은 사람들과 부딪치다 보니 사람에 대한 관심도 잃고 사람에게 지쳐 가기도 합니다. 생존 경쟁에서 처지지 않으려 하다 보니 서로를 믿지 못하고 경계하기도 합니다. 그래서 현대인들은 군중 속에서도 소외감을 느끼고 외롭습니다. 이웃에 누가 사는지 알지 못하고 개인의 삶만 겨우 유지합니다. 이런 사회일수록 하나님의 자녀들은 성도의 교제에 더욱 열심을 내야 합니다. 모든 사람에게는 본능적으로 그리스도의 사랑이 필요합니다. 각박한 세상일수록 조건 없고 무한한 주님의 사랑이 필요한 것입니다. 요즘처럼 '사랑'이라는 단어를 많이 쓰는 시대도 없었습니다. 대중가요나 영화, 드라마를 보면 '사랑'이 중심이고 전부입니다. 이렇게 온 세상에 사랑의 말들이 넘쳐나는데도 진짜 사랑은 부족하고, 사람들은 사랑에 목말라 합니다. 세상 곳곳에는 사랑에 목말라 하는 애달픈 사람들이 많이 있습니다. 이것이 현실이며 이 시대를 살아가는 현대인의 모습입니다.

우리 그리스도인들은 사랑하는 일에 앞장서야 합니다. 사람들은 '어머니의 사랑'을 떠올리면 눈물을 흘립니다. '아버지의 사랑'이라고 했을 때 눈물 흘리는 사람은 별로 없습니다. 그 이유는 어머니의 사랑보다 아버지의 사랑이 비교적 부족하고 적다고 느끼기 때문일 것입니다. 제가 신학대학교 3학년 학생 40여 명을 모아 놓고 "여러분 중에 아버지가 참으로 사랑이 많고 훌륭한 신앙인이어서 인생의 롤모델인 사람 있나요? 훗날 아버지 같은 사람이 되고 싶은 학생이 있으면 손들어 주십시오!"라고 물었습니다. 단 한 명도 없었습니다. "그렇다면 '우리 아버지가 아주 훌륭하시진 않지만 그럭저럭 괜찮다!' 라고 생각하는 사람 손들어 주십시오!" 했더니 40여 명 중 네 명이 손을 들었습니다. 나머지 학생들은 어떻게 생각하고 있었던 것일까요?

예수 믿는 가정에서 아버지는 예수님과 같은 리더 역할을 해야 합니다. 여자 못지 않게 남자가 진리를 깨달으면 가정이 변합니다. 남자가 앞장서면 무엇이든 할 수 있습니다. 그래서 많은 자녀들이 '아버지'라는 말만 들어도 가슴이 뭉클해지고 눈물 흘릴 정도가 되면 좋겠습니다.

오래 전 저희 교회의 사랑방은 참 훌륭했습니다. 구성원들을 보면 성도의 교제가 참 잘되고 있다는 것을 알 수 있습니다. 서로 돕고 사랑하는 모습에 저는 큰 감동을 받았습니다. 그러나 자매님들만 있어서 참 유감이었습니다. 오히려 형제분들에게 다정하고 따뜻한 성도의 교제가 더욱 필요한데 말입니다. 많은 가정의 아버지와 아들들이 함께하며 그리스도 안에서 사랑을 나누는 모임이 더욱 많아지길 바랍니다.

소그룹 교제의 유익

첫째, 서로 돕는 모습은 인간적이고 아름답습니다. 우리가 인생을 살다 보면 어려움을 만나 한없이 약해질 때가 있습니다. 그럴 때는 힘이 되어주는 존재, 격려와 위로를 해주는 사람이 필요합니다. 인간은 혼자서는 살아갈 수 없습니다. 함께 살아야 합니다. 사회적인 존재이기 때문입니다. 신앙 안에서 함께하며 서로를 위해 기도하고 힘들 때 앞에서 끌어주고 뒤에서 당겨주어야 합니다.

둘째, 개인의 신앙이 성장할 수 있는 기회입니다. 같은 신앙을 가진 동역자들이 함께 모이다 보면 각자가 체험했던 하나님 이야기를 하게 됩니다. 맛있는 식사를 하고 차를 마시며 자연스럽게 신앙 간증을 하는 것입니다. 아직 신앙이 어리고 초보인 사람들은 소그룹 교제를 통해 조금씩 성장하고, 크게 자랄 수 있습니다.

셋째, 소그룹 교제를 통해 선교 활동을 할 수 있습니다. 성도의 교제 시간이 만족스러우면 다른 사람도 그 구원의 기쁨과 신앙 모임에 참여하기를 바라게 됩니다. 초대 교회 때는 회개하고 세례 받은 후 성령까지 선물로 받은 성도들이 교제하니 하루에 3천 명이 모였다고 합니다. 전도의 힘이 여기서 비롯된 것입니다. 가끔 성도의 교제가 참 좋은 나머지 새로운 지체를 참여시키기를 꺼려하는 경우도 있습니다. 교회 성도 모임은 동창회가 아닙니다. 교회 모임은 반드시 선교적인 사명이 있어야 합니다. 서로 격려하고 돕고, 신앙을 권고해 나가는 빛과 소금이 되어야 합니다. 이 사회 전체에 복음의 향기를 전파하는 제자가 되어야 합니다. 분명한 사실은 성도간의 교제 목적은 선교적인 사명이라는 것입니다. 자기들끼리 모여 즐기는 시간이 아님을 분명히 기억하십시오.

성도간의 교제는 온실과 같아서 유익하고 좋은 교제가 있다면 반드시 신앙이 성장합니다. 꽃이 온실 속에서 안전하게 잘 피어날 수 있는 것처럼 말입니다. 대예배 때만 참석하고 아직 소그룹 모임에는 발을 들여놓지 않은 분이 있다면 꼭 참석하기 바랍니다. 또 주일학교, 성가대, 여러 선교회에 참석하시고 직업이나 거주지, 직장별로도 소그룹이 생겼으면 좋겠습니다. 이를 통해 여러분의 삶이 더욱 풍성해지면 좋겠습니다. 성도의 교제가 우리의 신앙 성장에 얼마나 중요한지를 기억하십시오. 함께 모여 즐거운 신앙의 교제를 함으로써 신앙이 성장하는 경험을 하게 되길 간절히 바랍니다.

친교의 생활화(2)

"사람마다 두려워하는데 사도들로 말미암아 기사와 표적이 많이 나타나니 믿는 사람이 다 함께 있어 모든 물건을 서로 통용하고 또 재산과 소유를 팔아 각 사람의 필요를 따라 나눠 주며 날마다 마음을 같이하여 성전에 모이기를 힘쓰고 집에서 떡을 떼며 기쁨과 순전한 마음으로 음식을 먹고 하나님을 찬미하며 또 온 백성에게 칭송을 받으니 주께서 구원받는 사람을 날마다 더하게 하시니라" 행 2:43-47

사도행전 2장 43절은 "기사와 표적이 많이 나타났다"고 기록합니다. 이는 놀라운 일이 많이 일어났다는 뜻입니다. 하나님의 자녀들 간에 뜨거운 영적 교제가 있을 때, 이처럼 놀라운 일들이 많이 일어납니다.

성도가 서로 교제할 때 일어나는 일

첫째, 우리 '마음속에서' 놀라운 일들이 일어납니다. "사람마다 두려워하는데…"(행 2:43)에서 '두려워한다'는 것은 겁을 낸다기보다는 사람들 마음속에 경건한 경외심이 생겼다는 뜻입니다. 믿는 사람들 간에 뜨거운 신앙적 교제의 삶이 이곳저곳 퍼지기 시작할 때, 주위 사람들 마음에서 일어나는 경외심은 어떤 감정일까요? 로마 총독이 황제에게 보낸 편지에서 '어떻게 저럴 수가 있을까? 어떻게 저렇게 친형제보다 더 서로를 사랑하고 아침부터 모여서 함께 기도하고 경배할 수 있을까?'라고 의아해하고 놀라워했던 것처럼 그런 성도들 덕분에 하나님에 대한 경외심이 생기게 됩니다. '저들이 서로 하나가 되어 사랑하고 돕는 것을 보니 그리스도인들이 참 부럽고 좋아 보인다!'라는 생각을 합니다. 하나님과 교회에 대한 경외심에서 자연스럽게 성도들에 대한 경외심까지 생긴 겁니다.

둘째, 놀라운 사건들이 생깁니다. 하나님의 영이 가득한 사람들이 서로 떡을 떼며 한마음으로 모이기 시작할 때 놀라운 사건들이 생깁니다. 오래 전, 어떤 분이 제게 와서 "목사님, 제가 오랫동안 이러이러한 병을 앓아왔는데 설교 듣는 사이에 그 병이 없어졌습니다!"라고 말씀하셨습니다. 신앙의 강렬한 움직임이 있을 때 하나님께서 그 가운데 역사하십니다. 우리가 열심히 기도하고 마음을 합해 주님을 섬긴다면 반드시 변화가 일어납니다. 저희 교회에 오셨던 분들이 "이 교회 성도들은 예배드리고 돌아가는 얼굴이 항상 밝고 기쁨 충만해 보입니다!"라고 말씀하셨을 때 얼마나 감사했는지 모릅니다. 하나님의 은혜가 우리 가운데 있기에 우리가 하나의 뜨거운 영적 공동체를 만들게 된 것입니다. 교회 전체나 부분적으로 성도들 사이에 깊고 따스한 교제가 지속될 때 이런 소문이 납니다. 43절에서도 그런 일들이 나타난다고 기록합니다.

44, 45절은 그리스도인들끼리 서로 물질을 나누면서 살아간다고 기록합니다. 자기가 가진 물질을 자기만을 위해 쌓아두지 않고 필요할 때 언제든지 다른 사람을 위해 내놓는 모습, 이것은 성도 간에 뜨거운 교제가 있을 때에 비로소 가능합니다. 그러나 물질적으로 다른 사람을 돕는 데에도 우선순위가 있습니다. 44절에는 "믿는 사람이…"라고 되어 있습니다. 믿는 사람이 먼저 믿는 사람을 돕고 삽니다. 즉

다른 사람들보다도 같은 신앙을 가진, 그리스도인들을 먼저 돕고 섬
기며 산다는 것입니다.

오래 전, 수해로 고생한 수재민들을 돕기 위해 많은 분들이 헌금
을 하셨습니다. 그 헌금으로 수해를 입은 몇 교회를 도울 수 있었습
니다. 제가 다녀온 수해 현장은 물 때문에 교회 담벼락이 다 무너지
고 의자들이 물에 둥둥 떠다녔으며 피아노는 완전히 망가진 상태였
습니다. 일산의 어느 동네는 사람들이 집을 잃은 채 여전히 학교에서
지내고 있었습니다. 정부에서 한 가정에 한 장씩 담요를 주었으나 턱
없이 모자랐습니다. 겉옷은 있지만 내의가 없어 불편해했고, 날마다
라면을 먹으니 밥이 먹고 싶다고 말했던 수재민들의 얼굴이 아직도
생생합니다. 하나님의 은혜로, 성도들의 헌금을 모아 그들을 도울 수
있어서 얼마나 감사했는지 모릅니다. 서로 유무상통(有無相通)하면서
필요할 때마다 성도들을 돕는 것이 영적으로 성숙해지는 길입니다.

영아부 어린아기들까지 저금통을 털어 매월 80여 명의 소년 소녀
가장들을 돕게 된 것도 마찬가지입니다. 우리가 하나님 안에서 서로
도우며 살 수 있는 것이 얼마나 큰 은혜입니까? 한 번은 성도들이 안
쓰는 물건들을 모아 인도네시아 선교지로 보낸 적이 있었습니다. 우
리가 보낸 물건을 그곳에서는 아주 유용하게 사용했습니다. 당시 우
리 교회는 각 지회마다 열심히 미자립 교회를 돕고 어려운 이웃을
찾아 돌봐주는 움직임이 아주 활발했습니다. 참 뿌듯했습니다. 다른
성도의 필요나 소외되고 어려운 이웃의 필요를 보게 될 때마다, 교회
가 마음을 모아 시간과 물질, 은혜와 사랑을 나눌 수 있게 되길 소망
합니다.

셋째, 모이기를 즐거워하게 됩니다. 성도들이 함께 모여 교제하다 보면 자꾸 모이고 싶어집니다. 성경 말씀에는 두 곳에서 모였다고 기록되어 있습니다. 첫째는 성전(교회)에서 모이기를 힘썼습니다. 성전에 모이기를 힘써서 전체 공동체의 교제가 강렬해질 때, 공동체 일원 모두가 새로운 힘을 얻습니다. 모일 때마다 뜨거운 주님의 은혜를 경험하게 됩니다. 두 번째는 집에서 모였다고 했습니다. '이 집에서 저 집으로(from house to house)' 돌아가면서 모입니다.

제가 미국인 교회에서 처음 사역했을 때 일입니다. 교회 바로 건너편에 사시는 분을 방문하게 되었습니다. 그 집은 너무 깨끗했고, 모든 물건은 정해진 자리에 있어야 했습니다. 그 집 자녀들은 집에 들어가기를 싫어했습니다. 엄마가 너무나 깔끔하게 정돈한 집을 유지하고 싶어 하기 때문에 집에 들어갈 수 없었던 것입니다. 물건들을 건드리기만 해도 혼나니까 교회 와서 저와 함께 많은 시간을 보내다가 돌아가곤 했습니다.

여러분은 어떻습니까? 집을 깨끗하게 유지하는 것은 참 좋은 일이지만, 지나친 완벽주의는 가족들을 힘들게 합니다. 너무나 고생스럽습니다. 사실 저도 옛날에는 완벽주의자였습니다. 어느 날 책 속에서 완벽주의자에 대한 내용을 읽는데 바로 제 이야기였습니다. 그때 이후로 완벽주의자이기를 포기했습니다. 포기하고 나니 속이 편합니다. 유난히 깨끗한 것에 집착하면 사람들이 불편해합니다. 그 집에는 잘 가려고 하지 않습니다. 집이 깨끗한 것보다는 사람이 많이 오는 것이 좋습니다. 자기 집에 사람이 드나드는 것 같은 축복은 또 없습니다. 한번 가보면 다시는 가고 싶지 않은 집도 있습니다. 그런데 어떤 집은 한번 간 이후로도 또 가고 싶고 자주 가고 싶어지기도 합니다. 여러분의 집보다 성도의 교제를 더 중요하게 여기시기 바랍니다. 어떤 분은 "저희 집은 좁아서 앉을 자리가 없는데…"하고 걱정합니다. 다음부터는 이렇게 말하십시오. "저희 집은 아주 좁지만 당신 앉을 자리는 있으니까 걱정 말고 오세요!"

미국 사람들은 한 번에 네 가지 이상의 음식을 먹으면 몸에 별로 좋지 않다고 말합니다. 한 끼 식사에 종류가 다른 음식을 세 가지 정도 먹으라고 합니다. 그것이 몸에 제일 좋다고 합니다. 꼭 많은 음식을 해서 나눠 먹어야 하는 것은 아닙니다. 미국 사람은 "집에 들어가서 핫도그 하나 같이 먹읍시다!"라고 말합니다. 한번은 미국 신학교 총장이 특별히 한국 학생들을 집으로 초대했습니다. 학생들은 큰 기대를 갖고 점심을 굶고서 저녁 시간에 총장님 댁을 찾아갔습니다. 그런데 아무리 돌아봐도 먹을 것이 없었습니다. 한참 있다가 커피와 과자 몇 개가 나왔습니다. 학생들이 크게 실망을 해서 다음날 저에게 "우리는 배부르게 먹어야 되는데 양이 너무 적었어요!"라고 말했던 기억이 납니다.

우리나라 사람들은 집에 초대한다고 하면 '먹으러 오라'는 뜻으로 생각합니다. 유대인들도 그랬고 초대 교회도 그랬습니다. 모여서 떡을 뗐습니다. 많은 종류의 음식을 차리면 복잡하고 힘만 듭니다. 또 교우들을 청하기가 어렵고 부담스럽습니다. 그래서 간단하게 준비해야 합니다. 첫 번째 집에 갔을 때는 과일 한 가지, 두 번째 집에 가니 과일에 떡까지 나왔습니다. 세 번째 집에 가니까 두 가지가 더 생겼습니다. 네 번째 집은 아예 커다란 상을 펴서 차려 놓았습니다.

그렇게까지 하지 않아도 됩니다. 하나님께서 주신 내 집, 가정 형편 등을 조금도 부끄러워하지 말고 각자의 사정에 맞게 준비하면 됩니다. "하나님이 나에게 주신 은혜에 만족한다. 내가 나 된 것은 하나님의 은혜다." 이렇게 고백하며 살기를 바랍니다. 당당하고 떳떳하게 사십시오. 내가 할 수 있는 한도 내에서 즐거워하고 성도들을 집에 초대하는 것을 부끄러워하지 마십시오. 여러분의 가정에 귀한 사람들이 많이 찾아오는 축복이 임하기를 바랍니다. 그보다 더 큰 축복은 없습니다. 사람 축복이 가장 큰 축복입니다.

모이는 사람들의 태도

첫째, 모이면 즐거워해야 합니다. 믿는 성도들이 함께 모이면 재미있습니다. 미국에서도 한번 모이면, 내일 아침에 출근해야 되니까 집에 가자면서도 계속 앉아 있습니다. 너무 재미있기 때문입니다. 다음에는 열한 시에 돌아가자고 약속하지만 막상 모이면 돌아가는 시간을 지키기가 어렵습니다. 너무 즐겁고 좋기 때문입니다. 그런 시간을 보낼 수 있도록 집주인이 배려해주면 좋습니다. 믿는 사람들이 모이면 아무쪼록 즐거워야 합니다.

"집에서 떡을 떼며 기쁨과 순전한 마음으로 음식을 먹고…"(행 2:46).

둘째, 순전한 마음이 있어야 합니다. '순전한 마음'이란 진심으로 즐거워하고 사랑하는 마음입니다.

셋째, 음식을 나누어 먹어야 합니다. 먹어야 교제가 됩니다. 처음 만나는 사람도 무언가를 같이 먹으면 가까워집니다. 그리스도인들이 모이면, 음식을 나눌 뿐만 아니라 모여서 찬송하고 기도하고 말씀을 나눕니다. 정치적인 대화를 해서 서로의 마음을 상하게 해서도 안 됩니다. 혹시나 대화가 엉뚱하게 돌아가 은혜롭지 못한 분위기가 되면 서둘러 화제를 바꾸고 분위기를 전환해야 합니다. 집주인이나 모임의 리더가 그 일을 맡으면 좋습니다.

믿는 사람들이 모이면 모임을 통해 모두에게 새로운 힘이 생깁니다. 마음만 즐거운 게 아니라 신앙도 조금씩 성장합니다. 미국 이민자들은 하루 종일 일합니다. 일을 끝내면 밤 8시가 넘습니다. 몸이 피곤하니 처음에는 참석하지 못한다고 말하지만, 모여서 말씀 공부하고 찬송하고 기도하며, 함께 떡을 떼고 나면 언제 그랬냐는 듯 기운이 솟아나고 힘이 납니다.

그런 경험을 하고 난 후에는 도리어 모이지 않으면 힘이 빠지고 피곤합니다. 어쩌다가 빠지게 되면 매우 안타까워합니다. 피곤할 것 같지만 막상 모여서 깊은 신앙의 교제를 나눠 보면 신기하게도 새로운 힘이 솟고 기운을 듬뿍 얻게 됩니다. 사역자들도 당회 후에는 피로를 호소하지만 구역 예배나 소모임 교제에는 피곤한 법이 없습니다. 이처럼 함께 모이면 즐거운 분위기를 만들어 진심으로 교제하기를 바랍니다. 서로 음식을 나누며 주님을 찬양하기 바랍니다. 이렇게 교제할 때 두 가지 결과가 나타납니다.

첫째, 사람들에게 칭찬을 받습니다. 교회 성도들이 서로 뜨겁게 교제하고 삶에 변화가 생기면, 믿지 않는 사람들에게도 선한 영향을 미칠 수 있습니다. 많은 사람들이 좋아하고 호감을 갖는 사람으로 변하기도 합니다. 믿는 성도의 교제가 깊어지면서 조금씩 신앙이 성장하고 인격은 성숙해지기 때문입니다. 깊고 성숙한 사람은 많은 이들이 좋아하고 따를 수밖에 없습니다. 사람들이 나를 좋아하면 무엇이든지 잘 됩니다. 사람들은 '좋아하는' 후보를 대통령으로 뽑습니다. 사업이 잘 되는 것도 손님이 많이 와야 잘되는 것입니다. 환자가 많은 의사가 유능합니다. 학생들이 좋아하는 선생님이 훌륭한 교사입니다. 음악만 잘하는 것이 아니라 청중에게 호감과 감동을 주는 사람이 훌륭한 음악가입니다. 이런 사람들은 대중에게 사랑과 칭찬을 받습니다.

"하나님을 찬미하며 또 온 백성에게 칭송을 받으니 주께서 구원받는 사람을 날마다 더하게 하시니라"(행 2:47).

저는 교회들이 그 지역에서 칭찬받는 교회가 되기를 간절히 바랍니다. 그렇게 되기 위해서는 먼저 성도의 교제가 있어야 합니다. 즉 성도들 간에 뜨겁고 아름다운 교제가 있을 때 자연스럽게 선한 영향력을 끼치고 좋은 소문이 납니다.

둘째, 구원받는 사람의 숫자가 날마다 증가합니다. 성경은 "주께서 구원받는 사람을 날마다 더하게 하시니라"고 기록합니다. 말씀과 기도, 찬양과 음식 나눔을 통해 성도 간의 교제가 이루어질 때, 우리는 성숙한 신앙과 인격뿐만 아니라 성숙한 인간관계까지 얻을 수 있습니다. 우리의 선함과 아름다움을 통해 사람들이 교회 성도들에게 호감을 갖게 되고, 이로 인해 구원받는 사람의 수가 늘어나게 되는 것입니다. 전도가 활발해집니다. 우리 안에 생명력이 있고, 우리 삶 속에 놀라운 변화가 있으니 이로 말미암아 주님께로 인도되는 사람의 수가 날마다 더해가는 것입니다.

우리는 이 세상을 떠날 때 두 가지를 가져갑니다. 하나는 우리가 하나님께 바친 것입니다. 이는 하늘 은행 장부에 기록되어 있습니다. 하나님 안에서 다른 이들에게 나눈 것과 하나님과 교회를 위해 바친 것만 가져가게 됩니다. 우리 자신만을 위해서 쓴 것은 가져가지 못합니다. 결국 우리가 소유하게 되는 것은 '우리가 준 것'입니다. 내가 움켜쥔 손을 펼쳐 하나님과 다른 사람을 위해 준 것만 천국으로 가져갈 수 있습니다. 또 하나 가져갈 수 있는 것은 나로 인해 구원받은 사람입니다. 인생의 마지막 날, 하나님 앞에 설 때 나를 통해 구원받은 사람들을 모두 다 만나게 될 것입니다. 그러므로 어디에 우선순위를 두고 살아가야 할지 분명하게 깨닫기 바랍니다. 사도행전 2장 37-47절 말씀처럼 성도간의 친밀한 교제를 통해 당신 삶에 놀라운 사건이 일어나고, 마음의 변화가 나타나 그로 인해 구원받는 사람들이 수없이 많아지기를 소망합니다.

간증의 생활화

"나는 유대인으로 길리기아 다소에서 났고 이 성에서 자라 가말리엘의 문하에서 우리 조상들의 율법의 엄한 교훈을 받았고 오늘 너희 모든 사람처럼 하나님께 대하여 열심이 있는 자라 내가 이 도를 박해하여 사람을 죽이기까지 하고 남녀를 결박하여 옥에 넘겼노니 이에 대제사장과 모든 장로들이 내 증인이라 또 내가 그들에게서 다메섹 형제들에게 가는 공문을 받아 가지고 거기 있는 자들도 결박하여 예루살렘으로 끌어다가 형벌 받게 하려고 가더니 가는 중 다메섹에 가까이 갔을 때에 오정쯤 되어 홀연히 하늘로부터 큰 빛이 나를 둘러 비치매 내가 땅에 엎드러져 들으니 소리 있어 이르되 사울아 사울아 네가 왜 나를 박해하느냐 하시거늘 내가 대답하되 주님 누구시니이까 하니 이르시되 나는 네가 박해하는 나사렛 예수라 하시더라 나와 함께 있는 사람들이 빛은 보면서도 나에게 말씀하시는 이의 소리는 듣지 못하더라"

행 22:3-9

지금까지 우리는 신앙 성장의 네 가지 요소인 말씀과 기도, 예배와 교제에 대해 살펴보았습니다. 이제부터는 우리 안에 있는 것을 밖으로 표출함으로써 성장할 수 있는 방법들, 즉 간증, 선교 활동, 섬김, 순종 등을 살펴보려 합니다. 이번 장은 특별히 '간증 생활'의 필요성과 유익에 대해 나눌 것입니다.

우리의 신앙 성장을 위해서는 반드시 간증 생활이 있어야 합니다. "여호와께 구속함을 받은 자는 이같이 말할지어다"(시 107:2)라고 말한 시편 기자처럼 간증 생활은 모든 그리스도인에게 필요합니다. 그리고 누구나 다 할 수 있습니다. 사실 전도하려면 어느 정도의 훈련이 필요합니다. 복음을 정확하게 이해하고, 성경 구절을 암송하며, 복음을 논리적으로 설명할 수 있도록 훈련을 해야 합니다. 모두가 다 전도자의 은사를 받지는 않았기 때문에 전도를 어려워하거나 심한 부담을 갖는 성도도 있습니다. 그러나 간증 생활은 조금 다릅니다. 하나님께서 주신 은혜에 대해 말할 수 없는 그리스도인은 없습니다. 간증은 누구나 할 수 있습니다. 예수님을 영접하고 나서 "저는 이러이러한 사연으로 예수님을 믿게 되었습니다!"라고 공개적이고 공식적으로 간증하면 신앙이 부쩍 성장합니다. 예수님을 믿게 된 단계가 유치원이라면, 이렇게 자기 믿음을 밖으로 드러내고 표현하는 것은 유치원에서 초등학교 1학년으로 올라가는 단계입니다. 그래서 저는 과거에 최대한 많은 교인들이 간증할 수 있도록 도왔습니다. 어떤 분들은 "목사님, 제가 뭐 잘났다고 그런 이야기를 하겠습니까?"하고 부끄러워합니다. 간증은 '내가 얼마나 잘난 사람인지'를 드러내는 것이 아닙니다. 그저 하나님의 은혜를 고백하는 시간입니다. 사실 간증은 모든 그리스도인이 해야 합니다.

사도행전 22장 3-16절은 사도 바울이 유대인들 앞에서 간증하는 장면입니다. 3-5절은 바울이 예수님을 믿기 전을 이야기하고, 6-16절은 어떻게 예수님을 만나고 영접하게 되었는지를 설명합니다. 마지막으로 17절 이하는 예수님을 믿고 나서 자신이 어떻게 변화되었는가를 이야기합니다. 이렇듯 개인적인 구원 간증은 예수님을 믿기 전의 삶, 예수님을 만나게 된 과정, 주님을 믿은 후 변화된 삶까지 세 가지 모두를 나누면 좋습니다.

예수 믿기 전의 삶

사도 바울은 처음에 "나는 유대 사람인데 길리기아 다소에서 태어났고, 가말리엘 문하에서 교육받고, 그 이후로 하나님을 열심히 섬겼소. 너무 열심히 섬긴 나머지 예수 믿는 사람들을 쫓아다니며 잡아들이기도 하고 죽이기까지 했습니다!"라고 고백합니다. 이는 사도 바울이 예수님을 믿기 전의 삶입니다.

여러분도 각자 나름대로 예수님을 믿기 전 삶의 모습이 있었을 것입니다. 어떤 큰 문제나 갈등을 안고 살았다든가, 가족과의 관계가 매우 나빴다든가, 사업상 부정부패나 비리를 일삼았다든가 하는 모습 말입니다. 아마도 우리 모두는 삶과 죽음, 질병과 고통, 가난과 공포와 외로움 등이 얽히고설킨 각자의 사연이 있을 것입니다. 그러나 모두가 다 갈등과 아픔이 있어야 한다는 뜻은 아닙니다.

사도 바울의 이야기처럼 "좋은 가정에서 태어나 로마 시민으로서 교육도 많이 받고 나름대로 열심히 살던 사람이었다!"라는 이야기도 있을 수 있습니다. 어떤 내용이든지 예수 그리스도를 만나기 전, 그분의 은혜를 깨닫기 전, 하나님을 아버지로 모시기 전의 이야기가 있을 것입니다. 저는 그 이야기를 '출애굽 이야기'라고 표현하겠습니다. 이스라엘 백성에게 출애굽 사건은 너무도 역사적이고 중요한 일이었습니다. 그들은 말끝마다 출애굽 이야기를 간증합니다. 했던 그 이야기를 하고 또 하고 계속합니다.

여러분에게도 각자의 출애굽 이야기가 있을 것입니다. 주로 아내들이 남편에게 "여보, 왜 그 이야기를 또 해요? 벌써 백 번도 더 들었어요!"라고 성토합니다. 매일 그 이야기만 한다고 합니다. 사실은 매일이 아니라, 한 달에 두어 번 하는데도 그렇습니다. 아내는 같은 이야기를 여러 번 들으니 싫증나는 게 당연하지만 남편은 그 이야기가 여전히 감격적이고 신나고 좋기 때문에 잊을 만하면 또 이야기하는 것입니다.

우리 신앙생활도 마찬가지입니다. 하고 또 해도 성에 차지 않아 계속해서 하고 싶은 이야기가 있습니다. 특히 구원받은 이야기가 그렇습니다. 구원의 기쁨과 예수님에 대해 강한 사랑을 느끼게 된 이야기는 하면 할수록 감동적이고 참 좋습니다. 이야기할수록 자기 신앙에 도움이 되고 마음에 강한 확신이 섭니다. 마치 젊은 남녀가 처음 만나 사랑에 빠졌을 때의 이야기 그리고 결국 결혼에 골인했을 때의 이야기 같은 것입니다.

그런데 결혼 10년차 부부에게 물어보면, 남편과 아내 이야기가 서로 다릅니다. 남편은 아내가 자기를 좋아했다고 말하고, 아내는 자기 남편이 자기를 쫓아다녔다고 합니다. 여하튼 우리에게는 이보다 더 로맨틱하고 아름다운 신앙 간증이 있다는 게 중요합니다. 그런데 예수 믿기 전 이야기가 너무 길어지면 지루합니다.

오래 전, 어느 교회에서 간증 예배를 드리게 되었습니다. 그 교회 집사님 두 분이 15분씩 해서 30분의 간증 시간을 드렸습니다. 그런데 첫 번째 간증하신 분이 무려 1시간 30분 동안 하셨습니다. 한마디 시작하시고는 이왕 강대상에 올라왔으니 한마디만 더 하겠다면서 계속 말씀을 이어가셨습니다. 전혀 은혜가 되지 않았습니다. 그 이야기를 들어본 즉 "제가 사실 어느 동네 395번지에서 태어났습니다!"라는 내용이었습니다. 395번지가 뭐 그리 중요합니까? "그리고 거기에서 5년을 살았는데, 아 5년이 아니고 4년 6개월이든가 7개월이든가 기억이 안 나네요!"라고 합니다. 이런 식으로 간증하면 청중들은 시험에 들기 쉽습니다. 심지어 간증하는 사람을 미워할 수도 있습니다. 예수 믿기 전의 이야기는 이렇게 자세하지 않아도 됩니다. 예수 믿기 전과 예수 믿은 후가 어떻게 달라졌는가 하는 이야기가 중심입니다. 나에게 주님이 어떻게 나타나셔서 내가 어떻게 주님을 만나고 영접하게 되었는가 하는 것에 초점이 맞춰져야 합니다.

예수님을
만나게 된 과정

사도 바울은 세 구절 정도로 간단하게 자신의 과거를 언급하고 곧바로 주님을 만난 이야기로 들어갔습니다. "내가 그렇게 열심히 그리스도인들을 핍박했다. 그러던 중 그리스도인들을 잡으러 다메섹으로 가게 되었다. 가는 도중 갑자기 하늘에서 빛이 나타났고, 그 광채에 눈이 어두워지며 쓰러졌다!"고 이야기합니다. 얼마나 극적인 이야기입니까?

간증은 영화를 보듯 눈에 선하게, 자세하고 구체적으로 나누면 좋습니다. 그리고 극적으로 이야기하는 것이 중요합니다. 없는 사실을 만들어 거짓으로 꾸며내라는 말이 아닙니다. 있는 사실 그대로를 언급하되, 재미있고 감동적으로 이야기함으로써 간증을 듣는 청중들이 흥미를 가지도록 하는 게 유익하기 때문입니다. 간증은 할 때마다 자신이 새로워집니다. 주일마다 매번 듣는 설교가 인간적인 감정으로는 지겹다고 여길 수도 있지만, 목사님을 통해 우리 마음을 두드리시는 주님 음성은 날마다 새롭고 매번 새롭습니다.

저는 두 번 고꾸라졌습니다. 제가 스물다섯 살 때, 목사님이 성경을 읽으시는 도중 그 성경 말씀을 통해 하나님께서 저에게 나타나셨습니다. 그때 처음으로 고꾸라지고, 제가 변했습니다. 그러고는 3년 후에, 절대자 하나님이 교수이신 어느 목사님의 설교를 통해 또 한

번 나타나셔서 저를 산산조각 내시고 땅바닥에 엎드러뜨리셨습니다. 그때 제가 목사가 되기로 항복했습니다.

하나님께서는 사람을 통해, 성령을 통해, 환경을 통해 나타나십니다. 그래서 우리가 목사의 설교를 들을 때 목사의 모습을 보는 것이 아니라 설교를 통해 나에게 나타나시는 주님을 만나야 합니다. "주여, 모든 것이 주님의 이야기였군요. 저는 아내가 하는 이야기인 줄 알았습니다. 친구가 그냥 하는 이야기인 줄 알았고, 목사님이 하시는 이야기라고 생각했습니다. 그저 책의 저자가 하는 이야기라고만 여겼는데, 이 모든 것을 통해 주님께서 저에게 말씀하시는 것이었군요. 주여, 제가 이제 어떻게 하오리까?"라고 고백할 수 있어야 합니다. 여러분은 언제 어디서 어떻게 주님을 만났습니까? 당신의 출애굽 이야기는 무엇입니까?

아주 오래 전, 세상을 떠들썩하게 했던 '구원파'라는 조직을 기억하십니까? 구원파에서는 자기가 구원받은 정확한 시간을 모르면 구원받지 못했다고 이야기하기도 합니다. 하지만 모든 것을 다 알아야 하는 것은 아닙니다. 물론 어떤 사람은 세세한 부분까지 정확히 알 수도 있지만, 어떤 사람은 잘 모를 수도 있습니다. 어릴 때부터 교회 다닌 사람들은 수많은 설교와 예배를 통해 자신도 모르게 믿음이 생깁니다. 예수님이 자신의 구주되심을 확실히 알고, 하나님의 은혜를 깨달으며 자신이 거듭난 하나님의 자녀인 것을 알아가는 것입니다. 몇 월 몇 날에 구원받았는가 하는 것은 중요하지 않습니다. 날짜를 알든 모르든 내가 하나님의 구원받은 자녀이기에 언제 세상을 떠나더라도 천국 간다는 것을 확신하는 것이 중요합니다. 우리는 부족하고 연약합니다. 실수가 많고 흠투성이에 많은 죄를 지은 인간입니다. 그러나 예수 그리스도의 보혈로 우리의 모든 죄가 사해졌다는 사실을 믿고서 구원받게 된 놀라운 은혜를 간증할 수 있어야 합니다. 이 책이 그런 간증을 할 수 있는 출발점이 되기를 진심으로 바랍니다.

그리스도인은 예수님을 영접하고 이를 입으로 고백하는 순간부터 삶이 변화하기 시작합니다. 14절은 "그가 또 가로되 우리 조상들의 하나님이 너를 택하여 너로 하여금 자기 뜻을 알게 하시며 저 의인을 보게 하시고 그 입에서 나오는 음성을 듣게 하셨으니"라고 말씀합니다. 사도 바울은 다른 사람과 같이 가다가 주님 음성을 들었습니다. 다른 사람들은 소리만 들었을 뿐 그것이 무슨 말인지 몰랐습니다. 마찬가지로 함께 앉아서 예배를 드리고 말씀을 들어도 남편은 주님 음성을 듣지만, 아내는 듣지 못할 수도 있습니다. 저는 설교를 통해 성령께서 말씀하시고자 하는 메시지가 여러분의 가슴 깊은 곳까지 들리고 새겨지기를 간절히 원합니다. 거기서부터 영적 변화가 나타나고 구원에 대한 간증을 할 수 있게 됩니다.

주님을 믿은 후
변화된 삶

우리가 예수님을 믿게 되었다고 해서 그날부터 완전히 성인(聖人)이 되지는 않습니다. 이 세상에 완전하고 온전한 사람은 단 한 명도 없습니다. 그러나 예수님을 자기 구주로 고백한 사람은 반드시 달라집니다. 속도가 느릴 수도 있지만 꼭 변하게 됩니다. 그 이야기를 간증에 담아야 합니다. 자기 경험을 그림 그리듯 구체적으로 이야기하면 됩니다.

예를 들면, 예수님을 구주로 모시면서부터는 천국에 대해 확신이 생기고, 천국에 갈 거라는 자신감이 생기지 않습니까? 우리가 구원받은 것은 우리의 선행이나 노력으로 된 것이 아닙니다. 나는 죄인이지만 하나님께서 은혜를 베푸셔서 나에게 구원을 선물로 주셨습니다. 우리는 이 은혜를 나의 것으로 받아들였을 뿐입니다. 하나님 덕분에, 예수님 덕분에 구원받았기에 천국에 대한 확신이 있는 것입니다. "예수 믿기 전에는 천국이 무엇인지 몰랐고, 영원히 사는 것에 대해서 의심이 들었는데 예수 믿고 난 후 한 가지 확실한 것은 제가 천국에 가게 되었다는 사실입니다."라고 이야기할 수 있게 됩니다.

이런 간증을 하고 나면 우리 신앙은 한층 새로워집니다. 한층 더 강하고 깊은 힘이 생기기 때문입니다. 영원에 대한 자신감도 갖게 됩니다. 간증은 내가 잘났다고 이야기하는 것이 아니라, 주님 덕분에 영원한 확신을 갖게 된 사연을 이야기하는 것입니다. 매일 아침 "주님, 저에게 구원의 은혜를 주신 것을 감사합니다!"라고 기도하십시오. 날마다 우리에게 일용할 양식을 주신 것을 감사하는 것처럼, 구원받은 은혜에 대해 날마다 감사하십시오. 그러면 그 마음이 나날이 새로워질 것이고, 우리 삶이 늘 충만하고 감격적일 것입니다.

우리 주변에는 북한에서 혼자 내려와 부모 형제나 친척도 없이 고독하게 살아가는 사람들이 있습니다. 부모를 일찍 여의고 힘겹게 살아온 사람도 있고, 친구가 없어 고독한 사람도 있습니다. 그러나 예수님을 만나고 나면 "주님이 저의 친구가 되어주셔서 저는 이제 외롭지 않습니다. 주님과 만나고, 대화하고 동행하는 이 삶이 너무나 감사할 뿐입니다. 저는 더 이상 외롭지 않습니다.”라는 간증을 하게 됩니다.

어떤 분들은 예수님을 믿고서 하나님이 그들의 힘겨운 상황을 어떻게 도와주셨는지를 간증하기도 합니다. 내가 병들었을 때, 자녀들이 병들었을 때, 인간관계가 어려웠을 때, 경제적 형편이 바닥을 쳤을 때 주님께서 어떻게 도와주셨는지를 나누는 것입니다. 주님을 믿고 구원받기 전에는 “재수가 좋았어!”라고 말하겠지만, 주님을 믿고 나서는 그렇게 말하지 않습니다. 그리스도인들의 눈에는 우리를 도우시는 하나님의 손길이 보이고 느껴집니다. 특히 한국 그리스도인들은 하나님의 도우심에 대한 간증이 많습니다. 2차 세계대전을 겪었고, 6.25 전쟁을 치렀으며, 너무나도 가난하고 어려운 환경 속에서 초등학교, 중학교, 고등학교를 다녔기 때문에 주님의 인도하심에 대해 할 이야기가 많습니다. 많은 분들이 주님의 인도하심을 간증하셨으면 좋겠습니다.

또 어떤 분들은 죄의식에서 어떻게 해방되었는지를 간증합니다. 마음 가운데 죄가 없는 사람은 한 명도 없습니다. 우리는 모두 죄인이었습니다. 그러나 우리는 예수님을 만나 그분의 십자가가 내 죄를 단번에 도말하셨음을 깨닫고 용서와 사죄의 확신을 경험했습니다. 그 기쁨과 눈물과 감격을 이야기하면 됩니다.

공포와 두려움 속을 헤매다가 변화를 받은 사람도 있습니다. 오래전, 제 막내딸이 혼자 집을 지키게 된 날이 있었습니다. 그런데 한밤중에 문이 열리는 소리가 나는 듯해서 겁을 먹고 바들바들 떨었다고 합니다. 용기를 내서 거실로 나가려는데, 하나님께서 “내가 너와 함게 있느니라."고 말씀하시는 음성이 들렸고 그 후로는 두려움이 사라졌다는 이야기를 했습니다. 딸아이는 유난히 무서움을 많이 탔는데, 그날 이후로는 다른 것들도 무서워하지 않게 되었습니다. 그 밤에 주님께서 함께하신다는 사실을 알려주셨기 때문에 오랜 공포에서 자유롭게 되었습니다. 주님으로 인해 경험했던 참된 평화와 평안, 자유와 해방감 등을 이야기하는 것이 간증입니다.

예수님을 믿으면 인생관이 바뀝니다. 전에는 권력이나 재물, 세속적인 쾌락과 성공 등을 좇으며 살았다면, 주님을 만난 후에는 영적인 것들이 더욱 중요해집니다. 예전에 좋아하고 즐겼던 것들에 흥미가 없어집니다. 삶이 정돈되어 간결하고 소박해집니다. 이렇게 크고 작은 변화들이 많이 있을 것입니다. 이런 이야기들을 나누면 됩니다. 하나님이 여러분을 어떻게 변화시키셨는지를 이야기하면 됩니다. 그것이 간증입니다.

간증의
유익

예수 그리스도로 인해 변화된 모습을 간증할 때 네 가지 유익이 있습니다.

첫째, 간증할 때 하나님께서 영광을 받으십니다. 크고 특별한 경험만 간증이 되는 것은 아닙니다. 설교를 듣다가 깨달은 것도, 홀로 성경을 읽다가 마음이 움직인 것도 모두 간증이 됩니다. 하나님이 주신 마음은 무엇이든 나누십시오. 그럴 때 하나님께서 영광 받으십니다.

둘째, 간증할 때 믿는 형제들에게 은혜가 됩니다. 간증할 때 청중들은 그 사람의 삶에 역사하시는 살아계신 하나님을 느낍니다. 은혜를 받고 격려와 위로를 느낍니다. 이것이 제가 간증을 좋아하는 이유입니다. 그래서 저는 만나는 사람들에게 자주 "당신은 어떻게 예수 믿게 되었습니까?"라고 묻게 됩니다.

셋째, 간증할 때 믿지 않는 사람에게 호기심을 불러일으킵니다. 간증 자체가 전도 준비입니다. 중학교 동창이 저를 보고 웃으며 의아해합니다. 전에는 안 그랬는데 예수 믿고 나서 사람이 완전히 달라졌다고 합니다. 얼굴에 웃음과 평안이 있고, 열정이 넘치며, 언행도 달라졌다고 했습니다. 삶이 변하고, 이를 간증으로 나눌 때 주변 사람들은 '저 사람이 어떻게 저렇게 변할 수 있을까?' 하며 호기심을 갖습니다. 이를 통해 자연스럽게 전도가 됩니다.

넷째, 간증할 때 나의 신앙이 성장합니다. 하나님께서 주신 은혜를 다른 사람에게 나눌 때마다 내 신앙이 성장합니다. 간증할 때 주의할 것은 너무 길게 하지 않는 것과 하나님께 초점을 맞추는 것입니다. 구원받은 것과 기도 응답 받은 일, 하나님께서 인도하신 삶에 대해 간증하고, 성경에서 은혜 받은 말씀을 나눔으로써 교회가 활발해집니다. 전교인이 모두 간증을 생활화하면 그 교회는 당연히 전도를 잘하게 될 수밖에 없습니다. 하나님께서 베푸신 은혜를 기억하고 간

증함으로써, 하나님께는 영광 돌리고 믿는 사람에게는 은혜를 끼치
며, 믿지 않는 사람에게는 호기심과 감동을 불러일으키는 은혜가 있
기를 바랍니다. 더불어 여러분 자신은 신앙 성장이라는 큰 선물을 받
게 될 것입니다.

선교의 생활화

"오직 성령이 너희에게 임하시면 너희가 권능을 받고 예루살렘과 온 유대와 사마리아와 땅 끝까지 이르러 내 증인이 되리라 하시니라 이 말씀을 마치시고 그들이 보는데 올려져 가시니 구름이 그를 가리어 보이지 않게 하더라" 행 1:8-9

사람들을 관찰해 분석해 보면 여러 유형이 나타납니다. 어떤 사람은 겨우 자기만을 돌보며 삽니다. 자기 목숨, 자기 인생, 자기의 몸 하나만 겨우겨우 챙기다가 생을 마칩니다. 그런가 하면 자기 자신도 돌보지 못할 뿐만 아니라 남에게 짐이 되는 삶을 살다가 가는 사람도 있습니다. 또 어떤 사람은 자기 자신뿐만 아니라 자기 가족도 책임집니다. 가족을 돌보고 도우며 사는 모습이 우리 대부분의 삶입니다. 한 사람이 많은 사람을 돌본다는 것은 현실적으로 무척 어려운 일이기 때문에 가족만 돌보고 살아도 참 괜찮은 인생입니다.

그런데 여기서 한 걸음 더 나아가 자기와 가족을 돌볼 뿐만 아니라 이웃까지도 돌보는 사람이 있습니다. 자기와 가족을 챙기며 사는 것도 쉽지 않은 일인데 다른 사람까지 돌보는 사람은 보통 축복받은 삶이 아닙니다. 또 어떤 사람은 자기와 가족, 이웃을 넘어서 온 세계 열방까지도 관심을 가집니다. 이들은 우리 민족뿐만 아니라 다른 나라 민족까지도 생각하고 도우며 삽니다. 세계를 가슴에 품은 사람들이기 때문입니다.

하나님께서는 우리가 땅 끝까지 관심을 갖고, 온 세계를 품는 성도가 되기를 원하십니다. 예수님도 하늘로 올라가시기 전 "너희는 땅 끝까지 가서 모든 백성으로 제자를 삼으라"고 말씀하셨습니다. 자기 몸 하나도 돌보기 어려운 우리에게 세계를 품으라고 하신 것입니다. 이것이 우리를 향하신 하나님의 소망이고 계획이요, 목적입니다. 약하고 부족해 보이고, 때로는 아무것도 아닌 존재처럼 느껴질 때도 중동과 러시아, 북한과 중국, 아프리카를 가슴에 품고 기도하는 사람들이 있습니다. 예전 우리 교회는 아시아 선교를 위해 큰 몫을 감당했습니다. 아시아 복음화를 위해 매년 1억을 내놓는 교회가 그리 많지는 않았습니다. 아시아에서 수십 명의 학생들을 데려다가 공부시키고 돌보는 것을 보며 세계를 품은 교회, 세계를 품은 성도들이라고 생각했습니다. 그런 결정을 하기까지 많은 우여곡절이 있었습니다. 당시 우리 교회는 아시아 전체를 생각하며 수십 명의 외국 학생들을 데려와 신학 교육을 시키고, 다시 각국으로 복음의 사자로 돌려보내는 계획을 세웠습니다. 이를 적극적으로 실천할 수 있었던 것은 하나님의 큰 은혜이자 성도들의 넓은 믿음의 그릇 덕분이었습니다.

예수님께서는 승천하시기 전 "성령이 너희에게 임하시면 너희가 권능을 받고 예루살렘과 온 유대와 사마리아와 땅 끝까지 이으러 내 증인이 되리라"(행 1:8)고 말씀하셨습니다. 많은 부모들은 자녀가 세계적인 인물이 되기를 바랍니다. 이제는 세계가 아주 좁아졌습니다. 미디어와 문명의 발달, 그리고 교통수단의 첨단화로 다른 나라에 가는 것이 그리 어렵지 않게 되었습니다.

이제는 자녀들을 키울 때 세계를 돌아볼 수 있는 눈을 가지게 하고 온 열방을 품는 하나님의 마음을 가르쳤으면 좋겠습니다. 이 지구촌 시대에 경상도나 전라도를 운운하며 아웅다웅하지 않아야 합니다. 우리 민족만이라도 하나가 되어 세계를 우리의 선교지로 생각하고, 세계를 품는 성도로 살아야 합니다. 하나님께서는 우리가 예루살렘과 유대와 땅 끝까지 이르는 세계적인 그리스도인이 되기를 원하십니다. 사도 바울을 보십시오. 유대인 앞에서는 유대인이 되었고, 이방인 앞에서는 이방인이 되어 전 세계를 다니며 복음을 전했습니다. 지역감정은 참으로 민감한 일이기에 서로 배려하고 조심하기를 바랍니다. 그런 것에 집착하는 사람들은 지금 이 세계가 어떻게 흘러가고 있는지 아직 깨닫지 못하는 오랜 관습에 젖어 있는 사람들일 것입니다.

우리 그리스도인들은 이런 지역감정에서 벗어났으면 좋겠습니다. 선한 영향력을 끼치며 좋은 일에 먼저 앞장서야 합니다. 세계를 품은 선교적인 마음을 갖는 성도가 되어야 합니다. 여러분이 자기를 돌볼 뿐만 아니라 가족과 이웃을 섬기며, 세계 모든 민족을 위해 기도하는 넓고 깊은 그리스도인이 되기를 진심으로 바랍니다. 그렇다면 선교적인 삶을 살 수 있는 사람은 누구입니까?

선교적인 삶을 살 수 있는 사람들

첫째, 구원의 감격이 있는 사람입니다. 구원의 기쁨과 은혜, 감격을 아는 사람이 선교적인 삶을 삽니다. 하나님의 사랑에 깊이 감격한 사람이 다른 사람의 영혼에 대해 관심을 갖습니다. 그런 사람은 자기 영혼이 구원받아 얼마나 기쁘고 감사한지를 어떻게든 전하려 합니다. 하나님의 은혜 속에 사는 것이 얼마나 가슴 벅찬 일인지를 매일 깨닫기 때문에 믿지 않는 사람들에게 전해주고 싶은 것입니다.

둘째, 신학적 연구를 올바로 한 사람입니다. 신학의 수많은 영역 중 특별히 '지옥'에 대한 관점이 정확해야 합니다. 요즘 세상 사람들은 지옥에 대해서 별로 생각하지 않습니다. 철학자, 사회학자, 인본주의자들은 사람들이 지옥에 대한 생각을 하지 못하게 하려고 애를 씁니다. 여러 종교 중 하나일 뿐인 기독교에서 말하는 지옥은 상대적인 개념이며, 실상은 존재하지 않는다고 말하기도 합니다. 지옥은 실제로 존재하지 않으며, 지옥에 가는 사람 또한 없다고 이야기합니다.

그러나 우리가 아무리 부인해도 소용없습니다. 지옥은 실제로 있습니다. 오늘 여러분이 이 책을 읽고 있는 시간에도 예수 그리스도의 은혜를 깨닫지 못하고 하나님을 구주 아버지로 알지 못하고 죽은 수만 명의 사람들이 지옥을 향해 가고 있습니다. 내 남편, 내 아내, 내 자녀, 내 친척, 내 친구, 내 동료가 지금 이 시간에도 지옥을 향해 한 걸음씩 걸어가고 있다는 사실을 분명히 알아야 합니다. '지옥'을 떠올리면 전도하고 싶은 마음이 생깁니다.

지금은 사람들이 지옥에 갈 이유가 하나도 없는 시대입니다. 하나님께서는 이미 2천 년 전에 자기 아들을 십자가에 못 박아 온 인류의 죄를 사하기 위해 대가를 지불하셨습니다. 그리고 "다 이루었다"고 선언하셨습니다. 예수 그리스도의 복음을 전해 듣고 믿기만 하면, 멸망하지 않고 그리스도인이 되는 시대입니다. 가장 큰 문제는 믿는 그리스도인들이 믿지 않는 사람들에게 전하지 않은 것입니다. 우리가 알려 주지 않았기 때문에 믿지 않는 사람들이 지옥으로 가게 됩니다. 이 복음을 모르기 때문에 지옥을 향해 가는 것입니다. 우리를 지옥에 보내지 않으시려고 예수님이 오셨음을 기억하십시오.

셋째, 영혼을 사랑하는 사람입니다. 한 사람이 얼마나 소중한지를 알고, 한 영혼이 얼마나 귀한지를 깨달은 사람이 선교적 삶을 살 수 있습니다. 자기 영혼의 귀함을 알 뿐만 아니라, 다른 영혼이 우주보다 더 존귀한 존재라는 사실을 인식한 사람이기 때문입니다. 사람에게는 관심이 없고, 자동차나 돈, 옷이나 취미생활에만 관심이 있다면 어떻게 선교적 삶을 살겠습니까? 여러분은 무엇에 관심과 애정을 느낍니까? 그리스도인의 최고 흥미와 관심은 '사람'이어야 합니다. 오늘 당신의 최고 관심사는 무엇입니까? 무엇에 마음을 쏟고 있습니까? 예수님은 자동차나 돈, 옷이나 취미생활을 위해서 자기 목숨을 주시지 않았습니다. 예수님은 사람을 사랑하셔서 사람을 위해 돌아가셨습니다. 사람에 대해 관심 없던 분들은 지금부터라도 사람에게 관심을 갖고 먼저 다가가보시기 바랍니다.

이 세상 마지막 날, 영원히 남는 것은 하나님 말씀과 사람입니다. "주여, 제 마음을 변화시키시고, 다른 무엇보다도 사람을 사랑하게 도와주시옵소서."라고 기도하십시오. 이렇게 기도하는 사람이 선교적, 세계적 인물이 됩니다. 아프리카, 인도네시아, 뉴기니, 남아메리카 등 전 세계에 믿지 않는 사람들이 있음을 알아야 합니다. 아직도 구원의 복음을 듣지 못한 채 영원한 지옥을 향해 가는 사람들이 헤아릴 수 없을 정도로 많다는 것을 꼭 기억하십시오.

넷째, 기도하는 사람입니다. 올바른 신학이 정립되어 있는 사람들은 예수 그리스도를 알지 못하는 친구와 이웃에 대해 안타까워합니다. 그리고 그들을 위해 기도합니다. 남편과 아내를 위해 기도하고, 자녀와 이웃의 구원을 위해 눈물로 기도하는 성도들을 볼 때 가슴이 뭉클합니다. 주님 보실 때 칭찬받을 만한 일이고, 또 마땅히 해야 할 일이기도 합니다. 여러분은 누구를 위해서 기도하고 있나요? 아직 구원받지 못한 사람의 이름을 기도 노트에 적어 놓았나요? "주님! 제 친구 ○○를 위해 기도합니다. 그를 구원해 주옵소서. 복음을 전할 수 있는 기회를 주옵소서. 그의 마음을 움직여 주시고, 교회에 나올 수 있는 은총을 허락해 주옵소서!"라고 기도하십시오. 대상을 뭉뚱그려 '친척', '가족', '친구'를 놓고 기도하기보다는 구체적인 대상을 지정해 그의 이름을 부르며 기도하면 더욱 좋습니다.

제가 미국에서 사역할 때, 성도들에게 한 해에 세 사람의 이름을 적어 놓고 일 년 동안 꾸준히 기도하자고 제안한 적이 있습니다. 성경 찬송가 책갈피에 전도자 명단을 적어 놓고 기도했습니다. 여러분도 그렇게 이름을 적어 놓고 기도해 보십시오. 우리의 기도를 통해 누군가가 구원받는 은혜를 입고, 하나님을 알게 된다면 얼마나 기쁠까요? 이것이 선교의 마음을 품은 사람의 모습입니다. 그런 사람은 예수님처럼 '영혼'을 사랑하며 기도합니다.

다섯째, 성령 충만한 사람입니다. 구원에 대한 감격이 있고, 사람에게 관심이 많고, 올바른 신학 관점을 지닌 성도는 구원받지 못한 사람을 위해 기도합니다. 이들은 늘 성령의 감화와 감동과 충만함 속에 삽니다. 어떤 사람은 누군가를 만나면 다른 어떤 것보다 상대방이 구원받은 사람인지 아닌지에만 관심이 있습니다. 항상 상대방의 영혼을 생각하고 기도하는 사람에게 주님은 성령으로 채워주십니다. 성령이 임하시면 삶에 힘이 생깁니다. 지혜가 생기고 열정이 넘치고 삶이 충만해집니다. 자연스럽게 전도하고 싶은 생각도 납니다. 자기만을 위하는 삶이 아닌 가족과 이웃을 돌볼 수 있는 삶을 살게 됩니다. "주여, 주님의 은혜와 주님께 받은 새 힘을 통해 저뿐만 아니라 가족과 이웃을 두루 살필 수 있는 삶이 되게 하옵소서!"라고 기도하게 됩니다.

전도의
준비

그리스도인 안에는 구원의 기쁜 소식을 전하고 싶은 마음이 있습니다. 주님으로부터 오는 이 마음이 우리를 전도하게 합니다. 그러나 전도하고 싶은 그 마음만으로는 전도하기가 쉽지 않습니다. 무엇을 어떻게 전해야 하는지 철저하게 준비하고 미리 훈련할 필요가 있습니다. 이런 체계적인 훈련 없이는 효과적인 전도가 어렵기 때문입니다.

한국 교회에서 정확하게 쓰이지 않는 단어 중 하나가 바로 '전도'입니다. 많은 성도들이 '인도'와 '전도'를 혼동합니다. 누군가를 교회로 데려오는 것은 인도입니다. 반면 어떤 사람에게 예수 그리스도의 복음을 전한 것은 전도입니다. 복음을 전하려면 복음의 중심 내용을 정확하게 알아야 합니다. 이는 '구원의 은혜'와 '구원의 확신' 장에 자세히 기록되어 있습니다. 그곳에 나와 있는 중요한 성경 구절을 조목조목 정리해 남편에게 설명해 보고, 아이들에게도 가르치고, 다른 교우들에게도 전하면서 스스로 훈련해야 합니다. 이런 시간과 과정을 거쳐야만 일상에서 선교의 마음을 갖고 전도자의 삶을 할 수 있습니다.

전도할 때는 말로만 하는 것보다 성경을 펼쳐 말씀을 직접 읽어주는 것이 좋습니다. 본인이 자기 눈으로 보고 읽게 해줄 때, 성령께서 하나님 말씀을 통해 그에게 역사하실 수 있습니다. 나의 언변이 부족해도, 하나님의 말씀 자체가 예리한 검보다 더 날카로워서 그 영혼과 골수를 찔러 쪼갤 수 있습니다. 전도는 내가 하는 것이 아니라 하나님의 말씀이 하시는 일입니다. 말씀을 들을 때 사람이 변화됩니다. 그래서 전도하기 전에 스스로 훈련하는 시간을 가져야 하는 것입니다. 이미 훈련받은 사람들은 자주 복음을 전함으로써 복음의 내용을 점점 정확하게 인식하여 날이 갈수록 담대하게 전도할 수 있습니다. 다시 한 번 강조하지만 전도는 목사님이나 전도사님만 하는 것이 아닙니다. 여러분도 얼마든지 할 수 있습니다.

전도하기 전에는 반드시 기도해야 합니다. 친구를 찾아가서 복음을 전할 때에도 미리 기도로 준비하고, 가는 길에도 기도하며, 만나서 이야기를 나눌 때도 기도해야 합니다. 그러면 성령께서 함께해 주십니다. 나 혼자만을 위해 사는 것이 아니라 가족과 내 이웃과 세계를 위하는 마음으로 선교적인 삶을 살 때, 우리 삶은 가장 아름답고 의미 있습니다.

복음의 내용을 정확하게 잘 알게 된 후, 전도를 시도해 보십시오.

복음의 내용은 다섯 가지입니다. 첫째, 천국은 하나님의 선물이다. 둘째, 인간은 죄인이다. 셋째, 하나님은 사랑이시다. 넷째, 예수님은 우리를 위해 돌아가셨다. 다섯째, 믿음으로 구원 얻는다. 이 다섯 가지 내용을 제대로 이해하고 설명한다면 누구든지 이 복음을 듣고 예수 그리스도를 영접할 수 있습니다.

제가 생각할 때 '목회'는 가장 어려운 일 중 하나입니다. 생각해 보십시오. 한 사람이 대여섯 명의 가족을 돌보고 거느리는 것도 얼마나 힘이 듭니까? 그런데 수십 명, 몇 백 명, 몇 천 명을 돌보고 섬기는 것은 얼마나 더 어렵겠습니까? 그래서 목회를 포기하려는 목회자가 전체의 3분의 2가 넘습니다. 너무 힘들기 때문입니다. 다른 무엇보다도 사람을 대하고, 사람을 돌보고, 사람을 섬기는 일이 가장 힘듭니다.

그러면 목회자들의 즐거움과 감사와 힘은 어디에서 생깁니까? 예수님을 믿고 영접한 사람이 한 명이라도 생기면, 이삼 년 고생해도 그 한 사람으로 인해 힘이 납니다. 아무리 어렵고 힘겨워도 복음이 전해져 믿는 성도가 한 명 늘어날 때, 존귀한 한 영혼이 예수 그리스도를 만나 구원받게 되었다는 사실에 감격하며 목회하는 즐거움을 누립니다. 몸과 마음은 심한 고생을 해도 교회에서 구원받는 성도가 점차 늘어난다면 목회자는 힘을 얻습니다. 그 기쁨과 행복은 고생과 비교할 수 없을 정도로 크고 깊습니다.

하나님께서는 우리가 선교의 마음을 가진 사람, 세계를 품는 성도가 되기를 원하십니다. 자기 하나도 돌보지 못해 쩔쩔매는 것이 아니라 가족과 이웃을 포함해 세계까지 바라보고 돌볼 수 있기를 바라십니다. 우리 모두 땅 끝까지 복음을 전하는 성도가 됩시다. 한 번 사는 인생, 나만 돌보는 어린아이와 같은 신앙을 뛰어 넘읍시다. "주여, 저에게 은혜를 베풀어 주시옵소서. 주여, 저를 변화시켜 주시옵소서. 주여, 저를 키워 주시옵소서. 그리하여 세계를 품은 성도, 성숙한 신앙인, 선교의 마음을 갖고 사는 그리스도인이 되게 하여 주시옵소서!"라고 기도하시기 바랍니다.

섬김의 생활화

"너희 중에는 그렇지 않을지니 너희 중에 누구든지 크고자 하는 자는 너희를 섬기는 자가 되고 너희 중에 누구든지 으뜸이 되고자 하는 자는 모든 사람의 종이 되어야 하리라 인자가 온 것은 섬김을 받으려 함이 아니라 도리어 섬기려 하고 자기 목숨을 많은 사람의 대속물로 주려 함이니라" 막 10:43-45

여러분 중에 '88 서울 올림픽'을 기억하시는 분 많으실 겁니다. 그때 자원 봉사자가 3만여 명이 넘었다고 합니다. 당시 올림픽 준비 위원장은 "자발적으로 내가 하겠다고 나서는 사람에게 일을 맡겨야 자율적인 기초 위에 올림픽이 잘 치러질 수 있습니다!"라고 말했습니다. 이런 마인드로 자원 봉사자를 모집했을 때, 많은 사람들이 반대했습니다. 세계적이면서 동시에 국가적인 큰 행사를 어떻게 자원 봉사자들에게 맡길 수 있냐는 여론이 컸습니다. 그러나 반대를 무릅쓰고 처음 원칙대로 일을 추진했습니다. 3만 명을 모집했는데 무려 12만 명이 자원 봉사자로 신청했습니다. 자발적으로 봉사하겠다는 국민이 이렇게 많았다는 사실을 통해 우리는 한국인의 의식이 매우 선하고 바람직하다는 것을 알 수 있습니다.

우리가 가진 것을 통해 신앙을 성장시킬 수 있는 또 하나의 방법이 바로 '섬김'입니다. 자기 시간이나 물질, 재능이나 기술 등을 하나님과 교회를 위해서 쓰고, 이웃을 돕는 일로 섬기기 시작할 때 비로소 그 사람은 성장합니다. 대부분의 사람은 수고하며 섬기기보다는 섬김을 받고 싶어 합니다. 성경은 섬김을 받는 사람은 섬기는 사람만 못하다고 말씀합니다. 늘 섬김을 받고 사는 사람은 미성숙한 사람입니다.

이 세상에서 밤낮으로 계속해서 섬김을 받는 사람이 누구일까요? 바로 아기입니다. 아기는 늘 누군가가 섬겨주어야 합니다. 대부분의 아기는 엄마의 섬김을 받습니다. 아빠가 섬겨야 하고 언니, 오빠, 누나, 형이 아기를 섬겨 줍니다. 24시간 도와주어야 합니다. 아기는 누군가의 도움이 없으면 아무것도 못하는 무력한 존재입니다. 날마다 누워서 먹여 달라, 입혀 달라, 기저귀 갈아 달라, 재워 달라고 청합니다. 밤중에도 아빠와 엄마의 수고를 필요로 합니다. 이렇게 아기처럼 성숙하지 못한 사람은 섬김을 받으려고만 합니다. 진정으로 성숙한 사람은 다른 사람을 섬길 줄 알고, 섬기려고 하는 사람입니다.

섬김은
위대한 일

성경은 '다른 사람을 섬기는 것은 위대한 일'이라고 분명히 말씀합니다. 위대한 사람은 섬김을 받는 사람이 아니라 '섬기는 사람'입니다. 누군가를 섬긴다는 것은 이미 그 사람이 성숙하다는 표시입니다. 마가복음 10장 42절에 나오는 '집권자'들은 섬김을 받는 사람들입니다. 사람들에게 언제나 '나를 섬기라!'고 말하는 사람들입니다. 세상에서는 얼마나 많은 사람들이 그를 섬겨주는가를 지표로 삼아 그 사람의 위대함을 결정하기도 합니다. 그러나 진정으로 위대한 사람은 '얼마나 많은 사람이 자기를 섬기는가?'가 아닌 '얼마나 많은 사람을 섬기고 있는가?'에 의해 결정됩니다.

"너희 중에는 그렇지 않을지니 너희 중에 누구든지 크고자 하는 자는 너희를 섬기는 자가 되고"(막 10:43).

이 말씀에서 위대한 사람은 다른 사람들을 많이 섬기는 사람이라고 가르치고 있습니다. 어떤 사람이 위대한 사업가가 됩니까? 많은 손님을 섬기는 사람입니다. 아이언사이드(H. A. Ironside)라는 목사님이 있었습니다. 그분은 무디(D. L. Moody) 목사님의 후임자였습니다. 그분은 어렸을 때 구둣방에 나가 구두 만드는 것을 도와주며 돈을 벌었습니다. 구두를 만들 때, 가죽을 잘라 물에 담갔다가 꺼내어 바짝 마르면 두드려서 탄탄하게 한 뒤에 구두창을 만듭니다. 주인은 분명 가죽에 밴 물이 다 마르면 두드리라고 했는데, 기다리지 못하고 재촉하는 손님들은 젖은 가죽으로 빨리 구두를 만들어 달라고 조릅니다. 그렇게 만들면 얼마 지나지 않아 손님들이 구두를 가지고 와서 불평을 했고 결국 처음부터 다시 만들어야만 했습니다. 어느 날 구둣방 주인이 이런 말을 했습니다. "나는 구두 한 켤레 팔아 50센트나 75센트를 받으려고 일하는 것이 아니라네. 나는 손님들에게 얼마나 충성하고 섬겼는지에 대해 하나님께 보상을 받으려고 일하는 것이지."

우리 교회의 성도님 중에도 양복을 만드는 집사님이 계셨습니다. 그분이 쓴 간증을 읽고 저는 큰 감동을 받았습니다. 그분은 손님의 옷을 만들 때 예수님의 옷을 짓는 것처럼 한다고 했습니다. 예수님의 섬김의 태도를 배운 사람과 그렇지 않은 사람은 삶 자체가 다릅니다. 손님을 대할 때 돈 벌 생각만 하는 사람과 예수님을 대하듯 섬기려는 사람이 어떻게 같을 수 있겠습니까? 누군가를 섬긴다는 것 자체가 가장 위대한 일입니다. 여러분은 오늘까지 섬김을 받으며 살아왔나요? 아니면 다른 사람을 섬기며 살아왔나요?

미국에서 여러 해 살면서 사업을 잘하는 분들을 여럿 보게 되었는데, 저는 그분들이 왜 사업을 잘하시는지를 알게 되었습니다. 그분들은 다른 사람을 섬기는 태도가 남달랐습니다. '씨어즈'라는 회사는 손님이 물건을 산 후 마음에 들지 않는다고 하면 바로 교환해 줍니다. 이유도 묻지 않고 바꿔 주고, 교환이 싫다고 하면 환불해 줍니다. 그렇게 하면 장사가 안 될 것 같지만, 지난 100년 동안 그렇게 해왔기에 장사가 됩니다. 이것이 섬기는 태도입니다.

제가 미국에 들어가기 전, 한국 시장에서 물건을 하나 산 적이 있습니다. 저는 마음이 약해서 가격 흥정을 못하고 주인이 부르는 대로 주고 샀습니다. 물건을 사고 돌아서는데 "저 병신!"이라는 말이 들렸습니다. 가격을 깎지 않고 바보같이 바가지를 썼다는 뜻이었습니다. 요즘은 한국도 그렇지 않습니다만, 이런 경험을 했기 때문에 미국인들의 섬기는 모습에 더 감동을 받았는지 모릅니다.

오래 전에 미국에서 든 보험을 해약해야 할 일이 생겼습니다. 그래서 미국으로 국제 전화를 걸었습니다. 그러자 곧바로 보험회사 직원들이 달려와 저희 집 사정을 전부 알아보고 갔다고 합니다. 얼마 후 보험회사 직원이 저에게 전화해서 "걱정하지 마십시오. 저희가 전부 돌봐드리겠습니다. 어떻게 해드리면 좋겠습니까? 말씀하시는 대로 도와드리겠습니다!"라고 말하더군요. 얼마나 멋있습니까? 고객을 대하는 태도에 정말 감동받았습니다. 저는 보험 회사 직원에게 편지 한

통을 써서 보냈습니다. "당신이 자원하는 마음으로 저희를 돌봐주겠다고 하니 참 감사하군요. 당신의 전화 목소리까지도 저에게 포근한 안도감을 주었습니다. 당신 회사는 참 좋은 회사인 것 같습니다." 이런 편지를 받으면 그쪽에서도 더 친절하게 보살펴 주지 않겠습니까? 이것이 바로 서로를 섬기는 방식입니다. 나를 섬겨준 상대방에게 감사의 마음을 전하는 태도는 꼭 필요합니다. 일방적인 섬김이 아닌, 서로를 섬기는 모습은 참으로 아름답고 귀합니다.

하나님께서는 말씀을 통해 '섬김은 위대한 일'이라고 하십니다. 온 나라를 다스리며 통치하는 자보다 사람들을 섬기는 자가 더 위대한 사람입니다. 제가 왜 '섬긴다'라는 단어를 썼을까요? '종'이라는 단어는 어감이 좋지 않고 언짢을 수 있기 때문입니다. 우리나라 사람들은 '종'이라는 말을 좋게 생각하지 않습니다. 그러나 '섬기는 사람'은 '종'과 크게 다르지 않습니다. '종'이 얼마나 좋은지 성경을 찾아보십시오.

성경은 '종'이라는 단어로 가득 차 있습니다. 모세도 '종'이었고 사무엘도 '종'이었습니다. 예수님마저 자신을 '종'이라고 말씀하셨습니다. 예수님께서는 마가복음 10장에서 "내가 섬기러 왔노라"고 말씀하셨습니다. 그것은 '내가 너희의 종이 되러 왔다'는 뜻입니다. 하지만 세상은 '종'이 되는 것을 극도로 싫어합니다. '종'을 아주 무시합니다. 그러나 하나님은 반대이십니다. 성경은 앉아서 섬김을 받는 자 대신 수고하며 섬기는 자를 위대한 사람이라고 인정합니다. 교회도 그렇습니다. 이것이 세상과 기독교의 차이입니다.

우리나라가 대통령부터 국회의원 이하 모든 지도자 및 국민들이 섬김의 아름다움을 알고 실천한다면, 대한민국은 엄청난 국가가 될 것입니다. 참으로 살기 좋고 행복이 넘치는 나라가 될 것입니다. 우리가 신문이나 뉴스를 보며 분노하고 안타까워하는 이유가 무엇입니까? 나라의 지도자들이 국민의 어려움과 슬픔, 아픔은 나 몰라라 하며 자신들의 이기적인 권력욕만 내세우려고 해서 그렇습니다. 누구를 위한 정치를 해야 합니까? 국민이 낸 세금으로 먹고 살면서 마치 국민들이 자신을 섬겨야 한다는 듯 교만한 정치인들을 보고 있자면 속이 탑니다.

'섬김'은 참 좋은 일입니다. 너무나 귀한 일입니다. 성숙하지 못한 사람들은 섬김을 받으려고만 합니다. 그러나 이런 사람은 하나님께 인정받지 못합니다. 사람에게도 마찬가지입니다. 사람들도 자발적으로 섬기는 사람을 좋아합니다. 마음을 편안하게 해주고 나의 필요와 상황을 알아주며, 거기에 맞게 배려하고 섬기는 사람은 한 번 더 만나고 싶습니다. 만날 때마다 목이 곧은 채로 섬김 받기만을 바란다면 그런 사람을 누가 좋아할까요?

섬김은
고상한 삶의 목적

예수님께서는 '섬기러' 오셨습니다. '섬김'이 예수님의 삶의 목표이자 목적이었습니다. 예수님께서도 '섬김'을 목표 삼아 이 땅에 오셨는데, 우리가 '섬김'을 목표 삼아 산다면 얼마나 고상하고 아름다운 인생이 되겠습니까? 사업이나 장사를 할 때도 손님을 잘 섬기고, 선생님이 되어 학생을 잘 섬기고, 다른 어떤 일을 해도 예수님을 섬기듯 행한다면 하나님께서 기뻐하실 것입니다. 선한 일에는 끝이 없습니다. 얼마든지 찾아서 할 수 있고, 오래도록 할 수 있습니다. 단 한 가지, 칭찬을 받으려는 마음만 없다면 말입니다. 많은 사람들이 선행을 하지 않는 이유가 무엇입니까? 선행을 한두 번 했다가도 사람들이 알아주지 않고, 누군가의 칭찬이 없다면 낙심합니다. 그런 것에 연연해하지 않으면 얼마나 많은 선(善)과 아름다운 섬김이 있겠습니까? 섬김은 고상한 삶의 목적이 됩니다. 예수님의 삶처럼 말입니다.

우리는 누구를 섬겨야 할까요? 갈라디아서 5장 13절은 서로서로 섬기라고 말씀합니다. 한쪽만 일방적으로 섬기면 피곤합니다. 사람은 누구나 섬김이 필요합니다. 서로가 섬겨야 합니다. 오래 전에 제 아내를 소파에 앉히고는 발을 씻어준 적이 있습니다. 아내는 왜 이러냐고 난리였습니다. 예수님이 제자들의 발을 씻어주셨듯이 저도 발을 씻어줄 테니 기분이 어떤지 느껴보라고 했습니다.

속으로는 저도 발에 대해 곰곰이 생각해 보았습니다. 사람의 신체 중 발이 가장 피곤합니다. 손이 일하지 않을 때에도 발은 일해야 합니다. 입이 일하지 않을 때에도 발은 일해야 합니다. 발은 하루 종일 일해야 합니다. 예수님께서는 얼굴이나 손이 아니라 발을 씻어주셨습니다. 여기에 큰 의미가 있습니다. 제일 수고하고 고생스럽게 일하면서도 가장 인정받지 못하고 천대받는 곳이 발입니다. 그런 발을 예수님께서 씻어 주셨습니다. 몹시 피곤할 때는 발만 주물러줘도 훨씬 나아집니다. 아내는 "발을 만져만 줘도 좋은데 씻어 주니 얼마나 좋은지 모르겠어요!"라고 하더군요. 그러면서 자주 좀 이렇게 해달라는 말도 덧붙였습니다. 가부장적인 사고방식을 가진 분들이 볼 때는 남자가 아내를 이런 식으로 섬기면 안 된다고 생각합니다. 남자는 머리이기 때문에 섬김을 받아야 한다고 배웠기 때문입니다. 하지만 예수님은 서로 섬기라고 말씀하셨습니다. 남자도 섬겨야 합니다. 도리어 남자가 더욱 섬겨야 합니다. 대부분의 남편들은 소파에 앉아 "여보, 신문 좀 가져와!"라고 합니다. 남편들이 직접 가져오십시오. 물도 직접 떠서 마시는 겁니다. 남편들은 주방에 들어가 설거지를 해주십시오. 이것이 섬김입니다.

제가 결혼해서 미국으로 들어가기 전에 처가에서 며칠 지낸 적이 있습니다. 마당을 쓸려고 빗자루를 가지러 주방으로 들어갔다가 장모님께 혼이 났습니다. "여기가 어딘 줄 알고 남자가 들어오려고 하냐?"고 하셨습니다. 남자도 설거지 할 수 있고 해야 합니다. 아내와 딸들이 감동할 정도로, 어머니와 여동생이 놀랄 정도로 한번 섬겨보십시오. 앞에서 말씀드렸지만, 항상 섬김을 받는 존재는 바로 아이들입니다. 즉 어른은 섬기는 사람입니다. 그런 논리로 보면 우리나라에서는 주로 여자가 어른이고 남자는 어린아이가 되는 셈입니다. 예수님께서는 서로 섬기라고 말씀하셨습니다. 그리스도인인 우리는 남자든 여자든, 어른이든 아이든, 오빠나 언니, 동생이든 모두가 섬기는 모습을 보여야 합니다. 윗사람일수록 아랫사람을 섬기는 모습을 더 보여주어야 합니다. 서로를 섬기는 은혜가 우리 가운데 가득하기를 진심으로 바랍니다.

첫째, 자기 스스로 섬김의 기쁨을 누립니다. 요한복음 13장 14절 "내가 주와 또는 선생이 되어 너희 발을 씻겼으니 너희도 서로 발을 씻기는 것이 옳으니라"고 말씀합니다. 이는 서로 섬기는 것이 마땅하다는 말입니다. 그렇게 하면 행복해진다고 말씀합니다(17절). 섬기는 사람은 섬김의 기쁨을 압니다. 다른 사람이 알아주기 때문에 섬기는 것이 아닙니다. 내가 원해서 하는 일입니다. '섬김'이야말로 예수님과 가장 닮은 삶입니다. 골로새서에서도 사도 바울이 "무슨 일을 하든지 마음을 다하여 주께 하듯 하라"고 권면하고 있습니다. 주님을 섬기듯 가족과 이웃을 섬길 때, 우리는 진정한 삶의 기쁨을 맛볼 수 있습니다.

오래 전, 어느 집사님께서 성가대원들을 집으로 초대해 식사를 대접했습니다. 그 많은 사람을 대접하느라 얼마나 수고하셨겠습니까? 또 시간이 얼마나 많이 걸렸겠습니까? 우리가 섬김의 위대함과 깊은 의미를 깨닫지 못한다면 섬기는 일 때문에 짜증이 나고 힘겨울 수 있습니다. 그래서 저는 섬김의 삶을 사는 사람을 볼 때마다 "주님, 이 가정이 그리스도의 사랑을 보여주는데 이 가정에 섬김의 기쁨을 주옵소서!"라고 기도합니다. 자기 몸과 마음, 시간과 재능과 재물 등을 다른 사람을 섬기는 데 쓰는 사람들은 다른 사람이 맛볼 수 없는 기쁨과 행복을 누립니다.

둘째, 자기만족이 있습니다. 사람은 자발적으로 선을 행하면 기분이 참 좋습니다. 의무나 책임감이 아니라 내가 원하는 마음으로 타인을 도울 때 기분이 좋습니다. 섬기는 마음으로 일한 사람에게는 만족감이 있습니다.

셋째, 하나님의 상급이 있습니다. 어느 젊은 피아니스트가 어렸을 때부터 오랫동안 연습하고 훈련한 끝에 드디어 첫 데뷔 공연을 갖게 되었습니다. 그는 많은 관객들 앞에서 최선을 다해 피아노를 연주했습니다. 공연이 끝나니 청중들은 기립 박수를 하며 환호했습니다. 그런데 객석의 나이 많은 할아버지 한 분은 그대로 앉아 있었습니다. 무대 뒤로 많은 관객들이 찾아와 꽃다발을 건네며 칭찬을 아끼지 않았습니다. 이때 젊은 피아니스트가 "저는 잘한 게 아닙니다. 오늘 공연은 실패입니다."라고 말하는 게 아니겠습니까? 다들 깜짝 놀라서 이유를 묻자 "객석에서 유일하게 일어나지 않고 계셨던 분이 제 스승님입니다."라고 대답했습니다. 그렇습니다! 아무리 많은 사람들이 칭찬을 아끼지 않는다 해도 스승이 칭찬하지 않으면 소용이 없습니다.

그리스도인도 마찬가지입니다. 우리는 주님을 사랑하며 이웃을 섬기고 교회에서 헌신하며 살아갑니다. 이생의 마지막 날 주님께 "착하고 신실한 종아, 그 동안 참 수고했다. 나를 섬기고 가족과 이웃을 섬기며 돌보느라 정말 애 많이 썼다."라는 칭찬을 들을 수 있어야 합니다. 진정으로 섬김의 삶을 살았던 성도들은 스스로 성숙해질 뿐만 아니라 하나님으로부터 영원한 상급을 받습니다. 이것은 우리의 섬김의 목적이기도 합니다.

가정마다 섬기는 사람이 필요합니다. 남편은 아내를 섬기고 아내는 남편을 섬겨야 합니다. 부모는 아이들을 섬기고 아이들은 또 부모를 섬겨야 합니다. 그렇게 서로를 사랑하며 섬길 때 비로소 '섬기면 행복해진다'는 예수님의 말씀이 이루어집니다. 가정에 행복이 깃드는 것입니다. 그러나 서로 섬기지 않거나 일방적으로 한쪽에서만 섬길 때는 무척 피곤해지고 불행해집니다. 여러분의 가정도 서로 섬기는 모습이 많아져야 합니다.

직장도 마찬가지입니다. 우리 그리스도인들은 평소 일상생활이 곧 신앙이어야 합니다. 맡겨진 일만 겨우 하는 것이 아니라, 동료들이 힘들어하거나 꺼리는 일을 자진해서 해야 합니다. 그럴 때 사람들에게 선한 영향을 미치고, 여러분도 주님으로부터 오는 기쁨을 맛보게 됩니다. 저는 여러분이 다른 이들의 삶을 돌보고 풍족하게 하는 직장인이 되기를 바랍니다. 그럴 때 하나님께도 칭찬 받고 직장에서도 인정받게 되리라 믿습니다.

교회에서도 마찬가지입니다. 성가대의 찬양을 들을 때마다 얼마나 감사한지 모릅니다. 지금은 목소리가 잘 나오고 원하는 대로 노래를 부를 수 있지만, 나이가 들면서 목소리가 제대로 나오지 않는 날이 옵니다. 제가 그렇습니다. 아무리 애를 써도 소리가 나오지 않습니다. 제가 베이스만 하는 이유가 그 때문입니다. 하나님께서 맑고 건강한 목소리를 주셨을 때 열심히 주님을 섬기십시오. 주일학교 선생님으로 섬기고 아이들을 위해 봉사하십시오. 즐거운 섬김의 삶을 원한다면 우리가 섬길 일은 얼마든지 많이 있습니다. 위대한 나라는 똑똑한 지식인이 많은 나라가 아닙니다. 잘 먹고 잘사는 나라도 아닙

니다. 다른 여러 국가를 돕는 나라가 진정으로 위대합니다. 우리나라
도 어려운 나라를 섬길 줄 아는 위대한 나라가 되면 좋겠습니다. 우
리 교회도 이 지역을 진정으로 섬기는 교회가 되길 바랍니다. 우리
모두가 하나님의 상급을 받게 되길 소망하며, 여러분의 '섬기는 삶'을
마음 다해 응원합니다.

헌금의 생활화(1)

"형제들아 하나님께서 마게도냐 교회들에게 주신 은혜를 우리가 너희에게 알리노니 환난의 많은 시련 가운데서 그들의 넘치는 기쁨과 극심한 가난이 그들의 풍성한 연보를 넘치도록 하게 하였느니라"

고후 8:1-2

오랫동안 목회를 해오며 한 가지 느낀 점이 있습니다. 헌금 생활에서 대부분의 성도들의 진짜 믿음과 신앙이 드러난다는 것입니다. 하나님께서 우리에게 주신 물질을 어디에 어떻게 사용하느냐 하는 것은 신앙과 밀접한 관련이 있습니다. 그래서 이번 장에서는 헌금 생활을 통한 신앙의 성장을 살펴보려 합니다.

헌금은 반드시 해야 하나요?

먼저 '헌금을 할 것인가? 말 것인가?' 그리고 '하나님께서 허락하신 물질을 다른 이들을 위해 쓰면서 살 것인가?' 등의 질문을 해봅시다. 사실 그리스도인에게 헌금은 상식이고 예의 같은 개념입니다. 우리가 극장에 가서 영화를 보거나 음악회에 가서 공연을 볼 때 돈을 냅니다. 큰 명절이나 성탄절에는 이웃과 친지들에게 줄 선물을 준비해서 나누기도 합니다. 이런 모습은 사람 사는 세상에서 상식이며 예의입니다. 믿지 않는 사람도 교회에 처음 오면 으레 헌금하는 줄 알고 헌금하기도 합니다. 주님을 믿지 않는 사람들은 수해나 지진 같은 큰 재난이 있을 때 성금이나 후원을 합니다.

믿는 사람들은 매주 정기적으로 하나님께 물질을 드립니다. 하나님께서 주신 물질을 주님께 드리는 삶은 참 멋집니다. 예수님을 믿지 않을 때에는 돈을 나누고 싶어도 어디에 어떻게 베풀어야 할지 몰랐지만, 지금은 언제나 하나님과 이웃을 위해 헌금할 수 있으니 참 좋습니다.

인류는 오래 전부터 신에게 물질을 바쳐왔습니다. 성경에서도 창세기 4장부터 가인과 아벨이 예물을 드리며 주님께 예배를 드립니다. 양 한 마리, 소 한 마리가 얼마나 중요한 번제물이었습니까? 번제물을 정기적으로 하나님께 바치는 것은 고대로부터 내려온 일종의 종교적 관습 중 하나였습니다. 하나님을 섬기는 사람뿐 아니라 우상을 섬기는 사람도 우상에게 헌금과 제물을 바쳤습니다. 즉 헌금을 할 것이냐 안 할 것이냐는 별로 큰 논란거리가 되지 못합니다.

어떻게
드리면 될까요?

문제는 '어떻게 헌금을 드릴 것인가?'입니다. 헌금을 하는 태도와 마음, 정신이 중요합니다. 어떤 성도는 헌금을 드리면서 몹시 아까워합니다. 의무감에서 어쩔 수 없이 하는 사람도 있습니다. 그러나 어떤 사람은 자원하는 마음으로 하나님의 은혜를 생각하면서 기쁘고 즐겁게 헌금을 합니다. 성경에는 헌금과 관련해 'willingly(자진해서, 기꺼이)'라는 단어가 자주 등장합니다(출 35:5, 21-22, 29절). 믿는 사람들은 언제나 자원하는 마음으로 기쁘고 즐겁게 헌금해야 합니다. 이 책을 읽는 여러분은 이미 그렇게 하고 있을 거라 믿습니다.

미국에서 목회를 할 때의 일입니다. 어떤 성도는 십 년 전에 5달러를 헌금했습니다. 그런데 신앙 생활을 꽤 오래 했는데도 여전히 5달러를 헌금했습니다. 그 동안에 수입이 많이 늘었는데도 헌금 액수에는 아무 변화가 없었습니다. 물가는 오르고 급여도 올랐으나 헌금하는 액수는 그대로인 것을 보고 속으로 적잖이 실망한 적이 있습니다. 그렇게 상식 이하의 삶을 사는 성도가 무척 안타까웠습니다.

미국에서 교회 회계부에 계신 분들은 그곳에서 일하고 싶지 않다고 했습니다. 시험에 들기가 쉽기 때문이었습니다. 십 년 전에 5달러를 헌금한 사람이 십 년 후에도 여전히 5달러를 헌금합니다. 그는 집사 직분을 맡고 있으며 제직회에서 가장 말을 많이 하는 사람이었던 것입니다. 회계부에서 일하시던 집사님은 "제가 회계부원을 안 할 때는 시험에 들지 않았어요. 그런데 교회에서 그렇게 열심히 활동하는 사람들이 그렇게 인색하게 헌금하는 것을 보고는 시험에 들 것 같아요. 더 이상 회계부원을 하고 싶지가 않네요!"라고 말씀하셨습니다. 그래서 저는 "헌금은 하나님과 나의 관계이니 집사님은 집사님이 헌금할 것만 충실히 하시면 됩니다."라고 말했습니다. 우리가 일일이 남의 헌금 생활까지 신경 쓸 필요는 전혀 없습니다. 하지만 이런 경우는 시험에 들 정도로 실망스럽고 안타까운 일이었습니다.

사실 헌금의 액수는 지극히 개인적인 영역입니다. 얼마를 헌금해야 하는가는 각자의 능력에 따라 다릅니다. 구약성경을 보면 하나님께 예물을 드릴 때 어떤 사람은 비둘기를 바치고, 누군가는 양 또는 염소, 어떤 사람은 황소를 바쳤습니다. 즉 헌금도 자기 능력에 따라서 바치라고 말씀하신 것입니다. 만약 염소를 바칠 수 있는 능력을 가진 사람이 작은 비둘기를 바치는 것은 바람직하지 않습니다. 황소를 바칠 만한 은혜를 받은 사람이 비둘기를 바치는 것 역시 옳지 않음을 기억하십시오. 많은 사람들은 하나님께서 자기에게 주신 은혜대로 헌금합니다. 참으로 정직하고 공평한 일입니다. 하나님이 내게 주신 은혜는 다른 사람은 알지 못해도 우리 스스로가 가장 잘 압니다. 여러분의 가정에 황소의 은혜를 주셨는지, 염소의 은혜인지 혹은 비둘기의 은혜인지, 여러분 자신에게 정직하게 묻기를 바랍니다.

예수님은 비둘기의 은혜를 주신 가정에서 자랐습니다. 예수님의 어머니, 아버지가 비둘기를 예물로 바친 모습을 통해 이를 알 수 있었습니다. 비둘기는 당시 가장 적은 헌금이었습니다. 그러나 이는 중요치 않습니다. 하나님께서는 비둘기를 바칠 만한 사람이 비둘기를 바쳤을 때 100% 은혜 받은 자로 여기십니다. 황소를 바칠 수 있는 사람이 황소를 바칠 때에 그것을 온당하게 여기십니다. 헌금의 액수는 각자의 능력에 따라 결정하면 됩니다. 하나님에 대한 사랑과 헌신의 정도에 따라 그리고 하나님이 기뻐하시는 만큼 헌금하십시오.

성경에는 헌금에 대한 지침이 있습니다. 바로 십일조입니다. 구체적으로 수입의 10분의 1을 하나님께 바치라고 되어 있습니다. 창세기 14장 20절에서 아브라함이 멜기세덱 제사장에게 전리품의 십분의 일을 바쳤습니다. 이것은 4천 년 전의 이야기입니다. 창세기 28장 22절에는 야곱이 벧엘에서 하나님이 주신 모든 것에서 10분의 1을 바치겠다고 결정하고 약속한 내용이 나옵니다. 레위기 27장 30-33절에는 모세가 이스라엘 백성들에게 십일조에 대한 규례를 가르쳐 줍니다. 예수님과 제자들도 유대인이니 십일조를 했을 것입니다. 말라기 3장 8-10절은 십일조를 할 때 하나님께서 어떤 축복을 얼마나 주시는지 시험해 보라고 말씀합니다. 창고에 쌓을 곳이 없도록 하나님께서 축복해 주신다고, 이를 시험해 보라고 단언합니다. 이처럼 하나님께서는 여러 성경 구절을 통해 이미 우리에게 십일조에 대해 지속적으로 권고하셨습니다.

제가 미국에서 벧엘교회 목회를 시작할 때, 처음 믿는 사람들을 배려하는 마음으로 초반에는 십일조 설교를 하지 않았습니다. 이제 막 믿는 사람들은 신앙이 아직 어리기 때문에 십일조 이야기를 하면 시험에 들 수 있기 때문입니다. 그 후로 몇 년이 지났을 때, 제가 눈물을 흘리며 크게 회개한 적이 있습니다. 성경은 하나님의 백성들이 최소한 십분의 일을 헌금하는 것이 하나님의 복을 받는 지름길이라고 말씀합니다. 십일조를 드린 성도들에게 '창고에 쌓을 곳이 없도록 붓지 아니하나 보라'고까지 말씀하신 하나님의 축복의 길입니다. 그런데 저는 당시 교인들이 혹시나 마음을 다치지 않을까 싶어 소극적으로 십일조 이야기를 했던 것입니다.

교인들을 배려한다는 개인적인 생각에서 그 축복의 길을 제대로 가르치지 않았다는 것이 몹시 안타깝고 죄스러웠습니다. 그래서 공개적으로 교인들 앞에서 회개했습니다. "여러분 저를 용서해 주십시오. 하나님의 종이라는 사람이, 하나님이 축복하신 길을 분명히 제시하지 못했습니다. 여러분을 배려한다는 명목으로 그동안 제대로 십일조 설교를 하지 못한 것을 용서해 주십시오."

이것은 율법적인 이야기가 아닙니다. 이것은 삶의 방식 중 하나입니다. 우리가 가진 것 중에 하나님께서 주시지 않은 게 하나도 없습니다. 우리는 모두 맨몸으로 태어났습니다. 우리가 입는 옷, 지식, 감정, 몸, 음악, 날씨, 자연, 가족, 건강 등 어느것 하나도 하나님으로부터 받지 않은 것이 없습니다. 이 감사한 은혜를 선교사님을 위해, 이웃과 교회를 위해, 하나님과 어려운 이웃을 위해 과감하게 베풀고 나누는 실천이 바로 헌금입니다.

어떤 방법으로 얼마를 드릴 것인가는 우리 스스로 결정해야 합니다. 아무 생각도 마음도 없이 부랴부랴 주일 아침 호주머니에 있는 돈을 꺼내어 드리는 것은 바람직하지 않습니다. 우리가 정상적이고 성실한 헌금 생활을 하고, 헌금할 때마다 하나님의 은혜를 생각하면 우리의 경제생활이 정리 정돈될 수 있습니다. 하나님 앞에 10분의 1을 드리고 10분의 9로 가정을 꾸려나가야 하니 함부로 계획 없이 돈을 쓸 수가 없습니다. 그래서 십일조를 하는 사람들은 가정 경제를 세부적으로 계획하며 가정생활에 전체적인 질서를 잡아갑니다. 또 하나님의 은혜가 그 가정에 직접 나타나게 됩니다. 이는 하나님의 약속입니다. 십일조를 하는 가정은 절대로 모자람과 부족함이 없습니다. 크고 작은 나의 욕망이나 욕구는 채우지 못하지만, 가정 경제가 정돈되고, 하나님의 축복이 그 삶에 나타날 것입니다.

헌금은 성도라면 당연히 하는 것이라 여기므로 거기에 대한 논란은 없습니다. 헌금할 수 있는 기회가 온다면 특권으로 여기고 즐겁게 하시기 바랍니다. 헌금은 자원해서 하는 것입니다. 다른 사람의 강요로 해서는 안 됩니다. 인색함으로 하지 않고, 생각 없이 해서도 안 됩니다. 율법적으로도 하지 말아야 합니다.

즉 자원하는 마음으로 하나님의 은혜에 감사한 마음으로 하되, 모델이 될 만한 성경 속의 인물을 정해 놓고 헌금하면 더욱 좋습니다. 너그럽고 즐겁고 기쁜 마음으로 드리십시오. 감사하는 마음으로 헌금하십시오. 그래서 하나님의 은혜가 당신의 가정에 넘치기를 바랍니다. 분명히 성경은 헌금하는 것을 은혜라고 했습니다. 하나님의 은혜를 얼마나 경험했는가에 따라 우리가 하는 헌금이 결정됩니다. 하나님께 소중하고 귀한 것을 바칠 때 여러분의 신앙도 부쩍 성장하리라 믿습니다.

헌금의 생활화(2)

"그러므로 내가 이 형제들로 먼저 너희에게 가서 너희가 전에 약속한
연보를 미리 준비하게 하도록 권면하는 것이 필요한 줄 생각하였노니
이렇게 준비하여야 참 연보답고 억지가 아니니라 이것이 곧 적게 심는
자는 적게 거두고 많이 심는 자는 많이 거둔다 하는 말이로다 각각 그
마음에 정한 대로 할 것이요 인색함으로나 억지로 하지 말지니 하나님
은 즐겨 내는 자를 사랑하시느니라 하나님이 능히 모든 은혜를 너희에
게 넘치게 하시나니 이는 너희로 모든 일에 항상 모든 것이 넉넉하여
모든 착한 일을 넘치게 하게 하려 하심이라 기록된 바 그가 흩어 가난
한 자들에게 주었으니 그의 의가 영원토록 있느니라 함과 같으니라"

고후 9:5-9

　　성도의 신앙은 각자에게 주어진 물질(재물)을 어떻게 쓰느냐에 따라 성장할 수도 있고, 머물러 있거나 퇴보할 수도 있습니다. 감사함으로 하나님께 드리고, 다른 사람을 위해 베풀고 나눌 때 우리는 진정으로 풍족하고 충만한 삶을 살게 됩니다.

'나누는 삶'의 결심

　　나누고, 바치고, 베푸는 삶은 쉽지 않습니다. 다른 사람을 섬기며 헌신하는 삶은 아무나 할 수 있는 것이 아닙니다. 마음 깊은 곳에서부터 하나님의 은혜를 깨닫고, 모든 것을 주님을 위해 드리겠다는 결단과 다짐이 필요합니다. 우리는 어떤 식으로 '나누는 삶'을 살 수 있을까요?

　　첫째, 과거를 돌아봐야 합니다. 지난날을 돌아보면 현재의 삶이 주님이 베푸신 크신 은혜임을 깨닫게 됩니다. 이와 동시에 주님이 주신 은혜를 나누면서 살아야 한다는 것도 깨닫습니다. 고린도전서 4

장 7절은 "네게 있는 것 중에 받지 아니한 것이 무엇이뇨 네가 받았은즉 어찌하여 받지 아니한 것같이 자랑하느뇨"라고 말씀합니다. 사실 그렇습니다. 우리의 생명, 가족, 집이나 재산, 직장과 사업 중 어느것 하나 주님께로부터 받지 않은 것이 없습니다. 우리가 이 땅에 올 때에는 아무것도 없이 빈손과 맨몸으로 왔습니다. 우리는 또 그렇게 떠날 것입니다. 하나님께서는 우리가 이 땅에 사는 날 동안 우리에게 주신 물질을 어떻게 경영하며 살아가는지를 살펴보실 것입니다. 우리는 하나님으로부터 받은 은혜가 넘치는 사람입니다. 그러니 기꺼이 즐겁게 나누고 베풀 수 있습니다.

시편 116편 12절은 "여호와께서 내게 주신 모든 은혜를 무엇으로 보답할까"라고 말씀합니다. 시편 기자는 3천 년 전의 사람입니다. 그 당시에도 하나님으로부터 받은 은혜가 너무 깊고 커서 어떻게 무엇으로 보답할 수 있을까 고민하고 감사했습니다. 오늘날 우리와 시편 기자의 마음이 동일해야 합니다. 곰곰이 생각해 보면 우리가 오늘, 지금 여기까지 살아 온 여정 자체가 너무나 놀라운 은혜입니다. 우리에게 주어진 생명과 여러 상황이나 기회는 우리가 스스로 만든 것이 아닙니다. 하나님께서 주신 것입니다. 그랬기에 오늘의 우리가 있습니다. 하나님이 여러분을 얼마나 많이 도와주셨습니까? 병들었을 때 낫게 하셨습니다. 위험에서 보호하셨고, 슬픔과 고통에서 건지셨습니다. 눈물 흘릴 때 말할 수 없는 위로가 되어 주셨고, 어디로 갈지 모르고 방황할 때 따스하게 우리를 인도하셨습니다. 우리가 죄를 지어 죽을 수밖에 없었지만, 긍휼과 자비의 하나님께서 우리를 용서하사 구원해 주셨습니다. 지난날을 돌아보면 은혜밖에 없습니다. 어떻게 하면 주님을 위해 살 수 있고, 이웃을 돌보며 살 수 있을까를 생각하게 됩니다. 나누고 베풀고 도울 기회가 있을 때 기쁜 마음으로 자원해서 섬기십시오. 그런 마음을 갖고 살기로 결정하십시오. 이것이 나누는 삶의 시작입니다.

둘째, 미래를 내다보아야 합니다. 주님께 넉넉히 드리는 사람, 항상 이웃을 위해 베풀고 나누는 사람의 삶은 어떨까요? 그들에게는 모자라는 법이 없습니다. 그렇게 사는 사람들에게는 하나님께서 몇 배로 갚아 주십니다. 그런 사람들은 자신이 가진 것을 하나님이 주신 것으로 여깁니다. 그래서 다른 이들을 위해 기꺼이 즐겁게 내놓을 수 있습니다. 영적 은혜가 풍족함을 깊이 깨닫고, 하늘나라에 보화를 쌓는 삶은 정말로 지혜롭습니다. 이 땅에 모아 놓아 보화는 썩을 수 있습니다. 도둑맞을 수 있고 좀먹을 수도 있습니다.

오래 전에 이런 이야기를 들었습니다. 어느 한국 교포가 미국에서 돈을 많이 벌었습니다. 그 돈을 은행에 두니 이자가 늘어서 세금을 물게 되었습니다. 그래서 은행에 두지 않고 자기 집 오븐 속에 숨겨 두었습니다. 그런데 어느 날 오븐이 고장이 나서 수리를 했습니다. 오븐을 다 고친 후에 시험한다고 불을 켰을 때, 그 속에 넣어 둔 그 엄청나게 많은 돈을 다 태우고 말았습니다. 그 일이 소문으로 퍼져 신문에도 났다고 합니다. 세상에 쌓아 둔 것은 금방 없어질 수 있습니다. 그러나 주님께 드리고 남을 위해 나누고 베푼 것은 하늘나라 보물 창고에 차곡차곡 쌓입니다. 출애굽기와 레위기에는 이스라엘 백성들이 하나님께 헌금과 헌물을 드린 내역이 기록되어 있습니다. 누가 무엇을 드렸는지 상세하게 적혀 있습니다. 그 기록을 통해 3,500년 전의 일을 우리가 아는 것처럼, 하나님께서도 우리가 다른 이를 위해 바친 시간과 노동, 물질, 귀한 것 등을 하나님의 책에 일일이 적어 놓고 영원히 기억하십니다. 우리가 드리는 것은 하늘에 다 쌓입니다. 하늘나라 보화보다 더 확실한 가치는 없습니다.

셋째, 밖을 향해서 시선을 돌려야 합니다. 이웃에 대해 관심을 가져야 합니다. 우리가 기쁘고 즐거운 마음으로 다른 이에게 베푼다는 것은 그들에 대한 관심과 사랑의 표시입니다. 하나님께서 이 세상을 사랑하사 독생자를 주신 것과 마찬가지입니다. 사랑은 '주는 것'과는 비례합니다. 사랑한다고 말하면서 아무것도 주지 않는 사람은 진짜 사랑하는 것이 아닙니다.

오래 전에 우리 교회 성도를 대상으로 이웃을 위해 얼마나 '주는 삶'을 살고 있는가를 조사했습니다. 자료를 전부 종합해 보니 우리 교회는 이웃을 위해 교회 예산의 20%를 나누고 있었습니다. 20%가 아주 많은 양은 아니지만, 그래도 괜찮다고 생각했습니다. 44개의 교회와 11인의 선교사, 20여 개의 기독교 기관들 그리고 소년 소녀 가장들이 이끄는 80가정을 돕는 것을 보고 참 감사했습니다.

넷째, 나 자신을 한번 돌아보아야 합니다. 하나님께 드리고 다른 사람과 나누면서 사는 사람들의 삶에는 몇 가지 특징이 있습니다. 평화가 있고 사랑이 가득합니다. 기쁨이 넘치고 삶의 의미와 만족을 충분히 느낍니다.

여러분에게 묻겠습니다. 인생을 살아가는 목적이 무엇입니까? 어떻게 살기를 원합니까? 마음에 하나님의 평화와 사랑과 기쁨이 넘치길 원하십니까? 의미 있고 만족스런 삶을 살기 원하십니까? 이기적인 마음으로 자기만을 위해 살고, 물질의 노예가 되어 탐욕과 탐심을 안고 살아가는 사람들은 사는 게 재미없습니다. 짜증이 나고 화가 납니다. 불안하고 불편합니다. 경쟁심이 들끓으니 즐겁지 않습니다. 반면 하나님의 은혜를 깨닫고 물질과 시간, 재능과 에너지 등을 다른 사람과 나누며 사는 사람들은 항상 기쁘고 만족스럽습니다.

하나님의 백성들은 탐욕과 탐심에서 해방되어야 합니다. 물질의 노예가 되어선 안 됩니다. 물질을 지배하고 다스려야 합니다. 잠언 15장 27절은 "이(利)를 탐하는 자는 자기 집을 해롭게 하나 뇌물을 싫어하는 자는 사느니라"고 말씀합니다. 예수님께서는 인생의 행복이 물질의 풍요에 있지 않다고 말씀하셨습니다. 우리의 물질과 재능, 시간과 힘을 하나님과 이웃을 위해 쓸 수 있기를 바랍니다. 이것이 진정으로 자신에게 유익이 되는 삶입니다.

바치는 사람이 받는 축복

자발적인 마음으로 기쁘고 즐겁게 '드리는' 사람에게는 축복이 있습니다. 이것은 추수의 법칙입니다. 씨를 많이 심으면 많이 거둡니다. 씨를 아주 조금 심어 놓고 많이 거두려는 것은 도둑 심보입니다. 심은 대로 거두는 것이 하나님의 영원한 법칙입니다. 그래서 기회 있을 때마다 도움의 손길을 내어주고, 최선을 다해 기도해 주고, 상황이 될 때마다 우리의 물질, 시간, 재능을 내어주어야 합니다. 이 모든 것은 우리가 거두게 되어 있습니다. 고린도후서 9장 6절에는 "많이 심는 자는 많이 거두고, 조금 심는 자는 조금 거둔다"고 기록되어 있습니다. 이는 분명한 진리요, 변치 않는 진리입니다. 고린도후서 9장 7절은 "각각 그 마음에 정한 대로 할 것이요 인색함으로나 억지로 하지 말지니 하나님은 즐겨 내는 자를 사랑하시느니라"고 말씀합니다. 즐겨 내십시오. 그러면 이런 축복들이 있을 것입니다.

첫째, 기쁨의 영을 받습니다. 주님께 바치고 사람들에게 나누어 주는 사람은 삶을 기쁘게 살 줄 압니다(고후 9:1). 또 하나님의 사랑을 많이 체험합니다. 하나님의 사랑을 받으려면, 다른 사람을 위해 여러분이 가진 것을 나누고 베풀어 보십시오. 하나님의 사랑을 경험할 뿐만 아니라 하나님으로부터 오는 충만한 기쁨의 영을 받게 될 것입니다.

둘째, 받는 사람의 필요가 채워지는 모습을 봅니다. 우리가 무엇인가를 나누고 베풀 때 그것을 받는 사람의 '필요'가 채워집니다. 궁핍하고 힘겨운 누군가에게 '준' 것이 바로 그의 필요를 채웁니다. 우리는 물질을 줄 수 있고, 위로와 격려를 줄 수도 있습니다. 시간을 내어 함께 있어줄 수도 있습니다. 그 사람에게 꼭 필요한 무언가로 채워주었을 때 받는 이의 삶에 기쁨과 감사가 생겨납니다. 뿐만 아니라 그것을 '준' 우리에게도 기쁨이 샘솟습니다. 온 세계 곳곳에 나가 있는 선교사님들은 대부분 어려운 환경 속에서 사역하고 있습니다. 우리가 보낸 헌금을 통해 그분들의 필요가 채워질 때 얼마나 감사하겠습니까? 한국에 있는 그리스도인들이 헌금함으로써 선교사님들의 가정과 전반적인 사역을 돕고, 더 나아가 하나님 나라의 일들이 이루어지는 것은 말로 다할 수 없는 축복입니다. 오래 전에 수해가 났을 때도 어려움에 처해 있는 여러 시골 교회에 헌금을 보냈습니다. 그분들이 얼마나 감사했겠습니까? 이러한 나눔은 하나님께서 기뻐하십니다.

셋째, 하나님께 영광을 돌리게 됩니다. 마태복음 5장 16절은 "이같이 너희 빛을 사람 앞에 비취게 하여 저희로 너희 착한 행실을 보고 하늘에 계신 너희 아버지께 영광을 돌리게 하라"고 말씀합니다. 우리 그리스도인들은 다른 사람에게 무엇이 필요한지 살펴보고, 즉각적으로 도와주어야 합니다. 이런 모습이 믿지 않는 사람들에게 선한 영향력을 끼치는 일이고, 동시에 하나님께는 영광과 찬송을 올려 드리는 일입니다. 교회에 처음 나온 사람이 "저와 똑같이 어려운 처지에 있는데도 신앙 안에서 아름답고 선하게 사는 친구를 보니 참으로 큰 격려가 되었어요!"라는 말을 들은 적이 있었습니다. 하나님께 이 얼마나 큰 영광입니까?

하나님께서는 다른 사람을 위해 나누고 베푸느라 생긴 빈자리를 반드시 채워주십니다. 그러니 우리 그리스도인은 하나님으로부터 받아서 다른 사람에게 전달해 주는 역할을 한다고 보면 됩니다. 우리가 다른 이에게 나눠주면 하나님께서도 자꾸 우리를 채워주시고, 또 주십니다. 우리가 가진 것이 축나지 않습니다. 주면 또 오고, 주면 또

옵니다. 자꾸 주면 자꾸 옵니다. 주면 줄수록 하나님께 영광이 되고, 주는 사람은 기쁘고, 받는 사람은 더욱 좋은 것입니다. 우리는 하나의 통로에 불과합니다. 하나님이 우리에게 많이 주셨으니 우리는 다른 사람에게 더 많이 주어야 합니다. 주는 기쁨과 받는 감사 그리고 하나님의 영광이 계속해서 나타날 때 우리 삶은 진정으로 빛나고 아름다워집니다.

하나님은 우리가 베풀고 나누고 드린 것을 기억하십니다. 절대로 빚지는 분이 아닙니다. 우리가 심은 대로 거두는 법칙을 삶으로 깨닫길 바라십니다. 나누면서 사는 기쁨을 누리길 원하십니다. 받는 기쁨과 주는 행복을 더 알기를 바라십니다. 그럴 때 이 땅에 하나님의 영광이 더욱 충만해질 것입니다.

성경에도 많은 것을 주고 나누며 산 인물들이 있습니다. 뽕나무에 올라갔던 삭개오입니다. 예수 믿기 전의 삭개오는 아주 고약한 사람이었습니다. 그는 남의 재물을 탐내고, 세금을 부정하게 거두어 재산을 축적하던 세리였습니다. 그러나 예수님을 만난 그날부터 회개하고, 다른 사람에게 억지로 빼앗은 것은 네 배로 갚았습니다. 여러분도 과거에 부정한 방법으로 돈을 벌었다면 그 돈은 하나님 나라를 위해, 이웃을 위해 드리시기 바랍니다.

어떤 분이 "제가 옛날에 다니던 교회에 헌금하겠다고 했는데 그것을 안 했거든요. 어떻게 하죠?"라고 제게 물어보신 적이 있습니다. 그래서 "헌금하겠다고 약속한 교회에 지금이라도 드리십시오. 아니면 하나님께 드리십시오!"라고 말씀드렸습니다. 약속한 것은 갚는 것이 옳습니다. 그래야 우리 마음도 편안해집니다.

마리아 이야기도 유명합니다. 예수님이 십자가에 달려 돌아가시기 전이었습니다. 마리아가 예수님을 바라보니 예수님의 가슴에 슬픔이 가득해 보였습니다. 애타고 무거운 마음이 느껴진 것입니다. 이를 지켜보던 마리아는 향유가 든 옥합을 깨뜨려 예수님의 발에 부어서 마음을 기쁘게 해드렸습니다. 이에 예수님께서는 "온 천하에 어디서든지 복음이 전파되는 곳에는 이 여자의 행한 일도 말하여 저를 기념하리라"고 축복하셨습니다. 마리아는 상대방에게 무엇이 필요한지를 살피고 그것을 채워 주었습니다. 다른 사람의 시선이나 비방을 두려워하지 않고 과감하게 행동했습니다. 가장 귀하고 가치 있는 것을 주님께 모두 바쳤을 때, 예수님께서는 오래도록 마리아를 칭찬하셨습니다.

부요하신 예수님께서 가난하게 되셨습니다. 가난했던 우리는 그런 주님으로 인해 진정한 부자가 되었습니다. 믿는 사람들은 하나님의 은혜를 따라 귀한 것들을 하나님께 바쳐야 합니다. 하나님을 위해, 이웃을 위해, 자기 자신을 위해 '주는 삶'을 살아야 합니다. 언제나 기쁜 마음으로 베풀고 나누며 주는 삶을 살기를 바랍니다. 그럴 때 하나님이 충만한 은혜로 채워주실 것입니다. 또한 은혜로 인한 기쁨과 평안, 신앙의 성장을 경험하게 되기를 간절히 바랍니다.

순종의 생활화 (1)

"네가 네 하나님 여호와의 말씀을 삼가 듣고 내가 오늘 네게 명령하는 그의 모든 명령을 지켜 행하면 네 하나님 여호와께서 너를 세계 모든 민족 위에 뛰어나게 하실 것이라 네가 네 하나님 여호와의 말씀을 청종하면 이 모든 복이 네게 임하며 네게 이르리니 성읍에서도 복을 받고 들에서도 복을 받을 것이며 네 몸의 자녀와 네 토지의 소산과 네 짐승의 새끼와 소와 양의 새끼가 복을 받을 것이며 네 광주리와 떡 반죽 그릇이 복을 받을 것이며 네가 들어와도 복을 받고 나가도 복을 받을 것이니라 여호와께서 너를 대적하기 위해 일어난 적군들을 네 앞에서 패하게 하시리라 그들이 한 길로 너를 치러 들어왔으나 네 앞에서 일곱 길로 도망하리라 여호와께서 명령하사 네 창고와 네 손으로 하는 모든 일에 복을 내리시고 네 하나님 여호와께서 네게 주시는 땅에서 네게 복을 주실 것이며" 신 28:1-8

목회자뿐만 아니라 대부분의 그리스도인들은 신앙이 성장하는 데에 큰 관심을 가집니다. 저도 매일 성장하고 싶습니다. 여러분도 마찬가지일 것입니다. 오랫동안 신앙생활을 했는데도 성장하지 않고 그 자리에 머물러 있는 분들이 많습니다. 그런 분들을 보면 참으로 안타깝습니다. 변화가 없기 때문입니다. 그리스도인이라면 하루도 변하지 않는 날이 없어야 합니다. 하루를 살면 조금 성숙해지고, 하루를 더 살면 조금 더 성숙해져야 합니다. 어떤 때는 신앙이 퇴보하는 듯해도 다시 성장해서 전체적으로 보면 점진적으로 발전해야 합니다. 어떤 사람은 예수 믿은 지 1, 2년이 되었지만 수십 년 믿은 사람보다 더 빠른 속도로 변하고 성숙해집니다. 교회 다닌 햇수와 신앙의 성숙도가 반드시 비례하지는 않습니다.

이번 장에서는 성장의 요소 중 마지막으로 '순종하는 삶'을 살펴볼 것입니다. 신앙이 아름답게 성장해서 하나님의 은혜와 축복을 받는 사람은 누구입니까? 신앙생활을 오래 한 사람일까요, 성경을 많이 아는 사람일까요? 모두 아닙니다. 그건 바로 순종하는 사람입니다. 적게 배웠다 해도 배운 대로 순종하는 사람이 성장합니다. 순종이 생활화되어 있는 사람이 성장하고 축복받습니다. 저는 한 주 지날 때마다 여러분의 신앙이 시나브로 성장하기를 바랍니다. 성경 말씀을 보면 하나님께서는 우리가 하나님의 축복을 받아 다른 사람과 비교할 수 없을 정도로 탁월하고 귀한 성도가 되기를 원하십니다. 하나님께서 우리를 그렇게 만드시려고 작정하셨습니다.

> "네가 네 하나님 여호와의 말씀을 삼가 듣고 내가 오늘날 네게 명하는 그 모든 명령을 지켜 행하면 네 하나님 여호와께서 너를 세계 모든 민족 위에 뛰어나게 하실 것이라"(신 28:1).

모든 사람들 위에 세워서 누가 봐도 '저 사람은 하나님의 축복을 받았다!'고 감탄할 정도로 만들어주시겠다는 뜻입니다. 그리스도인은 평범한 사람이 아닙니다. 보통 사람이 아닙니다. 아주 탁월하고 우수하며 훌륭한 사람입니다. 하나님께서는 우리가 모든 민족과 모든 사람 위에 높이 들림 받기를 원하십니다. 보통 사람처럼 평범해 보이는데 지내보면 어딘가 탁월하고, 무엇인가 뚜렷하게 남다릅니다. 나아 보이고 멋져 보입니다. 하나님께서는 여러분이 이런 성도가 되기를 원하십니다. 또 우리를 그렇게 만들기로 작정하셨습니다. 그래서 우리를 위해 예수님의 목숨을 대가로 지불하셨습니다. 그러나 모든 민족 위에 뛰어나게 되는 데는 한 가지 조건이 있습니다. "네가 네 하나님 여호와의 말씀을 삼가 듣고…"라는 말씀입니다. 삼가 듣는 것은 잘 듣는 것입니다. 하나님의 말씀이라면 정신을 바짝 차리고 '조심스럽게' 들어야 합니다. '하나님'이라는 말만 나와도 옷깃을 여미고 순종하고 섬길 준비가 되어 있어야 합니다.

“오늘날 네게 명하는 그 모든 명령을 지켜 행하면”이라는 말씀을 보십시오. ‘지켜 행하면’ 앞에 한 가지 빠진 말이 있습니다. 바로 ‘열심히’라는 단어입니다. 순종하되 억지로 하거나 대가를 바라지 않고, 열정적으로 열심을 다해 순종하라는 뜻입니다. 하나님의 놀라운 축복을 받은 사람의 삶은 조금 다릅니다. 열심과 열정, 수고와 헌신이 있습니다. 하나님 말씀이라면 어떻든지 순종할 준비가 되어 있고, 어떤 대가라도 지불할 마음이 있습니다. 열심과 노력, 애씀이 바로 이런 사람의 특징입니다. 이런 사람이 하나님의 축복을 받는 것은 너무나 당연한 일입니다. “이런들 어떠하리? 저런들 어떠하리?” 하면서 인생을 희미하게 사는 사람은 무엇을 해도 제대로 안 됩니다.

그러나 믿는 사람은 그렇게 살지 않습니다. 믿는 사람은 열정적으로 삽니다. 공부를 해도, 사업을 해도, 직장 생활을 해도, 이성친구와 교제를 해도, 교회에서 봉사를 하고 주님을 섬기는 일에도 열심을 다합니다. 그것은 우리 믿는 사람들이 보통 사람이 아니기 때문에 그렇습니다. 우리는 탁월한 사람들이요 모든 민족 위에 뛰어난 사람들이기에 어디서 무엇을 해도 주님의 열심과 열정이 우리를 그렇게 살게 합니다. 이런 사람들을 하나님께서 축복하십니다. 그래서 믿는 사람은 제자리에 머물러 있지 않습니다. 움직이고 발전하고 성장하고 성숙해집니다.

나이가 들수록 젊을 때 가졌던 뜨거운 마음이 점점 식어갑니다.

무언가를 처음 시작할 때 가졌던 열정이 사그라질 때가 오게 됩니다. 특히 30대 후반에서 40대, 50대 중반에 그런 증상이 나타납니다. 사람들은 이를 '중년의 위기'라고 말하기도 합니다. 그렇지만 우리 그리스도인들은 꼭 그 시기를 지나지 않아도 됩니다. 인생에서 꼭 필요한 시기는 아니기 때문입니다. 우리는 예수님으로 인해 매일 은혜를 힘입고 삽니다. 그러니 위기를 맞거나 실의에 빠져 있다가도 금세 주님을 힘입고 일어설 수 있습니다. 하나님께서는 그분의 자녀를 뛰어난 이름으로 높이 들어 올려주십니다. 누가 보아도 하나님과 함께하는 사람처럼 보입니다. 아비멜렉 왕이 이삭에게 "몇 십 년을 지켜보니 하나님이 당신과 함께하는 것 같다!"라고 말했던 것처럼 말입니다. 이것이 예수 믿는 사람의 모습입니다.

하나님이 함께하시는 사람이 되기 위한 가장 중요한 열쇠는 바로 '하나님을 사랑하고 순종하려는 열정과 수고'입니다. 순종이 제사보다 낫습니다. 믿음은 결국 순종으로 완성됩니다. 아무리 믿음이 깊고, 많은 직분을 맡았고, 교회를 오래 다녔다 해도 순종이 빠지면 그것을 '믿음'이라 부르기 어렵습니다. 믿음은 '순종하는 신앙(obedient faith)'입니다. 아브라함이 언제 진정한 믿음의 사람이 되었습니까? 백세에 낳은 아들, 이삭을 바쳤을 때입니다. 이런 믿음의 사람은 세상이 감당하지 못합니다.

어느 부부가 여러 해 동안 열심히 일을 해서 많은 돈을 모았습니다. 부부는 그 돈을 이스라엘로 휴가 떠나는 데 사용하기로 했습니다. 들떠 있던 남편은 "여보, 내가 성지순례 가면 모세가 십계명을 받은 시내 산에 올라가서, 모세처럼 십계명을 펴서 큰 소리로 한번 읽어 보겠소!"라고 말했습니다. 그러자 아내는 "시내 산까지 갈 것 없이 우리 집 안방에서 말씀을 좀 읽어 보세요!"라고 했답니다. 사람들은 보통 모세처럼 시내 산에서 십계명을 펴놓고 큰 소리로 읽는 것 같은 형식과 겉모습에 관심을 둡니다. 그러나 '부모를 공경하라', '안식일을 기억하여 거룩히 지키라', '거짓 증거 하지 말라', '살인하지 말라', '간음하지 말라', '도적질하지 말라', '여호와의 이름을 망령되이 일컫지 말라' 등의 말씀을 매일 생활에서 기억하고 지킨다면 시내 산의 꼭대기에 가서 큰 소리로 읽는 것보다 수백 배 낫습니다.

열정적으로 순종하는 것은 쉬울까요? 어려울까요? 제 개인적인 경험도 그렇고, 그동안 목회를 하며 관찰해 온 결과도 그렇습니다만, 쉽지 않습니다. 어떤 때는 하고 싶은 마음이 있어도 행동으로 못 옮기고 어떤 때는 자기도 모르게 안 합니다. 이 세상에서 하나님 말씀을 완전히 순종하여 지킨 사람은 예수님 한 분뿐입니다. 그러나 중요한 것은 하나님의 말씀을 완전히 지킬 수 있느냐 없느냐가 아닙니다. 얼마나 지키려고 노력했느냐 입니다. 저 역시 하나님 앞에서 말씀을 완전히 지키겠다고 장담할 수 없습니다. 저는 죄로 물든 인간임을 잘 알고, 과거의 실패에 대해서도 누구보다 잘 알기 때문입니다. 저의 실체를 가장 잘 알기 때문에 그런 약속을 하지 못합니다.

그러나 이것 하나는 고백하고 싶습니다. "주여, 주님 말씀대로 꼭 살고 싶습니다!" 진심으로 그렇게 살기를 원합니다. 또 전심으로 노력하고 싶습니다. 하나님께서는 우리의 완전한 순종을 보고 축복하는 것이 아닙니다. 우리의 기본적인 마음과 태도, 노력하는 모습을 보고 축복하십니다. 아브라함이 대표적인 예입니다.

아브라함 역시 우리처럼 연약하고 흠이 많은 사람이었습니다. 그러나 하나님께서 이삭을 바치라고 했을 때, 그는 순종하여 아들을 드렸습니다. 하나님께서는 아브라함의 마음을 보고 싶으셨던 것입니다. 다윗은 어떻습니까? 성경 인물 중 다윗만큼 중죄를 저지른 사람도 없을 것입니다. 그는 살인했고 간음을 했으며 거짓말도 했습니다. 그러나 하나님께서는 그런 다윗을 '내 마음에 합한 사람'이라고 말씀하셨습니다. 다윗의 위대한 열정과 순종을 들어 말씀하신 것입니다.

우리는 하나님 말씀에 완벽하고 완전하게 순종하지 못합니다. 그러나 "주여, 순종하고 싶습니다. 말씀대로 살고 싶습니다. 저를 도와주시옵소서. 저의 연약함을 긍휼히 여기시고, 저를 불쌍히 여기셔서 저에게 힘을 주시옵소서!"라고 부르짖으십시오. 하나님은 그런 진심 어린 노력을 귀히 보십니다. 이렇게 할 때 하나님께서는 우리를 축복하시며 이름을 높이 들어주십니다.

순종의 결과

첫째, 순종하는 자는 어디에 살든 하나님께서 축복하십니다. 신명기 28장 2-3절은 "네가 네 하나님 여호와의 말씀을 순종하면 이 모든 복이 네게 미치리니 성읍에서도 복을 받고 들에서도 복을 받을 것이며"라고 말씀합니다.

저는 평양에서 태어났지만 본래는 경상도 사람입니다. 그런데 본(本)은 전라도입니다. 또 공부는 서울에서 했고, 커서는 미국에서 살았습니다. 제가 다섯 살 때쯤 어머니와 기차를 타고 경상남도 동래군 기장면에 간 적이 있습니다. 그곳은 어머니의 고향이었습니다. 병풍처럼 산이 서 있고, 앞으로는 바다가 펼쳐져 있는 풍경이 너무나 아름다웠습니다. 그 동네 한가운데 있는 기와집이 저희 외가였는데, 뜰 안에 감나무가 수십 그루 있었습니다. 저는 그 풍경을 보고 '우리 어머니가 부잣집에서 태어나셨구나!'라고 생각했습니다. 외가 바로 옆에는 높은 종탑이 있는 교회가 있었습니다. 저희 외가에서 그 교회를 지었다고 들었습니다. 저는 어린 마음에 '우리 외가에서 교회를 지어 하나님을 섬기니까 하나님께서 이렇게 큰 부자로 만들어 주신 거구나!'라고 생각하게 되었습니다. 저희 외가는 아주 시골이었지만, 그 시골에서도 하나님의 축복을 받은 모습을 볼 수 있었습니다. 어디에서 사느냐 하는 것은 문제가 아닙니다.

미국으로 이민 가서는 사는 게 참 어렵습니다. 이민자들은 먼저 언어의 장벽에 부딪칩니다. 인종 차별도 받습니다. 이방인으로 살면서 고독하고 외롭습니다. 그래서 제가 미국 전역을 돌아다니면서 "여러분, 왜 외로워하십니까? 이 땅이 누구 땅인지 아십니까? 이 땅이 우리 아버지 땅입니다. 아버지 집에 와서 사는 자식들이 왜 그렇게 처져 있습니까? 하나님 자녀들의 땅이니 걱정 말고 행복하게 사십시오. 그리고 다른 사람들을 볼 때마다 이 사람들이 우리 집에 세 들어 사는 사람이다 하고 생각하십시오!"라고 격려했습니다. 그러자 이민자들은 마음에 큰 힘을 얻고 좋아했습니다. 믿는 사람들은 어디서 사느냐가 문제가 아닙니다. 도시에서 살든 시골에서 살든, 미국에 살든 아프리카에 살든 하나님께 순종하면 됩니다. 그런 사람들을 하나님께서는 높이 들어 축복하신다고 약속하셨습니다. 이 약속을 믿으시기 바랍니다.

둘째, 순종하는 자의 삶은 생산적이고 효과적입니다. 우리가 하나님 말씀에 순종하려고 노력할 때, 하나님께서는 그 노력을 축복하십니다. 다른 사람들보다 훨씬 더 효과적이고 생산적인 결과를 주십니다.

"네 몸의 자녀와 네 토지의 소산과 네 짐승의 새끼와 소와 양의 새끼가 복을 받을 것이며"(신 28:4).

본문을 보면 순종하려는 사람이 기르는 가축들까지도 복을 받습니다. 하나님의 역사는 참으로 놀랍습니다. 똑같은 음식을 먹어도 기도하고 감사하는 마음으로 먹은 사람이 더 건강해지고, 좋은 효과를 봅니다. 똑같이 공부해도 기도하고 감사하며 공부하는 사람이 더 나은 결과를 얻습니다. 주의 뜻대로 살아가려고 부단히 노력하는 사람은 하나님께서 더 효과적이고 생산적인 결과를 얻도록 축복하신다고 약속하셨습니다. 예수님께서 물고기 두 마리와 떡 다섯 개를 축사하시니 어떤 일이 일어났습니까? 떡을 아무리 떼어도 줄어들지 않았습니다. 오히려 더 늘어났습니다. 이것이 예수 믿는 사람들의 삶입니다. 하나님 말씀에 순종하면 작은 일에도 위대한 역사가 나타납니다. 이런 삶이 하나님의 백성들의 삶이요, 우리를 향하신 하나님의 뜻입니다.

셋째, 순종하는 자는 물질의 축복을 받습니다. 하나님께서는 순종하는 자에게 부족함 없이 채워주십니다.

이 말씀은 엘리야와 과부의 이야기에서 재현됩니다. 엘리야의 이야기를 기억하십니까? 엘리야가 사르밧의 과부의 집에 가서 먹을 것을 좀 달라고 부탁했습니다(왕상 17:10). 그 과부는 한 줌의 밀가루밖에 없을 정도로 가난했습니다. 그것으로 떡을 만들어 자기 아들과 함께 먹고 죽으려 한다고 말했습니다. 엘리야는 이 말을 듣고, 집에 있는 가루 한 줌과 기름으로 먹을 것을 만들어 자기에게 가져오라고 합니다. 이에 그 과부는 순종했습니다. 엘리야는 그 가정을 축복했습니다. 마지막 밀가루를 퍼냈는데, 통 안에는 여전히 밀가루가 있었습니다. 아무리 퍼내도 계속해서 나왔습니다. 부족함 없이 채워주셨습니다.

사람에게 먹을 것이 얼마나 필요합니까? 하루 세 끼 먹을 것만 있으면 됩니다. 예전에는 쌀통에 쌀을 넣어 두고 먹었습니다. 그런데 시간이 조금 지나자 쌀통에 벌레가 생겼습니다. 우리에게 필요한 것은 하루 먹을 양식이지 두고두고 꺼내 먹을 많은 양식이 아닙니다. 예수님께서도 우리에게 '일용(日用)할 양식'을 구하라고 하셨습니다. 한 끼 먹으면 또 있고, 한 끼 먹은 후에 또 다음 끼니의 양식이 채워져 있는 것입니다. 그러니 쌓아놓을 필요가 없습니다. 날마다 하나님의 뜻대로 살고자 애쓰는 사람들은 순종이 생활화되어 있습니다. 하나님께서는 이런 사람을 축복하시며 물질의 부족함이 없을 것이라고 약속하셨습니다.

넷째, 순종하는 자는 들어와도 나가도 복을 받습니다. 6절은 "네가 들어가도 복을 받고 나가도 복을 받을 것이니라"고 말씀합니다. 순종하는 사람은 들어와도 나가도, 쓰러져도 일어나도 하나님께서 축복해 주십니다. 여러분이 하나님의 뜻대로, 하나님이 원하시는 대로 살고자 노력하면 됩니다. 그러면 하나님이 당신을 높이 들어 축복하시고, 다른 사람들의 인정과 존경을 받게 될 것입니다.

다섯째, 순종하는 자는 절대로 해를 당하지 않습니다. 7절은 "네 대적들이 일어나 너를 치려하면 여호와께서 그들을 네 앞에서 패하게 하시리니 그들이 한 길로 너를 치러 들어왔으나 네 앞에서 일곱 길로 도망하리라"고 말씀합니다. 세상에는 적이 많습니다. 건강의 적도 있고, 정신적인 적도 있고, 사람이 우리의 적이 되는 경우도 있습니다. 그러나 하나님 손에 붙들린 사람들, 철저하게 하나님께 순종하려고 노력하는 사람들은 적이 손댈 수 없습니다. 하나님 손길 아래 있는 사람은 아무도 해를 끼치지 못합니다. 망하게 하려 해도 망하지 않고, 잘못되게 훼방해도 잘못되지 않습니다. 모든 것이 합력하여 선을 이루는 것은 주님 뜻에 순종하는 사람에게 주어지는 축복입니다.

여섯째, 순종하는 자는 무엇을 하든지 잘됩니다. 8절은 "여호와께서 명하사 네 창고와 네 손으로 하는 모든 일에 복을 내리시고 네 하나님 여호와께서 네게 주시는 땅에서 네게 복을 주실 것이며"라고 말씀합니다. 이는 열심히 순종하는 사람에게 모든 축복을 다 주시겠다는 뜻입니다. 유독 어떤 사람은 새롭게 시작하는 일마다 잘됩니다. 무엇을 하든지 이상하리만큼 잘됩니다. 특별히 남보다 노력하는 것 같지 않은데도 말입니다. 이것은 주님의 뜻에 순종하겠다고 작정한 사람의 삶입니다. 우리를 높이 세우셔서 뛰어나게 하시고, 믿지 않는 사람들 가운데서 선택하셔서 주님 백성으로 만들어 주신 것은 우리를 위대한 사람으로 만드시려는 하나님의 뜻입니다.

순종하는 삶은 사실 쉽지 않습니다. 처음 예수님을 믿고 성경을 읽을 때는 어떻게 이 말씀대로 살 것인가, 내가 어떻게 하나님 뜻대로 살 수 있을까 하는 걱정이 듭니다. 순종하는 것은 운동과 같아서 처음에는 힘들지만 연습하고 훈련할수록 점점 수월해지고 잘하게 됩니다. 제가 오래 전, 미국에 살다가 잠시 한국에 들어왔을 때, 건강을 위해 헬스클럽에 등록했습니다. 헬스 트레이너가 무거운 덤벨을 들라고 했고, 밀어야 한다고도 했습니다. 처음에는 조금씩 했는데도 무척 힘들었습니다. 체력을 키우고 힘을 기르려고 갔다가 오히려 기운이 쏙 빠져서 돌아온 적도 많습니다. 초반에는 어깨와 팔을 비롯한 온몸이 얼마나 아프던지 헬스클럽에 갈 마음이 없어지기도 했습니다. 다행히 이틀에 한 번씩 운동해도 된다고 해서, 이틀에 한 번꼴로 아스피린을 먹어가며 간 적도 있었습니다. 어느 정도 시간이 지나자 열 번 하던 것을 스무 번으로 늘리라고 했습니다. 스무 번 하니까 또 쑤시고 아팠습니다. 감기 걸린 사람처럼 끙끙 앓았습니다. 그러나 한 주, 두 주, 한 달, 두 달 지속하니까 1회에 열 번을 겨우 하던 것을 서른 번이나 할 수 있게 되었습니다. 전에는 기운이 하나도 없어 두꺼운 성경 들기도 힘들었는데, 지금은 무거운 것도 번쩍 듭니다.

순종이 그렇습니다. 처음에는 힘듭니다. 그러나 하루, 이틀, 일주일, 열흘, 한 달 꾸준하게 열정을 가지고 애쓰면, 그것이 재미있어지고 기대가 됩니다. 순종하고 축복 받는 삶도 그렇습니다. 갈수록 쉬워지고 즐거워집니다. 갈수록 건강해지고 성장합니다. 그래서 순종이 제사보다 낫다(삼상 15:22)고 하는 겁니다. 특별히 젊은이들과 학생들은 어려서부터 순종과 열정을 기반으로 한 삶의 태도를 가지면 좋습니다. 어려서부터 이런 삶을 훈련해 놓으면, 학교를 마치고 사회에 나가 하나님께서 높이 들어 쓰실 수 있습니다. 하나님께 순종함으로써 성장하는 축복이 있기를 바랍니다.

순종의 생활화(2)

"여호와께서 네게 맹세하신 대로 너를 세워 자기의 성민이 되게 하시리니 이는 네가 네 하나님 여호와의 명령을 지켜 그 길로 행할 것임이니라 땅의 모든 백성이 여호와의 이름이 너를 위하여 불리는 것을 보고 너를 두려워하리라 여호와께서 네게 주리라고 네 조상들에게 맹세하신 땅에서 네게 복을 주사 네 몸의 소생과 가축의 새끼와 토지의 소산을 많게 하시며 여호와께서 너를 위하여 하늘의 아름다운 보고를 여시사 네 땅에 때를 따라 비를 내리시고 네 손으로 하는 모든 일에 복을 주시리니 네가 많은 민족에게 꾸어줄지라도 너는 꾸지 아니할 것이요 여호와께서 너를 머리가 되고 꼬리가 되지 않게 하시며 위에만 있고 아래에 있지 않게 하시리니 오직 너는 내가 오늘 네게 명령하는 네 하나님 여호와의 명령을 듣고 지켜 행하며 내가 오늘 너희에게 명령하는 그 말씀을 떠나 좌로나 우로나 치우치지 아니하고 다른 신을 따라 섬기지 아니하면 이와 같으리라" 신 28:9-14

'젊음'은 그 자체가 큰 축복입니다. 좌충우돌 실패하거나 고생도 하지만, 앞으로 수십 년의 인생이 남아 있다는 것에 큰 안도감을 가지며 기쁨을 느끼기 때문입니다. 젊을 때는 자신의 결정에 따라 어디든 갈 수 있고, 무엇이든 할 수 있습니다.

'젊은 사람' 하면 '룻'과 '오르바'라는 성경 속 두 며느리가 떠오릅니다. 젊었을 때는 시간이 내 편이라고 생각합니다. 방향을 정해 놓고 가기만 하면 얼마든지 자기 세계를 만들어 가고, 하나님께서 자기에게 두신 뜻을 펼쳐나갈 수 있다는 희망이 있습니다. 오르바는 쉽고 편한 삶을 택했습니다. 시어머니 나오미가 "나에게는 아들도 없고 또 아들을 낳는다고 해도 어떻게 그 아들이 크기까지 기다리겠느냐? 나를 떠나 네 동족에게로 돌아가거라!" 하며 쉽고 평탄한 삶을 살라고 권유합니다. 남편을 잃은 며느리에게 어렵게 고생하며 살지 말고, 이전 동족인 모압 족속에게로 돌아가 다시 결혼을 해서 편하게 살라는 뜻입니다. 나오미의 말을 들어 보면 며느리를 배려하고 생각해 주는 시어머니 같습니다. 그러나 이 말은 어떻게 보면 사단의 음성과도 같습니다.

룻은 오르바와 같은 형편이었습니다. 똑같이 남편을 잃은 며느리였습니다. 그러나 그녀는 그저 쉽게만 살려 하지 않고, 마땅히 가야 할 길을 가겠다고 다짐했습니다. 오르바는 시어머니에게 입을 맞추고 떠났지만, 룻은 나오미에게 더 가까이 다가갔습니다. "어머니가 가시는 곳에 제가 가겠고, 어머니가 거하시는 곳에 제가 거하겠습니다. 어머니의 백성이 저의 백성이 되고, 어머니의 하나님이 저의 하나님이 되십니다. 어머니가 돌아가시는 그곳에서 저도 죽겠습니다!"라고 이야기합니다. 시어머니를 자기에게 맡겼으니 끝까지 어머니를 섬기겠다고 하며 며느리로서 마땅히 가야 할 길을 찾아 갔습니다.

한 여자는 쉽고 편한 길을 택했고, 다른 여자는 어렵고 힘들지만 마땅히 가야 할 길을 갔습니다. 그 결과, 두 여자는 완전히 다른 삶을 살게 됩니다. 오르바는 룻기 1장 14절 이후로 다시는 성경에도, 세계 역사 속에도 나타나지 않는 존재가 되었습니다. 반면 편한 삶을 추구하지 않고, 하나님의 뜻이라면 무엇이든지 어디든지 마땅히 갈 길을 가리라 다짐하고 실행했던 룻은 다윗의 할머니가 되었습니다. 뿐만 아니라 마태복음 1장에 나온 예수님 조상의 족보에 이름을 올리는 영광을 얻었습니다.

젊을 때는 얼마든지 자기 삶을 개척할 수 있습니다. 하나님의 인도하심을 따라 나아갈 수 있는 커다란 가능성과 희망이 있습니다. 젊었을 때 삶의 방향을 결정하는 데 가장 중요한 기준이 되어야 할 말씀이 바로 신명기 28장입니다. 이번 장에서는 하나님의 말씀에 순종하면서 그분의 인도하심을 받는 사람에게 임하는 여섯 가지 축복을 살펴보려 합니다.

첫째, 구별된 하나님의 성민(聖民)이 됩니다. "여호와께서 네게 맹세하신 대로 너를 세워 자기의 성민이 되게 하시리니"(신 28:9)라는 말은 하나님 말씀을 준행하며 그 길을 가는 사람들을 영원히 하나님의 백성으로 세워 주시겠다는 뜻입니다. '성민(聖民)'은 '하나님의 목적을 위해 살도록 따로 구별된 백성들'입니다. 모든 사람이 자기를 위해서 혹은 남을 위해서 살지만, 이 사람들만은 하나님을 위해서 평생을 살도록 하시겠다는 것입니다.

우리의 마지막 호흡을 쉬고 흙으로 돌아가는 날, 남는 것은 하나님밖에 없습니다. 하나님만이 궁극적인 존재요, 우리의 전부요, 우리의 소망이 되십니다. 모든 세계의 실체 가운데서 가장 궁극적이고 완전한 실체인 하나님을 위해 구별되는 사람이야말로 가장 축복받은 존재일 것입니다. 왜냐하면 하나님 외의 모든 존재는 전부 사라질 것이기 때문입니다. 결국 하나님을 위해 존재하는 사람들의 삶만이 결과적으로 성공하는 삶, 승리하는 인생입니다. 하나님께서는 그분의 말씀을 순종하고 지켜 행하면, 하나님의 구별된 사람으로 만들어 주겠다고 약속하셨습니다.

둘째, 존경받는 삶을 살게 됩니다. "땅의 모든 백성이 여호와의 이름이 너를 위하여 불리는 것을 보고 너를 두려워하리라"(신 28:10)에서 '여호와의 이름으로 일컫는다(call by his name)'는 우리가 아버지의 성(姓)을 따르는 것처럼 우리 이름에 '하나님'이라는 성이 붙는다는 뜻입니다. 우리가 하나님의 아들 아무개, 하나님의 딸 아무개가 되는 것입니다. 우리는 영원토록 하나님의 가족으로 불리고 그분의 축복을 받을 것이기에 온 세계 만민이 우리를 두려워할 것입니다. 여기서 두려움이란 겁에 질리거나 무서워하는 것이 아니라 '존경하게 된다'는 뜻입니다. 우리가 하나님으로 인해 구별되고, 영원히 가치 있는 사람이 되니 모든 사람이 우러러보며 존경하게 됩니다.

세상 사람들이 가장 비참해지고, 삶이 무의미해질 때가 언제일까요? 존경받지 못할 때입니다. 아무리 높은 자리에서 권력을 쥐고 있어도 사람들이 그를 존경하지 않고, 무시하고 외면한다면 인생을 살아갈 맛이 나지 않을 겁니다. 그러나 설령 내가 가난하고 연약하며 부족한 점이 있어도 사람들이 나를 존경한다면 그것만으로도 살아갈 이유와 의미가 됩니다. 우리가 언제 사람들의 존경을 받게 될까요? 하나님의 명령을 지켜 그대로 행할 때입니다. 그것이 하나님께서 우리와 함께하신다는 것을 모든 이에게 보여주는 일이기 때문입니다.

오래 전, 아내가 "당신은 하나님 앞에 만 번을 감사해도 모자랄 거예요."라는 말을 한 적이 있습니다. 저는 그 말을 이해합니다. 저는 하나님의 은총을 너무나 많이 받았습니다. 제 과거를 돌아보면 그저 주님의 은혜뿐입니다. 저는 6.25 전쟁 때문에 아무 것도 없이 혼자 방황하고 헤매던 보잘것없는 소년이었습니다. 그러나 하나님의 말씀대로 살고 순종하고 싶은 소망 하나만은 간절했습니다. 하나님께서는 그런 저에게 항상 함께하신다는 것을 알려주셨습니다. 지인들도 어릴 때 북한에서 나와 수많은 어려움을 헤치고 지금까지 하나님을 섬기고 있는 저를 의아해하고 신기해합니다. 참으로 감사한 일입니다.

우리의 환경과 조건과 능력 등은 문제가 되지 않습니다. 진짜 문제는 사람들이 우리 그리스도인의 삶 속에서 하나님의 모습을 보느냐 하는 것입니다. 하나님의 은혜와 축복으로 인해 감히 우리에게 손대지 못할 정도로 우러러보고 존경하느냐 입니다. 이것이 관건입니다. 그렇게 존경받는 사람이 되는 길은 유일합니다. 여호와 하나님의 말씀을 전심으로 순종하고, 변함없이 신실하게 하나님을 바라보며 살아가는 것입니다.

셋째, 경제적으로 윤택한 삶을 살게 됩니다. "여호와께서 네게 주리라고 네 조상들에게 맹세하신 땅에서 네게 복을 주사 네 몸의 소생과 가축의 새끼와 토지의 소산을 많게 하시며"(신 28:11)에서 '복을 주신다'는 것은 너무나 풍족해서 조금도 부족함이 없다는 뜻입니다. 저는 미국에서 공부할 때 직장을 다니게 되었습니다. 열심히 일하니 십 년 넘게 일한 직원보다 더 빨리 승진했습니다. 어느 날 한 대학교에서 저를 찾아와 교수직을 제안했습니다. 그러고는 "우리 학교에 오면 매달 월급을 드리겠습니다. 하지만 그것도 있으면 주고, 없으면 못 줄 수도 있습니다."라고 말했습니다. 그들이 제시한 금액은 제가 당시에 받던 월급의 3분의 1정도였습니다. '이 학교 가서 일하면 굶어 죽을지도 모르겠구나!' 하는 생각까지 들었습니다. 그러나 참 신기하게도 그 학교 교수로 가고 싶었습니다. 그 일을 위해 열심히 준비해 왔기 때문입니다. 막상 직장을 그만 두고 박봉을 받는 대학 교수로 가려니 아내와 자녀들이 눈에 밟혔습니다. 그 돈으로는 도저히 우리 가족의 생활이 불가능했기 때문입니다. 그것도 있으면 주고, 없으면 못 주는 상황일 수도 있다고 하니 더욱 난감했습니다. 그런데 기도하면 할수록 학교 쪽으로 마음이 기울었습니다. 오랫동안 고민하던 저는 어느 날 아내에게 "여보, 어느 대학교에서 교수직 제안을 받았는데, 월급이 이 정도라는구려." 하고 고민을 털어놓았습니다. 이 말을 들은 아내는 당장 교수직을 승낙하라고 말했습니다. 그때 아내가 얼마나 예쁘고 고마웠는지 모릅니다. 그때만 해도 비교적 돈을 잘 벌고 나름 잘 먹고 잘살고 있었으니 좋은 조건을 다 버리고 가자니 불안한 마음이 드는 건 당연했습니다. 그래도 믿음으로 다 내려놓았습니다. 다 버리고 직장을 떠나 대학 교수직을 맡기로 했습니다.

대학교에서 첫 강의를 했던 날이 기억납니다. 학생들은 너무나 만족스러워했고, 수업이 끝났는데도 돌아가지 않고 저와 이야기를 나누었습니다. 주차장까지 따라온 학생들은 저를 두 시간 동안 붙잡고 놓아주지 않았습니다. 얼마나 감사했는지요. 그 이후로 '하나님께서 나를 선생 만들려고 작정하셨구나!'라는 생각으로 학생들을 열심히 가르쳤습니다. 적은 월급을 받으니 우리 가족은 정말 굶어죽겠거니 했는데 이렇게 멀쩡하게 살아 있으니 이것도 정말 신기하고 놀랍습니다. 얼마 되지 않는 월급을, 그것도 믿음으로 주겠다는 학교를, 하나님 뜻으로 믿고 갔더니 이전보다 돈은 적어도 훨씬 풍족하고 행복한 삶을 살게 되었습니다. 먹을 것과 입을 것이 부족하지 않았습니다. 차에 기름을 넣지 못해 쩔쩔 맨 적도 없었습니다. 제가 가진 것이 얼마나 풍족한지, 믿음으로 산다는 것이 어떤 것인지를 저는 그때 배

왔습니다.

행복하게 사는 데는 사실 돈이 얼마 안 듭니다. 하나님 뜻을 따라 그분이 원하시는 삶을 살겠다고 나서니 얼마나 행복한지요. 참으로 행복했습니다. 조금도 부족함이 없었습니다. 인간은 먹을 것과 입을 것이 있고, 잘 곳이 있으면 그것으로 만족할 수 있어야 합니다. 일할 것이 없는 유럽 귀족들은 밤에 잠이 안 와서 쩔쩔 맸다고 합니다. 열심히 일하며 사는 사람들은 아무 곳에나 누워도 잠이 듭니다. 그것도 아주 깊고 달콤한 잠을 잡니다. 인간이 행복하고 풍요롭게 사는 데는 그렇게 많은 돈이 들지 않습니다. 욕심 때문에 더 많이 필요하다고 생각하고, 없으면 불안하고 불행하다고 여기는 것입니다. 사도 바울이 말한 대로 먹을 것과 입을 것이 있은즉 족한 줄로 생각하라는 데서부터 출발하면 됩니다. 저도 그렇게 얼마든지 풍족한 삶을 살 수 있었습니다. 생활의 윤택함은 돈의 많고 적음보다는 사는 방법에 달려 있습니다. 하나님께서 우리에게 어떻게 살아야 하는지 친히 가르쳐 주십니다. 우리는 얼마든지 행복하게 살 수 있습니다.

제가 미국에서 회사 생활을 할 때, 상사가 저에게 "자네 월급과 내 월급을 비교하면, 아마도 내 것이 자네의 다섯 배는 될 걸세. 처음 이 회사에 들어와 적은 초봉을 받았을 때는 생활비가 모자랐지. 그런데 지금은 그때보다 훨씬 많이 받는데도 이렇게 쩔쩔맨다네!" 저는 어째서 그런 거냐고 이유를 물었습니다. 수입이 많아지면서 생활 방식이 바뀌었다고 했습니다. 전에는 자전거를 타고도 행복했는데, 이제는 비행기를 타야 하니 돈이 많이 들어간다는 것이었습니다. 저는 그분과의 대화를 통해 한 가지를 깨달았습니다. '사람은 살기 마련'이라는 사실입니다. 행복은 자기가 어떻게 살려고 하는가에 달려 있는 것이지, 물질의 많고 적음에 달려 있는 것이 아닙니다. 하나님은 말씀대로 살려는 사람의 물질적 형편과 상황까지도 돌보고 인도해 주십니다. 분명히 턱없이 부족한 상황인데도, 신기하게 모자람 없이 채워주시고 더욱 넘치게 하십니다.

넷째, 하늘의 보고(寶庫)가 열리게 됩니다.

"여호와께서 너를 위하여 하늘의 아름다운 보고를 여시사 네 땅에 때를 따라 비를 내리시고 네 손으로 하는 모든 일에 복을 주시리니 네가 많은 민족에게 꾸어줄지라도 너는 꾸지 아니할 것이요"(신 28:12).

하나님께서 그분의 말씀대로 살기로 작정하고 노력하는 사람에게는 하늘의 보화 창고를 열어주시겠다고 약속하셨습니다. 농부에게는 적절한 시기에 비를 내려 주신다고도 하셨습니다. 온 천지 만물과 자연의 힘마저도 움직이게 하셔서 도우신다는 것입니다. 이 세상 모든 만물을 동원해 하나님께 순종하는 사람들의 편이 되어주신다는 뜻입니다. 하나님만 우리 편이면 됩니다. 하나님만 계시면 만사 걱정이 없습니다.

구세군 창설자 '윌리암 부스(William Booth)'는 영국뿐만 아니라 전 세계의 가난한 사람들을 도왔습니다. 그분이 돌아가시기 전 채프만 목사님이 찾아가 "부스 장군님, 하나님의 축복을 어떻게, 얼마나 많이 받으셨기에 이렇게 큰일을 많이 하셨습니까?"라고 물었습니다. 이에 부스 대장은 "제가 런던에서 가난하고 불쌍한 사람들을 만나고 나서 그들을 돕겠다는 비전을 품은 후로는 제 속의 제가 완전히 없어지더군요. 능력도 사라지고, 노력도 없어지고, 뇌기능마저도 물거품이 된 것 같습니다. 저의 배경이나 학식도 다 사라지고 말았습니다. 다만 제 안에는 예수 그리스도 한 분만이 살게 되셨습니다. 그제야 비로소 하나님의 능력이 나타났습니다."

우리는 모두 성령님의 능력을 힘입기를 원합니다. 그러나 그러려면 대가를 치러야 합니다. 그 대가란 우리 자신을 비우는 것입니다. 내가 없어지면 됩니다. 겸손해져야 합니다. 하나님께서는 겸손한 자를 통해 역사하십니다. 자긍하고 교만한 자, 자만하고 이기적인 사람에게는 하나님의 위대한 역사가 나타날 수 없습니다. 또 하나님께서 하시는 대로 기다릴 줄 알아야 합니다. 자기 뜻대로 안 된다고 해서 자기가 원하는 대로 무작정 가는 것이 아니라, 하나님의 뜻이 보일 때까지 기다릴 줄 알아야 합니다. 언제까지나 기다릴 줄 아는 사람에게 하나님의 능력이 나타납니다. 하나님께서 기다리라고 말씀하시면 언제까지고 기다려야 합니다. 그런 사람에게 하나님의 능력이 나타납니다. 또한 강렬한 믿음이 있어야 합니다. 이 세상 모두가 없어진다 해도, 하나님 그분만을 붙잡고 나아가야 합니다. 주님의 말씀대로, 주님이 원하시는 대로 살겠다는 강렬한 의지적 신앙을 가질 때, 하나님의 능력이 나타나 하늘 보화가 쏟아져 내립니다. 자연 세계나 인간의 마음까지도 움직이시는 주님께서 우리에게 하늘로부터 오는 축복을 주시고 마음껏 누리며 살게 하십니다.

다섯째, 빌려주긴 해도 빚지는 일 없이 살게 됩니다. 우리가 살다 보면 때때로 다른 사람에게 돈을 빌려야 하는 일이 생깁니다. 돈을 빌릴 일 없이 넉넉하게 사는 사람은 얼마나 행복한 사람입니까? 사도 바울은 사랑의 빚 외에는 아무 빚도 지지 말라고 합니다. 하나님이 주신 은혜의 분량대로 살라는 것입니다. 조금 주시면 조금만 갖고, 많이 주시면 많이 갖고 사는 것입니다. 분명한 것은 하나님께서 마태복음 6장 25절부터 32절에서 "목숨을 위하여 무엇을 먹을까 무엇을 마실까 몸을 위하여 무엇을 입을까 염려하지 말라 … 공중에 새를 보라 심지도 않고 거두지도 않고 창고에 모아들이지도 아니하되 너희 천부께서 기르시나니 너희는 이것들보다 귀하지 아니하냐 … 너희 천부께서 이 모든 것이 너희에게 있어야 할 줄을 아시느니라"라고 말씀하십니다. 기본적인 필요를 채우시고 상황을 돌보시겠다는 뜻입니다. 하나님 뜻대로 살려고 결단하고 부단히 노력하면 빚지지 않습니다. 오히려 다른 이들에게 빌려주며 나누고 베풀어 줍니다. 단 하나의 조건은 '하나님의 뜻대로 순종하며 살려는가?'입니다.

여섯째, 머리가 될지언정 꼬리가 되지 않습니다. 하나님께서는 우리를 머리가 되게 하시고, 절대로 꼬리가 되지 않도록 보장하십니다. 이 말씀을 굳게 믿고 사십시오. 어떤 분은 저에게 자기 자녀들이 머리가 되고 꼬리가 되지 않게 해달라는 기도를 요청합니다. 그렇게 기도할 필요가 없습니다. 머리가 되는 것은 기도해서 되는 것이 아니라 하나님의 뜻대로 살 때 그렇게 되는 것입니다. 하나님께서 꼬리가 아닌 머리가 되게 하시겠다고 말씀하신 것은 하나님께 순종하는 자녀에게 해주신 약속입니다. 그런데 하나님께 순종하지는 않고, 약속한 복만 달라고 기도하면 앞뒤가 맞지 않습니다. 우리는 "주여, 주의 뜻대로 살게 하시고, 주의 말씀에 순종하게 하시며, 좌로나 우로나 치우치지 않게 하옵소서. 주님 보시기에 바르고 아름다운 삶을 살 수 있도록 은혜를 베풀어 주시옵소서!"라고 기도해야 합니다. 이런 기도를 하고 순종을 실천한다면, 여러분은 자기도 모르는 사이에 점진적으로 머리가 되고 으뜸이 되는 삶을 살게 될 것입니다. 본문 마지막 절인 14절 말씀을 보십시오.

"내가 오늘날 너희에게 명하는 그 말씀을 떠나 좌로나 우로나 치우치지 아니하고 다른 신을 따라 섬기지 아니하면 이와 같으리라"(신 28:14).

하나님께서는 우리를 복잡하게 살도록 만들지 않으셨습니다. 하나님 말씀은 너무나 간단하고 명료합니다. 이것저것 여러 가지 신경 쓸 것 없습니다. 하나님께서 말씀하신 대로 어린아이와 같은 신앙으로 살면 됩니다. 주님 말씀을 조심스럽게 지키고 좌로나 우로나 치우치지 않고, 하나님 외에 다른 것을 섬기지 않으면 됩니다. 하나님만 따라가면 하나님께서 우리에게 이 모든 축복을 내려 주십니다. 이런 큰 축복을 받는 은혜가 있길 바랍니다.

개인적 불순종의 결과

"네가 만일 네 하나님 여호와의 말씀을 순종하지 아니하여 내가 오늘 네게 명령하는 그의 모든 명령과 규례를 지켜 행하지 아니하면 이 모든 저주가 네게 임하며 네게 이를 것이니 네가 성읍에서도 저주를 받으며 들에서도 저주를 받을 것이요 또 네 광주리와 떡 반죽 그릇이 저주를 받을 것이요 네 몸의 소생과 네 토지의 소산과 네 소와 양의 새끼가 저주를 받을 것이며 네가 들어와도 저주를 받고 나가도 저주를 받으리라 네가 악을 행하여 그를 잊으므로 네 손으로 하는 모든 일에 여호와께서 저주와 혼란과 책망을 내리사 망하며 속히 파멸하게 하실 것이며 여호와께서 네 몸에 염병이 들게 하사 네가 들어가 차지할 땅에서 마침내 너를 멸하실 것이며 여호와께서 폐병과 열병과 염증과 학질과 한재와 풍재와 썩는 재앙으로 너를 치시리니 이 재앙들이 너를 따라서 너를 진멸하게 할 것이라 네 머리 위의 하늘은 놋이 되고 네 아래의 땅은 철이 될 것이며 여호와께서 비 대신에 티끌과 모래를 네 땅에 내리시리니 그것들이 하늘에서 네 위에 내려 마침내 너를 멸하리라"

신 28:15-24

하나님께서 당신을 철저히 사랑하십니다. 너무나도 크고 깊은 사랑으로 당신을 사랑하시기 때문에 하나님께서는 당신이 잘못된 길로 가는 것을 차마 보고 견디지 못하십니다. 우리가 하나님을 떠나 죄의 길로 들어서고 악을 따라가면 하나님께서 어떻게 하실까요? 우리는 지난 장에서 순종의 삶을 사는 자녀들이 받는 축복을 알아보았습니다. 이번 장에는 불순종한 자녀들이 어떻게 되는지를 살펴보려 합니다.

저희 부모님은 '생육하고 번성하라'는 말씀에 철저히 순종하셔서 9남매를 낳아 키우셨습니다. 아들 다섯과 딸 넷을 낳았는데, 어머니께서는 그 많은 아이들 중 하나도 소홀히 키우지 않으셨습니다. "아이가 많으니까 잘 되는 놈도 있고 못 되는 놈도 있지!"라며 자녀들을 방치하지 않으셨습니다. 첫째부터 막내까지 오직 한 아이뿐인 것처럼 돌보셨습니다. 부모는 아무리 자녀가 많아도 일일이 극진하게 사랑하고 돌봅니다. 하나님도 마찬가지입니다. 이 지구상에 수많은 사람들이 있습니다. 하나님께서는 그분의 자녀 하나하나를 얼마나 사랑하시는지 모릅니다. 그들 모두가 하나님의 축복과 은총을 받고 이웃에게 나누며 살 뿐만 아니라, 축복의 근원으로 살기를 원하십니다.

불순종은
곧 멸망의 길

우리는 신명기 28장 1-14절을 통해 하나님 말씀에 순종하는 자녀들에게 하나님께서 어떤 축복을 내려주시는지를 보았습니다. 신명기 28장 15절부터는 불순종에 대한 하나님의 경고와 저주의 내용입니다. 이는 성경 전체에서 가장 읽고 싶지 않고, 외면하고 싶은 부분이겠지만, 모든 그리스도인이 반드시 읽고 꼭 기억해야 할 말씀임을 명심하십시오.

순종에 따른 축복은 1절부터 14절까지 나옵니다. 그러나 불순종에 따른 저주는 15절에서 68절까지 총 54절에 이릅니다. 저주의 말씀이 대략 네 배 정도 많습니다. 이는 순종해서 축복받는 것보다 불순종해서 멸망하는 길이 훨씬 더 많고 쉽다는 뜻입니다. 그래서 하나님께서는 네 배 이상 길게 말씀하시고 강하게 경고하십니다. 행복하고 형통하기 위해서는 부단한 노력을 해야 하지만, 망하는 데는 시간이 얼마 안 걸립니다. 차를 몰고 가다가 자칫 깜빡하고 실수하면 그대로 큰 사고를 당하는 것과 마찬가지입니다. 집을 지을 때도, 미리 설계하여 실제로 짓는 데 몇 달 혹은 몇 해가 걸리기도 합니다. 그러나 다이너마이트 하나면 그 집은 순식간에 날아가 버립니다. 인생도 마찬가지입니다. 하나님께서 우리에게 사랑과 긍휼로 은혜를 입혀주시고, 건강과 평안의 축복을 주실 때 이 모든 것이 하나님의 은혜임을 깨닫고 더욱 주님을 사랑하며 살아야 합니다. 그러나 우리가 하나님 앞에서 죄를 지으며 곁길로 가는데도 별일 없이 형통하게 잘 풀릴 때 '이렇게 살아도 되는구나! 별일 없네?'하고 안심해선 안 됩니다. 언제 어떻게 하나님의 심판이 임할지 모릅니다. 주님이 일하시면 형통하던 우리가 망하는 것은 순식간입니다. 계란 하나를 만들기 위해서는 오랜 시간이 걸리지만, 그 계란을 바위에 던지는 순간 산산조각 나 버린다는 것을 기억하십시오.

하나님께서는 우리를 너무도 사랑하시기에 마음껏 축복하기를 원하십니다. 우리가 하나님 말씀에 '순종하면' 나가도 복을 받고 들어와도 복을 받고, 우리의 소산과 자녀와 육축을 비롯해 우리가 손대는 모든 것을 축복하겠다고 약속하셨습니다. 그러나 앞에서도 말씀드렸듯이 하나님께서는 우리를 너무나도 사랑하셔서 우리가 잘못된 길로 걸어가 멸망하는 것을 눈뜨고 보실 수가 없으셨습니다. 그래서 하나님께서는 우리가 신명기 28장 15-68절 말씀을 읽고 깨달아 다시는 멸망과 저주의 길로 가지 않기를 바라시는 것입니다. 이 말씀은 하나님의 무서운 저주의 말씀이 아닙니다. 이는 우리를 향한 하나님의 애끓는 경고요, 애타는 사랑의 표현입니다. 그분의 깊은 사랑을 느끼며 이 말씀을 새겨들으시기를 바랍니다.

하나님의
경고

"네가 만일 네 하나님 여호와의 말씀을 순종하지 아니하여 내가 오늘 네게 명령하는 그의 모든 명령과 규례를 지켜 행하지 아니하면 이 모든 저주가 네게 임하며 네게 이를 것이니"(신 28:15)를 보십시오.

하나님을 기쁜 마음으로 섬기지 않거나 그분을 사랑하지 않을 때, 주님 음성을 무시하거나 주님 말씀에 순종하지 않고 세상 것에 치중하며 살 때, 하나님께서는 그 결말이 철저하게 나쁠 것이라고 경고하십니다. 하나님께서는 우리가 멸망의 길로 가는 것을 두고 보실 수 없기 때문에 위협과 경고를 통해서라도 우리를 보호하길 원하십니다. 우리가 반드시 하나님께서 계획하시고 원하시는 대로 행복하고 형통한 삶을 살길 원하시는 것입니다.

"네가 악을 행하여 그를 잊으므로 네 손으로 하는 모든 일에 여호와께서 저주와 혼란과 책망을 내리사 망하며 속히 파멸하게 하실 것이며"(신 28:20).

악을 행하고 하나님을 잊을 때 속히 파멸하게 하신다고 말씀합니다. 망하는 것은 순식간입니다. 아주 잠깐이면 우리 생명이 끝나고 모든 것이 무너질 수 있습니다. 인간은 어떻습니까? 호흡만 잠깐 끊어져도 인생이 끝납니다. 인생이란 무엇입니까? 바람에 나는 겨와 같습니다. 운전대만 잠깐 옆으로 틀어도 모든 것이 끝납니다. 요즘처럼 사고로 죽기 쉬운 시대가 어디 있습니까? 우리 인생이 망하는 데는 시간이 별로 걸리지 않습니다.

하나님께서 우리에게 가족을 주시고 건강과 필요한 양식도 주셨습니다. 입을 옷과 직장, 그 외의 필요한 것을 풍족하게 채워주셨습니다. 그런데 이 모든 것을 내가 잘나서, 내가 이루었다고 생각하며 내 인생의 주인은 나라고 생각하는 경우가 있습니다.

이는 인생의 주권자가 누구신지 깨닫지 못해서 그렇습니다. 인생을 모르는 것입니다. 나를 둘러싼 환경이 좋아지고 상황이 잘 풀릴수록 그 모든 것이 하나님의 은혜임을 알아야 합니다. 오늘도 아침 식사를 하고 소화가 잘되면 하나님의 축복이고 사랑이라 여기십시오. 그분의 긍휼과 자비하심인 줄 깨달아야 합니다. 풍족하면 풍족할수록 고개 숙여 주님께 감사하고 주님을 찬양하며, 주님을 위해 살아야 합니다. 하나님의 은혜를 경험할수록 더욱 겸손하게 하나님을 섬기고, 주님 뜻대로 살려고 부단히 노력해야 합니다.

불순종하면 그가 멸망할 때까지 따라다니며 저주할 것이라고 말씀합니다. 우리가 하나님의 앞에서 어디로 가겠습니까? 시편 기자가 말한 것처럼 하늘 위로 가도 주님은 거기 계시고, 땅 끝까지 가도 계시며, 바다 끝이나 땅 속에도 계신다고 했으니 우리가 어디로 피할 수 있겠습니까? 우리가 숨어서 악을 행하면서 어떻게 하나님의 축복을 받을 수 있겠습니까? 우리가 주님을 저버리고 악의 길로 행할 때, 그 악은 형벌과 함께 우리를 끝까지 따라온다는 것을 잊지 마십시오.

하나님은 공의로우신 분입니다. 공평하신 하나님입니다. 악을 절대로 그대로 두지 않으십니다. 이 땅에서 악의 대가를 받지 않았다면 지옥에 가서라도 대가를 지불해야 합니다. 악을 행하면서 잘되고 잘 살 줄로 생각하면 안 됩니다. 이는 큰 오해입니다. 악을 행하는 사람이 잘되는 것을 보고 부러워하지 마십시오. 하나님은 공평하십니다.

우리는 어렵고 힘겨워도 하나님이 원하시는 길을 향해 한 걸음씩 수고하며 걸어가야 합니다. 의롭게 살기 위해 눈물 흘리고 투쟁하며 피를 흘리는 것, 하나님의 뜻대로 사는 길이 우리가 가야 할 길입니다.

하나님의 뜻대로 살지 않을 때

첫째, 정신적인 혼란이 생깁니다.

"네가 악을 행하여 그를 잊으므로 네 손으로 하는 모든 일에 여호와께서 저주와 혼란과 책망을 내리사 망하며 속히 파멸하게 하실 것이며"(신 28:20).

정신이 혼란스러운 사람이 일을 잘할 수 있을까요? 무슨 일을 한들 잘될까요? 하나님이 원하시는 길이 어느 것인지를 분명하게 찾아 주님의 방법대로 해야 일이 잘됩니다. 28절도 "여호와께서 또 너를 미치는 것과 눈 머는 것과 정신병으로 치시리니"라고 말씀합니다. 21세기를 사는 사람들은 하나님을 멀리하고 악을 물마시듯 들이킵니다. 왜 이렇게 정신병, 정신질환은 많은 걸까요? 요즘처럼 정신병이 많은 시대는 없었던 것 같습니다. 어떤 정신과 의사는 인간의 80% 정도가 정신적인 문제를 갖고 있다고 말합니다. 육체에 생긴 질병 중에서도 85%가 정신 문제에서 비롯된다고 설명합니다. 많은 질병이 정신적, 심리적 문제에서 시작됩니다. 정신적인 문제가 오래 지속되면 몸도 건강할 수 없습니다. 육체와 정신은 따로 뗄 수 없이 긴밀하게 연결되어 있기 때문입니다.

둘째, 육체적인 질병이 나타납니다.

"여호와께서 폐병과 열병과 염증과 학질과 한재와 풍재와 썩는 재앙으로 너를 치시리니 이 재앙들이 너를 따라서 너를 진멸하게 할 것이라"(신 28:22).

불순종은 자기 자신을 망칩니다. 요즘처럼 질병으로 인해 고통 받는 시대는 없었습니다. 어디를 가든 질병으로 고통 받는 사람들이 너무나 많습니다. 이는 하나님의 뜻대로 살지 않아서 받는 무서운 징벌일 때가 있습니다.

셋째, 자연이 우리의 원수가 됩니다.

"여호와께서 폐병과 열병과 염증과 학질과 한재와 풍재와 썩는 재앙으로 너를 치시리니 이 재앙들이 너를 따라서 너를 진멸하게 할 것이라 / 여호와께서 비 대신에 티끌과 모래를 네 땅에 내리시리니 그것들이 하늘에서 네 위에 내려 마침내 너를 멸하리라"(신 28:22, 24).

심지어 자연마저도 우리를 돕지 않습니다. 요즘은 미세먼지와 초미세먼지, 오존, 스모그 등의 대기오염이 심각합니다. 비가 되어 내리면 산성비가 되어 농작물이 죽고 땅이 병듭니다. 하나님 뜻대로 살지 않고, 우주의 주인을 망각한 채 살아가는 인간의 어리석음과 교만함이 초래한 비극입니다.

넷째, 전쟁에서 패합니다.

"여호와께서 네 적군 앞에서 너를 패하게 하시리니 네가 그들을 치러 한 길로 나가서 그들 앞에서 일곱 길로 도망할 것이며 네가 또 땅의 모든 나라 중에 흩어지고"(신 28:25).

지금은 경쟁 사회에서 살아남아야 하는 시대입니다. 그런데 하나님의 뜻대로 살지 않으면 남을 이기지 못하고 패배만 합니다. 한 길로 왔다가 일곱 길로 도망가는 패배를 경험하게 됩니다.

다섯째, 외세의 압박이 있습니다.

"맹인이 어두운 데에서 더듬는 것과 같이 네가 백주에도 더듬고 네 길이 형통하지 못하여 항상 압제와 노략을 당할 뿐이리니 너를 구원할 자가 없을 것이며"(신 28:29).

다른 사람의 압박과 착취, 약탈 때문에 우리가 아무리 수고해도 소용이 없습니다. 우리에게 돌아오는 몫이 없고 절망적인 상황에서 벗어날 길이 없습니다.

여섯째, 가정생활에 혼란이 옵니다.

"네가 여자와 약혼하였으나 다른 사람이 그 여자와 같이 동침할 것이요"(신 28:30).

21세기는 가정이 위태로운 시대입니다. 많은 가정에 혼란과 갈등이 넘쳐납니다. 별거와 이혼도 아주 많습니다. 부모는 부모대로, 자녀는 자녀대로, 남편과 아내도 다 제각각입니다. 다들 행복하고 싶어서 결혼하는데, 오늘날의 가정은 행복과는 거리가 멀어 보입니다. 이는 하나님의 뜻대로, 하나님의 명령대로 참 행복의 길을 따라가는 선(善)을 추구하지 않기 때문입니다. "정녕 너희가 너희 악을 인하여 망하리라"고 하신 하나님의 경고를 듣지 않기 때문입니다. 그래서 이 세상의 많은 가정이 혼돈과 어려움과 고통 속에서 몸부림치고 있는 것입니다.

일곱째, 가정 경제가 파탄을 맞습니다.

"그는 네게 꾸어줄지라도 너는 그에게 꾸어주지 못하리니 그는 머리가 되고 너는 꼬리가 될 것이라"(신 28:44).

밤낮으로 일하는데도 부족하고 모자랍니다. 남에게 빚질 수밖에 없습니다. 똑같이 일하는데 왜 어떤 사람은 잘되고 어떤 사람은 잘안 됩니까? 날마다 삶을 점검하며 살아야 합니다. 혹시나 내 삶 속에 하나님이 원치 않으시는 부분이 있는가를 찾으며 살펴봐야 합니다. 특히 하나님의 풍족한 은혜를 경험할 때, 더욱 주의 깊게 살피며 찾아봐야 합니다.

하나님께서 이토록 강하고 혹독하게 불순종에 따른 저주의 말씀을 강조하시는 이유가 무엇일까요? 우리를 협박하시는 것도 아니요, 공포감을 주시려는 것은 더욱 아닙니다. 그건 바로 우리를 너무나 사랑하시기 때문입니다. 주님의 자녀를 절대로 악한 길에 빠지지 않게 하시고, 멸망의 길로 가지 못하게 하시려는 사랑이자 배려입니다. 행복과 형통 안에서 살아가는 것이 우리를 향한 하나님의 마지막 소망이십니다.

"내가 온 것은 양으로 생명을 얻게 하고 더 풍성히 얻게 하려는 것이라"(요 10:10).

하나님께서는 어느 누구도 하나님의 축복을 벗어나지 않기를 원하십니다. 모두가 다 그분의 축복 안에서 살 수 있도록 권고하시는 것입니다. 하나님께서 말씀하신 축복이 여러분 모두의 삶에 나타나고, 하나님의 계속되는 은혜가 여러분의 삶 속에 나타나길 바랍니다.

국가적 불순종의 결과

"네가 만일 이 책에 기록한 이 율법의 모든 말씀을 지켜 행하지 아니하고 네 하나님 여호와라 하는 영화롭고 두려운 이름을 경외하지 아니하면 여호와께서 네 재앙과 네 자손의 재앙을 극렬하게 하시리니 그 재앙이 크고 오래고 그 질병이 중하고 오랠 것이라" 신 28:58-59

우리는 하나님을 사랑합니다. 주님을 더욱 사랑하고 싶고, 또 사랑하는 것이 마땅합니다. 또한 우리는 하나님뿐 아니라 이웃을 사랑하기 원합니다. 오래 전 어느 청소년 집회에 갔다가 청소년들과 마주보며 "형제를 예수님의 이름으로 사랑합니다!"하며 찬송을 부른 적이 있습니다. 그때 아이들과 함께 부르는 '사랑한다'는 말이 얼마나 가슴에 와 닿았는지 모릅니다. 우리 모두가 서로를 향해 "형제님을 예수님의 이름으로 사랑합니다", "자매님을 예수님의 이름으로 사랑합니다", "예수님 때문에 당신을 사랑합니다"라는 축복의 말을 주고받으면 참 좋겠습니다.

하나님께서는 우리를 사랑하십니다. 자기 아들을 죽게까지 하시며 우리를 사랑하셨습니다. 우리가 주님께로 나아올 때까지 기다리시며 우리의 모든 죄와 허물을 눈감아 주셨습니다. 하나님께서는 아직도 예수 그리스도를 영접하지 않은 사람들에게 하나님 되심을 보여주십니다. 기다리고 계십니다. 로마서 2장 4절은 "혹 네가 하나님의 인자하심이 너를 인도하여 회개케 하심을 알지 못하여 그의 용납하심과 길이 참으심의 풍성함을 멸시하느뇨"라고 말씀합니다. 예수님을 믿지 않고 오래오래 사는 것은 대단히 위험한 일입니다. 하나님을 알지 못하고 70, 80세까지 살다가 죽는 것보다 더 큰 저주는 없습니다.

로마서 2장 5절은 "다만 네 고집과 회개치 아니한 마음을 따라 진노의 날 곧 하나님의 의로우신 판단이 나타나는 그 날에 임할 진노를 네게 쌓는도다"라고 말씀합니다. 하나님께서는 믿지 않는 자들이 하루라도 빨리 주님께 나아오기를 기다리시는데, 하나님의 손길을 자기 손으로 뿌리치면 어떻게 되겠습니까? 주님의 손길을 뿌리치고, 그분을 외면하고도 오래 산다면 그것은 저주입니다. 그만큼 많은 죄를 짓기 때문입니다. 반면 하나님을 알고 예수 그리스도를 믿으며, 주님 말씀에 순종하면서 오래오래 사는 것은 큰 축복입니다. 믿는 사람이 오래 살면 하나님의 축복이요, 안 믿는 사람이 오래 살면 저주입니다. 그래서 하나님께서는 우리를 기다리시고 권고하시며 주님 뜻대로 살라고 말씀하십니다. 주님 뜻에 순종할 때, 우리는 주께서 주시는 축복된 삶을 누리게 됩니다. 이제부터는 성경에 나타난 국가적 불순종에 따른 저주의 내용을 구체적으로 살펴보겠습니다.

국가적 불순종에 따른 저주의 내용

첫째, 외적의 침략을 받습니다. 한 나라가 여호와 하나님을 저버리고 우상을 섬기면 어떻게 될까요? 하나님의 말씀대로 살지 않으면 외적의 침략을 받아 많은 어려움을 입을 것이라고 말씀하십니다.

"네가 주리고 목마르고 헐벗고 모든 것이 부족한 중에서 여호와께서 보내사 너를 치게 하실 적군을 섬기게 될 것이니 그가 철 멍에를 네 목에 메워 마침내 너를 멸할 것이라 곧 여호와께서 멀리 땅 끝에서 한 민족을 독수리가 날아오는 것 같이 너를 치러 오게 하시리니 이는 네가 그 언어를 알지 못하는 민족이요 그 용모가 흉악한 민족이라 노인을 보살피지 아니하며 유아를 불쌍히 여기지 아니하며 네 가축의 새끼와 네 토지의 소산을 먹어 마침내 너를 멸망시키며 또 곡식이나 포도주나 기름이나 소의 새끼나 양의 새끼를 너를 위하여 남기지 아니하고 마침내 너를 멸절시키리라"(신 28:48-51).

배가 고파 굶주리고 목이 말라 애타고 입을 것이 없어 헐벗고 아무것도 없이 살면서 외국의 지배와 통치를 당해야 하는 어려움이 있을 것입니다. 목에 철 멍에를 메고 고난을 당할 것입니다.

B.C. 1500년은 이스라엘 백성들이 가나안 땅을 향할 때입니다. 그들은 430년 동안 애굽에서 노예 생활을 하다가 모세의 인도를 따라 애굽을 나왔습니다. 40년 동안 광야를 떠돌다가 드디어 요단강을 건너기만 하면 약속의 땅으로 들어갈 수 있는 시점이 되었습니다. 젖과 꿀이 흐르는 가나안 땅으로 들어가 즐겁게 살 수 있는 시간이 다가온 것입니다. 이때 하나님께서 모세를 통해 이스라엘 백성들에게 "너희들이 하나님을 즐겁게 섬기고 또 주의 율법을 주야로 묵상하면서 잘 섬기면 이러한 축복을 받을 것이다. 그러나 하나님의 명령을 저버리고 듣지 않으면 이런 저주가 너희에게 나타날 것이다!"라고 경고의 말씀을 하십니다. 하나님이 예비하신 새 땅, 약속의 땅으로 들어가 풍성한 은혜 속에서 살 기대감을 갖고 있는 백성들에게 저주의 경

고를 미리 하신 것입니다. 이런 경고를 들으면 누구나 불안하고 겁이 나며 불쾌해집니다. 그러나 하나님의 참된 말씀은 잘 새겨들어야 합니다.

우리도 마찬가지입니다. 그동안 하나님께서 우리에게 주신 은총을 헤아려 보면서 우리의 평안과 형통을 위해 말씀하시는 주님의 경고를 잘 들어야 합니다. 우리 민족은 경제적으로 엄청난 부흥을 이뤘고, 지식이나 사회적으로 더욱 발전하고 있습니다. 우리가 이렇게 발전하는 데에는 오랜 시간이 걸렸지만, 망하는 것도 한순간이라는 것을 기억해야 합니다. 평안하고 잘될 때에 정신을 차리고 주님을 바라보며 바르게 살아가야 합니다. '우리의 죄가 우리를 망할 때까지 추적하리라'던 말씀을 기억하십시오. 온 백성이 하나님의 말씀을 버리고 죄를 지으면 다른 나라의 침공을 받아 철 멍에를 메고, 말도 통하지 않는 다른 나라 사람에게 붙잡혀 노예 생활을 하게 된다고 경고하셨습니다. 이 같은 경고에도 불구하고 이스라엘 백성들은 죄를 지었습니다. 하나님께 순종하지 않았습니다. 이 경고 말씀은 B.C. 1500년에 주어졌고 B.C. 722년에 그대로 이루어집니다.

하나님은 진실하십니다. 그분은 약속을 반드시 지키십니다. 하나님 말씀에 순종하지 않고 우상을 섬기거나 하나님을 버리면 이 같은 형벌을 받게 된다고 분명하게 말씀하셨습니다. 그 말씀을 듣고 알았음에도 불구하고 이스라엘 백성들은 불순종했고, 결국 경고하신 말씀이 그대로 이루어진 것입니다. 이것이 B.C. 722년에 북쪽 이스라엘 백성들이 경험한 사건입니다. 이스라엘 백성들은 B.C. 722년에 앗수르에 잡혀갔습니다. 그리고 150년이 지난 B.C. 587년, 남쪽 유다가 계속해서 하나님께 불순종함으로 바벨론 느부갓네살의 침략을 받게 됩니다. 북쪽 이스라엘과 마찬가지로 멸망한 것입니다.

예레미야애가 2장 20-21절은 "여호와여 보시옵소서 주께서 누구에게 이같이 행하셨는지요 여인들이 어찌 자기 열매 곧 그들이 낳은 아이들을 먹으오며 제사장들과 선지자들이 어찌 주의 성소에서 죽임을 당하오리이까 늙은이와 젊은이가 다 길바닥에 엎드러졌사오며 내 처녀들과 내 청년들이 칼에 쓰러졌나이다 주께서 주의 진노의 날에 죽이시되 긍휼히 여기지 아니하시고 도륙하셨나이다"라고 기록합니다.

예레미야애가 4장 10절도 "딸 내 백성이 멸망할 때에 자비로운 부녀들이 자기들의 손으로 자기들의 자녀들을 삶아 먹었도다"라고 기록합니다. 두 번이나 똑같은 비극이 일어났습니다. 그들은 도저히 먹고 살 길이 없을 정도로 굶주렸습니다. 정말로 끔찍한 형벌이었습니다.

하나님께서 우리에게 불순종하지 말라고 경고하신 것은 우리가 이처럼 고통스러운 멸망의 길을 걷지 않고, 하나님의 축복 속에서 살도록 하기 위해서입니다. 그러나 하나님의 엄한 경고 말씀에도 불구하고 이스라엘 백성은 하나님을 저버렸습니다. 죄를 짓고 악을 범하여 앗수르와 바벨론의 포로가 되었습니다. 그 후 이스라엘 민족은 전 세계로 뿔뿔이 흩어지게 됩니다. 하나님을 두려워하지 않고 경외하지 않는 것은 위험한 일입니다. 신명기 28장 58절은 "네가 만일 이 책에 기록한 이 율법의 모든 말씀을 지켜 행하지 아니하고 네 하나님 여호와라 하는 영화롭고 두려운 이름을 경외하지 아니하면"이라고 말씀합니다. 이 말씀을 잊지 말고 마음에 새기십시오.

둘째, 질병에 걸리고 재앙을 당하게 됩니다. 불순종의 결과는 이렇게도 나타납니다. 신명기 28장 61절은 "또 이 율법책에 기록하지 아니한 모든 질병과 모든 재앙을 네가 멸망하기까지 여호와께서 네게 내리실 것이니"라고 말씀합니다. 하나님 말씀을 순종하지 않으면 질병과 재앙으로 치실 것이라는 경고입니다. 의학 책에도 없는 희귀하고 무서운 질병이 나타난다는 뜻입니다. 지금 현실을 생각해 보십시오. 온 세계가 이전에 듣도 보도 못한 희귀성, 난치성 질병 때문에 아우성입니다. 도무지 어떻게 치료해야 할지 모릅니다. 저는 이런 현상을 보며 하나님의 무서운 진노의 채찍이 아닌가 생각이 듭니다. 참 두렵고 떨립니다. 미국에서는 이제 동성연애를 부끄러워하지 않습니다. 수십만 명의 사람들이 에이즈에 걸려 죽어 갑니다. 사람들은 자신들의 죄악을 깨닫지 못합니다. 오히려 동성연애를 시민의 권리라고 주장합니다. 이제는 동성연애자들의 도움을 받지 않으면 시장에 당선될 수 없는 실정입니다. 이것은 미국 이야기이긴 하지만 한국도 크게 다르지 않습니다. 어느 나라든, 어떤 민족이든 하나님 말씀대로 살지 않으면 이름도 알 수 없는 무서운 질병이 나타나 죄를 범하고 불순종하는 자들을 멸망시킬 것입니다.

참으로 두려운 시대입니다. 전 세계가 7년 대환난을 지나기 위한 준비를 하고 있는지도 모르겠습니다. 주님이 다시 오시기 전, 겪게 될 대환난 중 세계 인구의 2분의 1이 죽어 나가는 무서운 재앙이 있을지는 아무도 알 수 없습니다. 이런 때일수록 우리는 주님 앞에서 더욱 바르고 옳게 살며, 더 큰 열정을 갖고 주님을 섬겨야 합니다.

신명기 28장 3절은 조국에서 살지도 못하고 타국에 끌려가서 사는 모습이 나타나 있습니다. 또 64-66절은 "여호와께서 너를 땅 이 끝에서 저 끝까지 만민 중에 흩으시리니 네가 그 곳에서 너와 네 조상들이 알지 못하던 목석 우상을 섬길 것이라 그 여러 민족 중에서 네가 평안함을 얻지 못하며 네 발바닥이 쉴 곳도 얻지 못하고 여호와께서 거기에서 네 마음을 떨게 하고 눈을 쇠하게 하고 정신을 산란하게 하시리니 네 생명이 위험에 처하고 주야로 두려워하며 네 생명을 확신할 수 없을 것이라"고 말씀합니다.

이 예언은 B.C. 722년과 587년에 실제로 성취되었습니다. 또 A.D. 70년에 로마의 침공으로 유대 민족은 전 세계 곳곳으로 흩어졌습니다. 하나님의 말씀대로 그들은 자기 나라에 살지 못하고 남의 나라를 떠돌며 사는 민족이 되었습니다. 고린도전서 10장 11절을 보면 이스라엘 백성 이야기는 성경을 읽는 모든 사람에게 교훈을 주기 위함이라고 말씀합니다. 이는 개인에 대한 교훈이요, 국가에 대한 교훈이요, 현세를 향한 교훈입니다. 우리가 이스라엘 백성과 같은 비극을 겪지 않게 하시려고 하나님께서 미리 경고하신 말씀입니다.

일제 치하에서 우리는 많은 고생을 하고 고통을 겪었습니다. 36년간의 압제 기간 동안 겪었던 아픔과 눈물이 얼마나 가슴에 사무칩니까? 그러나 한 가지 위로가 되는 사실이 있습니다. 오늘날 이 땅에 사는 하나님의 백성들이 곳곳에서 회개하고 부르짖으며 주야로 주님 말씀을 상고하고 순종하기 위해 애쓰고 있다는 사실입니다. 우리 민족에게는 아직 희망이 있습니다. 매스컴이나 미디어를 통해 비춰지는 우리 사회는 온통 부정, 부패, 고통, 절망뿐임을 절감하게 합니다. 그러나 그럴수록 우리 그리스도인들은 주님께 긍휼과 자비를 구하며 우리 민족을 위해 처절하게 기도해야 합니다. 그리스도인들이 우리 민족의 제사장과 선지자 역할을 해야 합니다. 눈에 보이지는 않지만 많은 그리스도인들이 방방곡곡에서 눈물을 흘리고 손을 들어 "하나님이시여, 우리 민족을 긍휼히 여기시옵소서!"라고 부르짖고 있기에 우리에게는 아직 희망이 있습니다.

우리는 이제 자기 자신만을 위해 울어선 안 됩니다. 이 민족을 위해, 우리 지도자들을 위해, 조상들을 위해, 온 나라를 위해 하나님 앞에서 부르짖고 애통하며 회개할 때입니다. 그럴 때 우리 민족은 불순종으로 인한 비극적인 저주를 피할 수 있습니다. 소돔과 고모라에 몇 사람의 의인만 있어도 망하지 않게 하시겠다던 주님의 음성을 우리가 들어야 합니다. 세상이 죄악을 향해 달려가고 어둠을 향해 나아갈수록, 우리는 하나님의 백성으로서 더욱 정신을 차리고, 무릎을 꿇어 겸손해지며, 눈물과 회개로 결단해야 합니다. 우리 그리스도인 덕분에 각 가정과 직장, 사회와 국가가 건강하게 유지될 수 있기를 바랍니다.

하나님은 복 주시기를 원하심

신명기 28장 63절은 "여호와께서 너희에게 선을 행하시고 너희를 번성하게 하시기를 기뻐하시던 것 같이"라고 말씀합니다. 하나님께서는 우리에게 선을 행하시고 우리를 번성케 하시기를 원하십니다. 하나님께서는 우리 한 사람 한 사람, 한 가정 한 가정을 축복하기를 즐겨하신다고 했습니다. 하나님은 우리를 사랑하시고, 쓰다듬어 주시고, 나가도 들어와도 축복하시며 손대는 것마다 축복하시기를 원하는 분입니다. 우리가 이런 좋으신 하나님을 섬기지 않고 계속해서 죄를 짓는다면, 우리를 축복하기 좋아하는 만큼 우리를 형벌하시기를 즐겨 하신다고 말씀합니다(63절). 몽둥이로 때려서라도 우리를 회개하게 하여 옳은 길로 가게 하시는 것입니다. 하나님께서는 지금도 우리에게 경고하고 계십니다.

하나님께서는 축복의 길과 저주의 길, 삶의 길과 죽음의 길, 질병의 길과 건강의 길, 자유로운 삶과 억압받는 삶 등을 놓고 우리에게 선택하라고 하십니다. 우리는 하나님을 섬기기로 작정하고, 기쁨으로 하나님을 섬기길 원합니다. 그분의 목소리라면 천둥 속에서 들린다 할지라도 듣고 싶습니다. 주님 음성이라면 사랑하는 자의 음성처럼 듣기를 원합니다. 위로의 음성과 경고의 음성과 축복의 음성과 심지어 저주의 음성이라도 제대로 듣고 주님 뜻대로 섬기길 원합니다. 주님 말씀을 철저하게 지키려는 의지와 노력은 우리 안에 있습니다.

감사한 것은 하나님께서 예수님을 보내셔서 십자가 보혈의 피로 우리의 죄와 허물을 완전히 덮으신 것입니다. 이 얼마나 놀라운 은혜입니까? 우리의 행위대로 갚으셨다면, 어느 누구도 하나님 앞에 나올 수 없습니다. 그러나 하나님은 긍휼하시고 자비로우시며 우리를 용서하길 좋아하시는 분입니다. 예수 그리스도를 통해 단번에 우리를 끌어안아 살리셨습니다. 이 크신 은혜와 사랑 그리고 놀라우신 축복을 기억하십시오!

"주여, 제가 가진 모든 것을 주 앞에 바쳐 생명이 다하는 마지막 시간까지 주님을 위해 살게 하옵소서. 저는 연약하지만 주님의 힘으로, 성령님의 능력으로 매일같이 도우시니 감사합니다. 주께서 저를 통해 영광 받으시고, 주님의 아름다우심과 좋으심을 저를 통해 드러내소서. 제가 선한 싸움을 싸우고 저의 달려갈 길을 마치고 믿음으로 지켰으니 이제 후로는 의의 면류관이 예비 되어 있다고 하셨으니, 주여 내 영혼을 받으시옵소서.”

우리 그리스도인 모두가 이 같은 신앙 고백을 할 수 있기를 바랍니다. 마지막 순간까지 주께 순종하는 축복된 삶을 살게 되는 성도가 되기를 진심으로 소망하겠습니다.